Die neue *Schirm*- Gruppenfreistellungsverordnung (EG) Nr. 2790/1999 der Kommission

Deutsches und Europäisches Wirtschaftsrecht

Herausgegeben von Jürgen F. Baur

Band 4

PETER LANG
Frankfurt am Main · Berlin · Bern · Bruxelles · New York · Oxford · Wien

Silke Rütters

Die neue *Schirm*-Gruppenfreistellungsverordnung (EG) Nr. 2790/1999 der Kommission

Zu den Ursachen der weitreichenden Reform der EG-Wettbewerbspolitik gegenüber vertikalen Wettbewerbsbeschränkungen und deren materiellrechtlichen Grenzen

PETER LANG
Europäischer Verlag der Wissenschaften

Die Deutsche Bibliothek - CIP-Einheitsaufnahme

Rütters, Silke:

Die neue *Schirm*- Gruppenfreistellungsverordnung (EG) Nr. 2790/1999 der Kommission : zu den Ursachen der weitreichenden Reform der EG-Wettbewerbspolitik gegenüber vertikalen Wettbewerbsbeschränkungen und deren materiellrechtlichen Grenzen / Silke Rütters. - Frankfurt am Main ; Berlin ; Bern ; Bruxelles ; New York ; Oxford ; Wien : Lang, 2002
(Deutsches und Europäisches Wirtschaftsrecht ; Bd. 4)
Zugl.: Köln, Univ., Diss., 2001
ISBN 3-631-39644-9

D 38
ISSN 1617-352X
ISBN 3-631-39644-9

www.peterlang.de

Meinen Eltern

Vorwort

Die vorliegende Arbeit wurde im Wintersemester 2001/2002 von der Rechtswissenschaftlichen Fakultät der Universität zu Köln als Dissertation angenommen.

Mein besonderer Dank gilt Herrn Prof. Dr. Jürgen F. Baur, der das Entstehen der Arbeit mit wertvollen Anregungen kontinuierlich begleitete.

Herrn Prof. Dr. Heinz-Peter Mansel danke ich für die Erstellung des Zweitgutachtens.

Meiner Familie und meinen Freunden, insbesondere Rainer Wolf, Jutta Kapp und meinem Großvater Heinz Kühn danke ich herzlich für ihre Unterstützung.

Köln, im März 2002 Silke Rütters

Inhaltsübersicht

Inhaltsverzeichnis

Abkürzungen

a.A.	anderer Ansicht
a.a.O.	am angegebenen Ort
a.F.	alte Fassung
ABA	American Bar Association
ABl.	Amtsblatt der Europäischen Gemeinschaften
Abs.	Absatz
Am.J.Comp.L	American Journal of Comparative Law
Antirust L.J.	Antitrust Law Journal
Art.	Artikel
Aufl.	Auflage
AWD	Außenwirtschaftsdienst
BauGB	Baugesetzbuch
BB	Der Betriebsberater
Bd.	Band
BDI	Bund Deutscher Industrie
BGBl.	Bundesgesetzblatt
BGH	Bundesgerichtshof
BGHZ	Bundesgerichtshof, Entscheidungen in Zivilsachen
BMWi	Bundesministerium für Wirtschaft
BVerwG	Bundesverwaltungsgericht
BVerwGE	Entscheidungssammlung des Bundesverwaltungsgerichts
bzw.	beziehungsweise
ca.	circa
CCH Trade Reg. Rep.	Commerce Clearing House Trade Regulation Reports
Cir.	Circuit
CML Rev.	Common Market Law Review
Co.	Corporation
Colum.L.Rev.	Columbia Law Review
Corp.	Corporation
d.h.	das heisst
ders.	derselbe
DOJ	Department of Justice
DRI	Digital Research, Incorporated
E.L.Rev.	European Law Review
EAG	Europäische Atom Gemeinschaft
EC	Europeran Community
ECLR	European Competition Law Review
EEC	Europea Economic Community
EG	Europäische Gemeinschaften
EGKS	Europäische Gemeinschaft für Kohle und Stahl

EGKSV	Vertrag zur Gründung der Europäischen Gemeinschaft für Kohle und Stahl
Einf.	Einführung
endg	endgültig
EP	Parlament der Europäischen Gemeinschaften
etc.	et cetera
EU	Europäische Union
EuG	Gericht erster Instanz der Europäischen Gemeinschaften
EuGH Slg.	Sammlung der Rechtsprechung des Gerichtshofs der Europäischen Gemeinschaften
EuGH	Gerichtshof der Europäischen Gemeinschaften
EuR	Europarecht
EuZW	Europäische Zeitschrift für Wirtschaftsrecht
evtl.	eventuell
EWG	Europäische Wirtschaftsgemeinschaft
EWGV	Vertrag zur Gründung der Europäischen Wirtschaftsgemeinschaft
f., ff.	und folgende
FAZ	Frankfurter Allgemeine Zeitung
FIW	Forschungsinstitut für Wirtschaftsverfassung und Wettbewerb, Köln
Fn.	Fußnote
FS	Festschrift
FTC	Federal Trade Commission
F.T.C.	Amtliche Entscheidungssammlung der FTC
GA	Generalanwalt des Europäischen Gerichtshofes
G/B/T	Groeben, H. von der/Boeckh, H. von/Thiesing, J./Ehlermann, C.-D., Kommentar zum EG-Vertrag
GD	Generaldirektion der Kommission der Europäischen Gemeinschaften
gem.	gemäß
GRUR	Gewerblicher Rechtsschutz und Urheberrecht
GRUR Int.	Gewerblicher Rechtsschutz und Urheberrecht, Internationaler Teil
GVO	Gruppenfreistellungsverordnung der EG
GWB	Gesetz gegen Wettbewerbsbeschränkungen
Hrsg.	Herausgeber
i.V.m.	in Verbindung mit
insbes.	insbesondere
JZ	Juristenzeitung
KMU	kleine und mittlere Unternehmen
lit.	littera
m.w.N.	mit weiteren Nachweisen
n.F.	neue Fassung

NAAG	National Association of Attorneys General
n/e/r/a	national economic research associates
NJW	Neue Juristische Wochenschrift
No.	Number
Nr.	Nummer
OECD	Organization for Economic Cooperation and Development
OFG	Oberfinanzgericht
ORDO	Jahrbuch für die Ordnung von Wirtschaft und Gesellschaft
RIW	Recht der internationalen Wirtschaft
RSDIC	Revue Suisse du droit international de la concurrence
Rz.	Randziffer
S.	Seite
sog.	sogenannte/r/s
u.a.	unter anderem
U.Penn.L.Rev.	University of Pennsylvania Law Review
US	United States
U.S.	United States Supreme Court Reports
USA	United States of America
VEnerG	Veröffentlichungen des Instituts für Energierecht an der Universität zu Köln
vgl.	vergleiche
VO	Verordnung
VO Nr. 17	Erste Durchführungsverordnung des Rates der EG zu den Art. 81 und 82 des Vertrages
Vol.	Volume
v.	von/vom/versus
VRG	Vertical Restraints Guidelines
WB	Bericht der EG-Kommission über die Wettbewerbspolitik
WiST	Wirtschaftswissenschaftliches Studium
WPR	Wettbewerb in Recht und Praxis
WSA	Wirtschafts- und Sozialausschuss der Europäischen Gemeinschaft
WuW	Wirtschaft und Wettbewerb
WuW/E	Wirtschaft und Wettbewerb/Entscheidungssammlung
z.B.	zum Beispiel
ZHR	Zeitschrift für das gesamte Handelsrecht und Wirtschaftsrecht
Ziff.	Ziffer
ZIP	Zeitschrift für Wirtschaftsrecht und Insolvenzpraxis

Einleitung[1,2]

Die Kommission der Europäischen Gemeinschaft hat das EG-Wettbewerbsrecht gegenüber vertikalen Wettbewerbsbeschränkungen mit Erlass der neuen "Verordnung über die Anwendung von Artikel 81 Absatz 3 auf Gruppen von vertikalen Vereinbarungen und aufeinander abgestimmte Verhaltensweisen vom 22.12.1999"[3] grundlegend reformiert.

Während Unternehmen bislang vertikale Absprachen entweder den exakten Anforderungen der drei wichtigsten Gruppenfreistellungsverordnungen[4] oder der Rechtsprechung des EuGH zum Selektivvertrieb anpassen mussten, um eine Einzelanmeldung zu umgehen, werden ab Juni 2000[5] grundsätzlich alle Vereinbarungen zwischen Unternehmen ohne Marktmacht gruppenweise freigestellt. Diese Vorgehensweise wird von den betroffenen Unternehmen begrüßt, bringt sie doch eine ganz erhebliche Erleichterung bei der Entwicklung und Einführung neuer innovativer Vertriebssysteme mit sich, ohne gleichzeitig an Rechtssicherheit zu verlieren.

Die neue Vorgehensweise zeigt deutliche Parallelen zu der seit einigen Jahren in den USA etablierten Rechtspraxis gegenüber vertikalen Beschränkungen: Anhand des Wortlauts der Vereinbarung lässt sich zunächst nichts über deren wettbewerbsfördernde oder -behindernde Auswirkung auf den Markt sagen; erst die Ermittlung der Marktmacht der an der Vereinbarung beteiligten Unternehmen gibt Aufschluss über die potentiellen Marktauswirkungen.

Fraglich ist, ob diese deutliche Abkehr vom bisherigen System, das sich im Laufe einer bald vierzigjährigen Rechtspraxis herausgebildet hatte, wirtschaftlich *sinnvoll* und rechtlich *zulässig* ist.

Die weitgehende Außerachtlassung der einzelnen Vereinbarungsarten, die die betroffenen Unternehmen zukünftig schließen werden und die verstärkte Berücksichtigung der gesamtwirtschaftlichen Auswirkungen lassen vermuten, dass das Tatbestandsmerkmal der "Wettbewerbsbeschränkung" eine veränderte Auslegung und damit Bedeutung erfahren hat.

---

[1] Artikel ohne Gesetzesangabe sind im folgenden solche des EG-Vertrages in der Fassung des Amsterdamer Vertrages vom 02.10.1997.

[2] Entscheidungen des Gerichtshofs der Europäischen Gemeinschaften werden nach der amtlichen Sammlung ("Slg.") zitiert.

[3] ABl. L 336 vom 29.12.1999 S. 21 ff.

[4] VO Nr. 1983/83 für Alleinvertriebsverträge, ABl. L 173/1 v. 30.6.1983; VO Nr. 1984/83 für Alleinbezugsvereinbarungen, ABl. L 173/5 v. 30.6.1983; VO Nr. 4087/88 für Franchisevereinbarungen; ABl. L 359/46 v. 28.12.1988.

[5] Gemäß Art. 13 der GVO trat die Verordnung zwar bereits am 01.01.2000 in Kraft. Anwendbar ist sie mit Ausnahme von Art. 12 Abs. 1, der die Anwendbarkeit der alten GVOen bis zum 31.05.2000 verlängert, jedoch erst ab dem 01.06.2000.

Nachdem in *Teil 1* der Arbeit der Vertriebssektor im Wandel der Zeit und seine bisherige rechtliche Behandlung durch die Gemeinschaftsorgane der EG sowie die Antitrust-Behörden und -Gerichte der USA dargestellt wird, soll in *Teil 2* überprüft werden, was die Schutzzwecke des Europäischen Wettbewerbsrechts sind und ob sich diese im Laufe der Zeit und im Zuge der Veränderungen im Vertriebssektor verändert oder verschoben haben. Auf dieser Grundlage kann in *Teil 3* der Arbeit die Rechtmäßigkeit der sogenannten "Schirm"-Gruppenfreistellungsverordnung[6] überprüft werden.

Das Sekundärrecht im Wettbewerbsrecht muss den Anforderungen der speziellen Ermächtigungsgrundlage des Artikels 83 entsprechen. Danach muss die Verordnung der Verwirklichung der in den Artikeln 81 und 82 niedergelegten Grundsätze dienen und nach Absatz 2 Buchstabe b) die Einzelheiten der Anwendung des Artikels 81 Absatz 3 festlegen.

Unter Berücksichtigung dessen, was die Schutzziele des Europäischen Wettbewerbsrechts sind, ist zu fragen, welche Grundsätze kraft Vertrages in Artikel 81 niedergelegt sind und ob diese durch die neue Verordnung verwirklicht werden.

Elementares Prinzip des Artikels 81 ist das Verbotsprinzip: Eine Vereinbarung, die die Voraussetzungen des Absatzes 1 erfüllt, nicht jedoch die des Absatzes 3, muss nichtig sein, ohne dass es hierfür einer konstitutiven Entscheidung bedarf. Unter die VO Nr. 2790/1999 dürfen daher grundsätzlich nur solche Vereinbarungen fallen, die eine Wettbewerbsbeschränkung nach dem Verbotstatbestand darstellen und die gleichzeitig alle vier Voraussetzungen des Freistellungstatbestands erfüllen. Dementsprechend fordert Art. 83 Abs. 2 Buchst. b) die Festlegung der Einzelheiten der Anwendung des Art. 81 Abs.3.

Während die bisherigen Gruppenfreistellungsverordnungen für Alleinvertrieb, Alleinbezug und Franchising noch auf alle vier Freistellungsvoraussetzungen explizit Bezug nahmen und deren voraussichtliches Vorliegen darlegten, ist dies bei einer pauschalen Freistellung grundsätzlich aller Vereinbarungen zwischen nicht marktstarken Unternehmen nicht mehr möglich. Die Kommission löst sich von den einzelnen Tatbestandsmerkmalen und abstrahiert den Freistellungstatbestand, indem sie seine Anwendung - bis auf wenige Kernbeschränkungen - allein von dem Fehlen von Marktmacht abhängig macht. Ist die Kommission aber in ihrer (vom Rat abgeleiteten) Funktion als Gesetzgeberin zu einer derart weitgehenden Abstraktion überhaupt befugt, und wenn ja, hält sich die neue Regelung in den materiellrechtlichen Grenzen? Die Beantwortung dieser Fragen hängt in erster Linie davon ab, inwieweit der Europäische Gerichtshof ihr diese Freiheiten gewährt.

Die Arbeit setzt sich damit auseinander, wo im Wettbewerbsrecht die Grenze zwischen Abstraktionsbefugnis und Ermessensfreiheit auf der einen Seite und Rechtsverletzung

---

[6] So die Kommission in ihrer Mitteilung über die Anwendung der EG-Wettbewerbsregeln auf vertikale Beschränkungen, ABl. C 365 v. 26.11.1998, S. 39

auf der anderen Seite verläuft. Letztlich darf die sekundärrechtliche Regelung nicht gegen die Rechtsprechung des zur Anwendung und Auslegung des Gemeinschaftsrechts allein befugten Gerichtshofs verstoßen. Überprüft werden muss daher, ob der aus der ökonomischen Analyse des Rechts resultierende Marktmachtansatz mit der Rechtsprechung der Gemeinschaftsgerichte zu den vier Freistellungsvoraussetzungen kompatibel ist.

Im Verlauf der Untersuchung wird sich zeigen, dass die von der Kommission vorgenommene Abstrahierung und Reduzierung des Freistellungstatbestands auf den Marktmachtgedanken unter Berücksichtigung einer gewissen Verschiebung der Rangordnung der vom europäischen Wettbewerbsrecht zu fördernden Ziele mit den in Artikel 81 niedergelegten Grundsätzen sowie der einschlägigen Rechtsprechung des Gerichtshofs in Einklang steht.

Die Arbeit schließt deshalb mit der Überprüfung der Frage, ob sich die Marktmacht tatsächlich in dem Marktanteil eines Unternehmens im sachlich und räumlich relevanten Markt widerspiegelt und bei welchem Prozentsatz die Grenze zur Marktmacht liegt.

Teil 1
Der Vertrieb und seine alte und neue rechtliche Behandlung

§ 1 Der Vertriebssektor in seiner vergangenen, gegenwärtigen und zukünftigen Gestalt

Der Vertrieb von Waren und Dienstleistungen ist in vielfältiger Art und Weise möglich. Im Laufe der letzten hundert Jahre haben sich die verschiedenen Spielarten ganz entscheidend gewandelt. Ein Ende dieser Entwicklung ist auch (und gerade) für die Zukunft nicht zu erwarten.

I. Vertrieb und vertikale Beschränkungen

Der Vertrieb umschreibt den Weg der Ware vom Hersteller zum Verbraucher, möglicherweise über einen oder sogar mehrere Zwischenhändler. Dabei kann der Hersteller seine produzierte Ware von Mal zu Mal durch einzelne Kaufverträge an einen jeweils von neuem ausgewählten Abnehmer verkaufen. Hersteller und Zwischenhändler können sich aber auch vertraglich verpflichten, eine längerfristige Abnahme- und Lieferverpflichtung einzugehen. Dadurch wird eine Absatzkooperation zwischen autonomen[1] Unternehmen hergestellt, die jeweils *auf vor- bzw. nachgelagerten Wirtschaftsstufen* stehen. Derartige vertikale Vereinbarungen koordinieren im Vorfeld das Verhalten der Beteiligten. Die Unternehmen schränken ihre unternehmerische Freiheit freiwillig ein in der Erwartung, so den Absatz zu optimieren und im Wettbewerb mit ihren Konkurrenten einen Vorteil zu erlangen.

Vertikale Vereinbarungen gibt es heute in den unterschiedlichsten Formen und Kombinationen. Kaum ein Hersteller verzichtet noch auf die vertraglich festgelegte Zusammenarbeit mit seinen Vertriebsmittlern. Eine optimale Kooperation zwischen Lieferant und Händler ist in vielen Fällen die Voraussetzung für die Wettbewerbsfähigkeit des Unternehmens überhaupt. Nahezu alle Waren[2] gelangen deshalb über eine Form des vertraglich organisierten Vertriebs vom Hersteller zum Verbraucher. Anfang der neunziger Jahre waren insgesamt 4,5 Millionen europäische Unternehmen, was 29,4 % aller Unternehmen in der EG entspricht, im Bereich von Handel und Vertrieb tätig[3]. Dies ist das Resultat einer erst jungen Entwicklung.

---

[1] Behandelt werden soll hier nur der Vertrieb über sog. Eigenhändler, d.h. solche, die selbst Eigentum an ihrer Handelsware erwerben, ein eigenes Warenrisiko tragen und grundsätzlich ihre Absatzbemühungen selbständig bestimmen. Damit wird nicht behandelt der Direktabsatz über Filialen oder Vertriebstochtergesellschaften sowie der Absatz über solche Personen, die nicht auf eigene Rechnung handeln.

[2] und sehr viele Dienstleistungen

[3] *Grünbuch* zur EG-Wettbewerbspolitik gegenüber vertikalen Wettbewerbsbeschränkungen, KOM(96) 721 endg. S. ii

II. Vom Beginn vertikaler Kooperation bis heute

Noch bis ins vorletzte Jahrhundert hinein bestand weder die Notwendigkeit noch die Möglichkeit einer vertraglichen Regelung des Vertriebs[4]. Erst Mitte des 19. Jahrhunderts begannen in Deutschland Brauereien im Anschluss an die gesetzlich gewährte Gewerbefreiheit mit ihren Abnehmern Bierlieferungsverträge zu schließen.[5] In der Schweiz begannen die Hersteller wertvoller Uhren, diese über Konzessionäre auch im Ausland abzusetzen. Dies waren damals jedoch absolute Ausnahmefälle. Wirklich entwickelt hat sich der Vertrieb in Amerika zu Beginn der Industrialisierung. Ein Vorreiter war dort die Singer Sewing Maschine Company. Sie räumte bereits im Jahr 1863 den sogenannten "peddlers" (von Haus zu Haus reisenden Händlern) Exklusivrechte zum Verkauf ihrer Erzeugnisse des Handarbeits-Bedarfs ein.

Als die Herstellung von Gebrauchsgütern sich in fast allen Branchen immer mehr von der handwerklichen Einzelanfertigung zur Serienfertigung entwickelte, erfuhr der Wettbewerb und damit auch der Vertriebssektor eine einschneidende Änderung. Immer mehr Güter konnten für die im Verhältnis dazu relativ geringe Käuferzahl hergestellt werden. Hinzu kam die Verbesserung der Infrastruktur, vor allem im Verkehrswesen. Hergestellte Güter konnten jetzt schneller und unkomplizierter vom Hersteller zum Endverbraucher gelangen. Es entwickelten sich auf diese Weise Käufermärkte, die zu einer zuvor nie da gewesenen und sehr lebhaften Herstellerkonkurrenz führten. Vertriebssysteme sollten die eigene Wettbewerbsposition im Verhältnis zum Konkurrenten verbessern[6]. Vorreiter der neuen Entwicklung war die Automobilindustrie in den USA. Im Jahr 1898 führte General Motors ein Vertriebssystem auf der Grundlage vertraglich gebundener Händler ein. Die dort als Franchise bezeichneten Systeme setzten sich schnell im ganzen Land durch. In der Folgezeit wurden sie von anderen Branchen wie der Mineralölindustrie übernommen. Ein Hersteller konnte jetzt flächendeckende Vertriebsnetze aufbauen[7].

In Europa fand diese Entwicklung erst mit etwa zwanzigjähriger Verspätung statt und konnte sich erst nach dem zweiten Weltkrieg wirklich durchsetzen. Die in Amerika als Franchise bezeichneten Systeme wurden hier als "Vertragshändlersysteme" bekannt[8]. Als 1958 der EWG-Vertrag in Kraft trat, hatte sich der Vertriebssektor auch in Europa bereits gut entwickelt. In den Anfangsjahren wurde die Kommission als zuständige Wettbewerbsbehörde hauptsächlich mit Alleinvertriebs[9]- und Alleinbezugsvereinba-

---

[4] zu den ersten kartellrechtlich relevanten Gerichtsentscheidungen und Gesetzen, *Rittner*, Ausschließlichkeitsbindungen, S. 75 und 92 ff.

[5] *Ulmer*, Der Vertragshändler, 1969, S.50 ff.

[6] *Martinek*, Aktuelle Rechtsfragen, 1988, S. 2

[7] *Martinek*, Franchising, 1987, S. 37

[8] *Ulmer*, Vertragshändler, a.a.O. S. 47 ff.

[9] Beim Alleinvertrieb teilt der Lieferant sein Absatzgebiet systematisch in Bezirke auf und wählt innerhalb jedes Teilbereichs nur einen einzigen unter mehreren möglicherweise geeigneten Abnehmern aus, unten § 2 III.1.

rungen[10] konfrontiert. Anfang der siebziger Jahre kam dann zeitgleich mit dem immer wichtiger werdenden Markenimage eines Produkts und den dazugehörigen Service- und Werbeleistungen der selektive Vertrieb[11] auf, und in den achtziger Jahren begannen Hersteller ihren Händlern Franchisen zu erteilen. Franchisesysteme[12] im europäischen Sinne sind von den gleichnamigen amerikanischen Systemen zu unterscheiden. In europäischen Franchisesystemen geht es in erster Linie um die wirtschaftliche Verwertung eines Wissensschatzes. Damit der Hersteller sicher gehen kann, dass sein Know-how fachgerecht und wirtschaftlich sinnvoll verwertet wird, muss er enge vertragliche Beziehungen zu seinen Vertriebsmittlern aufbauen.

Die Kommission als zuständige europäische Wettbewerbsbehörde und der Europäische Gerichtshof haben das Interesse der Vertriebsbeteiligten an solchen Systemen grundsätzlich anerkannt und sie für zulässig erklärt. Für alle vier Vertriebssysteme - Alleinvertrieb, Alleinbezug, Selektivvertrieb und Franchising - wurde eine individuelle Lösung gefunden. Bevor auf die Entwicklung und den Inhalt dieser Regelungen eingegangen wird, soll dargestellt werden, wie sich der Vertriebssektor in jüngster Vergangenheit weiterentwickelt hat.

III. Vertikale Kooperation der Zukunft

Die Verschärfung der Konkurrenz hat - auch als Folge der steigenden Konzentration und Globalisierung der Weltmärkte - immer weiter zugenommen. Die Nachfrage hat sich entwickelt, und die explosionsartige Zunahme neuer Technologien[13] hat den gesamten Vertriebssektor zunehmend gezwungen, sich rasch den veränderten Umständen anzupassen. Wettbewerbsfähigkeit setzt heute mehr denn je eine leistungsfähige Logistik und unmittelbare Versorgung der Verbraucher voraus. Diese beiden Voraussetzungen werden künftig zunehmend durch den Einsatz neuer Technologien verwirklicht, was wiederum zu einem weiteren Fortschreiten der Globalisierung führt. Fern-

---

[10] Beim Alleinbezug verpflichtet sich ein Abnehmer, die betreffenden Waren nur von einem bestimmten Lieferanten zu beziehen. Alleinvertrieb und Alleinbezug werden häufig miteinander kombiniert, unten § 2 III. 2.

[11] Beim selektiven Vertrieb begrenzt ein Lieferant den Absatz seiner Erzeugnisse auf nach bestimmten Kriterien ausgewählte Abnehmer. Nach diesen für die Händlerauswahl maßgeblichen Kriterien werden qualitative und quantitative Selektion unterschieden. Qualitative Kriterien sind z.B. konkrete Anforderungen an Geschäftsausstattung, Kundendienst, Beratungspersonal oder Sortimentsbreite eines Handelsbetriebs. Bei der quantitativen Selektion wird von den die qualitativen Kriterien erfüllenden Händlern lediglich eine begrenzte Anzahl beliefert, wobei z.B. eine Quote pro Region festgelegt wird. Ausführlich hierzu: *Pawlikowski*, Selektive Vertriebssysteme - Grenzen und Möglichkeiten einer Freistellung nach Art. 85 Absatz 3 EWGV

[12] Hier wird dem Abnehmer (Franchisenehmer) ein Gebiet zugeteilt, in dem er allein das Know-how und die geistigen Eigentumsrechte des Lieferanten (Franchisegebers) verwerten darf und die Waren in einer vorgegebenen Form verkauft. Hierzu auch *Martinek*, Franchising, a.a.O. und *ders.*, ZIP 1988, S. 1362 ff.

[13] *Weißbuch Handel*, KOM(1999) 6 endg. S. 3

verkauf und elektronischer Handel über Netze wie das Internet haben mehr und mehr Zulauf[14].

Die Informationstechnologie (IT) übt bereits heute einen erheblichen Einfluss auf den gesamten Vertriebssektor aus. Es kann davon ausgegangen werden, dass der Vertrieb in Zukunft mit Hilfe der IT völlig umstrukturiert wird[15]. Die am Vertrieb eines Produkts beteiligten Unternehmen müssen sich diesen Entwicklungen anpassen, um im Zuge der Umstrukturierung konkurrenzfähig zu bleiben. Sie sind gezwungen, sich die Möglichkeiten der Informationstechnologie zunutze zu machen und den Vertrieb umzugestalten. Betroffen sind hiervon alle beteiligten Unternehmen: Hersteller, Zwischenhändler und Einzelhändler.

1. Einfluss der Informationstechnologie auf die Funktionen der Vertriebsbeteiligten

Der Hersteller übernimmt in seiner traditionellen Rolle die Initiative zum Vertrieb seiner Produkte, die dann den "Input" für die Tätigkeit der Vertriebsmittler darstellen. Dies ist in den meisten Fällen - jedenfalls in Europa - auch heute noch so.

Teilweise hat sich das Machtverhältnis aber auch hier bereits gewandelt. Neue Geschäftsformate haben sich entwickelt, riesige Vertriebsketten haben sich zusammengeschlossen, immer mehr Shoppingcenter sind am Stadtrand "auf der grünen Wiese" entstanden. Die Koordination zwischen den einzelnen Händlern ist Dank der neuen Technologie und Logistik optimiert worden. International operierende Vertriebsgruppen konnten so entstehen. Das amerikanische Unternehmen Wal-Mart-Stores, das neuerdings auch auf dem europäischen Markt tätig ist, ist das weltweit acht größte Unternehmen überhaupt, mit einem Jahresumsatz von US$ 119 Milliarden und 825.000 Beschäftigten[16]. Derartige riesige Einzelhandelsketten profitieren zum einen von dem Größeneffekt, der vielfältige Einsparungen und Kostensenkungen ermöglicht[17]. Kosteneinsparungen werden zum anderen aber auch in erheblichem Maße durch die neue Informationstechnologie ermöglicht.

Händler können direkten Einfluss auf die Herstellerebene ausüben (sog. "Buying Power")[18]. Durch die Einigung auf gemeinsame Normen zur Artikelidentifizierung, Datenübertragung und elektronische Bearbeitung der einzelnen Verkäufe des Händlers konnte der sog. Strichcode und die entsprechenden Laser-Lesegeräte zur Artikelidenti-

---

[14] vgl. hierzu *Weißbuch Handel*, a.a.O. S. 4, zum sog. B2C (Business to Consumer) z.B. Immenga/ Lange RIW 2000, 733ff.

[15] *Weißbuch Handel*, a.a.O. S. 4

[16] vgl. die von *Dobson Consulting* für die DG IV erstellte Studie: Buyer Power and its Impact on Competition in the Food Retail Distribution Sector of the European Union, Study Contract No. IV/98/ETD/078, Mai 1999, S. 1

[17] *Office of Fair Trading*, UK, Competition in Retailing, Research Paper 13, Sept. 1997, S. 19: "Economies of scale"

[18] *Vogel*, E.C.L.R. 1998, 4 ff.; und *Dobson Consulting*, a.a.O., S. 1

fizierung entwickelt und eingesetzt werden. Damit steht der Händler in ständiger elektronischer Verbindung zum Hersteller. Ihm wird jeder einzelne Verkauf eines Produkts angezeigt, so dass er seine Produktion genau auf den individuellen Bedarf des jeweiligen Händlers einstellen kann. Kernidee des als Just-in-time (JIT) bezeichneten Prinzips ist, dass keine Artikel oder Vorprodukte hergestellt werden, solange in den nachgelagerten Bereichen keine Nachfrage besteht. Vom angebotsgetragenen "Schub-Prinzip" ("push": Waren werden in Erwartung künftiger Nachfrage hergestellt und gelagert) wird zum nachfragegetragenen "Sog-Prinzip" ("pull": Die Verbrauchernachfrage stellt für die Produkte einen Sog dar) übergegangen[19]. Die kostenaufwendige Unterhaltung von Lagerbeständen, die traditionsgemäß die Hauptaufgabe der Großhändler war, erübrigt sich. Ziel der gesamten Entwicklung ist die Sofort-Logistik ("Quick response logistics" QR), eine Weiterentwicklung von JIT, die eine möglichst *in Echtheit stattfindende*, endverbrauchernahe Nachfrageerfassung bedeutet.

Durch die auf diese Weise mögliche Optimierung der Leistungen - Angebotspalette, Produktqualität und Service - wächst die Wettbewerbsfähigkeit der an dem System beteiligten Unternehmen. Einige Einzelhandelsketten stärken ihre Machtposition gegenüber den Herstellern noch dadurch, dass sie eine eigene Produktlinie unter ihrem eigenen Markennamen entwickeln und so in direkte Konkurrenz zu den Herstellern treten (z.B. "ja"-Artikel im Spar-Markt)[20]. Dementsprechend stieg der Einzelhandelsumsatz in der EG ohne die südlichen Länder Italien, Spanien und Portugal von 1985 bis 1991 real um nahezu 20 %[21].

Nehmen Einzelhändler zunehmend typische Aufgaben der Hersteller und der Großhändler wahr, zeigt dies, dass die Grenze zwischen Unternehmen auf vor- und nachgelagerten Stufen immer mehr verschwimmt. Großhändler werden dazu gezwungen, ihren Aufgabenbereich umzugestalten, indem sie entweder ebenfalls unter einem Markennamen eine Kette bilden, die zusätzlich Dienstleistungen anbietet, oder indem sie direkt an Endabnehmer verkaufen und auf diese Weise in Konkurrenz zu den Einzelhändlern treten. Die Metro konnte z.B. ihr Überleben sichern, indem sie zu "Cash and Carry"-Lagern übergegangen ist, bei denen kleine Wiederverkäufer ihren Einkauf selbst zusammenstellen, direkt bezahlen und abtransportieren.

2. Verflechtung der einzelnen Unternehmen zu einer "Vertriebseinheit"

Nach Auffassung der Kommission steckt die dargestellte Entwicklung in der EG noch in den Kinderschuhen[22]. Hauptsächlich die Mittelmeerländer sind noch gekennzeichnet

---

[19] *Grünbuch*, a.a.O., S.12

[20] Ursprünglich waren die Hausmarken auf dem Markt eine Billigalternative zu Herstellermarken. Da sie aber den Namen der Einzelhandelsfirma tragen und nur in deren Läden zu kaufen sind, hat sich das Marktkonzept geändert. Bei manchen Lebensmitteleinzelhandelsketten entfallen heute bereits 30 % des Sortiments mit schnellem Umschlag auf solche Firmennamen, *Grünbuch*, a.a.O., S. 10. Zur "Buyer Power" auch Maitland-Walker, E.C.L.R. 2000, 170 ff., Overd, E.C.L.R. 2001, 249 ff.

[21] *Grünbuch*, a.a.O. S. 7

[22] *Grünbuch*, a.a.O. S. 13

durch die Existenz einer Vielzahl kleiner Familienbetriebe im Einzelhandel. Im nördlichen Europa fallen heute jedoch bereits mehr als 50 % des Einzelhandelsumsatzes auf große Einzelhandelsunternehmen, während in den fünfziger Jahren auch hier noch fast alle Händler selbständig waren[23]. Die USA zeigt, welches Potential in der EG noch "brachliegt". Mit den herkömmlichen Vertriebssystemen - Alleinvertrieb, Alleinbezug, Selektivvertrieb und Franchising - haben die zukünftigen Vertriebsformen nicht mehr allzu viel gemein. Es lässt sich kaum mehr eindeutig feststellen, welches Unternehmen auf welcher vor- oder nachgelagerten Stufe tätig ist. Einzelne Bereiche werden schon heute völlig miteinander verschmolzen. Die Kooperation wird immer enger und von einer generellen Schutzbedürftigkeit des Händlers gegenüber dem Hersteller kann vielfach nicht mehr die Rede sein.

Im Interesse des Fortschritts und der Weiterentwicklung und nicht zuletzt auch wegen des wachsenden internationalen Wettbewerbsdrucks dürfen diese neuartigen Vertriebskooperationen nicht be- oder verhindert werden. Sie können vielfach zu einer Internationalisierung und damit zum Zusammenwachsen der europäischen Volkswirtschaften führen. Auch dem europäischen Verbraucher kommt die scharfe Konkurrenz zwischen den verschiedenen Vertriebsketten in vielfältiger Weise zugute. Er profitiert von dem Kampf um seine Kaufkraft durch einen immer vielfältiger werdenden Fächer von Preis-Leistungs-Kombinationen, aus dem er frei wählen kann.

Andererseits können die Unternehmen aber künftig auch bestrebt sein, die Märkte entlang der nationalen Grenzen abzuschotten, um sich den in einem Mitgliedstaat zu erzielenden höheren Profit zu sichern. Auch hierfür kann vertikale Kooperation eingesetzt werden[24]. Außerdem kann es in einer stark kooperativen Verbindung eher als in einem traditionellen Vertriebsweg dazu kommen, dass eine solche Kette von einem ihrer Mitglieder beherrscht wird, indem dieses den anderen Gliedern bestimmte Funktionen und Kosten einseitig auferlegt, anstatt dass die einzelnen Akteure ihre Funktionen frei miteinander aushandeln[25].

All diese Auswirkungen vertikaler Kooperation auf die vom Wettbewerb betroffenen Unternehmen und Verbraucher stellen Anforderungen an die EG-Wettbewerbspolitik dar, denen sie sich mittels möglichst optimaler Wettbewerbsregeln stellen muss.

§ 2 Vertikale Kooperation und ihre Anforderungen an das Wettbewerbsrecht

Vertikale Absprachen zwischen Lieferanten und Abnehmern haben verschiedenartige Auswirkungen auf den Wettbewerbsprozess, die wiederum Einfluss auf die Gestaltung des von der Wettbewerbspolitik als wirtschaftlich sinnvoll erachteten Wettbewerbsrechts haben.

---

[23] *Grünbuch*, a.a.O. S. 9
[24] *Grünbuch*, a.a.O. S. 14
[25] *Grünbuch*, a.a.O. S. 16

I. interbrand- und intrabrand-Wettbewerb

Durch Vertriebsvereinbarungen und Bildung von engen Vertriebsketten können Unternehmen (sowohl auf Lieferanten- als auch auf Abnehmerebene) ihre Marktposition gegenüber konkurrierenden Unternehmen verbessern und so den Wettbewerb zwischen ihnen stärken. In einigen Fällen können sie aber auch zur Marktabschottung und damit Schwächung des Wettbewerbs oder zu einer "Knebelung" einzelner Vertriebskettenmitglieder führen.

Das Wettbewerbsrecht muss bestrebt sein, die positiven Marktauswirkungen vertikaler Beschränkungen zu fördern und die negativen zu unterbinden. Es scheint auf den ersten Blick, dass eine Vereinbarung dann als positiv zu bewerten ist, wenn sie den Wettbewerb zwischen den Marken stärkt und negativ zu bewerten ist, wenn sie diesen schwächt. Dies ist jedoch nicht die ganze Wahrheit. Wettbewerb findet nicht nur zwischen gleichartigen Erzeugnissen verschiedener Hersteller auf der Produzenten- wie auf allen folgenden Marktstufen statt (sog. interbrand-Wettbewerb). Auch die verschiedenen Abnehmer ein und desselben Herstellerprodukts stehen zueinander in einem Wettbewerbsverhältnis (sog. intrabrand-Wettbewerb).[26] Liefert der Hersteller seine Produkte an verschiedene Abnehmer und kann jeder dieser Händler frei entscheiden, wie, d.h. zu welchem Preis und mit welchem Service er das Produkt verkauft, kauft der Verbraucher bei dem Händler, der die für ihn optimale Kombination von Preis und Leistung anbietet. Diese Wahlmöglichkeit liegt im Interesse der Verbraucher. Vertikale Vereinbarungen beschränken diesen Wettbewerb zwischen den einzelnen Händlern einer Produktmarke, indem sie die Händlerleistungen uniformieren. Für den Verbraucher macht es keinen Unterschied mehr, ob er das Produkt bei Händler A oder Händler B erwirbt. Die engen Vertriebskooperationen der Zukunft schalten den intrabrand-Wettbewerb nahezu völlig aus. Dem Verbraucher werden dadurch möglicherweise wertvolle Wahlmöglichkeiten entzogen.

Neben der Beschränkung der Möglichkeiten *im* intrabrand-Wettbewerb können Vertriebsvereinbarungen auch den Zugang *zum* intrabrand-Wettbewerb beschränken. So kann ein Händler das fragliche Produkt nicht führen, wenn der Hersteller es über ein Alleinvertriebssystem vertreibt und in dem bestimmten Gebiet bereits ein Alleinvertriebsrecht vergeben ist.

Durch Vertriebsvereinbarungen gehen damit intrabrand-Wettbewerbskräfte verloren, von denen die beteiligten Unternehmen wie auch die Verbraucher profitieren können.

II. Schutzwürdigkeit des intrabrand-Wettbewerbs

Muss intrabrand-Wettbewerb vom Europäischen Wettbewerbsrecht aber überhaupt um seiner selbst willen geschützt werden? Wenn ja, dann müssen auch vertikale Vereinbarungen kontrolliert werden. Wenn nein, müssen sie nur dann wettbewerbsrechtlich un-

[26] vgl. hierzu *Ulmer*, ZHR 130, S. 164 ff., 180

tersucht werden, wenn sie einen negativen Einfluss auf den interbrand-Wettbewerb haben.

1. Artikel 81 Abs. 1

Art. 81 Abs. 1 gibt auf diese Frage keine eindeutige Antwort. Der Vertrag unterscheidet nicht zwischen Kartellen und wettbewerbsbeschränkenden Klauseln in Austauschverträgen. Der unbestimmte Rechtsbegriff "Vereinbarungen zwischen Unternehmen, die den Wettbewerb beschränken" musste folglich für den Bereich vertikaler Vereinbarungen erst ausgefüllt werden[27].

2. Auslegung durch den Gerichtshof

Ausschließlich zuständig für die verbindliche Auslegung und Anwendung des Gemeinschaftsrechts ist gemäß Art. 220 der Gerichtshof. Weil dieser in Verfahren gemäß Art. 230 auch darüber zu urteilen hat, ob der Rat in einer Richtlinie oder Verordnung bzw. die Kommission in einer Entscheidung das Primärrecht rechtmäßig ausgelegt und angewandt hat, ist auch die Auffassung dieser Organe hier zu berücksichtigen.

Der Gemeinschaftsgesetzgeber hat den ursprünglich offenen Tatbestand des Art. 81 Abs. 1 bei Erlass der *VO Nr. 17 vom 6. Februar 1962*[28] im Sinne eines allgemeinen, horizontale *und* vertikale Wettbewerbsbeschränkungen umfassenden Verbots interpretiert. Damit sind auch vertikale Wettbewerbsbeschränkungen verboten. Nach In-Kraft-Treten der Verordnung waren zwei große Mitgliedstaaten nicht bereit, sich diese Auslegung zu eigen zu machen[29].

3. Italienische Klage

Die italienische Regierung erhob am 2. März 1965 Klage beim EuGH, um Art. 4 und 5 VO Nr. 17/62 des Rates sowie die VO Nr. 19/65 des Rates zu Fall zu bringen. Während die VO 17/62 die Anmeldepflicht auch für Vertikalverträge vorschrieb[30], ermächtigt die VO Nr. 19/65 die Kommission zum Erlass von Gruppenfreistellungsverordnungen im Vertikalverhältnis.

Nach Auffassung der Klägerin werden die Beziehungen zwischen Unternehmen verschiedener Wirtschaftsstufen aber allein von Art. 82, nicht aber von Art. 81 erfasst, so

---

[27] *Rittner*, Wettbewerbs- und Kartellrecht S. 233
[28] ABl. 1962, S. 204
[29] Die deutsche und die italienische Regierung waren auch schon vor Erlass der Verordnung nicht damit einverstanden. Zu den Meinungsverschiedenheiten bei den Beratungen des Rates zur ersten Durchführungsverordnung soll an späterer Stelle ausführlich eingegangen werden, vgl. §13, II.2.a.
[30] Erst mit VO Nr. 1216/1999 vom 10.06.1999, ABl. L 148 v. 15.06.1999, S. 5 ff., ist die Meldepflicht im Rahmen der hier überprüften Reform des EG-Rechts abgeschafft worden.

dass sich eine Anmeldung oder gruppenweise Freistellung erübrige. Die Antwort des EuGH in seinem Urteil vom 13. Juli 1966[31] fiel klar aus[32]:

"Der Wortlaut der Artikel 85 und 86 bietet jedoch keinen Anhaltspunkt dafür, daß jedem von ihnen je nach der wirtschaftlichen Funktion der beteiligten Unternehmen ein derart gesonderter Anwendungsbereich zugewiesen wäre. Keiner von beiden unterscheidet zwischen miteinander im Wettbewerb stehenden Unternehmen gleicher Stufe und nicht miteinander im Wettbewerb stehenden Unternehmen verschiedener Stufen. Es geht auch nicht an, da Unterscheidungen zu treffen, wo der Vertrag es nicht tut. Die Anwendung von Artikel 85 auf Alleinvertriebsvereinbarungen läßt sich auch nicht mit der Begründung ausschließen, daß Lieferant und Vertriebsberechtigter nicht miteinander im Wettbewerb stünden. *Artikel 85 Absatz 1 betrifft nicht nur den Wettbewerb zwischen den Parteien der Vereinbarung, sondern auch den Wettbewerb zwischen diesen und Dritten.*"[33]

4. Verfahren Grundig und Consten

Die deutsche Bundesregierung trat im Verfahren Grundig und Consten gegen die Kommission als Streithelferin der Kläger auf. In der Sache ging es um eine Vereinbarung zwischen Grundig und Consten, wobei Consten, ein französischer Großhändler, ein Alleinvertriebsrecht für ganz Frankreich eingeräumt wurde. Zugleich wurde Consten untersagt, die Grundig-Erzeugnisse außerhalb des Vertragsgebiets abzusetzen. Da Grundig derartige Verträge auch mit allen anderen deutschen und ausländischen Vertriebsvermittlern geschlossen hatte, wurde ihnen jeweils absoluter Gebietsschutz gewährt[34]. Nachdem andere Zwischenhändler dennoch Grundig-Erzeugnisse nach Frankreich importiert und an Einzelhändler zu niedrigeren Preisen verkauft hatten, erhob Consten unter Berufung auf das Alleinvertriebsrecht Klage vor französischen Gerichten. Die beklagten Importeure riefen die Kommission an, die einen Verstoß gegen Art. 81 Abs. 1 feststellte und eine Freistellung nach Art. 81 Abs. 3 versagte[35].

Die *Kommission* unterstrich die Relevanz des intrabrand-Wettbewerbs. Durch den Alleinvertriebsvertrag sei auf Großhandelsstufe jede Konkurrenz beim Absatz der Grundig-Erzeugnisse beseitigt worden. Dieser Wettbewerb zwischen Verteilern desselben Herstellerprodukts sei aber wichtig, weil Produkte verschiedener Hersteller gerade nicht homogen seien und der Verbraucher deshalb *Angebote und Preise zuverlässig nur für Artikel der gleichen Marke vergleichen könne*. Der Substitutionswettbewerb allein sei oft wirkungslos und spiele nur global eine Rolle[36]. Außerdem sei intrabrand-

---

[31] EuGH, Italienische Regierung/Rat und Kommission, Rs. 32/65, Slg. 1966, S. 459 ff.

[32] auch EuR 1966 S. 338 mit einer Anmerkung von *Koenigs* zu diesem sowie dem Urteil Grundig und Consten und MBU.

[33] EuGH, a.a.O. S. 485. Hervorhebung durch den Verfasser.

[34] Zusätzlich hat Consten sich in Frankreich das Warenzeichen "GINT"(Grundig International) eintragen lassen, das auf allen Grundig-Geräten angebracht war.

[35] ABl. 1964, S. 2545

[36] EuGH Grundig/Consten Rs. 56 u. 58/64, Slg. 1966, S. 321 ff., 365

Wettbewerb von großer Bedeutung, weil Vertriebskosten einen hohen Teil der Verkaufspreise darstellten; je höher dieser Distributionsanteil am Endpreis sei, desto größer sei auch das Potential für Kosteneinsparungen auf Handelsebene, die, durch intrabrand-Wettbewerb angeregt - etwa in Form von Preissenkungen -, an die Verbraucher weitergegeben werden könnten. Der durch parallele Alleinvertriebsverträge und Exportverbote bewirkte absolute Gebietsschutz schotte die nationalen Märkte in der Weise ab, dass Preisunterschiede im Gemeinsamen Markt aufrechterhalten blieben und so der innergemeinschaftliche Handel beeinträchtigt werde.

Im sich anschließenden Klageverfahren vor dem EuGH machte die *deutsche Regierung* als klägerische Streithelferin geltend, dass Alleinvertriebsvereinbarungen im Gegensatz zu horizontalen Absprachen keine spürbaren Beschränkungen oder Verfälschungen des Wettbewerbs bezweckten. *Der Wettbewerbsbegriff des Artikels 81 beziehe sich vor allem auf den Wettbewerb zwischen gleichartigen Erzeugnissen verschiedener Marken* (interbrand-Wettbewerb). Ihn habe die streitige Vereinbarung sogar verstärkt. Deshalb könne sie nicht verboten sein. Das gemeinschaftliche Kartellverbot müsse im Sinne einer Rule of Reason angewendet werden. Ein per se Verbot sei zu vermeiden. Für die Wettbewerbsunschädlichkeit vertikaler Vereinbarungen spreche sogar eine Vermutung. Daher hätte die Kommission schon im Rahmen des Art. 81 Abs. 1 die Auswirkungen der streitigen Vereinbarung auf den interbrand-Wettbewerb zwischen verschiedenen Herstellern prüfen müssen, statt sich mit einer Analyse des intrabrand-Wettbewerbs zwischen Grundig-Händlern zu begnügen[37].

Der *EuGH* teilte die Auffassung der Bundesregierung nicht. Er sprach sich klar und unmissverständlich für die Schutzwürdigkeit des intrabrand-Wettbewerbs aus.

"Der Grundsatz der Wettbewerbsfreiheit gilt für alle Wettbewerbsstufen und für alle Erscheinungsformen des Wettbewerbs. Der Wettbewerb zwischen Herstellern mag zwar im allgemeinen augenfälliger in Erscheinung treten als der zwischen Verteilern von Erzeugnissen einer und derselben Marke. *Dies bedeutet aber nicht, daß eine Vereinbarung, die den Wettbewerb zwischen solchen Verteilern beschränkt, schon deshalb nicht unter das Verbot des Art. 85 Abs. 1 fiele, weil sie den Wettbewerb zwischen Herstellern möglicherweise verstärkt*[38]."

Nach Auffassung des EuGH wollten die Kläger durch das Alleinvertriebsrecht jede Wettbewerbsmöglichkeit auf der Großhandelsstufe im Vertragsgebiet beseitigen. Sie bewirkten dadurch "eine Abriegelung des französischen Marktes und ermöglichten es, für die fraglichen Erzeugnisse Preise anzuwenden, die keinem wirksamen Wettbewerb ausgesetzt sind"[39]. Daneben wies er - wie zuvor bereits die Kommission - darauf hin, dass es gerade wegen des erheblichen Anteils der Vertriebskosten am Gesamtgestehungspreis wichtig sei, auch den Wettbewerb zwischen den Händlern zu fördern. Wer-

---

[37] EuGH Grundig/Consten a.a.O., S.364, 366 f., 368
[38] EuGH Grundig/Consten a.a.O., S. 390. Hervorhebung durch den Verfasser.
[39] EuGH a.a.O. S. 391

de dieser wie hier durch ein Alleinvertriebsrecht unterbunden, so liege darin eine Wettbewerbsverfälschung nach Art. 81 Abs. 1, ohne dass es auf etwaige günstige Auswirkungen der Vereinbarung in anderer Hinsicht ankäme[40].

5. Zwischenergebnis

Der EuGH hat sich für die Anwendbarkeit von Art. 81 auf Vertikalverträge entschieden. Der durch diese Vereinbarungen vornehmlich beschränkte intrabrand-Wettbewerb muss geschützt werden, auch wenn der interbrand-Wettbewerb augenscheinlicher in Erscheinung tritt und durch die Vereinbarungen sogar verstärkt wird. Der Verbraucher, dem es häufig gerade auf den Erwerb eines bestimmten Herstellerprodukts ankommt, muss die Möglichkeit haben, zwischen verschiedenen Angeboten wählen zu können. Diese grundsätzliche Position haben Kommission und Gerichtshof auch im Laufe der bald vierzigjährigen Entscheidungspraxis und Rechtsprechung nicht aufgegeben[41]. Noch in den Urteilen vom 24.10.1995 in Sachen "Bundeskartellamt gegen Volkswagen und VAG- Leasing"[42] sowie "BMW gegen ALD Autoleasing"[43] hat der Gerichtshof unter ausdrücklicher Bezugnahme auf das Urteil "Grundig und Consten" seine Haltung bestätigt und den Händlern ein gewisses Maß an Wettbewerbsfreiheit *untereinander* garantiert.

Damit scheint der freien Entwicklung neuartiger Absatzkooperationen und riesiger Vertriebsketten, die den Wettbewerb zwischen den Händlern einer Herstellermarke weitestgehend unterbinden, eine Absage erteilt worden zu sein. Dass vertikale Wettbewerbsbeschränkungen dem Verbotstatbestand unterfallen (können) und intrabrand-Wettbewerb von Art. 81 Abs. 1 grundsätzlich geschützt wird, heißt jedoch nicht, dass derartige Verträge stets wettbewerbsrechtlich unzulässig sind. Die Kommission hat, ebenso wie die europäischen Gerichte, eine Vielzahl von Entscheidungen erlassen, in denen Vertriebsverträge entweder aus dem Anwendungsbereich des Verbotstatbestandes herausgenommen oder nach Absatz 3 freigestellt werden. Schließlich hat die Kommission Gruppenfreistellungsverordnungen erlassen und so ganze Gruppen von Vertriebssystemen legitimiert.

---

[40] EuGH a.a.O. S. 392

[41] *Joerges*, GRUR Int. 1984, S. 228 ff. 231 ist der Auffassung, das Vorbringen der italienischen und deutschen Regierung in dem Verfahren Grundig und Consten habe in der wohlwollenden Behandlung selektiver Vertriebsverträge unter Art. 81 Abs. 1 Eingang in die Rechtsprechung des EuGH gefunden und dieser habe seine rigide Haltung jetzt z.T. aufgehoben. Auch wenn dies der Fall sein sollte - hierzu unten § 2 III.3. und § 13, II.3.b.bb -, wurde die grundsätzliche Schutzwürdigkeit des intrabrand-Wettbewerbs niemals aufgegeben.

[42] EuGH Rs. C-266/93, Slg. 1995 S. I-3477

[43] EuGH Rs. C-70/93, Slg. 1995, S. I-3439

III. Bisherige Beurteilung einzelner Vertriebssysteme

Im Folgenden soll die Behandlung der wichtigsten Vertriebssysteme durch Kommission und EuGH dargestellt werden. Beide Organe haben schnell und relativ wohlwollend auf das jeweils aufkommende Bedürfnis nach Neugestaltung der Vertriebswege reagiert. Im Laufe der Zeit hat sich so eine fundierte Rechtsprechung und Entscheidungspraxis zum Alleinvertrieb, Alleinbezug, Selektivvertrieb sowie zum Franchising herausgebildet.

1. Alleinvertrieb

Die *Kommission* sieht regelmäßig schon in der Verkürzung von Angebotsquellen für die Händler und Verbraucher im Vertragsgebiet sowie in der Beschränkung von Liefermöglichkeiten des Herstellers an andere Händler außer dem durch den Alleinvertriebsvertrag autorisierten Alleinvertriebsberechtigten eine Wettbewerbsbeschränkung gemäß Art. 81 Abs. 1[44].

Für den *EuGH* ist bei der Frage, ob eine Alleinvertriebsvereinbarung gegen Art. 81 Abs. 1 verstößt, entscheidend, ob die Exklusivität wie im Fall "Grundig und Consten" absolut ist oder ob Paralleleinfuhren erlaubt sind und damit die Möglichkeit offengelassen wird, die Vertragswaren auch auf anderen Absatzwegen zu vertreiben. Während absoluter Gebietsschutz stets gegen Art. 81 Abs. 1 verstößt, muss dies bei nur relativem Gebietsschutz nicht der Fall sein, obwohl auch hier die Handlungsfreiheit in für dritte Marktteilnehmer spürbarer Art und Weise beschränkt sein kann. Diese wettbewerbsrechtliche Unbedenklichkeit des relativen Gebietsschutzes in Alleinvertriebsverträgen hat zum einen ihren Ursprung darin, dass dem Hersteller grundsätzlich das Recht zugestanden werden muss, seine Absatzwege so auszugestalten, wie er es für richtig und wirtschaftlich sinnvoll hält. Er ist grundsätzlich in der Entscheidung frei, ob er an jeden Händler verkauft, eine aus der Natur des Produkts gerechtfertigte Auswahl trifft oder seinen Vertrieb mit einem Netz von Alleinvertriebshändlern organisiert[45].

Daneben können Alleinvertriebsverträge auch bestimmte positive Auswirkungen auf den Wettbewerb haben. Sie können den Marktzutritt eines neuen Herstellers ermöglichen, indem sie Händler dazu bewegen, sich in einem Vertragsgebiet frei von intrabrand-Konkurrenz für den Absatz des neuartigen Produkts einzusetzen. Deshalb hat der EuGH in der Sache "Maschinenbau Ulm" [46] vom 30. Juni 1966 entschieden, dass es an einer Wettbewerbsbeschränkung fehlen kann, wenn sich eine Vereinbarung

---

[44] vgl. KomE "Grundig/Consten", ABl. 1964/2545, 2547; "Omega" ABl. 1970 L 242/2225; "SABA I" ABl. 1976 L 28/19, 26

[45] Dies kommt z.B. in der Entscheidung "Metro/SABA I" zum Ausdruck, wenn auch dieser Grundsatz im EG-Recht wesentlich weniger deutlich als im deutschen Recht zum Ausdruck kommt, vgl. hierzu *Bechtold*, RIW 1989, S. 809 ff., 813, m.w.N.

[46] EuGH "Maschinenbau Ulm", Slg. 1966, 282, 304

für die Erschließung eines neuen Marktes als notwendig erweist, auf dem das Produkt bisher noch nicht vertrieben wurde (sog. Markterschließungsdoktrin)[47]. In diesem Fall werde *zusätzlicher* interbrand-Wettbewerb erst geschaffen, ohne dass aktueller intrabrand-Wettbewerb beschränkt werden könnte. Gab es auch keinen potentiellen intrabrand-Wettbewerb, weil kein Händler ohne den Schutz des Alleinvertriebsrechts bereit gewesen wäre, den Aufwand und das Risiko für die Erschließung des neuen Marktes mit einem noch völlig unbekannten Produkt zu tragen, könne Art. 81 Abs. 1 mangels wettbewerbsbeschränkender Wirkung gar nicht zur Anwendung gelangen[48].

Alleinvertriebsverträge sind nach Ansicht des Gerichtshofs damit wettbewerbsrechtlich hinnehmbar, solange sie keine Ausschließlichkeit bewirken, solange also ein Mindestmaß an intrabrand-Wettbewerb möglich ist. Sie sind erst recht dann nicht schädlich, wenn noch gar kein (aktueller oder potentieller) intrabrand-Wettbewerb besteht, weil das Produkt auf dem Markt noch nicht vertrieben wird.

Aufgrund dieser Rechtsprechung des EuGH sowie der eigenen Entscheidungspraxis hat die Kommission gemäß der Ermächtigungsverordnung Nr. 19/65 des Rates im Jahre 1967 bestimmte Alleinvertriebs- und Alleinbezugsverträge durch die Verordnung Nr. 67/67[49] gruppenweise freigestellt. Diese Verordnung wurde 1983 durch die fast identische Verordnung Nr. 1983/83[50] abgelöst. Danach waren Alleinvertriebsverträge vom Verbot des Art. 81 Abs. 1 freigestellt, sofern sie die in der Gruppenfreistellungsverordnung einzeln aufgeführten Voraussetzungen erfüllten. Hauptmotiv für die gruppenweise Freistellung war deren integrationsfördernde Wirkung. Alleinvertrieb ermögliche die Einführung eines Erzeugnisses auch und gerade in einem anderen Mitgliedstaat und gewährleiste so dem Verbraucher die gemeinschaftsweite Erhältlichkeit der Produkte[51]. Außerdem könne durch den Alleinvertrieb über nur einen Händler je Gebiet der Warenabsatz erheblich rationalisiert werden. Dem Händler werde mangels intrabrand-Konkurrenz in seinem Gebiet ein bestimmter Gewinn garantiert. Deshalb übernehme er bereitwillig Aufwendungen für Absatzförderung, kümmere sich um Kundendienst und Lagerhaltung. Er sichere dem Hersteller eine intensive Bearbeitung des Marktes und dem Verbraucher komme letztlich die kontinuierliche Versorgung mit einem Produkt zugute.

Wie bei der Einzelfreistellung durfte auch nach dieser Gruppenfreistellungsverordnung kein absoluter Gebietsschutz vereinbart werden (Art. 3 lit. c. VO 1983/83). Paralleleinfuhren mussten stets möglich sein.

Die VO 1983/83 ist am 31.05.2000 außer Kraft getreten.

---

[47] EuGH "Maschinenbau Ulm", Slg. 1966, 282, 304

[48] *Kirchhoff*, Die kartellrechtliche Beurteilung vertikaler Vertriebsverträge, S. 265 f.

[49] Verordnung Nr. 67/1967, ABl. 1967 Nr. 57 S. 849

[50] ABl. L 173 v. 30.06.1983 S. 1 ff. Die Geltungsdauer war zum 31.12.1997 begrenzt und wurde durch VO 1582/1997 zum 31.12.1999 und durch VO 2790/1999 zum 31.05.2000 verlängert.

[51] Erwägungsgrund 7 der VO 1983/1983, ABl. L 173 v. 30.06.1983 S. 1 ff.

2. Alleinbezug

Verpflichtet sich ein Händler, bestimmte Produkte nur von einem Lieferanten zu beziehen, fällt dieser für andere Lieferanten als Absatzmittler aus. Dies kann sich - jedenfalls bei der Bindung einer Vielzahl von Absatzmittlern - negativ auf den interbrand-Wettbewerb auswirken, da der Marktzutritt konkurrierender Hersteller erschwert werden kann[52]. Deshalb fallen Alleinbezugsvereinbarungen nach Auffassung der *Kommission* grundsätzlich unter Art. 81 Abs. 1. Daneben können sie auch ungünstige Auswirkungen auf den intrabrand-Wettbewerb haben. Wird dem Händler nicht nur verboten, Konkurrenzwaren zu beziehen, sondern wird ihm zusätzlich auferlegt, das Herstellerprodukt ausschließlich von einem ganz bestimmten Lieferanten zu beziehen, kann er günstigere Bezugsquellen für dieses Produkt nicht nutzen. Er hat dann im Verhältnis zu anderen Vertreibern der Vertragsware einen Wettbewerbsnachteil[53].

Vorteil einer Alleinbezugsverpflichtung ist, dass der Lieferant den Absatz seiner Waren langfristig planen kann und der Abnehmer eine kontinuierliche Versorgungsquelle erhält. Dies bewirkt eine Verbesserung der Warenverteilung, die letztlich auch dem Verbraucher zugute kommt. Ferner wird eine intensive Marktbearbeitung durch Rationalisierung des Warenabsatzes gefördert. Alleinbezug kann schließlich - ebenso wie Alleinvertrieb - ein Mittel zur Markterschließung sein. Die bereits erwähnte VO Nr. 67/67[54], die neben Alleinvertriebs- auch Alleinbezugsverträge vom Wettbewerbsverbot freistellte, wurde 1983 durch die VO Nr. 1984/83 der Kommission[55] ersetzt. Ihr Inhalt entsprach weitestgehend der Verordnung für Alleinvertrieb. Deshalb soll nicht weiter auf diese Gruppenfreistellungsverordnung, die ebenfalls am 31.05.2000 außer Kraft getreten ist, eingegangen werden.

2. Selektivvertrieb

Da der Lieferant grundsätzlich frei entscheiden darf, ob und an wen er seine Waren verkauft, kann er die Belieferung von bestimmten qualitativen Anforderungen der Abnehmer abhängig machen (*qualitative Selektion*).

Die *Kommission* entschied erstmals im Jahre 1970 in der Sache "Kodak"[56], dass die Aufstellung von allgemeinen fachlichen Voraussetzungen für den Zugang zum Vertrieb, die objektiv geeignet sind, den sachgerechten Absatz der Erzeugnisse zu gewährleisten, nicht unter Art. 81 Abs. 1 fällt.

---

[52] vgl. VO Nr. 1984/83, Erwägungsgrund 11, ABl. L 173 v. 30.06.1983 S. 5 ff.
[53] *Kirchhoff*, a.a.O. S. 279
[54] Verordnung Nr. 67/1967, ABl. Nr. 57 S. 849
[55] ABl. L 173 v. 30.06.1983 S. 5 ff.
[56] ABl. L 147 v. 29.6.1970, S. 24

Der *EuGH* schloss sich der Auffassung an und entschied in der Sache "Metro I"[57], "dass selektive Vertriebssysteme mit Art. 85 Abs. 1 vereinbar sind, wenn die Auswahl der Wiederverkäufer aufgrund objektiver Gesichtspunkte qualitativer Art erfolgt, die sich auf die fachliche Eignung des Wiederverkäufers, seines Personals und seiner sachlichen Ausstattung beziehen, und sofern diese Voraussetzungen einheitlich für alle in Betracht kommenden Wiederverkäufer festgelegt und ohne Diskriminierung angewendet werden."[58] Auf diese Weise werde laut EuGH die Freiheit der Händler nicht unangemessen beeinträchtigt. Erfüllen sie die Voraussetzungen, muss der Lieferant sie beliefern. Die Grenze hat der EuGH jedoch in der Sache "Metro II" dort gezogen, wo das selektive Vertriebssystem zu einer Starrheit der Preisstruktur führt, "*die nicht durch andere intrabrand-Wettbewerbsfaktoren und durch das Bestehen echten interbrand-Wettbewerbs aufgewogen wird*"[59].

Der Gerichtshof nimmt hier eine Saldierung der negativen mit den positiven Wettbewerbsauswirkungen bereits im Verbotstatbestand vor, was untypisch für das europäische Wettbewerbsrecht ist. Vorteile für den Wettbewerb, die die Nachteile aufwiegen, haben in der Regel ihren systematischen Platz erst im Freistellungstatbestand. In den Entscheidungsgründen nimmt der Gerichtshof an, "daß mit jedem selektiven Vertriebssystem eine gewisse Beschränkung des Preiswettbewerbs einhergeht, weil die von den Fachhändlern angewandten Preise notwendigerweise innerhalb einer wesentlich engeren Spanne bleiben als im Falle eines Wettbewerbs zwischen Fachhändlern und Nichtfachhändlern". Wenn aber der intrabrand-Preiswettbewerb mit jedem selektiven Vertriebsvertrag eingeschränkt wird, müsste der Verbotstatbestand erfüllt sein. Nach Auffassung des EuGH wird diese Beschränkung aber "durch einen Wettbewerb im Bereich der Kundendienstleistung aufgehoben"[60], so dass Art. 81 Abs. 1 im Ergebnis nicht erfüllt sei.

Letztlich führten die Entscheidungen des EuGH in den Sachen "Metro I" und "Metro II" zu einer neuen Bewertung des intrabrand-Wettbewerbs[61]: Lebhafter interbrand-Wettbewerb oder außerpreislicher intrabrand-Wettbewerb kann Beschränkungen des intrabrand-Preiswettbewerbs aufwiegen mit dem Ergebnis, dass schon keine Beschränkung des Wettbewerbs nach Art. 81 Abs. 1 vorliegt. Genau dies hatte im Verfahren "Grundig und Consten" die deutsche Regierung gefordert: die Abwägung der interbrand- mit den intrabrand-Auswirkungen innerhalb des Verbotstatbestands. Der EuGH hat seinerzeit noch verneint, "daß eine Vereinbarung, die den Wettbewerb zwischen solchen Verteilern beschränkt, schon deshalb nicht unter das Verbot des Artikels 81 Absatz 1 fiele, weil sie den Wettbewerb zwischen Herstellern möglicherweise ver-

---

[57] EuGH Rs. 26/76, Slg. 1977, S. 1875 ff.
[58] EuGH Slg. 1977, 1875, 1905 f.
[59] EuGH Slg. 1986, 3021, 3085. Hervorhebung durch den Verfasser.
[60] EuGH, a.a.O. S. 3086
[61] so auch *Bechtold*, a.a.O. S. 809 ff.

stärkt." Insofern kann von einer Eingrenzung des Verbotstatbestands für den Bereich des Selektivvertriebs gesprochen werden[62].

In der Folgezeit haben sich Kommission und EuGH mit der Frage befasst, wann ein selektives Vertriebssystem zulässig ist und welche Vereinbarungen in ihm enthalten sein dürfen[63]. Nach der Entscheidung in der Sache "L'Oreal/de Nieuwe AMCK"[64] ist ein selektives Vertriebssystem dann zulässig, wenn die Eigenschaften des Erzeugnisses ein solches zur Wahrung seiner Qualität und zur Gewährung seines richtigen Gebrauchs *erfordern*. Dies ist der Fall, wenn neben dem Preis andere Wettbewerbsparameter relevant sind, weil es sich um hochwertige, technisch anspruchsvolle Erzeugnisse[65] oder andere qualitativ hochwertige Waren handelt[66], die nur in Kombination mit besonderen Händlerleistungen abgesetzt werden können[67]. Wird dies bejaht, sind alle produktbezogenen Händlerleistungen, die im Hinblick auf konkrete Verbraucherbedürfnisse *vernünftig* erscheinen, wettbewerbsrechtlich zulässig. Die geforderten Leistungen müssen also nicht notwendig, sondern nur vernünftig sein, um nicht unter das Wettbewerbsverbot zu fallen. Der Hersteller kann von seinen Händlern alle möglichen absatzbegleitenden Leistungen verlangen, auf die er im Sinne seiner Marketing-Strategie vernünftigerweise nicht verzichten will[68]. Beispiele sind Kundenberatung durch qualifiziertes Personal, Geschäftsräume, die eine angemessene Lagerung, Ausstellung und Vorführung[69] der Vertragswaren ermöglichen sowie die Fähigkeit zu Garantieleistung und Kundendienst[70]. Unter Art. 81 Abs. 1 fallen (und damit nicht vernünftig sind) dagegen Querlieferungsverbote[71].

Hat der Hersteller seine Händler mittels bestimmter qualitativer Selektionskriterien ausgewählt, kann er sich zusätzlich dazu entschließen, sein Verkaufsgebiet in Bereiche aufzuteilen und jeweils nur einen Händler zum Verkauf einzusetzen (*quantitative Selektion*). Die quantitative Selektion wird nach Auffassung von Kommission und Ge-

---

[62] vgl. *Koch* in Grabitz/Hilf, Art. 81 Rz. 105, der die Vorgehensweise des EuGH als eine Verneinung der qualitativen Spürbarkeit interpretiert.
[63] vgl. hierzu *Klotz*, EuR 1993, S. 72 ff.
[64] EuGH Rs. 31/80, Slg. 1980 S. 3775 ff. 3791, Rz. 16
[65] z.B. Unterhaltungselektronik: EuGH "Metro I", Slg. 1977, 1877, 1905; Personalcomputer: Kommission "IBM" ABl. 1984 L 118 S. 24 ff., 26 f.; technisch komplizierte Artikel der Uhrenindustrie: Kommission "Junghans" ABl. 1977 L 30 S. 10 ff., 14; im Unterschied zu anspruchslosen Uhren aus Massenfabrikation: EuGH "ETA/DK Investment" Slg 1985, 3933, 3944
[66] Schmuck aus Edelmetall: Kommission "Murat" ABl. 1983 L 348 S. 20ff., 22; Feinkeramik: "Villeroy & Boch" ABl. 1985, L 376 S. 15ff., 17f.
[67] *Kirchhoff*, a.a.O., S. 247 f., *Hays*, E.L.Rev. 2001, 468 ff. 472 ff.
[68] Zu den verschiedenen Beschränkungen, die zu einem Vorteil für die Verbraucher führen auch *Schricker*, GRUR 1976, 528 ff., 534 ff. für das GWB
[69] z.B. die Verpflichtung, die Produkte in einem branchenspezifischen, repräsentativen Warenangebot auszustellen (Mitbewerberumfeld), Kommission "Junghans", a.a.O., sie getrennt von verwechslungsfähigen Erzeugnissen anzubieten, Kommission "Murat" a.a.O.
[70] Dazu gehört auch die Möglichkeit zur Warenauslieferung und damit die Unterhaltung eines entsprechenden Fuhrparks, Kommission "Ideal-Standard“"ABl. 1985, L 20 S. 38 ff., 41.
[71] Kommission "SABA" ABl. L 28 v. 15.12.1975, S. 19

richtshof grundsätzlich vom Tatbestand des Art. 81 Abs. 1 erfasst. Die Wettbewerbsbeschränkung liege darin, dass bestimmte Händler vom Vertrieb ausgeschlossen werden, obwohl sie fachlich geeignet sind. Auch der Verbraucher werde dadurch in seinen Wahlmöglichkeiten beschränkt[72]. Eine Alternative zur Entscheidung des Lieferanten, nur eine bestimmte Anzahl an Händlern zu beliefern, ist die Vereinbarung einer Mindestabnahmemenge[73]. Die Wettbewerbsbeschränkung liegt hier darin, dass der Händler, der naturgemäß nur eine bestimmte Warenmenge absetzen kann, entweder vom Vertrieb der Herstellerware ganz absieht oder mangels Kapazität daran gehindert wird, auch Waren anderer Hersteller zu führen[74].

Die Vereinbarung einer direkten oder indirekten quantitativen Selektion wird zumeist nach Art. 81 Abs. 3 freigestellt. Durch die Verpflichtung des Großhändlers, mit dem Hersteller Lieferverträge über sechs Monate im voraus abzuschließen, wird nach Auffassung des EuGH in der "Metro I"-Entscheidung eine größere Regelmäßigkeit des Vertriebs und damit eine Verbesserung der Warenerzeugung und -verteilung bewirkt. Langfristige Lieferverträge gestatteten dem Hersteller eine genaue Produktions- und Absatzplanung unter gleichzeitiger Rationalisierung der Fertigung und des Vertriebs[75]. Sie stellten die kontinuierliche Versorgung der Großhändler sicher und veranlassten diese zu einer intensiven Marktpflege[76]. Auch in der Festsetzung der absoluten Höchstzahl von Einzelhändlern entsprechend der mutmaßlichen Kaufkraft der örtlichen Kundschaft wird eine Verbesserung der Warenverteilung gesehen und eine Freistellung erteilt[77]. Die Firma Omega, die nur eine geringe Anzahl hochwertiger Uhren für einen kleinen und auserwählten Käuferkreis herstellte, begrenzte die Zahl der Verkaufsstätten, weil die Belieferung aller qualifizierter Händler dazu geführt hätte, dass pro Geschäft nur wenige Uhren verkauft worden wären. Dies hätte die Motivation der einzelnen Händler zur Verkaufsförderung wegen des relativ geringen Gewinns erheblich beeinträchtigt, was auch nicht im Verbraucherinteresse gelegen hätte.

4. Franchising

Der Franchisegeber räumt dem Franchisenehmer gegen Vergütung und unter vielfältigen Auflagen und Beschränkungen die Möglichkeit ein, seine Geschäftskonzeption unter seiner Geschäftsbezeichnung zu verwenden[78]. Dem Franchisegeber wird auf diese Weise ermöglicht, eine erfolgreiche Systemidee ohne Einsatz eigenen Kapitals durch ein einheitliches Vertriebsnetz zu nutzen, während der Franchisenehmer vom Ansehen der Systemmarke und der Anwendung des Systemkonzepts profitiert. Auf diese Weise wird neuen Anbietern der Marktzutritt erleichtert, indem ihnen die Mög-

[72] Kommission, "SABA" a.a.O.
[73] vgl. EuGH "Metro I", Slg. 1977, S. 1877 ff., 1913 f.
[74] EuGH "Metro I" a.a.O. S. 1914
[75] EuGH "Metro I" a.a.O. S. 1914
[76] EuGH a.a.O. S. 1915 ff.
[77] ABl. 1970 L 242 S. 22 ff.
[78] EuGH "Pronuptia" Slg. 1986, 353, 381, 385

lichkeit eröffnet wird, ein einheitliches Vertriebsnetz mit begrenzten eigenen finanziellen Mitteln aufzubauen. Die kleineren Händler als Franchisenehmer erhalten bessere Chancen im Wettbewerb mit großen Handelsunternehmen. Letztlich kommen diese günstigen Auswirkungen auch dem Verbraucher zugute, der von der gleichmäßigen Qualität der Produkte profitiert[79]. Schließlich spornt die Möglichkeit, das eigene Produkt trotz geringen Kapitals erfolgreich und gewinnbringend auf den Markt zu bringen, viele Hersteller an, innovative Produktideen zu entwickeln und so den Fächer der Preis-Leistungs-Kombinationen im Interesse der Verbraucher zu erweitern.

1986 hat der *EuGH* sich in der Sache "Pronuptia" für die Vereinbarkeit von Franchisesystemen mit Art. 81 Abs. 1 ausgesprochen[80]. Der Kern einer Franchisevereinbarung liege in der wirtschaftlichen Verwertung eines Wissensschatzes und dies sei wettbewerbsrechtlich unbedenklich. Bestimmungen, die unerlässlich sind, um die Funktionsfähigkeit dieses lizenzartigen Kerns zu gewährleisten, fallen laut Gerichtshof schon nicht unter das Verbot des Art. 81 Abs. 1[81]. Der EuGH zieht damit das Unerlässlichkeitskriterium, das grundsätzlich erst in Art. 81 Abs. 3 Buchstabe a) geprüft wird, in den Verbotstatbestand vor. Dies erinnert an die amerikanische anchillary-restraints-Doktrin[82] bzw. den deutschen Immanenzgedanken, wonach das Kartellrecht Absprachen nicht verbieten darf, wenn sie erforderlich sind, um einen wettbewerbsneutralen Hauptzweck nicht zu gefährden[83].

Der EuGH löst sich auch hier von der formalistischen Anwendung des in Verbots- und Freistellungstatbestand unterteilten Art. 81 und berücksichtigt - ähnlich wie beim Selektivvertrieb - den wirtschaftlichen Wirkungszusammenhang schon bei der Frage, ob nach Absatz 1 überhaupt eine Wettbewerbsbeschränkung vorliegt[84]. Unerlässlich - und damit nicht nach Art. 81 Abs. 1 verboten - sind Bestimmungen, wenn sie entweder dem Schutz des Know-hows vor der Verwertung durch Konkurrenten dienen oder wenn sie erforderlich sind, um die Identität und das Ansehen der Franchiseorganisation zu wahren[85]. Der Franchisenehmer darf deshalb verpflichtet werden, sein Geschäft oder die Rechte aus der Franchise nicht ohne Zustimmung des Franchisegebers zu übertragen. Es darf ein Wettbewerbsverbot vereinbart werden, das dem Franchisenehmer untersagt, mit einem weiteren eigenen Geschäftsbetrieb zu dem Unternehmen des Franchisegebers in Wettbewerb zu treten. Dem Schutz der Identität der Vertriebsorganisation dienen z.B. Vereinbarungen, die eine einheitliche Anwendung der vom Franchisegeber entwickelten Geschäftsmethoden durch die Franchisenehmer gewährleisten[86]. Der Franchisegeber darf objektive Qualitätsnormen aufstellen, die ein system-

---

[79] vgl. Erwägungsgründe 7 und 8 der VO Nr. 4087/88, ABl. L 359 v. 28.12.1988 S. 46 ff.
[80] Slg. 1986, 353; hierzu *Venit*, E.L.Rev. 1986, S. 213 ff.
[81] EuGH, a.a.O. S. 381, 385
[82] Vom EuGH bereits in der Sache Remia Nutricia/Kommission, Rs. 42/84, Slg. 1985, S. 2545 ff. im Hinblick auf ein Wettbewerbsverbot eingeführt.
[83] *Ulmer*, RIW 1985, 517, 519
[84] *Kirchhoff*, a.a.O. S. 295
[85] EuGH a.a.O. 381 f., 385
[86] EuGH a.a.O. S. 382 f.

weites Warenangebot gleicher Qualität sicherstellen. Kann ein solcher objektiver Qualitätsstandard nicht entwickelt werden, darf dem Franchisenehmer auch auferlegt werden, nur Waren des Franchisegebers zu verkaufen[87].

Sobald eine Vereinbarung nicht mehr unerlässlich ist, um die Funktionsfähigkeit des Franchisingvertrags im lizenzartigen Kern zu gewährleisten, fällt sie unter das Wettbewerbsverbot. Wird die Preisgestaltungsfreiheit der Franchisenehmer eingeengt oder eine Marktaufteilung unter den Franchisenehmern bewirkt oder werden Querlieferungen unterbunden, kommt es auf die Freistellungsfähigkeit der Beschränkung an[88]. In der Regel erfolgt eine Freistellung, weil angenommen wird, dass nur mittels dieser Vereinbarungen die Systemidee wirtschaftlich sinnvoll verwertet werden kann[89].

Auf der Grundlage der Entscheidungspraxis des EuGH hat die Kommission 1988 die *Gruppenfreistellungsverordnung* Nr. 4087/88 für Franchiseverträge[90] erlassen, in der sie die vom Gerichtshof in dem "Pronuptia"-Verfahren entwickelten Grundsätze weitgehend übernommen hat.

Gemäß Art. 2 Buchstabe a) bis Buchstabe d) der VO wurde die Gewährung eines relativen Gebietsschutzes grundsätzlich als legitim anerkannt und freigestellt. Wie auch in der Alleinvertriebsverordnung zählte Art. 3 VO die Klauseln auf, auf die Art. 81 Abs. 1 nicht anwendbar ist, wobei sich die Kommission weitgehend an den Ausführungen des EuGH im genannten "Pronuptia"-Urteil orientierte. Die Funktionsfähigkeit eines Franchisesystems machte laut Gruppenfreistellungsverordnung eine Vielzahl von intrabrand-Wettbewerbsbeschränkungen unerlässlich. Dennoch schützte auch sie ein Minimum an Möglichkeiten zum systeminternen Wettbewerb. Nach Art. 5 Buchstabe g) der VO durfte die Freizügigkeit der europäischen Verbraucher, Waren nach ihrer Wahl von allen Franchisenehmern eines Netzes in sämtlichen Mitgliedstaaten zu beziehen, nicht beeinträchtigt werden. Gemäß Art. 4 Buchstabe a) VO mussten Querlieferungen der Franchisenehmer untereinander zulässig sein[91]. Vertikale Preisbindung war verboten, erlaubt waren lediglich unverbindliche Preisempfehlungen (Art. 4 Buchstabe a) VO). Auch diese GVO ist am 31.05.2000 außer Kraft getreten.

5. Zwischenergebnis

Aus der Darstellung der einzelnen Vertriebssysteme können einige wichtige Erkenntnisse gezogen werden. Zum einen hat sich an der *grundsätzlichen* Anwendbarkeit des Wettbewerbsverbots auf vertikale Beschränkungen auch im Verlauf der letzten Jahrzehnte nichts geändert. Der intrabrand-Wettbewerb wird grundsätzlich neben inter-

---

[87] EuGH a.a.O. S. 383 Hier hat der EuGH erstmals eine Bezugsbindung in einem Vertriebsvertrag nicht unter Art. 81 Abs. 1 subsumiert, *Kevekordes*, BB 1987, S. 74, 77
[88] EuGH a.a.O. S. 384
[89] *Kirchhoff*, a.a.O. S. 299
[90] VO Nr. 4087/88, ABl. 1988 L 359 S. 46 ff.
[91] vgl. die Entscheidung d. Kommission "Yves Rocher", a.a.O. S. 58

brand-Wettbewerb als eigenes Schutzgut anerkannt. Dennoch führt dieser Schutz nicht zur Unzulässigkeit sämtlicher vertikaler Vertriebsvereinbarungen. Während manchen Vertragsklauseln überhaupt abgesprochen wird, irgendwelche negativen Auswirkungen auf den Wettbewerb zu haben, weil sie notwendig zur Durchführung des ansonsten wettbewerbsneutralen Vertragswerks sind, wird bei anderen die Wettbewerbsschädlichkeit im Ergebnis verneint, weil andere positive Auswirkungen auf den (inter- oder intrabrand-) Wettbewerb die negativen aufwiegen. In den meisten Fällen wird jedoch eine Freistellung der Vereinbarung nach Art. 81 Abs. 3 erteilt; d.h. das Verbot des Absatzes 1 wird in einem zweiten Prüfungsschritt für nicht anwendbar erklärt.

Die Erkenntnisse, die die Kommission anlässlich der Prüfung von Anmeldungen und der Erteilung von Einzelfreistellungen gewonnen hat, hat sie im Bereich Alleinvertrieb, Alleinbezug und Franchising in Gruppenfreistellungsverordnungen umgesetzt[92]. Soweit die Unternehmen ihre Vereinbarungen den Anforderungen dieser Verordnungen anpassten, wurden sie gruppenweise freigestellt, ohne dass es einer vorherigen Anmeldung und Einzelentscheidung bedurfte. In Anbetracht dessen, dass die Kommission und der Gerichtshof jeweils relativ kurze Zeit nach Aufkommen des Bedürfnisses nach einem neuartigen Vertriebssystem darauf reagiert haben und deren wettbewerbsrechtliche Zulässigkeit in bestimmten Grenzen regelten, ist der Kommission dahingehend zuzustimmen, dass ihre Vorgehensweise im Bereich vertikaler Beschränkungen überwiegend erfolgreich gewesen ist[93]. Dennoch haben sich in der letzten Zeit die kritischen Stimmen gemehrt.

IV. Schwachpunkte des bisherigen Regelungssystems

1. Kritik am früheren System

Die Kommission hat die Unzulänglichkeiten des alten Systems in drei Hauptkategorien zusammengefasst: Zwangsjackeneffekt (a.), Marktmachtvernachlässigung (b.) und Beschränkung auf Vereinbarungen zwischen zwei Unternehmen zwecks Wiederverkauf von Enderzeugnissen (c.)[94].

a. Zwangsjackeneffekt

Der erste Kritikpunkt wendet sich gegen das detaillierte System weißer und schwarzer Listen in den nunmehr ausgelaufenen Gruppenfreistellungsverordnungen. Den Unter-

---

[92] Dementsprechend hielt die Kommission das Anmeldesystem für eine unerschöpfliche Quelle der Information über Geschäftsvorhaben einschließlich vertikaler Vereinbarungen. Sie stellten das "Rohmaterial" dar, anhand dessen sie die Notwendigkeit und Tragweite von GVOen ermaß, *Grünbuch*, a.a.O. S. 59

[93] *Grünbuch*, a.a.O. S. vii

[94] *Mitteilung* der Kommission über die Anwendung der EG-Wettbewerbsregeln auf vertikale Beschränkungen, ABl. C 365 v. 26.11. 1998 S. 4

nehmen wurde aufoktroyiert, welche Klauseln sie in ihren Vertrag aufnehmen und welche sie nicht vereinbaren durften. Entsprach ihr Vertriebsvertrag nur in einem einzigen Punkt nicht der Verordnung, kamen sie nicht in den Genuss der gruppenweisen Freistellung und mussten das gesamte Vertragspaket bei der Kommission einzeln anmelden.

Weil die Einzelanmeldung mit vielerlei Umständen, Schwierigkeiten und hohen Kosten verbunden war, sahen sich die Unternehmen häufig gezwungen, ihren Vertriebsvertrag den Anforderungen der weißen und schwarzen Listen anzupassen. Den Verordnungen wurde deshalb vorgeworfen, wie ein Vertragsmuster zu wirken[95]. Anders ausgedrückt: sie hätten einen Zwangsjackeneffekt[96], wirkten wie ein starres Korsett[97], stellten ein Prokrustesbett für die erwünschten Vertriebssysteme dar[98]. Laut Kommission hielten 97 % der Betroffenen das frühere System für zu starr und einengend[99]. Die Konsequenz sei gewesen, dass die Unternehmen daran gehindert worden seien, ihren Vertrieb optimal zu gestalten. Gleichzeitig sei auch die wirtschaftlich wichtige Entwicklung innovativer Vertriebssysteme blockiert worden[100].

Ein weiterer Vorwurf war der, dass das System der verschiedenen Gruppenfreistellungsverordnungen ein "Chaos" gewesen sei: "Das Normengefüge der GVOen ist wegen der Komplexität und Unübersichtlichkeit kaum mehr zu durchforsten."[101] Dies lag zum einen an der kaum zu überblickenden Vielzahl von ganz speziellen Regelungen in den einzelnen Verordnungen[102]. Hinzu kam, dass es vielfach nicht auf den ersten Blick klar war, welche Verordnung im konkreten Fall überhaupt anwendbar war oder wie zu verfahren war, wenn das Vertriebssystem Elemente mehrerer Freistellungsverordnungen enthielt. Die Verordnungen enthielten teils unterschiedliche Lösungen für gleichartige Ordnungsaufgaben. Auf der anderen Seite fanden sich in den Verordnungen aber zu bestimmten wiederkehrenden Sachproblemen Vorschriften identischen Wortlauts. Das Europäische Parlament hat deshalb die Kommission bereits Ende der achtziger Jahre aufgefordert, "klare Richtlinien für den Anwendungsbereich jeder GVO und ihrer Beziehungen zueinander aufzustellen."[103] Vorgeschlagen wurde daraufhin der Erlass einer allgemeinen GVO[104], in der die sich wiederholenden Regelungen "vor die

---

[95] *Martinek/Habermeier*, ZHR 158 (1994) S. 107 ff., 131

[96] *Grünbuch*, a.a.O. S. 76

[97] *Mitteilung* der Kommission über die Anwendung der EG-Wettbewerbsregeln auf vertikale Beschränkungen, ABl. C 365 v. 26.11.1998 S. 4

[98] *Forrester/Norall*, CMLR 1984, S. 11 ff., 25

[99] *Mitteilung* a.a.O., S. 8; auch: Whish, E.L.Rev. 2000, 227 ff., 227

[100] *Lutz/Broderick*, RIW/AWD 1985, 349 ff.; *Mestmäcker*, Der verwaltete Wettbewerb, 1984

[101] *Martinek/Habermeier*, a.a.O., S. 107; *Möschel* in: Festschrift für Arved Deringer, 1993, S. 328 ff., 333, spricht von einem "Wust spezieller Partialregelungen. Eine technokratische 'Macher-Mentalität' zeichnet sich ab. Der rechtliche Gehalt der Wettbewerbsregeln des EWG-Vertrages läuft Gefahr, von politisch-diskretionären Gestaltungsentscheidungen überlagert zu werden."

[102] hierzu auch *Winterfeld*, RIW 1984, S. 929 ff., 931 f.

[103] Entschließung Nr. C 16 zur Franchise GVO, Dok. A 2-17/88, ABl. Nr. C 187/189

[104] zuerst von *Wiedemann*, Bd. 1 allg. Teil, Rz. 76

Klammer" gezogen[105] und gleichförmige Lösungen für gleichartige Ordnungsfragen gefunden[106] werden sollten.

Diese Unzulänglichkeiten des ehemaligen Systems wurden noch verstärkt durch die Schwierigkeiten, die mit einer Einzelfreistellung verbunden waren. Die VO 17/62 sah als Folge einer Einzelanmeldung entweder den Erlass eines Negativattestes vor, wenn nach den ihr bekannten Tatsachen für sie kein Anlass bestand, gegen die Absprache aufgrund von Artikel 81 Absatz 1 einzuschreiten (Art. 2 VO Nr. 17/62) oder den Erlass einer Freistellungsentscheidung (Art. 9 VO Nr. 17/62). Tatsächlich waren solche förmlichen Entscheidungen der Kommission die Ausnahme. In den meisten Fällen übermittelte sie den beteiligten Unternehmen ein Verwaltungsschreiben, in dem sie ihre unverbindliche Auffassung hinsichtlich der angemeldeten Vereinbarung mitteilte. An ein solches, auch als comfort letter[107] bezeichnetes Schreiben sind weder nationale Gerichte oder Kartellbehörden, noch die Kommission selbst gebunden[108]. Es stellt vor nationalen Instanzen nach Auffassung des Gerichtshofs nur "einen Umstand dar, den die innerstaatlichen Gerichte bei ihrer Prüfung berücksichtigen *können*"[109]. Sollte dennoch einmal eine Einzelentscheidung erlassen worden sein, nahm das Freistellungsverfahren einen so langen Zeitraum in Anspruch, dass dem berechtigten Interesse der Unternehmen, ihre Ideen schnell und ohne Gefahr der späteren Unwirksamkeit umzusetzen, nicht mehr Rechnung getragen werden konnte.

All diese Umstände haben dazu geführt, dass die Unternehmen sich entweder dem Diktat der GVOen unterworfen und so die "zweitbeste" Lösung gewählt haben oder von vornherein den Vertriebsvertrag nach ihren Vorstellungen gestaltet, ihn aber nicht angemeldet haben und so das Risiko der Verpflichtung zu einer Bußgeldzahlung bewusst eingegangen sind[110]. In beiden Fällen bestand eine Gefahr für den Wettbewerb. Die erste Alternative führte dazu, dass viele Unternehmen gleichlautende Vertriebsverträge vereinbarten und so der gesamte Vertriebssektor sich durch eine weitgehende Gleichförmigkeit auszeichnete[111]. Wie aber gesehen wurde, ist es gerade die Andersartigkeit der Vertriebssysteme, die zu vielfältigen Preis-Leistungs-Kombinationen auf dem Markt führen kann und den Wettbewerb zwischen den Systemen anfacht. Die zweite Alternative birgt die Gefahr in sich, dass Unternehmen mittels vertikaler Ver-

---

[105] Dies hätte sich beispielsweise für die in fünf GVOen enthaltenen, völlig identischen Regelungen über das verordnungsinterne Widerspruchsverfahren angeboten: Art. 4 Patentlizenzverordnung (Nr. 2349/84); Art. 4 SpezialisierungsVO (Nr. 417/85); Art. 7 F & E VO (Nr. 418/85); Art. 6 FranchiseVO (Nr. 4087/88) und Art. 4 Know-how VO (Nr. 556/89)

[106] *Martinek/Habermeier*, a.a.O. stellen ausführlich drei Beispiele dar: Mehrmütterklauseln (S. 119), Verbundregeln (S. 115) und Behelfe bei Subsumtionsrisiken (S. 121).

[107] *Pernice* in: Grabitz/Hilf, nach Art. 83 Rz. 3; Wódz, E.C.L.R. 2000, 159 ff.

[108] *Korah*, E.L.Rev. 1981, S. 14 ff.

[109] EuGH Rs. 31/80 "L'Oreal/ De Nieuwe Amck" Slg. 1980, S. 3775 ff. (3789). Hervorhebung durch den Verfasser.

[110] *Forrester/Norall*, a.a.O., S. 11.ff (16)

[111] Stellungnahme des Wirtschafts- und Sozialausschusses zum XXV. Bericht über die Wettbewerbspolitik, ABl. C 75 vom 10.03.1997

einbarungen den Wettbewerb unkontrolliert beschränken können. Um dies zu vermeiden, wurde aber gerade das Verbotssystem mit Anmeldepflicht in VO Nr. 17/62 eingeführt[112].

b. *Marktmachtvernachlässigung*

Sowohl Hersteller als auch Händler sollen frei darüber entscheiden können, ob sie sich überhaupt durch Vertriebsverträge an die Marktgegenseite binden und wenn ja, welche Beschränkungen sie in diesen Verträgen eingehen. Ferner soll verhindert werden, dass außenstehende Hersteller und Händler in ihrem Wettbewerbsverhalten durch Vertriebsverträge anderer Unternehmen nachteilig beeinflusst werden. Das Verhalten der Vertragspartner und dritter Marktteilnehmer beeinflussen kann aber nur derjenige, der über Macht am Markt verfügt. Ohne an dieser Stelle bereits auf die Ursachen und Wirkungen von Marktmacht im Bereich vertikaler Wettbewerbsbeschränkungen näher einzugehen, soll darauf hingewiesen werden, dass unter Macht ganz allgemein jede Chance verstanden werden kann, "innerhalb einer sozialen Beziehung den eigenen Willen auch gegen Widerstreben durchzusetzen, gleichviel, worauf diese Chance beruht."[113]

Für den Begriff der wirtschaftlichen Macht lässt sich die Definition eingrenzen. Wirtschaftliche Macht ist nach *Arndt* wirtschaftliche Überlegenheit: "Wer über wirtschaftliche Macht verfügt, ist in der Lage, die Handlungsfreiheit anderer Wirtschafter auszunutzen und gegebenenfalls sogar die eigene Willensentscheidung anderer Wirtschafter im eigenen Interesse zu beeinflussen. Im Grenzfall entscheidet der Mächtige für den Schwachen."[114] Konnte bislang auch der Mächtige von den Gruppenfreistellungsverordnungen profitieren, dann bedeutet dies, dass er Alleinvertriebs-, Alleinbezugs- und Franchisingverträge auch gegen den Willen des Vertragspartners und zum Nachteil dritter Marktteilnehmer durchsetzen konnte. Die bisherigen GVOen haben die Vertriebssysteme unabhängig von der Marktstärke der beteiligten Unternehmen vom Kartellverbot freigestellt. Dadurch bestand die reale Gefahr, dass sie freigestellt waren, obwohl sie den Wettbewerb verzerrten.[115] Nach Auffassung der Kommission habe der angedrohte Entzug der Freistellung in Art. 6 VO Nr. 1983/83, Art. 14 VO Nr. 1984/83 und Art. 8 VO Nr. 4087/88 nicht wirklich abschreckend gewirkt, weil er erst mit Wirkung für die Zukunft eingetreten sei[116].

---

[112] vgl. zu den Beweggründen schon im *Spaak-Bericht* von 1956, *Schwarze* (Hrsg.): Der Aufbau Europas, 1980, und der VO Nr. 17/62: *Weißbuch* der Kommission über die *Modernisierung* der Vorschriften zur Anwendung der Artikel 85 und 86 EG-Vertrag vom 28.04.1999, KOM (99) 101 endg., S. 11 ff.

[113] *Weber*, Wirtschaft und Gesellschaft, 1925, S. 28

[114] *Arndt*, Macht und Wettbewerb, 1981, S. 49 ff. (51)

[115] *Mitteilung* der Kommission, a.a.O., S. 4

[116] *Mitteilung*, a.a.O. S. 4

c. *Beschränkung des Anwendungsbereichs der bisherigen GVOen*

Die bisherigen Verordnungen erfassten nur vertikale Beschränkungen des Wiederverkaufs von Enderzeugnissen und nicht Waren und Dienstleistungen der Intermediärstufe. Lediglich die Franchise-GVO erfasste auch Dienstleistungen. Grundsätzlich besteht aber kein Unterschied in der wettbewerblichen Bedeutung von Dienstleistungen und Waren einerseits und Waren zum Weiterverkauf bzw. Waren zur Weiterverarbeitung andererseits. Eine getrennte Behandlung sei daher nicht sinnvoll, weil sie dazu führe, dass unnötig viele Beschränkungen geprüft werden müssten, was zu Rechtsunsicherheit und unnötigen Anpassungskosten geführt habe[117]. In der Tat ist kein Grund ersichtlich, gleichartige Vereinbarungen wettbewerbsrechtlich ungleich zu behandeln.

2. Zwischenergebnis: Reformbedürftigkeit des bisherigen Systems

Die Kritik am bisherigen System geht danach in zwei gegensätzliche Richtungen. Zum einen war die wettbewerbliche Behandlung für viele vertikale Vereinbarungen *zu streng*, d.h. von den Gruppenfreistellungsverordnungen wurden viele Beschränkungen nicht erfasst, obwohl sie sich positiv oder neutral auf den Wettbewerb auswirkten. Andererseits wurden bislang Vertriebssysteme bedenkenlos freigestellt, obwohl an ihnen marktmächtige Unternehmen beteiligt waren, die die Möglichkeit hatten, die Freiheit der Vertragspartner und dritter Marktteilnehmer einzuschränken. Insoweit war die bisherige Freistellungspraxis *zu weit*.

Im Hinblick darauf, dass die neuesten Entwicklungen im Vertriebssektor - die laut Kommission in der EG noch in den Kinderschuhen steckt - nach einer wohlwollenderen Handhabung verlangt, musste eine flexible Vorgehensweise gefunden werden, die gleichzeitig das in Zukunft noch relevanter werdende Problem der Wettbewerbsbeeinflussung durch marktstarke Unternehmen beachtet und bekämpft. Die Kommission nahm sich der Kritik am bisherigen System an und strebte eine grundlegende Reform ihrer Politik an. Ziel war es, eine Lösung zu finden, die auch langfristig mit den bevorstehenden Wettbewerbsverhältnissen im Vertriebssektor in Übereinstimmung steht.

§ 3 Die Reform der EG-Wettbewerbspolitik gegenüber vertikalen Wettbewerbsbeschränkungen

I. Vorarbeiten zur grundlegenden Reform

Bereits im Sommer 1994 startete die Kommission schriftliche Befragungen von Herstellern, Groß- und Einzelhändlern, Importeuren und Exporteuren, Verbänden, Forschungsinstituten sowie fachkundigen Einzelpersonen aus unterschiedlichen Wirtschaftszweigen zu der Reformbedürftigkeit des damaligen Systems. Im Anschluss da-

---

[117] *Mitteilung* der Kommission, a.a.O. S. 4

ran fanden von Juni bis August 1994 in Brüssel informelle Zusammenkünfte zwischen den Interessierten statt[118].

Im darauf folgenden Jahr, am 3. und 4. April 1995, organisierte die Kommission das Erste Europäische Wettbewerbsforum über vertikale Wettbewerbsbeschränkungen, an dem mehr als 260 Wettbewerbsbeamte und -juristen aus 35 Ländern - darunter allen 15 Mitgliedstaaten - teilnahmen[119]. Die dort gewonnenen Erkenntnisse und Einschätzungen sollten die Grundlage bilden für das seinerzeit von der Kommission in Vorbereitung befindliche Grünbuch[120] über vertikale Wettbewerbsbeschränkungen[121]. Auch auf diesem Wettbewerbsforum war Konsens der Diskussionen, dass statt einer formalistischen, am Wortlaut der Vereinbarung ansetzenden Vorgehensweise, eine stärkere Berücksichtigung der wirtschaftlichen Auswirkungen vertikaler Beschränkungen auf den Markt stattfinden sollte[122]. Von deutscher Seite[123] wurde für den Bereich Exklusivvertrieb der Vorschlag unterbreitet, eine Marktanteilsschwelle für die Anmeldung vertikaler Vereinbarungen einzuführen und in eine Gruppenfreistellung nur noch schwarze, aber keine weißen Listen mehr aufzunehmen[124].

II. Das Grünbuch der Kommission vom 22.01.1997

Am 22. Januar 1997 veröffentlichte die Kommission das Grünbuch zur EG-Wettbewerbspolitik gegenüber vertikalen Wettbewerbsbeschränkungen[125]. Dieses setzt sich intensiv mit den veränderten Strukturmerkmalen des Vertriebssektors und den neuesten Erkenntnissen der sog. ökonomischen Analyse vertikaler Beschränkungen auseinander[126]. Die Kommission kommt schließlich zu dem bereits dargestellten Ergebnis, dass sich ein erheblicher Wandel im Vertriebssektor vollzieht und noch vollziehen wird, auf den das Wettbewerbsrecht vorbereitet sein sollte. Das (seinerzeit noch) gegenwärtige System sei für heutige Verhältnisse auf der einen Seite zu rigide, weil es neue, innovative Vertriebssysteme unnötigen gesetzlichen Zwängen unterziehe. Die wirtschaftliche Analyse habe ergeben, dass eine solche strenge Haltung auch aus wettbewerblicher Sicht nicht notwendig sei. Anderseits ergebe sich aus dem bisherigen

---

[118] vgl. hierzu *Grünbuch*, a.a.O. S. 69 ff.

[119] Das Forum wurde in drei Teile aufgeteilt: Exklusivvertrieb, Selektivvertrieb und Abhängigkeit der Lieferanten von großen Einzelhandelsketten.

[120] Grünbücher sind Dokumente der Kommission. Sie enthalten Ideen und Vorschläge, die zur öffentlichen Diskussion anregen sollen. Weißbücher enthalten detaillierte Vorschläge für Diskussionen und Beschlüsse.

[121] Vgl. hierzu *Laudati*, Competition Policy Newsletter Summer 1995, S. 7 ff.

[122] Vorgeschlagen wurde u.a. die Abschaffung der getrennten Prüfung in Verbots- und Freistellungstatbestand und Einführung einer Rule of Reason.

[123] Für die deutsche Bundesregierung war die Ministerialdirigentin Frau Brigitte Krause-Sigle des BMWi vertreten.

[124] *Laudati*, a.a.O. S. 8 f.

[125] KOM (96) 721 endg.

[126] Zum ersten Punkt bereits oben, § 1 III., zu zweitem unten, § 13 V.

System eine Gefährdung des Wettbewerbs, weil der Gedanke der Marktmacht nicht berücksichtigt werde[127].

Am Ende stellt das Grünbuch vier Optionen vor, die sich nach Auffassung der Kommission aus den gefundenen Untersuchungsergebnissen ergeben und die Möglichkeiten für einen zukünftigen Reformansatz des einschlägigen Sekundärrechts sein könnten[128]:

- Option I: *Beibehaltung* des gegenwärtigen Systems.
- Option II: *Weitergefasste* Gruppenfreistellungsverordnungen *ohne* Marktanteilsplafond.
- Option III: *Gezieltere* Gruppenfreistellungen *mit* einer Marktanteilsschwelle von [40%].
- Option IV-I : *"Negativattestvermutung"* bis zu [20%] und darüber weitergefasste Gruppenfreistellungen ohne Marktanteilsschwellen.
- Option IV-II: *"Negativattestvermutung"* bis zu [20%] und darüber eine gezieltere Gruppenfreistellung mit einer Marktanteilsschwelle von [40%].

Die Optionen sind im Hinblick auf die im Grünbuch zuvor dargestellten Unzulänglichkeiten des bisherigen Systems und den sich daraus ergebenden Änderungsansätzen teils überraschend. Während eine Beibehaltung des alten Systems gemäß Option I bei grundsätzlicher Reformbedürftigkeit nicht wirklich hilfreich sein kann, kann Option II zwar den "Zwangsjackeneffekt" lindern (weitere Fassung der Vorschriften), ermöglicht aber marktstarken Unternehmen noch stärker als bisher die Beeinflussung der Vertragspartner und dritter Marktteilnehmer (keine Marktanteilsschwelle). Option III berücksichtigt umgekehrt zwar den Marktmachtgedanken (Schwelle bei [40%]), verstärkt aber den "Zwangsjackeneffekt" (noch gezieltere Regelungen als bisher). Option IV setzt im Gegensatz zur bisherigen Praxis beim Verbotstatbestand an und schlägt die Beschränkung der Anwendbarkeit des Art. 81 Abs. 1 mittels einer Marktanteilsschwelle bei [20%] vor. Darüber hinaus sollen Gruppenfreistellungsverordnungen Anwendung finden, wobei sich bei Variante I die Probleme von Option II und bei Variante II die von Option III wiederholen.

Die Kommission forderte im Grünbuch alle Interessierten auf, eine Stellungnahme zu den gefundenen Untersuchungsergebnissen und zu den vorgeschlagenen Optionen abzugeben bzw. eigene Lösungsansätze vorzutragen[129].

III. Bemerkungen und Stellungnahmen zum Grünbuch der Kommission

Im Zuge der dem Grünbuch folgenden Konsultierung gingen insgesamt 227 schriftliche Reaktionen ein, größtenteils von Unternehmen und Unternehmensverbänden, aber

---

[127] Eine kurze Zusammenfassung des Inhalts des Grünbuchs von *Peeperkorn*, Competition Policy Newsletter Autumn/Winter 1996, S. 10 ff.
[128] Weitere Optionen wurden im Grünbuch als durchaus möglich bezeichnet.
[129] *Grünbuch*, a.a.O. S. 86

auch von Seiten der Fachwissenschaft und von nationalen Behörden. Daneben gaben die Gemeinschaftsorgane sowie alle Mitgliedstaaten (bis auf einen) ihre Stellungnahme ab[130].

1. Schriftliche Bemerkungen zum Grünbuch

Die betroffenen Unternehmen und Unternehmensverbände legten erwartungsgemäß in ihren Überlegungen den Schwerpunkt auf die Rechtssicherheit und weniger auf den Schutz des Wettbewerbs. In nur 41 Stellungnahmen - vornehmlich von Wissenschaftlern und Behörden - wurde der Wettbewerbsschutz in den Vordergrund gestellt. Es überrascht deshalb nicht, dass fast die Hälfte aller Stellungnahmen Option II präferierten. Daneben schlugen die Unternehmen auch eine "Schirm"-GVO mit einem Schwarze-Listen-Ansatz ohne Marktanteilsschwelle sowie die vollständige Aufgabe des Verbotssystems vor[131].

Die Unternehmen sahen zwar ebenfalls die Gefahr einer Wettbewerbsbeschränkung durch marktmächtige Unternehmen und stimmten der Kommission grundsätzlich zu, dass der Marktanteil ein guter Indikator für die Marktmacht sei. Sie lehnten eine Marktanteilsschwelle jedoch wegen der befürchteten erheblichen praktischen Schwierigkeiten bei der für die Ermittlung des Marktanteils notwendigen Abgrenzung des relevanten Marktes ab[132].

2. Stellungnahmen der Gemeinschaftsorgane

a. Europäisches Parlament

Das Europäische Parlament greift in seiner Stellungnahme vom 4. Juli 1997[133] die Kritik der Unternehmen an Marktanteilsschwellen auf und fordert die Kommission auf, im Interesse der Rechtssicherheit einen anderen Parameter als den der Marktanteile zu suchen. Es sei infolge der komplizierten Definition des Marktanteils zu schwierig festzustellen, ob das Unternehmen oberhalb oder unterhalb des Schwellenwertes liege. Besser sei deshalb eine Kombination zwischen der Vorgehensweise nach der Bagatellbekanntmachung vom 09.12.1997[134] und Option I oder II des Grünbuchs[135]. Denkbar seien beispielsweise Gruppenfreistellungsverordnungen mit einem Spielraum für mehr Flexibilität, z.B. durch die Gewährung sektoraler Gruppenfreistellungen. Das Problem der Marktmacht könne so gelöst werden, dass zwar eine Marktanteilsschwelle festge-

---

[130] vgl. *Mitteilung*, a.a.O. S. 8 ff., 11 ff.
[131] *Mitteilung*, a.a.O. S. 9
[132] Zum Marktanteil als Indikator für Marktmacht und den Schwierigkeiten der Ermittlung unten § 13 IX.1.
[133] *Sitzungsdokument* vom 4.7.1998, A4-0242/97; DOC_DE/RR/331/331040; PE222.589/end.
[134] Danach ging die Kommission bei vertikalen Vereinbarungen zwischen Unternehmen mit einem Marktanteil von bis zu 10 % davon aus, dass sie keine spürbaren Wettbewerbsbeschränkung darstellten und für sie deshalb kein Grund zum Einschreiten besteht. ABl. C 372 vom 09.12.1997.
[135] *Sitzungsdokument*, a.a.O. vgl. Punkt G.16.

legt werde, dass oberhalb dieser aber dennoch die Annahme der Vereinbarkeit mit der Verordnung bestehe, "die von der *Kommission* von Amts wegen oder mittels einer Beschwerde auf einfache Art *widerlegt* werden kann"[136]. Parallel dazu sollten die Unternehmen die Möglichkeit haben, ihre Vereinbarungen einzeln bei der Kommission anzumelden.

b. Wirtschafts- und Sozialausschuss (WSA)

In seiner Stellungnahme vom 9. und 10. Juli 1997[137] ist der WSA der Auffassung, die bisherigen GVOen seien zu starr und gäben häufig Anlass zu Auslegungsschwierigkeiten. Sie müssten flexibler gestaltet werden, um den Erfordernissen eines neuen Klimas der Kooperationen zwischen den Unternehmen zu genügen und ausreichend Spielraum für die Entwicklung neuer Formen des Vertriebs zu gewähren. Der WSA unterstrich die Bedeutung der Marktstruktur für die Abschätzung der Folgen von vertikalen Beschränkungen und teilte die Auffassung der Kommission, dass es notwendig sei, den Marktauswirkungen mehr Aufmerksamkeit zu widmen als dem formellen Inhalt der Vereinbarung[138]. Als Konsequenz sprach er sich "mit Nachdruck für Option IV, Variante I"[139] aus: "Abgesehen von Mindestwiederverkaufspreisen, Behinderungen des Parallelhandels oder Passivverkäufen bzw. Beschränkungen in Vertriebsvereinbarungen zwischen Wettbewerbern werden vertikale Wettbewerbsbeschränkungen hiermit von Interventionen der Kommission geschützt."[140]

c. Ausschuss der Regionen

Der Ausschuss der Regionen hat sich in seiner Stellungnahme vom 12. Juli 1997[141] auf die Berücksichtigung der Verbraucherinteressen konzentriert und diese als den entscheidenden Bewertungsmaßstab angesehen. "Von diesem Ansatz kann nicht behauptet werden, dass vertikale Vereinbarungen von vornherein wettbewerbsverzerrend wirken: bei manchen ist das der Fall, andere hingegen sind dem Wettbewerb und der Qualität des dem Verbraucher angebotenen Endprodukts förderlich. *Auf Märkten mit ungehindertem Wettbewerb sind die wettbewerbsschädlichen Begleiterscheinungen vertikaler Beschränkungen sicherlich begrenzt*, während sie die wirtschaftliche Leistungsfähigkeit um ein Vielfaches vermehren und so letztlich den Verbrauchern zugute kommen." [142]

Obgleich der Ausschuss der Regionen den Zusammenhang zwischen dem Wettbewerbsdruck und den Auswirkungen vertikaler Wettbewerbsbeschränkungen auf den

---

[136] *Sitzungsdokument*, a.a.O. S. 13. Hervorhebung durch den Verfasser.
[137] Serie: Stellungnahmen und Berichte WSA CES(97) 769; Mikrofichenummer: DE-97-26
[138] Stellungnahme WSA, a.a.O. S. 5
[139] Stellungnahme WSA, a.a.O. S. 10
[140] Stellungnahme WSA, a.a.O. S. 10
[141] ABl. C 244 vom 11.08.1997, S. 38
[142] Stellungnahme Ausschuss der Regionen, a.a.O. Punkt 7, allgemeine Bemerkungen, 7.1. Hervorhebung durch den Verfasser.

Markt betonte, hielt er eine einfache Lösung, die die jeweiligen besonderen Merkmale einzelner Wirtschaftszweige unberücksichtigt lässt, angesichts der vielfältigen Aspekte des Problems der vertikalen Beschränkungen in der gemeinschaftlichen Wettbewerbspolitik für problematisch.[143] Spezielle Regelungen seien notwendig, z.B. für den Biersektor, kleine und mittlere Unternehmen (KMU), selektive Vertriebssysteme und Vereinbarungen, die mit erheblichen Investitionen einhergehen. Letztlich plädiert der Ausschuss der Regionen für Option I, die Beibehaltung des bestehenden Systems.

3. Stellungnahme der Mitgliedstaaten

Auch in den Stellungnahmen der Mitgliedstaaten zeichnete sich zwar Einigkeit über die grundsätzliche Reformbedürftigkeit des bisherigen Systems ab, nicht jedoch über die konkrete zukünftige Vorgehensweise.

Kein Mitgliedstaat äußerte eine Präferenz für die Optionen I und III. Vier Staaten bevorzugten Option II und fünf Option IV, wobei sich drei für Variante I und zwei für Variante II entschieden[144]. Daneben entwickelten fünf Mitgliedstaaten einen eigenen Lösungsansatz. Diese sollen kurz vorgestellt werden.

- Es wurde vorgeschlagen, eine Negativattest-Verordnung ohne Marktanteilsschwelle zu erlassen, der alle vertikalen Wettbewerbsbeschränkungen unterfallen. Nur in Fällen fehlenden Wettbewerbs oder hoher Marktzutrittsschranken soll die Verordnung *rückwirkend* für nicht anwendbar erklärt werden[145].

- Ein weiterer Vorschlag war der Erlass einer Negativattest-Verordnung mit zwei Marktanteilsschwellen, wobei die erste der Ausklammerung marktmächtiger Unternehmen aus dem Anwendungsbereich und die zweite der Ausschließung kumulativer Effekte von Netzen gleichartiger Vertriebssystemen dienen sollte[146].

- Ähnlich den Vorschlägen einiger Unternehmen und dem Europäischen Parlament wurde als Alternative eine einzige marktanteilsunabhängige Gruppenfreistellung auf der Grundlage einer schwarzen Liste angeführt. Diese sollte den Vereinbarungen vorläufige Gültigkeit gewähren, die auf einfache Weise rückwirkend wieder entzogen werden könnte[147].

- Diesem Vorschlag sehr ähnlich ist der einer weitergefassten, flexiblen GVO, deren Anwendung nachträglich von den nationalen Wettbewerbsbehörden kontrolliert werden könnte[148].

---

[143] Stellungnahme Ausschuss der Regionen, a.a.O. Punkt 11. Schlussfolgerungen, 11.1
[144] *Mitteilung*, a.a.O. S. 12
[145] *Mitteilung*, a.a.O. S.13
[146] *Mitteilung*, a.a.O. S.13
[147] *Mitteilung*, a.a.O. S.13
[148] *Mitteilung*, a.a.O. S.13

- Schließlich wurde der Erlass einer *einheitlichen Gruppenfreistellung* für alle vertikalen Beschränkungen mit *einer Marktanteilsschwelle* von [25%] sowie einigen *Kernbeschränkungen* vorgeschlagen. Für Vereinbarungen oberhalb dieses Schwellenwertes sollte das System der Einzelfreistellung gelten. Unterhalb des Schwellenwertes wäre die Kommission in Problemfällen zum Entzug der Freistellung befugt.

Der letztgenannte Vorschlag, der von der deutschen Bundesregierung in ihrer Stellungnahme vom 14. Juli 1997[149] unterbreitet wurde, entspricht weitgehend der jetzigen VO Nr. 2790/1999. Die Stellungnahme soll daher kurz inhaltlich wiedergegeben werden.

a. Stellungnahme der Bundesrepublik Deutschland

Die Bundesregierung hält aus rein wettbewerbspolitischer Sicht für den Vertikalbereich grundsätzlich das Missbrauchsprinzip für vorzugswürdig. Das Ziel der Integration der europäischen Märkte rechtfertige aber für das europäische Wettbewerbsrecht das Verbotsprinzip. "Lässt man den Verbotsbereich des Art. 85 Abs. 1 EGV unverändert, bleibt aus Sicht der Bundesregierung nur die Möglichkeit einer erleichterten Freistellung vertikaler Vereinbarungen nach Art. 85 Abs. 3 EGV."[150] Der vielfach vorgeschlagene Ansatz einer interpretatorischen Tatbestandsreduktion des Art. 81 Abs. 1, der auch Option IV des Grünbuchs zugrunde liege, sei abzulehnen. Die deutsche Bundesregierung schlägt die Schaffung einer Gruppenfreistellungsverordnung für vertikale Vereinbarungen mit Ausnahme bestimmter "hard-core"-Beschränkungen wie Preisbindung und absoluter Gebietsschutz[151] mit einer Marktanteilsobergrenze von 25 % vor. Diese Marktanteilsschwelle markiere eine wettbewerbliche "Gefährdungsgrenze"[152]. Oberhalb dieser Grenze bestehe die Gefahr, dass vertikale Vereinbarungen zu wesentlichen Wettbewerbsbeeinträchtigungen wie Marktabschottungseffekten führen könnten. Im Gegensatz zu anderen Stellungnahmen hält die Bundesregierung den Marktanteil in Ermangelung eines anderen geeigneteren Abgrenzungskriteriums für zweckmäßig[153]. Er sei ein ökonomischer Parameter, der als relativ einfach zu bestimmendes Abgrenzungskriterium herangezogen werden könne. Im Rahmen des Möglichen biete er damit auch Rechtssicherheit für die Anwender.

Im Zusammenhang mit dem dargestellten Reformvorschlag soll auch auf die ihm zugrundeliegende grundsätzliche Einstellung zur wettbewerblichen Schutzbedürftigkeit von intra- und interbrand-Wettbewerb eingegangen werden. Während die deutsche Bundesregierung als Streithelferin im Verfahren "Grundig und Consten" noch dafür eintrat, den interbrand-Wettbewerb in den Vordergrund zu stellen und intrabrand-

---

[149] Stellungnahme der Bundesregierung zum Grünbuch der Europäischen Kommission zur EG-Wettbewerbspolitik gegenüber vertikalen Wettbewerbsbeschränkungen, 7625JU1X.DOC14.07.97 IB5
[150] Stellungnahme Bundesregierung, a.a.O., S. 3
[151] Stellungnahme Bundesregierung, a.a.O. S. 11
[152] Stellungnahme Bundesregierung, a.a.O. S. 10
[153] Stellungnahme Bundesregierung, a.a.O. S. 11

Wettbewerbsbeschränkungen mit interbrand-Wettbewerbsvorteilen bereits im Verbotstatbestand aufzuwiegen[154], erkennt sie heute die grundsätzliche Schutzbedürftigkeit des Wettbewerbs zwischen Verteilern einer Herstellermarke an. "Die vorrangige Bedeutung, die die EG-Kommission dem interbrand-Wettbewerb beimisst, vernachlässigt die erhebliche wettbewerbliche Relevanz, die dem intrabrand-Wettbewerb unabhängig davon für die Handels- und möglicherweise auch für die Herstellerstufe zukommt."[155] Der zur Rechtfertigung weitreichender Vertikalbindungen herangezogene interbrand-Wettbewerb entfalte seine disziplinierende Wirkung auf die Handelsunternehmen vor allem auf dem Umweg über den Herstellerwettbewerb, womit er auf den Handel nur indirekt und abgeschwächt wirke[156]. Ein scharfer intrabrand-Wettbewerb wirke dagegen unmittelbar auf die Endverbraucherpreise für ein bestimmtes Produkt.

Die heutige Sichtweise erinnert stark an die Ausführungen der Kommission im "Grundig und Consten"-Verfahren. Seinerzeit hat die Kommission entschieden, dass gerade der Wettbewerb zwischen Verteilern desselben Herstellerprodukts sehr wichtig sei, weil Produkte verschiedener Hersteller gerade nicht homogen seien und der Verbraucher deshalb Angebote und Preise zuverlässig nur für Artikel der gleichen Marke vergleichen könne[157]. Die Bundesregierung erkennt also heute die Schutzwürdigkeit des intrabrand-Wettbewerbs an und wendet sich gegen eine generelle Bevorzugung des interbrand-Wettbewerbs bei der Abwägung zwischen beiden Erscheinungsformen des Wettbewerbs. Konsequenterweise lehnt die deutsche Bundesregierung es ab, vertikale Wettbewerbsbeschränkungen unabhängig von der gegebenen Marktstruktur freizustellen, denn je nach Marktstruktur kann entweder dem inter- oder dem intrabrand-Wettbewerb eine vorrangige Bedeutung zukommen[158].

4. Stellungnahmen aus den USA

a. Mitarbeiter der Federal Trade Commission

Amerikanische Antitrust-Behörden und -Gerichte wägen die positiven und negativen Auswirkungen einer vertikalen Wettbewerbsbeschränkung innerhalb von Sec. 1 Sherman Act ab. Die in der EG etablierte Trennung der Prüfung in Verbots- und Freistellungstatbestand wird deshalb häufig als unnötig angesehen[159]. Dementsprechend wurde auch im Anschluss an das Grünbuch vorgeschlagen, die gesamte wettbewerbliche Prü-

---

[154] EuGH Rs. 56 und 58/64, Slg. 1966, S. 321 ff., 364, 366 f.
[155] Stellungnahme Bundesregierung, a.a.O. S. 4
[156] Die Wirksamkeit des interbrand-Wettbewerbs werde weiter dadurch eingeschränkt, dass der Verbraucher beobachtete Preisunterschiede möglicherweise auf tatsächliche oder auch nur vermutete Qualitäts- und andere Produktunterschiede zurückführe, Stellungnahme Bundesregierung, a.a.O., S. 4.
[157] KomE Consten/Grundig v. 23.9,1964, ABl. 1964 S. 2545. Hierzu oben, § 2 II.3.
[158] vgl. hierzu unten, § 13 V.-VIII.
[159] Zur Forderung nach einer Rule of Reason Prüfung in Absatz 1 unten, § 13 II.3.

fung bereits in Art. 81 Abs. 1 vorzunehmen und Absatz 3 nur für bestimmte "außerwettbewerblich" motivierte Freistellungen zu nutzen[160].

Der Assistant Director der FTC hat sich in der Stellungnahme zum Grünbuch vom 10. Juni 1997 für Option IV ausgesprochen[161]. Die neuen technologischen Entwicklungen erforderten eine weitaus flexiblere Handhabung vertikaler Strukturen; gleichzeitig hätten sie ein "Janus-faced potential", das eine Überprüfung notwendig mache. Diese habe ihren *logischen Platz* innerhalb von Art. 81 Abs. 1 durch eine nuancierte, ökonomisch orientierte Interpretation des Verbotstatbestandes[162].

b. Die American Bar Association (ABA)

Die ABA hat im Juli 1997 eine Stellungnahme zum Grünbuch abgegeben[163], in der sie die Zweiteilung von Art. 81 berücksichtigt und der Kommission einen Vorschlag unterbreitet, der der jetzigen GVO vom 22.12.1999 sehr ähnlich ist. Zunächst sollte das EG-Wettbewerbsrecht entsprechend der "de-minimis"-Bekanntmachung von der grundsätzlichen Vereinbarkeit aller vertikalen Vereinbarungen zwischen Unternehmen mit einem Marktanteil von bis zu 10 % mit Art. 81 Abs. 1 ausgehen[164]. Haben die Unternehmen einen Marktanteil zwischen 10 und 40 %, solle eine einzige GVO die vertikalen Beschränkungen freistellen. Die Verordnung solle auch Zwischenprodukte und Dienstleistungen sowie Vereinbarungen zwischen mehr als zwei Beteiligten umfassen. Der Vorschlag der ABA sollte entgegen der jetzigen VO Nr. 2790/1999 eine weiße Liste enthalten, die jedoch nicht abschließend alle zulässigen Vereinbarungen auflisten sollte. Sie sollte lediglich "common vertical restraints" enthalten und auch alle diesen ähnliche Vereinbarungen erfassen[165]. Daneben wird eine schwarze Liste vorgeschlagen, die z.B. die Festsetzung von Mindestpreisen und die Vereinbarung eines absoluten Gebietsschutzes verbietet.

Die Vorschläge der ABA basieren auf der Überzeugung, dass vertikale Wettbewerbsbeschränkungen bei lebhaftem interbrand-Wettbewerb positive Wettbewerbsauswirkungen haben und dieser bei Unternehmen ohne Marktmacht grundsätzlich als gegeben angesehen werden kann[166]. Das bisherige System habe diesen Wirkungszusammenhang nicht berücksichtigt. Die Einführung einer Marktanteilsschwelle sei sinnvoll,

---

[160] Diese Diskussion ist nicht neu. Bereits wenige Jahre nach In-Kraft-Treten des EWG-Vertrags begann die Debatte um die richtige Konzeption des Tatbestandsmerkmals der Verhinderung, Einschränkung oder Verfälschung des Wettbewerbs in Art. 81 Abs. 1; vgl. hierzu insbesondere *Ackermann*, Art. 85 Abs. 1 EGV und die rule of reason: Zur Konzeption der Verhinderung, Einschränkung oder Verfälschung des Wettbewerbs, 1997, sowie die Untersuchung von *Joliet*, The Rule of Reason in Antitrust Law aus dem Jahre 1967

[161] Im Internet unter http://www.ftc.gov/speeches/other/abadav.htm veröffentlicht. S. 4

[162] Stellungnahme FTC, a.a.O. S. 2

[163] Im Internet unter http://www.abanet.org/antitrust/ecvert.html veröffentlicht.

[164] Stellungnahme ABA, a.a.O. I. 1.

[165] Stellungnahme ABA, a.a.O. I.2, erstes !

[166] Stellungnahme ABA, a.a.O. II.

obwohl die Bestimmung des relevanten Marktes mit Schwierigkeiten verbunden sei und in Einzelfällen zu einem falschen Ergebnis führen könne. Die ABA ist aber der Auffassung, "that it may be better to have a very vague answer to a correct question, than a precise answer to a wrong question"[167]. In den meisten Fällen sei für die Unternehmen ohnehin von vornherein klar, dass sie die Marktanteilsschwelle nicht überschreiten.

5. Zwischenergebnis

Alle Stellungnahmen stimmen in drei Punkten überein. Erstens, dass eine grundsätzliche Reformbedürftigkeit des bisherigen Systems besteht. Zweitens, dass die neue Regelung zu einer wohlwollenderen Behandlung vertikaler Beschränkungen führen muss und drittens, dass negative Auswirkungen vertikaler Beschränkungen zu vermeiden sind, die hauptsächlich von Vereinbarungen ausgehen können, an denen marktstarke Unternehmen beteiligt sind.

Übereinstimmung bestand auch dahingehend, dass der Marktanteil zumindest ein grober Indikator für Marktmacht ist. Lässt man die Bedenken einiger Kommentatoren, den Marktanteil nicht zuverlässig bestimmen zu können, außer Betracht, zeichneten sich zwei dogmatisch und gesetzestechnisch unterschiedliche Wege ab: die Eingrenzung des Verbotstatbestands mittels Marktanteilsschwelle und die Erweiterung des Freistellungstatbestands mittels Marktanteilsschwelle. Letztlich führen beide Alternativen für die betroffenen Unternehmen zu fast identischen Ergebnissen: der wettbewerbsrechtlichen Zulässigkeit vertikaler Wettbewerbsbeschränkungen zwischen Unternehmen ohne Marktmacht.

IV. Reformvorschläge der Kommission im Anschluss an das Grünbuch

Die Kommission hat sich im Laufe der auf die Stellungnahmen folgenden Beratungen für die Erweiterung des Freistellungstatbestands entschieden.

1. Ein erster Entwurf

Im Mai 1998 verfasste die Kommission einen ersten Entwurf einer Mitteilung, in der sie ihre Vorschläge manifestierte[168]. Vorgesehen war eine einzige Gruppenfreistellungsverordnung für alle Vertikalabsprachen, in der unterschieden werden sollte zwischen Vereinbarungen und Beschränkungen, die

---

[167] Stellungnahme ABA, a.a.O. II

[168] vgl. hierzu *Stanbrook & Hooper's* Brussels Brief im Internet veröffentlicht unter http://www.stanbrook.com/brief/inserts/vertical.html

- generell freigestellt werden (weiße Klauseln),
- freigestellt werden bis zu einem Marktanteil von 20 % (erste Marktanteilsschwelle),
- freigestellt werden bis zu einem Marktanteil von 40 % (zweite Marktanteilsschwelle) und solchen, die
- niemals gruppenweise freigestellt werden (schwarze Klauseln)[169].

Während unter die Schwelle von 20 % alle Vereinbarungen und Kombinationen von Vereinbarungen außer den Kernbeschränkungen fallen sollten, sollte Alleinvertrieb, Alleinbezug und quantitative Selektion unter die 40% Schwelle fallen. Die weiße Liste sollte alle Vereinbarungen zwischen KMU, qualitative Selektion sowie Anforderungen an den Händlerservice umfassen. Die schwarze Liste sollte Praktiken wie Preisfestsetzungen und Verhinderung von Parallelhandel beinhalten[170].

2. Konkrete Vorschläge in der Mitteilung im Anschluss an das Grünbuch

Am 26.11.1998 veröffentlichte die Kommission eine Mitteilung über die Anwendung der EG-Wettbewerbsregeln auf vertikale Beschränkungen. Diese enthielt zwei konkrete Vorschläge. Der eine Vorschlag entsprach weitestgehend dem soeben dargestellten vom Mai 1998 mit *zwei Schwellenwerten* bei 20 und 40 %. Der andere sah eine "Schirm" Gruppenfreistellungsverordnung mit nur *einem Schwellenwert* bei 25-35 % vor[171].

In beiden Alternativen sollte qualitativer Selektivvertrieb, Leistungsanforderungen an die Händler sowie Höchst- und empfohlene Preise nicht unter den Anwendungsbereich von Art. 81 Abs. 1 fallen[172] (weiße Klauseln). Die Liste der nicht freigestellten Klauseln enthielt u.a. Mindest- und Festpreise sowie die Verhinderung von Parallelhandel und Direkteinfuhren[173]. Sollte ein System mit einem Schwellenwert gewählt werden, fielen alle sonstigen Beschränkungen unterhalb dieses Wertes unter die gruppenweise Freistellung[174]. Bei einem System mit zwei Schwellenwerten sollte unter den ersten bei 20 % alle sonstigen Beschränkungen subsumiert werden. Die zweite Schwelle bei 40 % sollte für solche Vereinbarungen gelten, die weniger schwerwiegende Beschränkungen des Wettbewerbs zur Folge hätten wie Mindest- oder Höchstabnahmeverpflichtungen, Alleinvertrieb, Alleinbezug sowie alle Vereinbarungen zwischen KMU.

---

[169] Bei *Stanbrook & Hooper's* Brussels Brief, a.a.O. A.(4)
[170] Zu dem ersten Vorschlag vom 05.05.1998 auch *Nazerali/Cowan*, E.C.L.R. 1998, S. 409 ff.
[171] Bei *Stanbrook & Hooper's* Brussels Brief, a.a.O. S. 33
[172] Bei *Stanbrook & Hooper's* Brussels Brief, a.a.O. S. 36
[173] Bei *Stanbrook & Hooper's* Brussels Brief, a.a.O. S. 35, daneben auch die Verhinderung von Querlieferungen, die Kombination von Selektivvertrieb mit Alleinvertrieb oder ausschließlicher Kundenzuteilung sowie das Verbot, ein als Zwischenerzeugnis gekauftes Reparatur- oder Ersatzteil auf dem nachgelagerten Markt zu verkaufen.
[174] Bei *Stanbrook & Hooper's* Brussels Brief, a.a.O. S. 35

Ein System mit zwei Schwellenwerten hätte nach Auffassung der Kommission den Vorteil, dass es die Möglichkeit biete, die Behandlung vertikaler Beschränkungen ökonomisch sinnvoll abzustufen und nach den wahrscheinlichen wettbewerbswidrigen Auswirkungen differenzierend vorzugehen. Ein System mit einem Schwellenwert hätte dagegen den Vorteil der Einfachheit und Klarheit für sich. Deshalb sprachen sich auch die meisten Mitgliedstaaten für nur einen Schwellenwert aus[175].

Die nationalen Wettbewerbsbehörden sollten ferner in der neuen GVO ermächtigt werden, den Vorteil der Gruppenfreistellung rückwirkend zu entziehen, wenn die Vereinbarung sich nur im Gebiet eines Mitgliedstaates oder in einem Teil desselben auswirkt.[176].

Ergänzt werden sollte die jeweilige Gruppenfreistellungsverordnung durch Leitlinien, die die Vorgehensweise bei Überschreiten der Schwellenwerte und den möglichen Entzug der Freistellung erläutern.

Um die Kommission und die beteiligten Unternehmen zu entlasten[177], wurde ferner angeregt, Art. 4 Abs. 2 der VO Nr. 17/62 dahingehend zu ändern, dass alle vertikalen Vereinbarungen von der Anmeldepflicht entbunden werden.

V. Die Ermächtigungsverordnung

Um die Reformvorhaben gesetzlich umsetzen zu können, bedurfte es entweder einer Gruppenfreistellungsverordnung des Rates gemäß Art. 83 Abs. 2 Buchst. b) oder der Rat musste die Kommission zum Erlass einer solchen GVO ermächtigen. Weil man sich für den letztgenannten Weg entschied, war eine Änderung der Ermächtigungsverordnung notwendig.

1. VO Nr. 19/65 des Rates

Auf die Ermächtigungsverordnung Nr. 19/65 des Rates[178] waren insbesondere die drei wichtigsten, nunmehr ausgelaufenen Gruppenfreistellungsverordnungen gestützt. Gemäß Art. 1 Abs. 1 der VO Nr. 19/65 a.F. war es lediglich zulässig, Formen von Alleinvertriebs- und Alleinbezugsvereinbarungen bzw. die Kombination zwischen beiden Formen gruppenweise freizustellen. Selektive Vertriebssysteme konnten aufgrund die-

---

[175] Bei *Stanbrook & Hooper's* Brussels Brief, a.a.O. S. 33, Fn. 14

[176] So auch schon im ersten unverbindlichen Vorschlag, vgl. *Stanbrook & Hooper's*, a.a.O. A. (12) und (13) sowie *Mitteilung*, a.a.O. S. 40.

[177] und um künstlich herbeigeführte Rechtsstreitigkeiten von den nationalen Gerichten zu unterbinden.

[178] ABl. 36 vom 6.3.1965, S. 533

ser Ermächtigungsnorm ebenso wenig wie Mischformen der verschiedenen Vertriebstypen gruppenweise freigestellt werden[179].

Ferner durften an gruppenweise freigestellten Vereinbarungen nur zwei Unternehmen beteiligt sein (Art. 1 Abs. 1 VO a.F.). Nach Art. 1 Abs. 1 Buchst. a) VO a.F. konnten nur Waren (also keine Dienstleistungen) Vertragsgegenstand sein und diese Waren durften nur zum Weiterverkauf, mithin nicht zur Weiterverarbeitung, übertragen werden. Schließlich mussten gemäß Art. 1 Abs. 2 Buchst. b) VO a.F. die Gruppenfreistellungsverordnungen diejenigen Bestimmungen auflisten, die in den Vereinbarungen enthalten sein müssen (sog. weiße Listen). Gemäß Art. 7 VO a.F. konnte nur die Kommission die Freistellung entziehen.

2. VO Nr. 17/62 des Rates

Bestandteil der von der Kommission beabsichtigten Reform war auch die Abschaffung der Meldepflicht für sämtliche vertikale Beschränkungen. Die Meldepflicht war in der VO 17/62 geregelt[180]. Nach Art. 4 Abs. 2 VO a.F. waren lediglich bestimmte Arten vertikaler Vereinbarungen von der Meldepflicht ausgenommen[181], so dass es insofern einer Änderung der Ratsverordnung bedurfte.

3. Vorschlag einer Änderungsverordnung zu VO Nr. 19/65 und VO Nr. 17/62

Zusammen mit der Mitteilung vom 26.11.1998 veröffentlichte die Kommission zwei Änderungsvorschläge[182], die an den Rat gemäß Art. 250 weitergeleitet wurden. Am 29.04.1999 gelangte der Industrierat zu einer politischen Einigung über beide Verordnungen und gab "grünes Licht" für die Reformvorschläge der Kommission[183]. Gleichzeitig erklärte die Kommission gegenüber dem Rat, dass sie das nunmehr eröffnete Gesetzgebungsverfahren und ihre folgenden Konsultationen auf der Grundlage *einer einzigen Marktanteilsschwelle von 30 %* beginnen werde.

---

[179] Ferner sollen gemäß dem 10. Erwägungsgrund der VO 1215/1999, ABl. L 148 v. 15.06.1999, S. 1 ff., auch bestimmte nicht auf Gegenseitigkeit beruhende vertikale Vereinbarungen zwischen konkurrierenden Unternehmen, sowie vertikale Vereinbarungen zwischen einem Verband von kleinen und mittleren Einzelhändlern und dessen Mitgliedern oder zwischen einem derartigen Verband und seinen Zulieferern gruppenweise freigestellt werden können.

[180] ABl. 13 vom 21.2.1962, S. 204

[181] Die Befreiung galt für Vereinbarungen, Beschlüsse und aufeinander abgestimmte Verhaltensweisen, an denen nur Unternehmen aus einem Mitgliedstaat beteiligt waren und die nicht die Ein- und/ oder Ausfuhr zwischen Mitgliedstaaten betrafen, oder für solche, an denen nur zwei Unternehmen beteiligt waren und bei denen die Vereinbarungen lediglich eine Vertragspartei bei der Weiterveräußerung von Waren, die sie von der anderen Vertragspartei bezog, in der Freiheit der Gestaltung von Preisen oder Geschäftsbedingungen beschränkten.

[182] ABl. C 365 v. 26.11.1999, S. 27 und 30. Weil diese vom Rat übernommen wurden, soll auf die detaillierte Darstellung des Inhalts der Vorschläge verzichtet und die Darstellung auf die in Kraft getretenen Ratsverordnungen beschränkt werden.

[183] vgl. Pressemitteilung IP/99/286 vom 30.4.1999, veröffentlicht im Internet unter http://europa.eu.int/comm/dg04/pressre.htm

4. Änderungsverordnungen Nr. 1215/1999 und Nr. 1216/1999 des Rates

Am 15.6.1999 verkündete der Rat die Verordnung Nr. 1215/1999[184] zur Änderung der VO Nr. 19/65 sowie die Verordnung Nr. 1216/1999[185] zur Änderung der VO Nr. 17/62.

Art. 1 Abs. 1 Buchst. a) VO Nr. 19/65 wurde dahingehend geändert, dass eine GVO der Kommission nunmehr auch vertikale Vereinbarungen zwischen zwei *und mehr* Unternehmen erfassen kann, die die Bedingungen betreffen, zu denen die Parteien bestimmte Waren *oder Dienstleistungen* beziehen, verkaufen oder weiterverkaufen können[186]. Der (10). Erwägungsgrund stellt klar, dass eine Gruppenfreistellungsverordnung zukünftig alle Arten von Vereinbarungen erfassen kann, einschließlich Alleinbezugs-, Alleinvertriebs-, Franchisevereinbarungen sowie Vereinbarungen über *selektiven Vertrieb* oder deren *Mischformen.*

Daneben wurden in Art. 1 Abs. 2 Buchst. b) VO 19/65 a.F. die Worte "die Bestimmungen, die in den Vereinbarungen enthalten sein müssen, oder" gestrichen, womit das Erfordernis einer *weißen Liste abgeschafft* wurde. Ein Rechtsrahmen mit weißen Listen wird gemäß der (6). Begründungserwägung für vertragliche Beziehungen auf wirtschaftlicher Ebene, wo Vertriebsstrukturen und Vertriebstechniken einem raschen Wandel unterliegen, als viel zu rigide empfunden.

Schließlich können gemäß Art. 7 Abs. 2 VO 19/65 n.F. auch die zuständigen Behörden eines Mitgliedstaates in der Gruppenfreistellungsverordnung dazu ermächtigt werden, den Vorteil der gruppenweisen Freistellung im Einzelfall zu entziehen, wenn sich die Auswirkungen der Vereinbarungen auf einen Mitgliedstaat oder einen Teil desselben beschränken[187].

Die zweite Änderungsverordnung, die Verordnung Nr. 1216/1999 des Rates, ändert die VO 17/62 insofern, als gemäß Art. 4 Abs. 2 VO n.F. nunmehr für sämtliche Vertikalbeschränkungen keine Anmeldepflicht mehr besteht. Nach der Begründungserwägung Nr. (6) bürdete das Erfordernis der Anmeldung den Unternehmen unnötige administrative Lasten auf.

Damit waren die gesetzlichen Voraussetzungen für die geplante Reform geschaffen.

---

[184] ABl. L 148 v. 15.6.1999 S. 1 ff.
[185] ABl. L 148 v. 15.6.1999 S. 5 ff.
[186] Sofern die Vereinbarung sich auf gewerbliche Schutzrechte etc. bezieht, sind gem. Art. 1 Abs. 1 Buchst. b) VO nur solche zwischen zwei Unternehmen erfasst.
[187] geändert in Art. 1 Abs. 4. der VO 1215/1999

VI. Der Verordnungsentwurf vom 24.09.1999

Am 24.09.1999 veröffentlichte die Kommission den Entwurf einer umfassenden "Schirm"-GVO[188], der begleitet wurde von einem Entwurf umfangreicher Leitlinien[189]. Weil dieser Entwurf weitgehend der am 29.12.1999 verkündeten Verordnung Nr. 2790/1999 entspricht[190], soll auf seine Darstellung verzichtet werden.

§ 4 Die "Schirm"-Gruppenfreistellungsverordnung vom 22.12.1999

Am 22.12.1999 verkündete die Kommission die Verordnung Nr. 2790/1999 über die Anwendung von Artikel 81 Absatz 3 EG-Vertrag auf Gruppen von vertikalen Vereinbarungen und abgestimmten Verhaltensweisen[191].

I. Art. 2 und 3 der VO: die grundsätzliche Freistellung

Gemäß Art. 2 und 3 VO sind grundsätzlich alle vertikalen Beschränkungen freigestellt, sofern der Marktanteil der an der Vereinbarung beteiligten Unternehmen 30 % nicht überschreitet[192]. Zu ermitteln ist grundsätzlich nur der Marktanteil des Lieferanten; lediglich bei Alleinbelieferungsverpflichtungen ist auf den Marktanteil des Käufers abzustellen, Art. 3 Abs. 1 und 2 VO.

Freigestellte vertikale Beschränkungen werden in Art. 2 Abs.1 VO definiert als "Vereinbarungen oder aufeinander abgestimmte Verhaltensweisen zwischen zwei oder mehr Unternehmen, von denen jedes zwecks Durchführung der Vereinbarung auf einer unterschiedlichen Produktions- oder Vertriebsstufe tätig ist, und welche die Bedingungen betreffen, zu denen die Parteien bestimmte Waren oder Dienstleistungen beziehen,

---

188 ABl. C 270 v. 24.9.1999 S. 7 ff.

189 ABl. C 270 v. 24.9.1999 S. 12 ff. Zur Bedeutung der Leitlinien auch *Bechtold*, EWS 2001, 49 ff., 53 f. Nach *Rittner*, WuW 2000, "enttäuschen die Leitlinien durch eine überaus detailreiche Regelung, die eher den Eindruck einer Verwaltungsanweisung an untergeordnete Behörden erweckt."

190 Bis auf die Umstellung des Art. 11 des Entwurfs als Art. 1 der Verordnung, der die wichtigsten Definitionen enthält, sind folgende Änderungen vorgenommen worden: Art. 4 der VO enthält in Buchst. b) 2. Spiegelstrich im Gegensatz zum Entwurf als Ausnahme von der Kernbeschränkung auch Beschränkungen des Verkaufs an Endbenutzer durch Käufer, die auf der Großhandelsstufe tätig sind. Art. 5 VO enthält in Buchst. b) 2. Spiegelstrich im Gegensatz zum Entwurf als Ausnahme zum Verbot eines länger als ein Jahr dauernden nachvertraglichen Wettbewerbsverbotes den Umstand, dass das Wettbewerbsverbot sich auf Räumlichkeiten oder Grundstücke beschränkt, von denen aus der Käufer während der Vertragsdauer seine Geschäfte betreiben kann. Art. 9 Abs. 2 Buchst. b) der VO stellt im Gegensatz zum Entwurf klar, dass bei der Ermittlung des Marktanteils zu berücksichtigen ist, dass der Marktanteil Waren oder Dienstleistungen einschließt, die zum Zweck des Verkaufs an integrierte Händler geliefert werden.

191 ABl. L 336 vom 29.12.1999 S. 21 ff.

192 Artikel 1 VO enthält Definitionen zu den einzelnen Artikeln und ihrem genauen Anwendungsbereich, vgl. *Whish*, C.M.L.R. 2000, 887 ff.

verkaufen oder weiterverkaufen können. Die Freistellung gilt, soweit diese Vereinbarungen Wettbewerbsbeschränkungen enthalten, die unter Artikel 81 Absatz 1 fallen."

Ist an einer solchen Vereinbarung eine Unternehmensvereinigung beteiligt, werden Vereinbarungen zwischen ihr und ihren Mitgliedern oder Lieferanten nur dann von der Verordnung erfasst, wenn alle Mitglieder der Vereinigung Wareneinzelhändler sind und keines der Mitglieder einen Jahresumsatz von mehr als 50 Mio. EUR erzielt[193]. Enthalten Vertriebsverträge Regelungen bezüglich der Übertragung oder Nutzung von Rechten an geistigem Eigentum, werden diese freigestellt, wenn sie nicht Hauptgegenstand der Vereinbarung sind und sich unmittelbar auf die Nutzung, den Verkauf oder den Weiterverkauf des Vertragsgegenstandes beziehen[194].

II. Art. 4 und 5 der VO: die sogenannte schwarze Liste

Die Freistellung gilt nicht für die in Art. 4 und 5 VO aufgelisteten Vereinbarungen und Beschränkungen.

Nach *Art. 4 Buchst. a)* VO sind Beschränkungen bei der Festsetzung der Wiederverkaufspreise mit Ausnahme von Höchstpreisen und Preisempfehlungen nicht freigestellt[195]. *Art. 4 Buchst. b)* VO verbietet Beschränkungen des passiven Weiterverkaufs in ausschließlich zugeteilten Verkaufsgebieten, lässt jedoch Beschränkungen des Aktivverkaufs zu. Mitgliedern eines selektiven Vertriebssystems dürfen systeminterne Querlieferungen nicht untersagt werden (*Art. 4 Buchst. d) VO*). Verboten werden darf ihnen lediglich der Weiterverkauf an nicht zugelassene Händler. Der Weiterverkauf an Verbraucher darf in einem selektiven System weder in aktiver noch in passiver Hinsicht beschränkt werden (*Art. 4 Buchst. c) VO*)[196]. Ein Abnehmer von Ersatzteilen darf in der Verwendung seiner Waren nicht beschränkt werden, d.h. es muss ihm überlassen bleiben, ob er sie weiterverkauft oder in eine andere Sache einbaut (*Art. 4 Buchst. e) VO*).

Art. 5 Buchst. a) VO lässt Wettbewerbsverbote nur bis zu einer Dauer von fünf Jahren zu. Nur bei Vertragswaren, die in den vom Lieferanten zur Verfügung gestellten Räumlichkeiten verkauft werden, wie z.B. bei Bierlieferungs- und Tankstellenverträgen, darf das Wettbewerbsverbot so lange vereinbart werden, wie die Nutzung der Räumlichkeiten andauert. Nachvertragliche Wettbewerbsbeschränkungen sind nach *Art. 5 Buchst. b) VO* auf die Dauer von einem Jahr beschränkt, wenn die Beschränkung sich auf Waren bezieht, die mit den Vertragswaren in Wettbewerb stehen und wenn ein solches Wettbewerbsverbot unerlässlich ist, um das übertragene Know-how zu schüt-

---

[193] Art. 2 Abs. 2 VO; zu den Auswirkungen der GVO auf Verbundgruppen *Schulte/Geiger* EuZW 2000, 396 ff.

[194] Art. 2 Abs. 3 VO

[195] hierzu *Bechtold*, NJW 2001, 3159 ff., 3161; *Bayreuther*, EWS 2000, 106 ff., 111

[196] zur Variante des Internetvertriebs unter der neuen Verordnung *Pautke/Schultze*, BB 2001, 317 ff., 320 ff.; *Seeliger*, WuW 2000, 1175 ff

zen. Mitgliedern eines selektiven Vertriebssystems darf gemäß *Art. 5 Buchst. c) VO* kein Konkurrenzwarenverbot auferlegt werden.

III. Der nachträgliche Entzug des Vorteils der Gruppenfreistellung

Art. 6 und 7 VO Nr. 2790/1999 regeln den Entzug des Vorteils der Gruppenfreistellung per Einzelentscheidung. Während Art. 6 VO die Kommission zum Entzug ermächtigt, können gemäß Art. 7 VO auch die Mitgliedstaaten den Vorteil entziehen, wenn sich die Auswirkungen der Beschränkung auf einen Mitgliedstaat oder einen Teil desselben beschränken.

Werden mehr als 50 % eines relevanten Marktes von nebeneinander bestehenden Netzen ähnlicher vertikaler Beschränkungen erfasst, kann die Kommission gemäß Art. 8 VO auch per Verordnung die Anwendung der GVO für sämtliche in dem relevanten Markt befindliche und zu der kumulativen Wirkung beitragende Vereinbarungen ausschließen[197].

IV. Begründungserwägungen zur VO Nr. 2790/1999

Das Ziel der neuen "Schirm"-GVO ist die wettbewerbliche Zulässigkeit grundsätzlich aller vertikaler Beschränkungen zwischen Unternehmen ohne Marktmacht. Ohne diejenigen Vereinbarungen exakt zu beschreiben, die unter den *Verbotstatbestand* des Art. 81 fallen, geht die Kommission davon aus, dass dies bei vertikalen Vereinbarungen für den Einkauf und Verkauf von Waren und Dienstleistungen, bei bestimmten vertikalen Vereinbarungen zwischen Wettbewerbern sowie bei vertikalen Vereinbarungen, die von Vereinigungen des Wareneinzelhandels abgeschlossen werden, der Fall ist (Begründungserwägung (1), (2), (3), und (4)). Bei diesen Vereinbarungen geht die Kommission gleichzeitig davon aus, dass sie die Voraussetzungen des *Freistellungstatbestands* erfüllen (Erwägung (2) und (5)).

Im Hinblick auf das *erste Freistellungserfordernis* - der Verbesserung der Warenerzeugung oder –Verteilung oder der Förderung des technischen oder wirtschaftlichen Fortschritts - heißt es in der (6). Begründungserwägung: "Vertikale Vereinbarungen, die zu der in dieser Verordnung umschriebenen Gruppe gehören, können die wirtschaftliche Effizienz innerhalb einer Produktions- oder Vertriebskette erhöhen, weil sie eine bessere Koordinierung zwischen den beteiligten Unternehmen ermöglichen. Sie können insbesondere die Transaktions- und Distributionskosten der Beteiligten verringern und deren Umsätze und Investitionen optimieren."

---

[197] Die Kommission wurde vom Rat in der VO 1215/1999 durch Einfügung des Artikels 1 a in die VO Nr. 19/65 zum Erlass einer solchen Verordnung ermächtigt.

Nach der (7). und (8). Begründungserwägung könne davon ausgegangen werden, dass vertikale Vereinbarungen im allgemeinen zu einer Verbesserung der Produktion oder des Vertriebs führen. Ob diese effizienzsteigernden Wirkungen tatsächlich eintreten und stärker ins Gewicht fallen als die Nachteile für den Wettbewerb, hinge von der Marktmacht der beteiligten Unternehmen ab.

Die Marktmacht, also das Ausmaß des Wettbewerbsdrucks, dem die Unternehmen von Lieferanten oder Abnehmern substituierbarer Erzeugnisse ausgesetzt sind, sei auch entscheidend für das Vorliegen des *zweiten Freistellungserfordernisses*, der angemessenen Verbraucherbeteiligung. Es könne davon ausgegangen werden, dass die Verbraucher an dem entstehenden Gewinn angemessen beteiligt werden, sofern der auf den Lieferanten anfallende Anteil am relevanten Markt 30 % nicht überschreite. Bei Alleinbelieferungspflichten sei der Anteil des Käufers entscheidend ((8). Erwägung).

Die in der schwarzen Liste enthaltenen Vereinbarungen stellten sicher, dass nur solche Beschränkungen freigestellt werden, die zur Erreichung der Vorteile *unerlässlich* sind. Insbesondere die Festsetzung von Mindest- oder Festpreisen sowie bestimmte Formen des Gebietsschutzes seien nie unerlässlich. Zeitlich unbegrenzte Wettbewerbsverbote verhinderten den Marktzugang und seien deshalb ebenso wenig unerlässlich wie Konkurrenzwarenverbote in Selektivsystemen, die zusätzlich noch kollusive Absprachen zwischen den Lieferanten erleichterten ((11). Begründungserwägung).

Die Kombination der Marktanteilsschwelle mit den in der schwarzen Liste enthaltenen Kernbeschränkungen stelle schließlich sicher, dass wirksamer Wettbewerb auf den jeweils relevanten Märkten gewährleistet werde. Deshalb sei auch das *vierte Freistellungserfordernis* erfüllt ((12). Erwägungsgrund).

V. Zwischenergebnis

Die neue EG-Wettbewerbspolitik gegenüber vertikalen Wettbewerbsbeschränkungen macht die wettbewerbsrechtliche Zulässigkeit von Vertriebsvereinbarungen grundsätzlich abhängig von der Marktmacht der beteiligten Unternehmen. Verboten werden nur noch ganz bestimmte Klauseln in den Verträgen; ansonsten kann das Unternehmen ohne Marktmacht mit seinem Vertragspartner all die Absprachen treffen, die es für wirtschaftlich sinnvoll hält.

Diese in der Europäischen Gemeinschaft neuartige Behandlung vertikaler Wettbewerbsbeschränkungen ist in den USA seit einigen Jahren bereits in ähnlicher Form etabliert. Dort hat sich die Erkenntnis über den Zusammenhang zwischen Marktmacht der Unternehmen und Auswirkungen vertikaler Beschränkungen schon seit Mitte der siebziger Jahre herausgebildet und zu einer wohlwollenderen Behandlung derselben geführt.

Die gesetzliche Regelung in Sec. 1 Sherman Act lässt dabei zunächst eine ganz andere Vorgehensweise vermuten. Der entscheidende Satz lautet: "Every contract, combination in the form of trust or conspiracy, in restraint of trade or commerce among the several States, or with foreign nations, is declared to be illegal." [198] Danach ist jede Beschränkung des Wettbewerbs verboten, gleichgültig, ob diese mittels horizontaler oder vertikaler Vereinbarung bewirkt wird. Die Anwendungsweite scheint uferlos zu sein, denn das amerikanische Antitrust-Recht sieht im Gegensatz zu Art. 81 Abs. 3 des EG-Vertrages keine Freistellungsmöglichkeit vor.

Wie aber ist es dazu gekommen, dass heute Sec. 1 Sherman Act so ausgelegt wird, dass nur noch vertikale Vereinbarungen zwischen marktstarken Unternehmen einen "restraint of trade or commerce" darstellen?

Im Folgenden soll auf die Entwicklung des US-amerikanischen Antitrust-Rechts eingegangen werden mit der Erwartung, dass sich aus der dort bereits seit Jahren etablierten, relativ wohlwollenden und flexiblen Einstellung gegenüber Vertikalverträgen wichtige Erkenntnisse und Rückschlüsse auf die Entwicklungen im europäischen Recht ziehen lassen[199].

§ 5 Die Behandlung vertikaler Wettbewerbsbeschränkungen in den USA

Vom Wortlaut des Sec. 1 Sherman Act her müsste grundsätzlich jede Vereinbarung zwischen Unternehmen auf verschiedenen Wirtschaftsstufen ebenso wie zwischen Unternehmen auf derselben Wirtschaftsstufe nichtig sein, sofern sie einen "restraint of trade or commerce" darstellen.

---

[198] Zur Anwendung gelangt Sec. 1 Sherman Act entweder in einem von der Regierung angestrebten Verfahren oder - was in der Praxis weit überwiegt - in einem Privatklageverfahren nach Sec. 4 Clayton Act, in dem Privatpersonen bzw. –gesellschaften einen (dreifachen) Schadensersatzanspruch geltend machen können, vgl. *Kapp*, Wettbewerbsbeschränkung durch vertikale Vertriebsbindung? 1984, S. 39.

[199] Ein solcher Blick auf die andere Seite des Atlantiks bietet sich im Bereich des Wettbewerbsrechts an, denn bereits für die Gründer der Römischen Verträge war die amerikanische Antitrust-Gesetzgebung ein Vorbild. Nach dem zweiten Weltkrieg war in fast allen europäischen Industrieländern die damals entscheidende Frage des Schutzes des Wettbewerbs gegenüber Kartellen und Monopolen unter dem Einfluss der in Amerika gefundenen gesetzgeberischen Lösung neu durchdacht worden, *Coing*, ZHR Bd. 125, S. 271 ff. 289. *Emmerich*, Kartellrecht, S. 20, fasst den Einfluss des amerikanischen Antitrust- Rechts wie folgt zusammen: "Das Mutterland jedes Wettbewerbsrechts sind und bleiben die USA. Alle europäischen Wettbewerbsgesetze bauen letztlich auf den überaus umfangreichen Erfahrungen auf, die die USA bei der jahrzehntelangen Handhabung ihrer Antitrust-Gesetze inzwischen gesammelt haben."; *Fleischer*, WuW 2001, 6 ff.

I. Die Rule of Reason

1. Entwicklung der Rule of Reason

Die strenge Handhabung von Sec. 1 Sherman Act wurde erstmals in einem eine horizontale Vereinbarung betreffenden Verfahren vor dem Supreme Court aus dem Jahre 1911 zur Diskussion gestellt[200]. In der Sache "Standard Oil Co. of New Jersey v. U.S."[201] ging es um das von John Rockefeller kontrollierte Kartell, bestehend aus der Standard Oil Company und 33 weiteren Gesellschaften, das die gesamte amerikanische Ölindustrie beherrschte. Der zuständige Richter Chief Justice White bestätigte zwar im Ergebnis die verbotene Wettbewerbsbeschränkung, setzte sich aber mit dem Anwendungsbereich des Sec. 1 Sherman Act auseinander. Er interpretierte in den gesetzlichen Wortlaut einen "standard of reason" hinein, der nur dann zu einer verbotenen Wettbewerbsbeschränkung führe, wenn die Wettbewerbsbedingungen durch die Verträge oder Handlungen in unangemessener Weise beschränkt werden. Grundlage seiner Überlegungen waren die grundsätzlichen Erwägungen über die Schädlichkeit von Monopolen für das Allgemeinwohl. Der Monopolist könne in nachteiliger Weise auf Preise, Produktion und Produktqualität Einfluss nehmen[202]. Setze eine Vereinbarung oder ein abgestimmtes Verhalten ein Unternehmen in die Lage, ähnlich wie ein Monopolist in irgendeiner Weise nachteiligen Einfluss auf die Wettbewerbsbedingungen zu nehmen, dann liege ein zu verbietender "restraint of trade or commerce" vor. Die Ursache einer solchen Einflussnahmemöglichkeit könne dabei ganz unterschiedlicher Natur sein, so entweder aus dem Vertrag selbst, seinen Begleitumständen oder der Absicht, die die Beteiligten mit der Absprache verfolgten[203].

Im Laufe der folgenden Jahrzehnte erfolgte eine Konkretisierung der nun als Rule of Reason bezeichneten einschränkenden Auslegung des Wettbewerbsverbots in Sec. 1 Sherman Act.

In der Entscheidung in der Sache "U.S. v. Trenton Potteries Co."[204] aus dem Jahre 1927 zeichnete sich die grundsätzlich ablehnende Haltung gegenüber allen Arten von Preisfestsetzungen unter der Rule of Reason bereits deutlich ab. Durchgesetzt hat sich das per se Verbot jeglicher Festsetzung von Verkaufspreisen mit dem 1940 in der Sache "U.S. v. Socony-Vacuum"[205] ergangenen Urteil des Supreme Courts: Die autono-

---

[200] Zuvor war eine Einschränkung des Verbots wegen der im angelsächsischen Rechtskreis üblichen grammatischen Auslegung nicht zulässig. Jede subjektiv- und objektiv-teleologische Argumentation wurde bei dieser traditionellen Gesetzesinterpretation abgelehnt, s. die Entscheidungen von 1897 in der Sache U.S. v. Trans-Missouri Freigt Association 166 U.S. 290 (1897) und von 1903 in der Sache Northern Securities v. U.S. 193 U.S. 190, 403 (1903).

[201] Standard Oil Co. Of New Jersey v. U.S.., 221 U.S. 1 (1911)

[202] Standard Oil Co. Of New Jersey v. U.S., a.a.O. Fn. 2, 52

[203] Standard Oil Co. Of New Jersey v. U.S., a.a.O. Fn. 2, 58

[204] 273 U.S. 392 (1927)

[205] 310 U.S. 150 (140)

me Preisfestsetzung sei der wichtigste Wettbewerbsparameter, der auf keinen Fall und unter keinen Umständen beeinflusst werden dürfe[206].

Bis zum zweiten Weltkrieg hatte sich die Rule of Reason voll entwickelt. Vereinfacht lässt sich die *vierstufige Prüfung*, die sich bis heute nicht grundlegend geändert hat, wie folgt zusammenfassen:

Erster Schritt ist die Prüfung etwaiger *Wettbewerbsnachteile*, die sich aus einer Vereinbarung ergeben oder ergeben können. Im zweiten Schritt wird nach *"redeeming virtues"*, also einem legitimen, dem Wettbewerb förderlichen Zweck gefragt, der mit der Vereinbarung verfolgt wird. Im dritten Schritt wird geprüft, ob die Beschränkung trotz eines legitimen Zwecks verbotswidrig ist, weil diese Beschränkung vernünftigerweise *nicht erforderlich* war zur Erreichung des Zwecks. Erst wenn diese Prüfung zu keiner eindeutigen Entscheidung führt, hat das Gericht in einem vierten Schritt die wettbewerbsfördernden und –hemmenden Aspekte zu gewichten und damit *im engeren Sinne abzuwägen*[207].

2. Die Rule of Reason im Bereich vertikaler Wettbewerbsbeschränkungen

Im Bereich vertikaler Wettbewerbsbeschränkungen ist die Rule of Reason[208] bis zum zweiten Weltkrieg überhaupt nicht zur Anwendung gekommen, weil Vereinbarungen zwischen nicht im direkten Wettbewerb zueinander stehenden Unternehmen als nicht wettbewerbsgefährdend angesehen wurden[209]. Dies änderte sich erst, als das Justizministerium im Jahre 1948 ankündigte, die Vertriebsbindungen nunmehr als per se unzulässig zu betrachten[210]. Nachdem Anfang der sechziger Jahre dieses Verbot gelockert wurde[211], verhängte der Supreme Court im Jahre 1967 in der Sache "U.S. v. Arnold, Swinn & Co."[212] wieder das per se Verbot über fast alle Vertriebsbindungen. Abgrenzungskriterium war danach die Verfügungsgewalt über die Vertragsprodukte. Wurde sie auf den Händler übertragen, dann galt das per se Verbot; wurde sie nicht übertragen (wie bei Handelsvertretern oder Kommissionären), dann blieb Raum für die Rule of Reason.

---

206 Zu "per se Rules" und der "Rule of Reason" *Black*, E.C.L.R.1997, S. 145 ff.
207 vgl. *Ackermann*, a.a.O., S. 22 f.
208 Ausführlich hierzu *Roth*, RIW/AWD 1977, S. 605 ff.
209 Sie wurden als per se zulässig angesehen, vgl. *Kapp*, a.a.O., S. 40 m.w.N.
210 Dies führte dazu, dass verschiedene Hersteller in einer Reihe von consent decress (gerichtlicher Vergleich ohne Präzedenzeffekt) einwilligten und die Anwendung von Vertriebsbindungen aufgaben, vgl. *Kapp*, a.a.O. S. 40.
211 1963 weigerte sich der Supreme Court im Fall U.S. v. White Motor Co 372 U.S. 253 (1963) wiederum, ein per se Verbot über die Vertriebsbindungen zu verhängen und verwies zur weiteren Sachverhandlung zurück. In den darauffolgenden Fällen Snap-on Tools Corp v. FTC, 321 F.2d 825 (7th Cir. 1963) und Sandura v. FTC, 339 F.2d 847 (6th Cir. 1964) wurden pro-kompetitive Effekte von Vertriebsbindungen ansatzweise erkannt.
212 388 U.S. 365 (1967)

II. Die entscheidende Wende

1. Entscheidung "GTE Sylvania" des Supreme Courts

1977 hatte der Supreme Court dann erneut Gelegenheit, seine Position gegenüber Vertriebsbindungen zu bestimmen. In "Continental T.V. Inc. v. GTE Sylvania Inc."[213] verwarf er die "Swinn rule" als verfehlt und unterstellte die Vertriebsbindungen wieder allgemein einer Rule of Reason[214].

Im konkreten Fall ging es um die Zulässigkeit einer "location clause", die die Verkaufsstelle des Vertragshändlers festlegte, ohne ihm Exklusivität zu gewähren (relativer Gebietsschutz). Anknüpfungspunkt war für Justice Powell die Komplexität der *Marktauswirkungen* solcher Beschränkungen.

"The impact of vertical restrictions is complex because of their potential for simultaneous reduction of intra-brand competition and stimulation of inter-brand-competition. Vertical restrictions reduce intra-brand competition by limiting the number of sellers of a particular product competing for the business of a given group of buyers. ... Vertical restrictions promote inter-brand competition by allowing the manufacturer to achieve certain efficiencies in the distribution of this products. These "redeeming virtues" are implicit in every decision sustaining vertical restrictions such as restrictions to compete more effectively against other manufacturers. For example, new manufacturers and manufacturers entering new markets can use the restriction in order to induce competent and aggressive retailers to make the kind of investment of capital and labor that is often required in the distribution of products unknown to the consumers. Established manufacturers can use them to induce retailers to engage in promotional activities or to provide service and repair facilities necessary to the efficient marketing of their products. Because of market imperfections such as the so called "free rider" effect, these services might not be provided by retailers in a purely competitive situation."[215]

Damit war klar, dass Vertriebsbindungen zwar den intrabrand-Wettbewerb beschränken, dass sie aber gleichzeitig vielfältige vorteilhafte (interbrand-) Marktauswirkungen zur Folge haben können, denen im Rahmen der Rule of Reason Prüfung Rechnung zu tragen ist. Das Gericht nannte u.a. die Ermöglichung oder Erleichterung des Marktzugangs eines völlig neuen Anbieters oder eines in einem Markt bereits etablierten Anbieters auf einem neuen Markt sowie die Ausschaltung des Trittbrettfahrerproblems.

Das Sylvania-Urteil stellte jedoch nicht klar, ob Vertriebsvereinbarungen und damit Beschränkungen des intrabrand-Wettbewerbs *immer* dann zulässig sind, wenn derlei

---

213 433 U.S. 36 (1977)

214 zur Rule of Reason auch *Calvani*, E.C.L.R. 2001, 201 ff.

215 433 U.S. (1977) 54-55

Vorteile für den interbrand-Wettbewerb zu erwarten sind, oder ob die zu erwartenden Vorteile schwerer wiegen müssen als die intrabrand-Nachteile[216].

Gegen eine solche genuine Abwägung[217] der Steigerung des interbrand-Wettbewerbs mit der Beeinträchtigung des intrabrand-Wettbewerbs sprechen jedenfalls die Erwägungen des Supreme Courts, wonach der interbrand-Wettbewerb "the primary concern of antitrust law" sei und "a significant check on the exploitation of intra-brand market power" darstelle. Ob der Supreme Court davon ausging, der intrabrand-Wettbewerb genieße keinen Schutz mehr um seiner selbst willen, kann diesen Aussagen jedoch auch nicht entnommen werden[218].

2. Instanzgerichtliche Rechtsprechung im Anschluss an Sylvania

Die im Anschluss an das Sylvania-Urteil mit Vertriebsvereinbarungen befassten instanzgerichtlichen Gerichte sahen jedenfalls den interbrand-Wettbewerb nicht nur als den "primary concern" im Sinne des Sylvania-Urteils an, sondern gleichsam als den "only concern". Sie billigten eine Vertriebsvereinbarung stets, wenn sie zu einer Steigerung des Wettbewerbs zwischen substituierbaren Produkten führte.

Verboten wurden vertikale Beschränkungen nur dann, wenn der interbrand-Wettbewerb beeinträchtigt wurde, was nur dann angenommen wurde, wenn das vereinbarende Unternehmen über erhebliche Marktmacht verfügte. Dementsprechend hatte der Kläger, der sich auf die "unreasonableness" einer Beschränkung berief, den Nachweis erheblicher Marktmacht des Beklagten zu erbringen, wobei diese wiederum von der Innehabung eines erheblichen Marktanteils von etwa 50 % abhängig gemacht wurde[219]. Weil dieser Nachweis nur in den seltensten Fällen gelang, führte die post-Sylvania-Rechtsprechung in der Regel zur wettbewerblichen Zulässigkeit vertikaler Beschränkungen[220, 221].

---

216 So *Pitofsky*, 78 Colum. L.Rev. 1, 33 (1978), *Popofsky*, 60 Antitrust L.J. 27, 31 (1991); *Kapp*, Vertriebsbindungen, a.a.O. S. 118 ff.; *Roth*, RIW 1977, 605, 608 f.

217 so *Ackermann*, a.a.O. S. 27

218 vgl. *Ackermann*, a.a.O. S. 27, mit *Kapp*, a.a.O. S. 116 F.

219 *Ackermann*, a.a.O. S. 29 m.w.N.

220 Soweit in Einzelfällen das Marktmachtkriterium nach Ansicht der Gerichte erfüllt war, wurden jedenfalls keine allzu strengen Maßstäbe an die "redeeming virtues" gestellt, vgl. z.B. Cowley v. Braden Industries, Inc. 613 F. 2d 751, 755 (9th Cir. 1980); Seagood Trading Corp. v. Jerico, Inc. 924 F.2d 1555 (11th Cir. 1991). Zu dem Ergebnis, dass eine vertikale Beschränkung eines nicht marktbeherrschenden Herstellers allein wegen der negativen intrabrand-Auswirkungen unangemessen sei, kam nach Sylvania nur das Berufungsurteil Eiberger v. Sony Corp. of America, 622 F.2d 1068, 1081 (2nd. Cir. 1980).

Diese Einstellung spiegelte sich auch in den 1985 vom Justizministerium (Department of Justice) des Bundes erlassenen Vertical Restraints Guidelines (VRG des DOJ)[222] wieder, aus denen sich eine starke Rechtmäßigkeitsvermutung zugunsten vertikaler Beschränkungen ergab, die bei nicht preisbezogenen Praktiken einer per se Legalität nahe kam[223]. Intrabrand-Wettbewerb spielte in der Bewertung keine Rolle mehr.

III. "Renaissance" des intrabrand-Wettbewerbsschutzes

Bereits Ende 1985 hat die National Association of Attorneys General (NAAG) eine Entschließung angenommen, in der sie die VRG des DOJ als unzutreffende Interpretation des Antitrustrechts und des gesetzgeberischen Willens zurückwies[224]. Neben der Befürchtung, dass durch sie das Verbot der Preisbindung ausgehöhlt wurde, wurde aber vor allem auch die praktische per se Legalität aller nicht-preisbezogenen vertikalen Bindungen kritisiert[225]. Die NAAG veröffentlichte daraufhin eigene Guidelines. Während im Jahre 1993 die Guidelines des DOJ aufgehoben wurden, wurden die der NAAG beibehalten und 1995 neu aufgelegt[226].

Heute werden die Auswirkungen vertikaler Beschränkungen in den USA wieder differenzierter betrachtet. In konzentrierten Märkten wird dem intrabrand-Wettbewerb wieder um seiner selbst willen eine eigenständige Bedeutung im Markt beigemessen. Ist der Wettbewerb zwischen substituierbaren Produkten geschwächt, können die

---

[221] Per se verboten wurde jedoch nach wie vor die vertikale Preisbindung, was jedoch weniger aus der Überzeugung von deren wettbewerblicher Schädlichkeit als vielmehr aus Ressentiments vor dem Bruch mit der seit Jahrzehnten überkommenen Rechtstradition geschah, denn etliche Untersuchungen setzen sich mit der wettbewerblichen Vorteilhaftigkeit von Preisbindungen auseinander. Sie führten ebenso wie "non price restrictions" zu einer Effizienzsteigerung beispielsweise durch die Ausschaltung von free-rider Problemen. Vgl. hierzu der *OECD-Report "Franchising"*, insb. S. 162 ff; *Rey/Tirole*, American Economic Review, 1986 Vol. 76, S. 921 ff.
Als potentiell wettbewerbsgefährdend wurden daneben Koppelungs- und bestimmte Arten von Alleinbezugsbindungen angesehen. Die Vorbehalte resultierten hier aber weniger aus intrabrand-Schutzzwecken, als vielmehr aus der Befürchtung, solche Vereinbarungen könnten zur Marktabschottung durch Verdrängung aktueller und Behinderung potentieller (interbrand) Konkurrenten führen. Bei Alleinbezugsbindungen wurde daher die Marktstärke des bindenden Unternehmens sowie die Verbreitung von Exklusivbindungen auf dem relevanten Markt ermittelt, Tampa Electric Co. v. Nashville Coal Co., 365 U.S. 320, 333ff. (1961). Bei "tying arrangements" wurde geprüft, ob der Anbieter Marktmacht bezüglich des gekoppelten Guts hat und der Handel mit dem gekoppelten Gut nicht in unerheblichem Umfang beeinträchtigt ist, International Salt Co. v. U.S., 332 U.S. 392, 396 (1947); Northern Pacific Railways Co. v. U.S., 356 U.S. 1, 6 ff. (1958)

[222] Englischer Text und deutsche Übersetzung in FIW Dokumentation Heft 7, US-Guidelines und EG-Kartellrecht sowie GRUR Int. 1985, S. 566 ff.

[223] vgl. auch *Kapp*, RIW 1985, S. 677 ff.

[224] Abgedruckt in 5 CCH Trade Reg. Rep. § 50, 480. Der Resolution lag der vom Rechtsausschuss des Repräsentantenhauses verfasste VRG- Rep. zugrunde.

[225] So wird die Auffassung, Standortklauseln seien stets zulässig, als mit dem Sylvania-Urteil unvereinbar zurückgewiesen.

[226] *de la Cruz*, ECLR 1997, S. 292 ff., 293 m.w.N.

Verbraucher hauptsächlich vom Wettbewerb zwischen den einzelnen Verteilern eines Herstellerprodukts profitieren. Intrabrand-Wettbewerb ist dann die weitaus größere Quelle für Effizienzsteigerungen[227].

Die VRG der NAAG vom 25. März 1995 führen insgesamt fünf wettbewerbsschädigende Auswirkungen vertikaler "non-price restraints" auf. An erster Stelle wird dabei die Ausschaltung des intrabrand-Wettbewerbs genannt. Der intrabrand-Wettbewerb könne sehr wichtig sein, besonders wenn der interbrand-Wettbewerb schwach ist. Vertikale Beschränkungen könnten den Wettbewerb zwischen Händlern schwächen oder ganz ausschalten mit der Folge, dass der Hersteller dem Händler diktiert, wie er sich im Wettbewerb mit anderen Verteilern des Produkts verhalten solle[228]. Die Auswirkungen vertikaler Beschränkungen auf den interbrand-Wettbewerb werden erst in den darauffolgenden Punkten erläutert[229].

IV. Zwischenergebnis

Die Behandlung vertikaler Wettbewerbsbeschränkungen in den USA ist einem ständigen Wandel unterworfen. Seit In-Kraft-Treten des Sherman Act im Jahre 1890 hat sie sich insgesamt fünf mal geändert[230]. Heute wird grundsätzlich auf die Auswirkungen der Absprachen auf den Markt abgestellt und eine echte Abwägung zwischen interbrand- und intrabrand-Wettbewerb findet statt. In Märkten mit lebhaftem interbrand-Wettbewerb sind vertikale Beschränkungen weniger bedenklich als in Märkten mit schwachem interbrand-Wettbewerb. Ist der interbrand-Wettbewerb schwach, wird der intrabrand-Wettbewerb wegen der ihm eigenen Vorteilhaftigkeit geschützt und nicht lediglich deshalb, weil vertikale Beschränkungen schädliche Auswirkungen auf den interbrand-Wettbewerb haben können. Nur in Märkten, in denen lebhafter Wettbewerb herrscht, ist heute der interbrand-Wettbewerb der "primary concern of antitrust law".

Die heutige Behandlung in den USA zeigt deutliche Parallelen zu der Vorgehensweise in der neuen GVO Nr. 2790/1999 der Kommission. In wettbewerbsaktiven Märkten kann davon ausgegangen werden, dass vertikale Beschränkungen positive Marktauswirkungen haben.

Bemerkenswert ist, dass sich die in den USA im Laufe der letzten 120 Jahre festgestellten Vorgehensweisen gegenüber vertikalen Wettbewerbsbeschränkungen - von der per se Illegalität bis zur per se Legalität - an ein und demselben Gesetzeswortlaut ori-

---

[227] vgl. *Wood*, OECD Journal of Competition Law & Policy, 1999 Vol. 1 S. 82 ff. 94 f.

[228] *Wood*, a.a.O. S. 95

[229] An zweiter Stelle steht die Erleichterung von Kollusion, an dritter der Marktausschluss von Wettbewerbern, an vierter die Ineffizienz vertikal unkoordinierten Vertriebs und an fünfter und letzter Stelle die Förderung oligopolistischen Verhaltens.

[230] vgl. oben: bis 1948 generell unbedenklich, von 1948 bis Anfang der 60-er Jahre verboten, dann Lockerung bis 1967, von 1967 bis 1977 verboten, von 1977 bis Ende der 80-er Jahre fast ausschließlich zulässig und nun wieder differenzierte Sichtweise.

entierten. Es fragt sich, worin die Ursachen einer so unterschiedlichen Handhabung liegen.

Wie in den USA der Wortlaut des Kartellverbots "Every contract ... in restraint of trade ... is declared to be illegal" so ist auch die europarechtliche Regelung des Kartellverbots in Art. 81 Abs. 1 EGV: "...verboten sind alle Vereinbarungen zwischen Unternehmen ... welche ... eine Verhinderung, Einschränkung oder Verfälschung des Wettbewerbs ... bezwecken oder bewirken ...." geprägt von *unbestimmten Rechtsbegriffen*, denen erst durch ihre inhaltliche Auslegung konkrete Bedeutung zukommt. Wie diese Begriffe ausgelegt werden und wie die Wettbewerbsregeln sodann in die Praxis umgesetzt werden, hängt entscheidend von der jeweiligen *Wettbewerbskonzeption* ab.

Entscheidend ist, was die zur Anwendung und Auslegung des Rechts berufenen Organe unter dem Begriff "Wettbewerb" verstehen und wann ihrer Meinung nach eine Beschränkung desselben vorliegt. Veränderungen der wettbewerbskonzeptionellen Vorstellung können - jedenfalls auf lange Sicht - erhebliche ordnungspolitische Weichenstellungen implizieren, ohne dass es hierfür einer ausdrücklichen Veränderung des Wortlauts der Wettbewerbsregeln durch den Gesetzgeber bedürfte[231]. Der Begriff der "Wettbewerbsbeschränkung", der die Zielvorstellungen des Gesetzgebers vor allem zum Ausdruck bringen soll, ist damit selbst einer der wichtigsten "unbestimmten Rechtsbegriffe", der erst umfassend interpretiert werden muss. Die Ziele und Ordnungsvorstellungen, die eine Auslegung erst ermöglichen, sind ihrerseits ein ständiges Thema der wissenschaftlichen Diskussion und führen demgemäß zu ständig wechselnden Auslegungsergebnissen[232].

Weil die US-amerikanischen Behörden und Gerichte im Umgang mit ihrem Antitrust-Gesetzen seit jeher eine Vorbildfunktion für die europäische Wettbewerbspolitik dar-

---

[231] vgl. hierzu ausführlich *Kerber*, Die Europäische Fusionskontrollpraxis und die Wettbewerbskonzeption der EG, S. 171; auch *Fleischer/Körber*, WuW 2001, 6 ff., die von der "Politik des Gesetzes" sprechen.

[232] *Hirsch*, in Festschrift für Röper, 1980, S. 35 ff. stellt deshalb die Verfassungsmäßigkeit eines so weit gefassten Rechtsbegriffs in Frage und bezweifelt, ob er noch den rechtsstaatlichen Anforderungen an Bestimmtheit und Voraussehbarkeit genügt. Gerade weil Verstöße ganz erhebliche Repressionen zur Folge haben können, müsse jedermann vorhersehen können, welches Verhalten verboten und mit Strafe bedroht ist. Weil auch die zur Auslegung hinzuzuziehenden wissenschaftlichen Theorien selbst mit so großer Ungewissheit belastet seien, müsse auch die Konkretisierung der unbestimmten Rechtsbegriffe scheitern, die nur mit Hilfe dieser Theorien möglich wäre. Die Folge einer solchen Argumentation wäre aber, auf ein Wettbewerbsrecht ganz zu verzichten. In diesem Sinne verneint Hirsch auch jede Justiziabilität einer wettbewerbsrechtlichen Verwaltungsentscheidung. Dies kann aber nicht die letzte Konsequenz sein, denn ein Wettbewerbsrecht ohne Rechtskraft wäre ein "zahnloses Instrument" und würde wettbewerbsbeeinträchtigenden Praktiken Tür und Tor öffnen. Sinnvoller ist, eine Auslegung des unbestimmten Rechtsbegriffs zu finden, die mit dem aktuellen Erkenntnisstand der Wissenschaft übereinstimmt, und an der sich der Normadressat ausreichend orientieren kann. *Stopper*, EuZW 2001, 426, zitiert Hoppmann im Zusammenhang mit den neuen Leitlinien zu Horizontalvereinbarungen.

stellen, soll im Folgenden die Änderung der konzeptionellen Sichtweise in den Vereinigten Staaten dargestellt werden.

§ 6 Entwicklung und Weiterbildung der US-amerikanischen Wettbewerbskonzeption

Die USA verfügen mit dem Sherman Act aus dem Jahre 1890 über das erste Wettbewerbsgesetz eines modernen Industriestaates. Bei seiner Verabschiedung stand die gesellschaftspolitische Motivation der demokratischen Kontrolle wirtschaftlicher Macht im Vordergrund. Man sah in den unkontrollierten privaten Machtpositionen eine Gefährdung der durch die Verfassung garantierten individuellen Freiheitsrechte[233]. Weil der Sherman Act die Wettbewerbsfreiheit der Marktteilnehmer vor Beschränkungen schützen sollte, wurden sämtliche "restraints of trade" in Sec. 1 verboten[234].

Ohne eine bestimmte wettbewerbstheoretische Grundlage zu verfolgen, ging man davon aus, dass die dezentrale Koordination der einzelnen Entscheidungen der Wirtschaftssubjekte auf einem als feststehend betrachteten Markt die besten Wettbewerbsergebnisse zur Folge habe. Die zentrale Koordination, also die Kooperation zwischen den einzelnen Wirtschaftssubjekten, war zu vermeiden, so dass das Leitbild im Ergebnis das der vollständigen Konkurrenz war[235].

I. Theorie von der vollständigen Konkurrenz

Die Theorie von der vollständigen Konkurrenz geht von einem stationären Zustand der Wirtschaft mit gegebenen und sich nicht verändernden Marktumständen aus[236]. Die Marktstruktur zeichnet sich dadurch aus, dass

- sich Unternehmer und Verbraucher rational verhalten;
- keine sachlichen, persönlichen, räumlichen oder zeitlichen Präferenzen der Anbieter oder Nachfrager bestehen (Homogenität der Güter);
- der Markt völlig transparent ist, die Marktteilnehmer volle Voraussicht haben und sowohl Produktionsfaktoren als auch die produzierten Güter selbst voll teilbar und beweglich sind;
- keine rechtlichen oder tatsächlichen Marktzutrittsschranken bestehen;
- die Reaktionsgeschwindigkeit der Verhaltensänderung auf beiden Marktseiten jeweils unendlich groß ist;

---

[233] vgl. hierzu *Thorelli*, The Federal Antitrust Policy: Orgination of an American Tradition, 1955, S. 72 ff. und 108 ff.

[234] Man erblickte in unkontrollierten privaten Machtpositionen eine Gefährdung der durch die Verfassung garantierten individuellen Freiheitsrechte, *Schmidt*, Wettbewerbspolitik und Kartellrecht, S. 212.

[235] vgl. I. *Schmidt*, a.a.O., S. 212

[236] Das sind im Einzelnen: gegebene Technik und damit gegebene Produktions- und Ertragsfunktion, gegebene Bevölkerung und Ausstattung mit Produktionsfaktoren, gegebene Güterpalette, gegebene Bedürfnisstruktur und gegebenes Einkommen, damit gegebene Nachfrage. Darstellung bei I. *Schmidt*, a.a.O., S. 5

- der Staat nicht in den Preisbildungsprozess eingreift;
- es keine marktexternen Ersparnisse oder Verluste gibt und schließlich,
- die Zahl der Anbieter und Nachfrager sehr groß ist, was einer atomistischen Marktstruktur gleichkommt.

Aufgrund seines geringen Marktanteils sei kein Unternehmen in der Lage, durch sein Verhalten auf dem relevanten Markt den Preis zu beeinflussen[237]. Unter den genannten Voraussetzungen führe die vollständige Konkurrenz zur marktleistungsgerechten Einkommensverteilung, optimalen Faktorallokation und Angebotssteuerung gemäß den Käuferpräferenzen[238].

Schon bald wurde klar, dass es in der Realität weder jemals dazu kommen würde, die Modellbedingungen auch nur annähernd anzutreffen, noch, dass dies in jedem Fall überhaupt erstrebenswert wäre[239]. Zum einen wurde angezweifelt, ob die Verhinderung jeglichen kooperativen Verhaltens zwecks Aufrechterhaltung der atomistischen Marktstruktur die individuellen Freiheitsrechte nicht eher einschränke als bewahre. Zum anderen wurde erkannt, dass die maximale wirtschaftliche Effizienz teilweise nur dann gefördert werden kann, wenn bestimmte Kooperationen zugelassen werden. Im Hinblick auf den wirtschaftlichen Fortschritt wurden deshalb in der Folgezeit "market imperfections" für grundsätzlich unabdingbar angesehen[240].

II. Konzept des funktionsfähigen Wettbewerbs

Die aus der Erkenntnis der notwendigen "market imperfections" entstandene Theorie vom wirksamen Wettbewerb (workable competition) sieht den Wettbewerb als dynamischen Prozess an, der durch eine Folge nie abgeschlossener Vorstoß- und Verfolgungsphasen ("moves and responses") charakterisiert ist[241]. In der Vorstoßphase könne es naturgemäß zu Pioniergewinnen kommen, die ebenso natürlich in der Verfolgungsphase wieder verschwinden würden. Die Geschwindigkeit, mit der Vorsprungsgewinne aufgezehrt werden, wird als Ansatzpunkt für die Bestimmung der Intensität des Wettbewerbs benutzt. Aufgabe eines solchen Ansatzes war es nun, die wettbewerbspolitisch wünschenswerten von den unerwünschten Marktunvollkommenheiten zu unterscheiden.

---

[237] Als erster hat *Knight*, Risk, Uncertainty and Profit, 1921, S. 51 ff. die Modellbedingungen der vollständigen Konkurrenz umfassend formuliert.

[238] Der Wettbewerb ist die "invisible hand" im Sinne von Adam *Smith*, An Inquiry Into the Nature and Causes of the Wealth of Nations, 1952, die den Markt zu den bestmöglichen Ergebnissen hinführt. Hierzu auch *Schmidt*, a.a.O. S. 2 ff.; *Liesner/Glynn*, ECLR 1987, 344 ff., 348

[239] vgl. die Darstellung bei *Herdzina*, Wettbewerbstheorie, S. 15 f.

[240] In diesem Zeitpunkt entstand das sog. Dilemma-Problem, d.h. die Erkenntnis, dass Wohlstandssteigerung nicht unbedingt mit größtmöglicher Konkurrenz einhergehen muss, *Herdzina*, a.a.O. S. 17 f..

[241] *Clark*, Competition as a Dynamic Process, 1961

Ausgehend von der Vorstellung, dass der Wettbewerb als Instrument zur Erreichung *politisch vorgegebener, gesamtwirtschaftlicher Ziele* anzusehen ist[242], wurde versucht zu ermitteln, welche Marktstrukturelemente zur Verwirklichung dieser Ziele beitragen. Wettbewerb sollte eine leistungsgerechte Einkommensverteilung, Konsumentensouveränität, optimale Faktorallokation, Anpassungsflexibilität sowie technischen Fortschritt zur Folge haben.[243]

Es wurde davon ausgegangen, dass bestimmte *Marktstrukturen* ein bestimmtes *Verhalten* zur Folge haben, und dass daraus wiederum bestimmte *Marktergebnisse* abgeleitet werden können.

Weil es für jeden dieser Faktoren eine unbegrenzte Vielzahl von Spielarten gibt, erforderte eine ideale Überprüfung aller vorgefundener Faktoren eine exakte Rule of Reason Prüfung im Einzelfall.

Übereinstimmend mit dieser wettbewerbstheoretischen Entwicklung in den sechziger Jahren wies der Supreme Court im Fall "U.S. v. White Motor Co." die Sache zur weiteren Sachverhaltsaufklärung an das Instanzgericht zurück, weil "We do not know enough about the economic and business stuff out of which these arrangements emerge to be certain. ... We need to know more than we do about the actual impact of these arrangements on competition to decide whether they have such a pernicious effect on competition and lack redeeming virtue... ."[244]

Auch in den Sachen "Snap-on Tools Corp. v. FTC"[245] und "Sandura v. FTC"[246] wurde das streitgegenständliche Verhalten im Zusammenhang mit dem konkreten Markt und den möglichen Auswirkungen im Sinne einer Rule of Reason- Prüfung untersucht.

Die bereits erwähnte Entscheidung "U.S. v. Arnold, Swinn & Co." bricht mit dieser Vorgehensweise, indem sie die Unzulässigkeit der Vertriebsbindung mit dem reinen Veräußerungsargument begründete und jede wirtschaftliche Abwägung unterließ. Die "Swinn-Rule" wurde in der Folgezeit von den Untergerichten auch nur zögernd angewandt: Wenn sich aufgrund irgendeiner Besonderheit des jeweiligen Falles die Möglichkeit ergab, die per se Rule für nicht anwendbar zu erklären, wurden Vertriebsbindungen der Rule of Reason unterzogen und häufig für zulässig erklärt[247].

Die "Sylvania"-Entscheidung unterwarf vertikale Beschränkungen wieder der Rule of Reason und hob die herausragende Bedeutung des interbrand-Wettbewerbs hervor.

---

[242] So fragte *Clark*: "What do we want competition to do for us?"

[243] *Kantzenbach*, der deutsche Vertreter des workable competition-Ansatzes, Die Funktionsfähigkeit des Wettbewerbs, 1967, S. 16 ff.

[244] 372 U.S. 253, 263 (1963)

[245] 321 F.2d 825 (7th Cir. 1963)

[246] 339 F 2d 847 (6th Cir. 1964)

[247] vgl. *Kapp*, a.a.O. S. 42 m.w.N.

Ursache für diese Wende war die sich seit den siebziger Jahren entwickelnde Wettbewerbsauffassung der Chicago School.

III. Chicago School

Die von einer Gruppe von Ökonomen und Juristen begründete Chicago School hatte unter Präsident Reagan einen erheblichen Einfluss auf die US-amerikanische Antitrust-Politik erlangt. Das Credo dieser neuen Sichtweise war die Beurteilung der wettbewerbsrechtlichen Regelungen ausschließlich nach ökonomischen Effizienzgesichtspunkten[248]. Im Vordergrund stand nicht mehr die Aufrechterhaltung des Wettbewerbs als Kontroll- und Steuerungsmechanismus zur Hervorbringung gesamtwirtschaftlich als vorteilhaft angesehener Ziele, sondern einzelwirtschaftliche Effizienzüberlegungen. Alle nicht-wirtschaftlichen Zielsetzungen wurden aus dem Antitrust-Recht konsequent ausgeklammert[249]. Wettbewerb wurde verstanden als freies Spiel der Kräfte ohne staatliche Eingriffe.

Weil alle metaökonomischen Zielsetzungen den so verstandenen Wettbewerb beeinflussten, sei die individuelle Freiheit der Wettbewerber als Schutzgut ebenso abzulehnen wie eine gerechte Einkommensverteilung, optimale Faktorallokation etc.[250]. Entscheidend sei allein die Konsumentenwohlfahrt, und diese werde unmittelbar durch die vom Wettbewerbsrecht nicht kontrollierten Wirtschaftsabläufe gefördert. Der Begriff des Konsumenten sei weder auf den Endverbraucher noch auf die Marktgegenseite zu beschränken. Auf eine Weitergabe der erzielten Effizienzgewinne komme es nicht an. Die Zentralthese lautet: Gerecht und damit erlaubt ist, was effizient ist[251].

Effizienz wird dabei in den beiden Varianten allokativer Effizienz (i.S. einer volkswirtschaftlich optimalen Allokation der Ressourcen, d.h. Anbieten der Wettbewerbsmenge zum Wettbewerbspreis) und produktiver Effizienz (i.S. einer effizienten Ressourcenverwendung in den einzelnen Unternehmen, z.B. durch Ausnutzen von Größenvorteilen) definiert[252].

---

[248] vgl. *Posner*, Texas Law Review 53 (1975), S. 757 ff. Weitere Nachweise bei *Kirchner*, ZHR 144 (1980), S. 563 ff.. S. 564. Posner war selbst zwei Jahre für die FTC tätig und konnte so großen Einfluss ausüben.

[249] *Posner*, Utalitarianism, Economics, And Legal Theory, Journal of Legal Studies 8 (1979), S. 103 ff. bes. 119 ff. Die Vertreter der Chicago School sind der Auffassung, dass allein durch einen solchen Zielmonismus Rechtssicherheit und eine klare Trennung von legislativen und judikativen Aufgaben gewährleistet werden könne. Denn die bei Anerkennung eines Zielbündels notwendigen Abwägungsentscheidungen drohten in den Händen der Justiz willkürlich oder verbraucherfeindlich auszufallen und seien außerhalb der Legislative vorbehalten. Vgl. auch *Bork*, The Antitrust Paradox: A Policy at War with Itself, 1978, S. 81 ff.

[250] *Bork*, a.a.O. S. 7, 110ff., 284

[251] *Posner*, Economic Analysis of Law, S. 22

[252] *Kerber*, a.a.O. S. 176 und zur Definition von allokativer und produktiver Effizienz *Schmidt*, a.a.O. S. 20.

Wie die Theorie vom vollkommenen Wettbewerb unterstellt auch die Chicago School stets rationales, autonomes Verbraucherverhalten sowie die Freiwilligkeit aller Markttransaktionen[253]. Die Möglichkeit von Marktzutrittsschranken wird generell geleugnet; Schwierigkeiten für Newcomers seien nur Ausdruck der Effizienz der schon auf dem Markt aktiven Unternehmen und damit wettbewerbsimmanent[254]. Sofern ein Unternehmen über einen hohen Marktanteil und damit über gewisse Marktmacht verfügt, sei dies das Resultat seiner Effizienz. Weil unterstellt wird, dass keine Marktzutrittschranken bestehen und jeder Marktteilnehmer (inklusive Verbraucher) sich völlig frei und rational verhält, werde der Marktanteil durch Marktzutritt potentieller Wettbewerber (und damit durch verstärkte interbrand-Konkurrenz) aufgezehrt[255]. Sei dies nicht der Fall, sei die starke Marktstellung nur Ausdruck der enormen Effizienz des Unternehmens und damit erwünscht. Verhindert werden müsse nur, dass Unternehmen ihre Machtstellung mittels horizontaler Absprachen verfestigen oder erhöhen, denn dann beruhe die Marktmacht gerade nicht auf der Effizienz der Unternehmen[256].

Vertikale Vereinbarungen stellten lediglich unternehmerische Antworten auf spezifische Transaktionskostenprobleme zwischen den Vertragspartnern dar. Sie seien deshalb als effizienzsteigernde und damit erwünschte Arrangements zu interpretieren[257]. Irgendwelche positive Auswirkungen produktinterner Konkurrenz werden nicht anerkannt. Daher sei es hinfällig, Beschränkungen des intrabrand-Wettbewerbs als Abwägungskriterium eventuellen Verstärkungen des interbrand-Wettbewerbs gegenüberzustellen[258].

In welchem Ausmaß die Argumentation der Chicago School Einfluss genommen hat auf amerikanische Wettbewerbsbehörden und Gerichte, zeigte das "Sylvania"-Urteil und vor allem die darauf folgende instanzgerichtliche Rechtsprechung sowie die VRG des Bundesjustizministeriums: Vertikale Beschränkungen wurden nur noch überprüft, wenn sie wie eine horizontale Absprache wirkten.

IV. Die post - Chicago Ära

Ende der achtziger Jahre begann die sog. Spieltheorie (game theory) eine wachsende Rolle in den Wirtschaftswissenschaften und der modernen Industrieorganisation zu übernehmen[259]. Grundlage dieser Theorie ist die Erkenntnis, dass Gegner oder Märkte im Wettbewerb nicht passiv sind. Nicht nur die eigene Person bzw. das eigene Unternehmen denkt strategisch, sondern auch die Gegenseite: "Wir stehen im Wettbewerb,

---

[253] *Posner*, Economic Analysis of Law, a.a.O., S. 11 f.
[254] *Bork*, a.a.O., S. 405 ff.
[255] *Kerber*, a.a.O., S. 176
[256] Horizontale Zusammenschlüsse seien dagegen wieder erwünscht, denn sie trügen dazu bei, dass optimale Unternehmensgrößen entstünden.
[257] So auch der transaktionskostentheoretische Ansatz von *Williamson*, 127 U. Penn. L.Rev. 1979 953 ff.
[258] *Bork*, a.a.O., S. 290 ff
[259] *Wood*, a.a.O. S. 88

in Verhandlungen oder im Zweikampf mit einem Gegenüber, das ebenfalls aktiv strategisch nachdenkt. Unser Gegner weiß aber wiederum auch, daß wir strategisch denken. Und wir wissen wiederum, dass er weiß ..."[260]. Weil die Unternehmensstrategie immer komplizierter wird und kleinste Fehler zu unvorhergesehen schlechten Entscheidungen führen können, will die Spieltheorie die Folgen verschiedener Entscheidungen aufzeigen. Es werden Modelle für Waren mit verschiedenen Käufer- und Verkäuferzahlen, schwankenden Werten von Angebot und Nachfrage, jahreszeitlichen und zyklischen Schwankungen sowie Unterschieden in den betreffenden Wirtschaftszweigen entwickelt. All diese Faktoren sowie ihr Zusammenwirken spielen bei der unternehmerischen Planung eine wichtige Rolle[261].

Ohne auf die Einzelheiten der Spieltheorie näher einzugehen, ist klar, dass im Geflecht gegenseitiger strategischer Unternehmensentscheidungen vertikale Strukturen und Vereinbarungen nicht völlig ausgeblendet werden können. Vertikale Kooperation kann dabei zu wettbewerbsschädlichen Ergebnissen führen, etwa durch Änderung des Verhaltens, zeitverschobene Marktbewegungen oder durch die Veränderung der Informationsstruktur im Zusammenspiel zwischen einer kleinen Anzahl von Unternehmen[262]. Diese Einsicht hat dazu geführt, dass die minimalistische Auffassung: "vertical good, horizontal bad", wie sie die Chicago School vertreten hatte, als überholt angesehen wurde. Baker, Direktor der FTC, verglich die Entwicklungen in der Chicago-Ära mit denen in George Orwell's Roman Animal Farm[263]: Nach dem Aufstand der Tiere auf Farmer John Manor's Farm wurden von den siegreichen Tieren sieben ausgefeilte neue Regeln für das Zusammenleben entwickelt. Die "seven commandments" konnten sich die meisten Tiere jedoch nicht merken. Deshalb erklärte das Schwein Snowball, die sieben Gebote könnten auch auf eine einzige Maxime reduziert werden: "Four legs good, two legs bad." Diese Vereinfachung war jedoch das Ende der Revolution. Die Tiere verdrehten nach und nach alle sieben Gebote und kehrten wieder zu derselben misslichen Situation wie vor ihrem Aufstand zurück.

Auch negative Entwicklungen im Antitrust-Recht könnten auf "Oversimplifikation" beruhen[264]. Der Ansatz der Chicago School sei zunächst äußerst positiv gewesen. Das Abstellen auf die wirtschaftlichen Auswirkungen von Vereinbarungen auf den Markt habe zu wichtigen Erkenntnissen geführt, beispielsweise der Einsicht, dass vertikale Beschränkungen zu erheblichen Effizienzsteigerungen führen könnten. Die Abschaffung der per se Verbote gegenüber Gebietsbeschränkungen und Koppelungsvereinbarungen sei ebenfalls zu begrüßen gewesen[265]. Wie das Schwein Snowball, so hätten

---

[260] zur Spieltheorie die Darstellung: "Spieltheorie: Strategie, wenn der Gegner mitdenkt"; im Internet unter http://www.methode.de

[261] vgl. Einführung in die Spieltheorie, im Internet unter http://www.uni-mainz.de/schulen/nieder-olm/projekte/infschul/ki_gohr.html

[262] *Brennan*, Paradigms for Analyzing Vertical Restraints, im Internet unter http://www.antitrust.org/economics/vertical/verticalparadigms.html

[263] *Baker*, Antitrust Law Journal Vol. 64, 1996, S. 517 ff.

[264] *Fikentscher*, WuW 2001, 446 ff., 447

[265] *Baker*, a.a.O. S. 517

sich aber auch einige enthusiastische Vertreter der Chicago School dafür eingesetzt, alle diese positiven Differenzierungen umzukehren, um eine einfache, aber nicht der Wirklichkeit entsprechende Regel aufzustellen. Die Zulässigkeit aller vertikaler Wettbewerbsbeschränkungen einschließlich der Festsetzung von Wiederverkaufspreisen verkenne die wettbewerblichen Probleme, die Vertriebsbindungen mit sich bringen könnten.

Die heute wieder differenzierende Beurteilung vertikaler Beschränkungen in der US-amerikanischen Wirtschaftswissenschaft hat ihren Niederschlag in den dargestellten VRG der NAAG von 1995 gefunden, in denen vertikale Vereinbarungen wegen deren potentiellen Auswirkungen auf beide Koordinaten des Wettbewerbs wieder einer kartellrechtlichen Überprüfung unterzogen werden.

V. Zwischenergebnis

Die Darstellung hat gezeigt, dass jede Änderung der wettbewerbsrechtlichen Beurteilung vertikaler Beschränkungen in den USA ihre Grundlage in einer geänderten Auffassung des wettbewerbstheoretischen Verständnisses hatte. Die Einschätzung dessen, was der Begriff "Wettbewerb" beinhaltet und welche Verhaltensweisen den so definierten Wettbewerb beschränken können, hat Auswirkungen auf die rechtliche Zulässigkeit oder Unzulässigkeit des jeweiligen Verhaltens.

Heute wird als Schutzgut im US-amerikanischen Antitrust-Recht sowohl der interbrand- als auch der intrabrand-Wettbewerb angesehen. In Märkten, in denen starker interbrand-Wettbewerb herrscht, werden vertikale Beschränkungen, die zu einer Reduzierung des intrabrand-Wettbewerbs führen, in der Regel gebilligt, weil sie den Wettbewerb zwischen den Marken anfachen. In Märkten, in denen der interbrand-Wettbewerb jedoch schwach ist, hat der intrabrand-Wettbewerb verstärkte Bedeutung, so dass vertikale Beschränkungen genauer überprüft werden müssen.

§ 7 Resümee und Ergebnis des 1. Teils

Der erste Teil der Untersuchung hat gezeigt, dass vertikale Wettbewerbsbeschränkungen heute aus dem Vertrieb von Waren und Dienstleistungen nicht mehr wegzudenken sind. Im Zuge des Einzuges der Informationstechnologie auch in diesen Bereich der Wirtschaft haben sich immer engere Vertriebskooperationen zwischen Herstellern und Händlern sowie Händlern untereinander gebildet. Dies stellt nicht nur den Vertriebssektor selbst vor neue Herausforderungen, sondern auch die Wettbewerbspolitik, die gewährleisten muss, dass derartige Absprachen nicht zu Wettbewerbsverzerrungen führen.

Artikel 81 des EG-Vertrags unterscheidet nicht zwischen horizontalen und vertikalen Absprachen. Weil vertikale Absprachen unmittelbare Auswirkungen auf den Wettbewerb zwischen Verteilern eines Herstellerprodukts haben, schützt der EuGH seit jeher neben dem interbrand-Wettbewerb auch den intrabrand-Wettbewerb. Im Laufe der Jahrzehnte haben Kommission und Gerichtshof eine differenzierte Vorgehensweise gegenüber den verschiedenen Arten vertikaler Vertriebssysteme herausgearbeitet, die besonders von den drei wichtigsten Gruppenfreistellungen der Kommission dominiert war. Weil diese weniger auf der Marktstruktur, sondern mehr auf den einzelnen Vertragsklauseln eines Vertriebssystems basierten, wurden ihnen verschiedene Schwachpunkte vorgeworfen.

Die Untersuchung hat gezeigt, dass die alten Verordnungen die heute notwendige Freiheit von Herstellern und Händlern zur Entwicklung innovativer Vertriebsideen über Gebühr einschränkten. Auf der anderen Seite konnten selbst Monopolisten, die mittels vertikaler Wettbewerbsbeschränkung nicht nur den intra-, sondern auch den interbrand-Wettbewerb behindern können, in den Genuss der Freistellungswirkung kommen. Die Kommission begann deshalb, nach Alternativen zu dem bisherigen System zu suchen und veröffentlichte im Januar 1997 ein Grünbuch, zu dem die Organe der EG, Unternehmen, Mitgliedstaaten und sonstige Interessierte Stellung nahmen. Nachdem die Kommission sich entschieden hatte, den Anwendungsbereich des Freistellungstatbestands wesentlich auszuweiten, veröffentlichte sie am 29.12.1999 die "Schirm"-GVO Nr. 2790/1999, die - bis auf einige Kernbeschränkungen - alle vertikalen Vertriebsvereinbarungen zwischen Unternehmen ohne Marktmacht vom Verbot des Art. 81 Abs. 1 freistellt.

Diese Vorgehensweise zeigt im Ergebnis deutliche Parallelen zu der heutigen Praxis in den USA, auch wenn dort die Vorschrift nicht in Verbots- und Freistellungstatbestand untergliedert ist. Die amerikanische Entwicklung der Wettbewerbspolitik gegenüber vertikalen Wettbewerbsbeschränkungen sowie die Entwicklung der jeweils vorherrschenden wirtschaftswissenschaftlichen Konzeption wurde daraufhin dargestellt. Der Zusammenhang zwischen Wettbewerbspolitik und Wettbewerbstheorie war dabei nicht zu übersehen. Dies lässt vermuten, dass auch in der EG die geänderte Einstellung vertikalen Wettbewerbsbeschränkungen gegenüber und die Forderung nach einer Reform der bisherigen Politik auf einer Änderung der EG-rechtlichen Wettbewerbskonzeption beruhte. Mit dieser Frage soll sich daher der folgende Teil der Untersuchung auseinander setzen.

Teil 2
Die Wettbewerbsbeschränkung nach Art. 81 Abs. 1 und 3, oder: Das Ringen nach der optimalen Wettbewerbskonzeption

Artikel 81 ist im Gesamtgefüge des EG-Vertrages zu sehen. Die Wettbewerbsregeln in den Artikeln 81 ff. konkretisieren den in Art. 3 Abs. 1 Buchst. g beschriebenen Tätigkeitsbereich, nämlich die Errichtung eines Systems, das den Wettbewerb innerhalb des Binnenmarktes vor Verfälschungen schützt. Mit dieser Tätigkeit wiederum nimmt die Gemeinschaft ihre in Art. 2 statuierten Aufgaben wahr.

Wettbewerb wird also nicht um seiner selbst willen geschützt, sondern ist Mittel zur Erreichung der allgemeinen Vertragsziele. Aufgabe der Gemeinschaft ist nach Art. 2 in der ganzen Gemeinschaft eine harmonische, ausgewogene und nachhaltige Entwicklung des Wirtschaftslebens zu fördern, ebenso wie

- ein hohes Beschäftigungsniveau,
- ein hohes Maß an sozialem Schutz,
- die Gleichstellung von Männern und Frauen,
- ein beständiges, nichtinflationäres Wachstum,
- einen hohen Grad von Wettbewerbsfähigkeit und Konvergenz der Wirtschaftsleistung,
- ein hohes Maß an Umweltschutz und Umweltqualität,
- die Hebung der Lebenshaltung und Lebensqualität,
- den wirtschaftlichen und sozialen Zusammenhalt und
- die Solidarität zwischen den Mitgliedstaaten.

Dieser Zielkatalog lässt sich für den Bereich der Wettbewerbspolitik in drei Hauptgruppen aufteilen: die *Integration der Volkswirtschaften (§ 8)*, der *Wettbewerb zwischen den Unternehmen wegen seiner wirtschaftlichen und sozialen Vorteilhaftigkeit (§9)* und sonstige, *außerwettbewerbliche Ziele (§ 10)*.

§ 8 Das Integrationsziel als erstes Schutzziel

Durch unverfälschten Wettbewerb sollen die einzelnen Mitgliedstaaten integriert werden. Aus vielen in sich geschlossenen Wirtschaftssystemen soll ein einziges, ein Gemeinsamer Markt ohne Binnengrenzen geschaffen werden.

I. Die Integration als "roter Faden" in der Entscheidungspraxis

Werden Zölle verboten und abgeschafft, staatliche Ein- und Ausfuhrbeschränkungen abgebaut, dann soll der auf diese Weise ermöglichte grenzübergreifende Handel nicht durch privatrechtliche Absprachen behindert werden[1]. Dies hat schon der auf der Konferenz von Messina eingesetzte Regierungsausschuss der sechs Gründerstaaten betont.

---

[1] *Beier*, GRUR Int. 1964, 84, 86

Im Spaak-Bericht heißt es zur Schaffung des Gemeinsamen Marktes: "Durch für die Unternehmen verbindliche Wettbewerbsregeln muß ... verhütet werden, daß ... die Aufteilung der Märkte an die Stelle der bisherigen Abschließung tritt."[2]

Die Wettbewerbsregeln werden *in den Dienst* der zentralen Aufgabe der Gemeinschaft, der Öffnung der Märkte der Mitgliedstaaten durch Abbau von Handelsschranken im Gemeinsamen Markt, gestellt. Der Gemeinsame Markt ist der Kern der Gemeinschaft und soll nach Art. 14 zum Binnenmarkt ohne innergemeinschaftliche Grenzen ausgebaut werden. "Sicherung und Ausbau des Gemeinsamen Marktes ziehen sich deshalb wie ein roter Faden durch die Rechtsprechung des Gerichtshofs."[3] In diesem Sinne hat der EuGH zu Art. 28 die bekannte Rechtsprechung zum Verbot von Maßnahmen mit gleicher Wirkung wie mengenmäßige Beschränkungen erlassen, die an die Urteile Dassonville[4], Cassis de Dijon[5] und Keck[6] anknüpft. Jede Ware, die befugt in dem einen Mitgliedstaat im freien Verkehr ist, soll auch in dem anderen Staat frei gehandelt werden können. Als Pendant dazu[7] sind die Wettbewerbsregeln der Gemeinschaft - im Gegensatz zu den Wettbewerbsregeln der USA, die bereits seit langem auf einen funktionierenden Binnenmarkt angewendet werden - ein Instrument zum Abbau der Handelsschranken zwischen den Mitgliedstaaten durch privatrechtliche Absprachen[8].

Vertikale Wettbewerbsbeschränkungen können eine integrationsfördernde, aber auch eine integrationshemmende Wirkung haben. Sofern sie den grenzübergreifenden Handel ermöglichen oder erleichtern, sind sie zuzulassen. Dementsprechend subsumierte der EuGH Alleinvertriebsverträge, die den Unternehmen den Marktzutritt in einen anderen Mitgliedstaat ermöglichen, gar nicht erst unter den Verbotstatbestand des Art. 81[9]. Vergleichbares kann von Franchisesystemen angenommen werden; auch sie stel-

---

[2] Bericht der Delegationsleiter des von der Konferenz von Messina eingesetzten Regierungsausschusses an die Außenminister (*Spaak Bericht*), Einleitung Abschnitt II B, in *Schwarz* (Hrsg.), Der Aufbau Europas, S. 277, 282.
Außer dieser Arbeitsgrundlage für die Vertragsverhandlungen sind Aufzeichnungen oder Protokolle über die zur Formulierung der Wettbewerbsvorschriften führenden Verhandlungen nicht zugänglich. Die Entscheidung der Vertragsstaaten, die travaux préparatoires nicht zu veröffentlichen, lässt vermuten, dass es dem Willen der Staaten entspricht, die Entstehungsgeschichte nicht für deren Auslegung prägend werden zu lassen, vgl. *Bleckmann*, NJW 1982, 1177, 1178.

[3] *Everling*, WuW 1990, S. 1000, *ders.*, EuR 1982, S. 302 ff., 303: "Der Gerichtshof hat die Sicherung des Gemeinsamen Marktes und des in ihm bestehenden Wettbewerbs stets als eine zentrale Aufgabe angesehen, und das gilt besonders jetzt, also in einer Zeit, in der neue europapolitische Impulse nicht zu erwarten sind und eher eine Rückentwicklung droht."

[4] EuGH Slg. 1974, 837

[5] EuGH Slg. 1979, 649

[6] EuGH Rs. C-267, ZIP 1993, 1813

[7] Vgl. zum Verhältnis zwischen den Art. 28 ff. und 81 ff. auch *Weyer*, Freier Warenverkehr und nationale Regelungsgewalt in der Europäischen Union, S. 431 ff, 444 ff.

[8] Zu der besonderen Bedeutung der Urteile des Gerichtshofs, der die letztverbindliche, primärrechtliche Definitionsbefugnis hat und damit auch allein zur partikelweisen Festlegung von Inhalt, Ausmaß und Intensität des Binnenmarktes befugt ist, *Müller-Graff*, ZHR 159 (1995) S. 34 ff., 44.

[9] vgl. oben, § 2 III.1

len für Newcomers oder für Anbieter neuer Marken eine Möglichkeit dar, auf einem anderen Markt leichter Fuß zu fassen[10]. Auf der anderen Seite haben vertikale Beschränkungen auch ein großes Potential, zwischenstaatlichen Handel zu verhindern. Der Gerichtshof und die Kommission verbieten deshalb seit mehr fast viezig Jahren jede Vereinbarung, die eine Behinderung von Parallelhandel oder Direkteinfuhren bewirkt oder bezweckt[11].

1. Vereinbarungen, die den Parallelhandel unmittelbar unterbinden

Wie dargestellt, ist seit dem Urteil in der Sache "Grundig und Consten"[12] jede Form des *absoluten Gebietsschutzes* in Alleinvertriebsvereinbarungen verboten. Die im Anschluss daran erlassenen GVOen Nr. 67/67[13] und Nr. 1983/83[14] haben dieses Verbot übernommen und ausgebaut. Gemäß Art. 3 Buchst. c) VO durfte dem Verbraucher oder Händler nicht vorgeschrieben werden, die Produkte nur von einem bestimmten Händler in einem bestimmten Gebiet zu erwerben. Sie durften die Waren vom Hersteller, einem beliebigen Groß- oder Einzelhändler erwerben und so Parallelhandel bzw. Direkteinfuhr betreiben[15].

Die Regelungen zum Franchising waren ähnlich. Das Franchisesystem ist zwar ein geschlossenes System, d.h. dem Händler konnte verboten werden, an nicht zugelassene Händler weiterzuverkaufen. Innerhalb des Systems durfte der Handel aber nicht beschränkt werden, so dass gemäß der (12). Begründungserwägung VO Nr. 4087/88[16] sicherzustellen war, dass *Querlieferungen* zwischen Franchisenehmern jederzeit vorgenommen werden konnten. Gleiches gilt für qualitative Selektivsysteme.

2. Vereinbarungen, die sich mittelbar auf den Parallelhandel auswirken

Integrationsfördernde Bedeutung hatte mittelbar auch Art. 6 (d) (1), der Alleinvertriebs-VO, wonach der Vorteil der gruppenweisen Freistellung entzogen werden konnte, wenn der Lieferant in ungerechtfertigter Weise die Händler in den verschiedenen Gebieten zu unterschiedlichen Preisen oder Konditionen beliefert. In den Sachen "Hasselblad"[17] und "Swatch-Uhren"[18] hat der EuGH ferner entschieden, dass es unzulässig ist, die Herstellergarantie ausschließlich auf den Alleinvertriebshändler zu beschränken, bei dem das Produkt gekauft wurde. Der Verbraucher kann sich an jeden

---

[10] vgl. *Dujim*, Die Wettbewerbspolitik der EG gegenüber vertikalen Vertriebsvereinbarungen, 1997, S. 168

[11] Kommissionsentscheidung Nathan-Bricolux vom 5.7.2000, WuW 2001, 631 ff.

[12] EuGH Rs. 56, 58/64; Slg. 1966, 321 ff.

[13] ABl. 57 v. 25.03.1967 S. 849

[14] ABl. L 173 v. 30.6.1983 S. 1

[15] Vgl. hierzu *Dujim*, a.a.O. S. 75 und *Kirchhoff*, Die kartellrechtliche Beurteilung vertikaler Vertriebsverträge, S. 269 f. besonders in Fn. 178

[16] ABl. L 359 v. 28.12.1988 S. 46

[17] EuGH Rs. 86/82, Slg. 1984, 883

[18] EuGH SA ETA Fabriques d'Ebauches/SA DK Investment, Rs. 31/85, Slg. 1985, 3933, Rz. 13 ff.

zum Alleinvertriebssystem gehörenden Händler wenden, gleichgültig, in welchem Mitgliedstaat er ansässig ist.

Vielfach integrieren Hersteller die Stufe des Zwischenhandels in ihr Unternehmen und schalten auf diese Weise (legal) die Möglichkeit des zu Parallelhandel anreizenden intrabrand-Wettbewerbs auf Großhandelsstufe aus. Weil in diesen Fällen alle Zwischenhändler die Waren zu den gleichen Konditionen anbieten, fehlt für die Einzelhändler die Motivation, gewinnbringenden Parallelhandel zu betreiben[19]. Die Entscheidung eines Unternehmens, den Vertrieb über eigene Verkaufsstätten zu organisieren, ist zwar grundsätzlich wettbewerblich nicht angreifbar. In der Sache "Sony Pan-European Dealer Agreement"[20] hat die Kommission jedoch entschieden, dass *auch* unabhängige Großhändler in das selektive Vertriebssystem aufgenommen werden müssen, die wegen des möglichen intrabrand-Wettbewerbs die Vertragswaren zu unterschiedlichen Konditionen anbieten können.

In dem Verfahren "Zera/Montedison und Hinkens/Stähler"[21] hat die Kommission Bestrebungen der Hersteller unterbunden, mittels Produktdifferenzierung den grenzüberschreitenden Handel auszuschließen. In der Sache hatten Hersteller ihre Produkte, die in den Mitgliedstaaten noch jeweils einer einzelstaatlichen Zulassung bedurften, in geringfügig unterschiedlicher Zusammensetzung auf den Markt gebracht. So entsprachen sie jeweils nur in einem einzigen Mitgliedstaat den jeweiligen Zulassungskriterien.

3. Unterschiedliches Preisniveau als Reaktion auf tatsächliche Marktunterschiede

Aus der Entscheidungspraxis wird deutlich, wie unnachgiebig Kommission und Gerichtshof gegen Verhinderungen von Parallelhandel und Direkteinfuhren vorgehen. Teilweise wurden die Bestrebungen, unterschiedliche Verkaufsbedingungen in den einzelnen Mitgliedstaaten durch strenge Anwendung des Wettbewerbsrechts auszumerzen, bereits als zu weitgehend empfunden.

Instruktives Beispiel ist die Kommissionsentscheidung in der Sache "Distillers"[22], einem britischen Whiskyhersteller. Nachdem die Kommission zunächst die Berechnung unterschiedlicher Preise je nach Bestimmungsort der Waren für britische Händler (Absatz entweder in Großbritannien selber oder Export in andere Mitgliedstaaten) als nicht freistellungsfähig untersagt hatte, zeigte sie später gegenüber demselben Hersteller die Bereitschaft, Art. 81 Abs. 3 auf einen Werbekostenausgleich (sog. "promotion equalization charge"- PEC -) bezüglich der Marke "Johnnie Walker Red Label"(JWRL) an-

---

[19] *Dujim* , a.a.O., verweist auf die Entscheidung der Kommission in der Sache Ford Werke AG, ABl. L 327 v. 24.11.1983, S. 31 ff. Die Kommission stellte fest, dass kein einziger britischer Ford-Händler versuchte, sich die gewinnmaximierende Möglichkeit des Parallelhandels zu Nutze zu machen.
[20] ABl. C 321 v. 27.11.1993, S. 11 f.
[21] ABl. L 272 v. 3.11.1993, S. 28 ff.
[22] ABl. 1978 L 50 S. 16 ff. 28 f.

zuwenden[23]. Drei Jahre später änderte die Kommission jedoch ihre Meinung und verlängerte die Freistellungswirkung nicht[24]. Weil die Marke JWRL in Großbritannien gut eingeführt war, nicht aber in den anderen EG-Mitgliedstaaten, sollten nach der Vertriebsvereinbarung diejenigen Händler, die JWRL in Großbritannien preiswert einkauften, um ihn ins EG-Ausland zu exportieren, einen Ausgleich zahlen, der sich an den durchschnittlichen Werbeausgaben orientierte, den die Alleinvertriebshändler in diesen Staaten zur Marktpflege aufwenden mussten.

Distillers hatte nach der ablehnenden ersten Entscheidung der Kommission die Marke JWRL ganz vom britischen Markt genommen. Die Anhebung des Preisniveaus in Großbritannien auf kontinentaleuropäisches Niveau war nicht möglich, und eine Absenkung der kontinentaleuropäischen Preise auf ehemals britisches Niveau konnte Distillers sich wirtschaftlich nicht leisten. Die Kommission selbst erkannte, dass die Einführung der Marke JWRL in Großbritannien zu alten Preisen ohne Verpflichtung zur Ausgleichszahlung beim Export den Parallelhandel in einem solchen Ausmaß anregen würde, dass das Vertriebssystem in allen anderen Mitgliedstaaten ernsthaft in Gefahr geraten könnte. Letztlich hatte von dem Verbot der Ausgleichszahlung niemand einen Vorteil: Britische Whiskytrinker mussten auf die beliebte Ware verzichten, die Kunden auf dem Kontinent mussten denselben Preis wie zuvor zahlen, Distillers erlitt Umsatzeinbußen und Integration fand mangels Parallelhandel auch nicht statt[25].

Die Festsetzung von unterschiedlichen nationalen Bedingungen kann also in Einzelfällen hilfreich sein, um in der Realität *vorgegebene* Marktunterschiede zu überwinden. Verboten werden sollten entsprechende Vereinbarungen nur dann, wenn sie Teil einer *bewussten Absatzstrategie* des Herstellers sind, die bezweckt, zum eigenen Vorteil und auf Kosten der Verbraucher ein unterschiedliches Niveau in den Mitgliedstaaten aufzubauen oder aufrechtzuerhalten. Es kann jedoch nicht Aufgabe der Unternehmen sein, den Gemeinsamen Markt zu erschaffen, indem sie die gegebenen Ungleichheiten auf ihre Kosten und zu ihrem Nachteil beseitigen.

In der bereits einige Jahre zuvor ergangenen Entscheidung der Kommission in der Sache "Transocean Marine Paint Association"[26] hatte sie dementsprechend auch eine Verpflichtung zur Ausgleichszahlung freigestellt. Es handelte sich um eine Vereinbarung zwischen Produzenten von Schiffsfarben in verschiedenen Ländern mit völlig unterschiedlichen Kostenstrukturen[27]. Jeder Produzent sollte neben den eigenen Produkten bestimmte "Transocean"-Farben herstellen und erhielt für sein Land zum Vertrieb dieser Farben ein Alleinvertriebsrecht. Für Parallelhandel wurde eine geringe, aber pauschale Ausgleichszahlung vereinbart, die die Kommission freistellte. Die

---

[23] Bekanntmachung der Kommission im Fall Distillers, ABl. 1983 C 245 S. 3

[24] vgl. 17. WB (1987), Ziff. 65

[25] vgl. hierzu *Korah*, E.L. Rev. 1978, S. 62 ff. 68; *v. Bael*, RSDIC 1980, S. 39 ff., 52; *Kirchhoff*, a.a.O., S. 274 ff. mit Fn. 202

[26] ABl. 1967 Nr. 163 S. 10

[27] Sie kamen aus Norwegen, Deutschland, Italien, Singapur, Japan und Australien.

Kommission sah in dieser horizontalen Kooperationsvereinbarung zwischen kleinen und mittleren Unternehmen eine Notwendigkeit zur erfolgreichen Markteinführung bei starkem interbrand-Wettbewerb mit großen Konkurrenten. Auch wenn diese horizontale Vereinbarung sich grundsätzlich von Vertikalfällen unterscheidet, hatte die Kommission in ihrem 1. Wettbewerbsbericht angedeutet, das Markteinführungselement des "Transocean"-Verfahrens künftig auch im Zusammenhang mit Alleinvertriebsverträgen anzuwenden[28]. Hierzu ist es jedoch bislang nicht gekommen.

Freigestellt hat die Kommission aber eine Verpflichtung zur Abfindungszahlung bei Einsetzung eines weiteren Händlers im Alleinvertriebsgebiet eines anderen[29]. Der Händler hatte in den vergangenen Jahren für den Lieferanten umfangreiche Markterschließungsleistungen erbracht, die für eine fachgerechte Verwendung der anspruchsvollen dentaltechnischen Produkte im Verbraucherinteresse notwendig waren. Dem hinzutretenden Händler kam die mehr als zehnjährige Marktpflege zugute, so dass eine Ausgleichszahlung, die den Newcomer nicht übermäßig belastet, hier notwendig war und von der Kommission freigestellt wurde. Auch wenn in diesem Fall Parallelhandel nicht betroffen war, zeigt er doch, dass die Kommission ein gewisses Maß an intrabrand-Schutz den Händlern gewährt, wenn sie ohne den Schutz erhebliche Nachteile erleiden würden, die letztlich auch dem Verbraucherinteresse schaden würden. Sofern jedoch grenzübergreifender Handel betroffen ist, hat die Kommission das Trittbrettfahrerproblem zur Rechtfertigung von Vereinbarungen, die den Parallelhandel behindern, bisher nicht zugelassen. Daraus wurde teils gefolgert, dass in den Augen der Kommission der Trittbrettfahrer "ein wahrer Held" sei, weil sein Handel den Warenverkehr zwischen den Mitgliedstaaten fördert und so die Marktintegration vorantreibt[30].

An der grundsätzlich strengen Haltung gegenüber jeder Vereinbarung, die eine Abschottung der Märkte bewirkt oder bezweckt, hat sich im Laufe der letzten drei Jahrzehnte folglich nichts geändert[31].

II. Kritik am Integrationsziel

Bereits die Begründer des EWG-Vertrages hatten angenommen, dass die Abschottung der einzelnen Märkte entlang der Landesgrenzen mittels Absprachen zwischen Unternehmen im Zuge des Abbaus der staatlichen Schranken automatisch abnehmen werde:

---

[28] 1. WB 1971, S. 64

[29] KomE Ivoclar, ABl. 1985 L 369 S. 1 ff. 3 f. Die Vereinbarung sah vor, dass der hinzutretende Händler dem bisherigen eine einmalige Kompensation in Höhe von 1 % von dessen Umsatz in Vertragswaren während der letzten 10 Jahre zu entrichten hatte, sofern jener sein Gebiet vorher länger als 10 Jahre betreut hatte.

[30] *Gyselen*, C.M.L.Rev. 1984 S. 647 ff. 649

[31] In der Nathan-Bricolux-Entscheidung der Kommission heißt es aber immerhin: dass hier eine "künstliche Festsetzung eines an Frankreich ausgerichteten Preisniveaus ..." vorgelegen habe, "die in keiner Weise der wirtschaftlichen Realität des lokalen Marktes entsprechen.", WuW 2001, 631 ff., 633 f.

"Wenn also die Handelshemmnisse innerhalb des gemeinsamen Marktes gleichzeitig und wechselseitig abgebaut werden, wird das Problem allmählich von selbst fortfallen."[32]

1. Argumentation der Kritiker

Seit einigen Jahren kommen in diesem Sinne in der Literatur Stimmen auf, die eine Verlagerung des Integrationsziels in der Rangordnung des wettbewerblichen Zielkatalogs fordern. Jahrzehntelang habe das Bemühen im Vordergrund gestanden, zur Schaffung eines auch von privaten Beschränkungen freien Binnenmarktes beizutragen. In dem Maße, in dem der Binnenmarkt Wirklichkeit wird, verliere der Gesichtspunkt aber an Gewicht[33]. Der fortschreitende Integrationsprozess habe möglicherweise die Relevanz der Absicht, die die Gründerstaaten mit der Aufnahme des Verbots von Wettbewerbsbeschränkungen verbanden, geschmälert[34]. "Soweit das Integrationsziel hinreichend erreicht ist, ergeben sich möglicherweise neue Zielsetzungen für Unterziele der EG-Wettbewerbspolitik, etwa eine Stärkung von Effizienzaspekten."[35] Aber auch *Dujim*, dessen Auffassung hier zitiert wurde, gibt zu bedenken, dass alle Autoren, die in diesem Sinne für eine solche Zielverschiebung plädieren, offen lassen, wie sie die Integration messen und welchen "Grenzwert" sie als Integrationsvollendung ansehen[36].

Die Kommission hat sich bemüht, zu Beginn der Reform ihrer Wettbewerbspolitik gegenüber vertikalen Wettbewerbsbeschränkungen eine solche Messung vorzunehmen. Dabei hat sie sich an den Koeffizienten für die Preisvariation zwischen Mitgliedstaaten bei ausgewählten Gruppen von Gütern orientiert[37]. Ausgehend von der Überlegung, dass bei lebhaftem grenzüberschreitendem Handel sich die Preise mit der Zeit anglei-

---

[32] *Spaak-Bericht*, a.a.O. S. 300

[33] und dies fordere ein Abrücken von der juristischen Überprüfung von Vertragsklauseln und eine Zuwendung hin zu einer strukturellen Betrachtungsweise; *Ehlermann*, EuZW 1994, S. 647 ff., 648. Genauso *van Miert*, Competition Policy Newsletter Summer 1995, S. 1 ff., 5: "In dem Maß, in dem der Binnenmarkt Wirklichkeit wird, verschieben sich die Akzente im Bereich von Artikel 85. In der Vergangenheit war dieser Bereich stärker geprägt durch die Beschäftigung mit der juristischen Prüfung von Vertragsklauseln, die durch die Beschränkung der Handlungsfreiheit der Entstehung des Binnenmarktes entgegenwirken konnten. Hieraus erklärte sich die große Bedeutung, die vertikalen Beschränkungen beigemessen wurde. Jetzt tritt mehr und mehr eine strukturelle Betrachtungsweise in den Vordergrund."

[34] *Ackermann*, Art. 85 Abs. 1 EGV und die rule of reason, S. 59

[35] *Dujim*, a.a.O., S. 59, der sich auf *Mendes*, Antitrust in a World of Interrelated Economies, 1991, S. 77, bezieht.

[36] *Dujim*, a.a.O. S. 59, Fußnote 7 und *ders.*, ORDO Bd. 47, 1996, S. 325 ff.

[37] Die Quelle der Untersuchung ist die Datenerfassung der DRI, von *de Ghellinck/Horack*, Adler und Gesellschafter, "Study on the Emergence of Pan European Markets". Entwurf des Abschlussberichts, Februar 1996, abgedruckt in *Grünbuch*, KOM(96) endg. S. 24. *Dieselben* Autoren haben auch die Studie "Price Competition and Price Convergence" verfasst, veröffentlicht unter http://europa.eu.int/comm/dg15/studies/stud28.htm , und kommen ebenfalls zu dem Ergebnis, dass das Binnenmarktprogramm im Bereich der Konsumgüter erfolgreich war und zu einer Preisannäherung geführt hat, während dies im Bereich des Energiesektors weniger der Fall ist.

chen werden, ist ein niedriges Preisgefälle ein Indiz für ein hohes Maß an Integration und ein großes Preisgefälle ein Indiz für ein geringes Maß an Integration. Bei Konsumgütern lag der Koeffizient im Jahre 1980 bei 26,0, im Jahre 1993 bei 19,6. Im Energiebereich lag er dagegen 1980 bei 30,8 gegenüber 31,7 im Jahre 1993[38]. Während sich also im Konsumgüterbereich eine Annäherung der Preise verzeichnen lässt, ist die Differenz im Energiesektor noch gestiegen. "Dies lässt vermuten, dass ein großes Potential an wirtschaftlichen Vorteilen weiter darauf wartet, durch stärkere Integration erschlossen zu werden."[39]

2. Reaktion der Kommission auf die Kritik im Grünbuch

Im Grünbuch reagierte die Kommission auf diese Untersuchungsergebnisse, indem sie die weitgehende Umsetzung der Binnenmarktvorschriften über den freien Warenverkehr und damit die fortschreitende Integration zwar zum Anlass einer grundlegenden Reform der bisherigen Politik nahm[40]. Im Gegensatz zu der soeben dargestellten Forderung nach einer Vernachlässigung des Integrationsziels folgerte sie aber daraus, vertikale Beschränkungen noch genauer zu untersuchen als bisher. In Zukunft könnten die auf Unternehmen zurückgehenden Zutrittsschranken im Vergleich zu öffentlichen Schranken als Ursache für die Aufteilung des Binnenmarkts noch an Bedeutung gewinnen.[41] Weil das Nichtzustandekommen eines einheitlichen Marktes die europäische Wirtschaft mit Millionenbeträgen an unnötigen Kosten und verlorenen Gelegenheiten belaste[42] und ein erfolgreicher Binnenmarkt das Fundament für die weltweite Konkurrenzfähigkeit der europäischen Wirtschaft sei,[43] kam die Kommission im Grünbuch zu dem Ergebnis, dass die Marktintegration im *Mittelpunkt* neben den eigentlichen Wettbewerbsfragen stehe[44].

Diese Einschätzung ist in den auf das Grünbuch folgenden Stellungnahmen wiederum scharf kritisiert worden. Es wurde vor allem vorgebracht, dass in der Befürwortung und Förderung innovativer, auf Informationstechnologie basierender Vertriebssysteme einerseits und der Offenhaltung des Parallelhandels um jeden Preis andererseits ein

---

[38] Beide Beispiele sind bezogen auf die EG-12 und mit Steuern. Weitere Zahlen für Dienstleistungen: 1980, 33,0/1993, 28,6; Investitionsgüter: 1980, 18,0/1993, 14,5 und Bauwirtschaft: 1980 24,4/ 1993, 27,4.

[39] *Grünbuch*, a.a.O. S. 17; auch *Kallfass*, WuW 1999, S. 225 ff. 225

[40] *Grünbuch*, a.a.O. S. i, 3

[41] *Grünbuch*, a.a.O. S. 3. So auch *Ehlermann*, WuW 1992, S. 5 ff. 6, wonach die Neigung der Unternehmen wächst, sich mit Hilfe wettbewerbsbeschränkender Absprachen und Praktiken eine Atempause im Konkurrenzkampf oder künstliche Vorteile bei der Eroberung neuer Märkte zu verschaffen. "In derartigen Situationen ist vor allem die Wettbewerbspolitik gefordert. Sie hat dafür zu sorgen dass die Öffnung der Märkte die angestrebten gesamtwirtschaftlichen Vorteile erbringt."

[42] vgl. der *Cecchini*-Bericht von 1992, der darauf hinweist, dass das Nichtzustandekommen einheitlicher Märkte die europäische Wirtschaft in vielen Bereichen mit hohen Wohlfahrtsverlusten aus zusätzlichem Ressourcenverzehr und entgangenen Konsumentenrenten belastet.

[43] *Grünbuch*, a.a.O. S. 22

[44] *Grünbuch*, a.a.O. S. 3

Widerspruch bestehe[45]. Man müsse sich demzufolge zwischen modernem und wettbewerbsfähigem Vertrieb oder Förderung der Marktintegration entscheiden.

Moderne Distributionstechniken schränkten naturgemäß die Fähigkeit unabhängiger Handelsunternehmen ein, durch Arbitragetätigkeit und Parallelhandel die Märkte zu beeinflussen. Die Hersteller nutzen die aus der Zeit vor dem Binnenmarktprogramm stammenden Marktsegmentierungen und hinderten ihre Händler - z.B. durch die Beteiligung an Sondergewinnen - daran, Parallelhandel zu treiben.[46] Für die meisten Händler sei Parallelhandel auch deshalb nicht mehr reizvoll, weil sie heute mehr denn je erhebliche Repressionen von Seiten der Hersteller befürchten müssten. Es sei kaum mehr möglich, aus einem geschlossenen und elektronisch ständig überwachten Vertriebssystem auszubrechen und Käufe oder Verkäufe außerhalb der vorgesehenen Warenströme zu tätigen, denn der Hersteller erhalte im Zuge der Einführung computerüberwachter Vertriebsnetze mit online Verbindungen sofort Kenntnis von jedem grenzüberschreitenden Handel. Die Hersteller verwendeten bewusst bestimmte Codenummern, um den Ursprung des Parallelhandels aufzuspüren. Die am Parallelhandel Beteiligten würden dann entweder aus dem Vertriebssystem verbannt oder gezwungen, den erzielten Gewinn an den zuständigen Händler herauszugeben. Die Händler verwiesen grenzübergreifende Käufer deshalb zunehmend von sich aus an die jeweilige nationale Tochtergesellschaft des Herstellers und verzichteten so auf gewinnbringende Passivverkäufe[47].

Die vorgebrachten informationstechnologischen Neuerungen im Vertriebssektor stehen einem wirksamen rechtlichen Schutz des Parallelhandels offenbar zunehmend im Wege[48]. Wie die Kommission im Grünbuch darlegt, ist nach Auffassung vieler Händler die wettbewerbsrechtlich garantierte Zulässigkeit von Passivverkäufen nur noch reiner "Fassadenschmuck im Angesicht der Gebietsausschließlichkeit". Die Unterscheidung zwischen aktiven und passiven Verkäufen sei mit der Einführung der Informationstechnik obsolet geworden[49].

Welche Konsequenz ist nun aber aus dieser Erkenntnis zu ziehen? Verzichtet das europäische Wettbewerbsrecht zukünftig auf die weitere Anpassung und Integration der Märkte, um der Einführung neuer und innovativer Vertriebssysteme nicht im Wege zu stehen? Oder wird die Erkenntnis, "dass der Abbau nichttarifärer Handelshemmnisse nicht ausreicht, damit sich Parallelhandel und Arbitrage voll entfalten ... können"[50] zum Anlass genommen, nach wirklich wirksamen Regelungen zu suchen, die grenzüberschreitenden Handel anregen? Eine Möglichkeit wäre beispielsweise als flankie-

---

[45] *Rohardt*, WuW 1997, S. 473, 474 f.; *Riley*, E.C.L.R. 1998, S. 483, 486f.
[46] *Grünbuch*, a.a.O., S. 27
[47] *Grünbuch*, a.a.O. S. 74
[48] *Rohardt*, WuW 1997, S. 475
[49] *Grünbuch*, a.a.O., S. 72, 74
[50] *Grünbuch*, a.a.O., 25

rende Maßnahme der Informantenschutz[51]. Müsste der Einzelhändler nicht erhebliche Repressionen von Seiten seiner Lieferanten befürchten, wenn er deren den Parallelhandel unterbindende Praktiken bei der Kommission anzeigt, wäre er eventuell bereit, verstärkt gewinnbringenden Parallelhandel zu betreiben. Festgestellte Verstöße müssten dann weiterhin sehr streng bzw. noch strenger als bisher geahndet werden.

3. Reaktion der Kommission in der Mitteilung im Anschluss an das Grünbuch

Im Anschluss an das Grünbuch finden sich derartige Erwägungen nicht mehr wieder. Im Gegenteil: In der darauffolgenden Mitteilung von November 1998 bekennt sich die Kommission dazu, dass der Schutz des Wettbewerbs nunmehr das Hauptziel der gemeinschaftlichen Wettbewerbspolitik sei, weil er die Wohlfahrt der Verbraucher erhöhe und für eine effiziente Ressourcenallokation sorge. Die Marktintegration sei demgegenüber ein weiteres, *zweites* Ziel[52].

Die Kommission scheint sich - den Forderungen der Kritiker folgend - dafür entschieden zu haben, das Integrationsziel im Interesse der Förderung neuer Vertriebssysteme und der effizienzsteigernden Ressourcenallokation zu vernachlässigen. Von den Kritikern wurde dementsprechend schon vorgetragen, dass die traditionelle Feindschaft der Kommission gegenüber Behinderungen des Parallelhandels durch die Reform obsolet geworden sei, und dies sei zu begrüßen[53]. Um die überragende effizienzsteigernde Wirkung neuartiger, geschlossener Vertriebssysteme darzulegen, wird mehrfach das Vertriebsbeispiel *Benetton* angeführt[54]:

Zwischen den Lieferanten und Abnehmern innerhalb dieses Franchise-Systems besteht ständige elektronische Verbindung. Mit Hilfe des bar-code-Systems können exakte Geschäftsdaten über jedes Geschäft weltweit in Sekundenschnelle abgerufen werden. Stellt sich im Laufe einer Saison heraus, dass sich hellblaue Baumwollhemden in Montpellier sehr gut verkaufen, während in Manchester gelbe Schafwollpullover einen reißenden Absatz finden, kann darauf sofort reagiert werden. Weil die Daten simultan mit dem Verkauf an den vertraglichen Sub-Hersteller weitergeleitet werden, wird die gewünschte Farbe entweder aus dem Zentrallager geliefert oder es wird über online Verbindung ein Auftrag zur sofortigen Herstellung der gewünschten Ware erteilt. Auf diese Weise wird das Angebot permanent an die aktuelle Nachfrage angepasst. Innerhalb kürzester Zeit können so die Geschäfte wieder bedarfsgerecht aufgefüllt werden, egal wo auf der Welt es sich befindet. So wird vermieden, dass der Verbraucher weniger Ware kauft, weil eventuell momentan die passende Größe oder gewünschte Farbe

---

[51] *Rohardt*, a.a.O., S. 475

[52] *Mitteilung* der Kommission über die Anwendung der EG-Wettbewerbsregeln, ABl. C 365 v. 26.11.1998, S. 6, auch an anderer Stelle der *Mitteilung* wird zuerst der Schutz des Wettbewerbs, und danach erst die Förderung der Integration genannt, S. 33.

[53] *Riley*, E.C.L.R. 1998, S. 483

[54] *Riley* a.a.O., S. 486 f. sowie *Deacon*, Mitarbeiter der GD IV, Fordham University, 22nd annual Conference on International , Oxford am 26.10.1995, S. 11 f.

nicht vorrätig ist. Enorme Lagerkosten können vermieden werden und am Ende einer Saison bleibt praktisch keine Ware mehr übrig. Schätzungsweise US$ 24 Milliarden könnten in der amerikanischen Bekleidungsindustrie eingespart werden, wenn alle Unternehmen das Vertriebssystem von Benetton einführen würden[55]. Dies wären zweifelsohne ganz erhebliche Effizienzgewinne.

Die Auswirkungen auf und die Anforderungen an die Wettbewerbspolitik sind auf der Grundlage solcher Zukunftsaussichten nicht zu leugnen. Die Kritiker des Integrationsziels halten enge vertikale Kooperation heute für die Norm, Wettbewerb finde nicht mehr zwischen den einzelnen Händlern einer Marke statt, sondern nur noch zwischen den verschiedenen vertikal miteinander verbundenen Vertriebsketten. Unter diesen Umständen sei es schon fraglich, ob man überhaupt noch einen freien Händler finde, der nicht in ein Vertriebssystem eingebunden sei und deshalb Parallelhandel betreiben könnte. Für den Verbraucher sei es heute selbstverständlich, dass die gewünschte Ware zur gewünschten Zeit auch geliefert wird und ein System mit freien Parallelhändlern könne diese Sicherheit nicht bieten[56]. Ferner stünden voll-integrierte Systeme im Wettbewerb mit nicht-integrierten oder gemischten Systemen. Würde mittels Wettbewerbsrecht festgelegt, dass in den nicht-integrierten Systemen stets Parallelhandel zugelassen werden muss, dann hätten diese Systeme einen erheblichen Wettbewerbsnachteil im Verhältnis zu den integrierten Systemen, in denen Parallelhandel legal ausgeschlossen werden könne. Schließlich wird angezweifelt, ob es überhaupt die Geschlossenheit eines Vertriebssystems ist, die den Parallelhandel und damit die Marktintegration behindert. Nach *Deacon* ist dies eher eine Folge von marktabschottenden Absprachen auf Horizontalebene oder der Marktmacht von Herstellern auf oligopolistischen Märkten[57].

Dass Märkte entlang der nationalen Grenzen mittels horizontalen Vereinbarungen oder Absprachen zwischen Unternehmen eines oligopolistisch strukturierten Marktes abgeschottet werden können, wird nicht in Frage gestellt. Hier ist das Wettbewerbsrecht nach wie vor gefordert, diesen Praktiken entgegenzuwirken. Parallelhandel ist aber ebenfalls eine wichtige Möglichkeit zur Integration. Durch ihn machen sich Händler Preisunterschiede gewinnbringend zu Nutze, die die Hersteller zuvor aus absatzstrategischen Gründen künstlich eingeführt oder aufrechterhalten haben. Dass viele Händler an einer solchen innergemeinschaftlichen Tätigkeit interessiert sind, zeigen doch die enormen Anstrengungen und Drohungen, die die Hersteller unternehmen, um Parallelhandel zu unterbinden.

Im Übrigen wäre kein Händler an Parallelhandel und kein Verbraucher an Direkteinfuhren interessiert, wenn es keine Preisunterschiede zwischen den einzelnen Mitgliedstaten geben würde. Würde ein und dasselbe Herstellerprodukt überall zum glei-

---

[55] *Riley*, a.a.O. S. 486, *Deacon*, a.a.O. S, 12 mit Bezug auf *Christopher*, Logistics and Supply Chain Management - strategies for reducing costs and improving services, Financial Times Publishing, 1992.
[56] *Riley*, a.a.O. S. 486
[57] *Deacon*, Mitarbeiter der GD IV, Fordham University-22nd Annual Conference on International, Oxford, 26.10.1995, S. 5

chen Preis verkauft werden, würde kein Importeur den kostenaufwendigen Transport von einem Mitgliedstaat in den anderen auf sich nehmen. Der Hersteller, der vermeiden will, dass sein computergesteuertes Vertriebssystem durch Parallelhandel aus dem Gleichgewicht gebracht wird, braucht folglich lediglich in allen Mitgliedstaaten ein einheitliches Preisniveau einzuführen. Falls das unterschiedliche Preisniveau seine Ursache nicht in der Absatzstrategie des Herstellers, sondern in tatsächlich vorgefundenen Marktunterschieden wie im Fall Distillers[58] hat, sollte die Kommission dies in Zukunft zur Kenntnis nehmen und die Verpflichtung zu pauschalen Ausgleichszahlungen freistellen. Mittels zulässiger qualitativer Selektion kann der Hersteller schließlich vermeiden, dass systemfremde Händler seine Produkte verkaufen.

Die vorgebrachten Bedenken gegen den zukünftigen EG-rechtlichen Schutz von Parallelhandel und Direkteinfuhren sind somit nicht in vollem Umfang begründet. Der Hersteller kann selbst Sorge dafür tragen, dass der Anreiz zum Parallelhandel minimiert wird und so das Logistiksystem geschlossen und funktionsfähig bleibt. Die Behandlung von Vereinbarungen, die den Parallelhandel unterbinden als "hard core restrictions" würde deshalb keine Absage an die Wettbewerbsfähigkeit und Innovation des Vertriebssektors bedeuten[59].

III. Berücksichtigung von Parallelhandel und Direkteinfuhren in Art. 4 VO Nr. 2790/1999

In der neuen GVO Nr. 2790/1999 zählt die Kommission Vereinbarungen, die Parallelhandel und Arbitrage behindern, auch weiterhin zu den Kernbeschränkungen, die nicht gruppenweise freigestellt werden. Vertikale Beschränkungen, die den Parallelhandel beschränken, sind - gleichgültig, welche gesamtwirtschaftlichen Vorteile sie mit sich bringen - niemals unerlässlich. Die (10). Begründungserwägung der VO stellt den langjährigen Grundsatz nochmals eindeutig dar und erklärt bestimmte Formen des Gebietsschutzes für nicht unerlässlich und daher nicht freistellungsfähig. Art. 4 Buchst. b) VO verbietet Absprachen, die eine Beschränkung der Wiederverkäufe bezwecken. Dem Händler darf nicht verboten werden, an Kunden außerhalb seines Vertragsgebiets oder an bestimmte Kundengruppen zu liefern. Er darf auch nicht dazu verpflichtet werden, Kunden aus einem anderen Vertriebsgebiet auf den dort eingesetzten Händler zu verweisen[60]. Auch alle indirekten Vertragsklauseln, die den Zweck haben, den

---

[58] vgl. hierzu oben, § 8 I.3.
[59] vgl. auch S. 10 der *Mitteilung* der Kommission, a.a.O.: Die Forderung nach Möglichkeiten zur Beseitigung "undichter Stellen" im System, d.h. auch die Möglichkeit, Paralleleinfuhren zu verbieten, wurde von manchen an der öffentlichen Anhörung im Anschluss an das Grünbuch Beteiligten als Vorwand angesehen. In Wirklichkeit gehe es den Herstellern darum, bestimmte Händler draußen zu halten, um den Wettbewerb zu verringern und die Preise erhöhen zu können.
[60] Entwurf der *Leitlinien* über vertikale Beschränkungen, ABl. C 270 v. 24.9.1999 S. 12 ff

Händler an Passivverkäufen zu hindern, sind verboten[61]. Zulässig ist jedoch die Beschränkung von Aktivverkäufen in ausschließlich zugeteilten Vertriebsgebieten sowie die Beschränkung des Wiederverkaufs von Mitgliedern eines selektiven Vertriebssystems an Nichtmitglieder. Innerhalb des selektiven Vertriebssystems müssen Querlieferungen aber zulässig sein.

Durch das Verbot dieser Kernbeschränkungen wird sichergestellt, dass grenzübergreifende Lieferungen in keinem Vertriebssystem ausgeschlossen werden. Zwar darf dem Alleinvertriebsberechtigten verboten werden, im Verkaufsgebiet eines anderen aktiv um Kunden zu werben. Fragen die Kunden bei ihm aber an, muss er an sie verkaufen dürfen, auch und gerade wenn diese Kunden aus einem anderen Mitgliedstaat kommen und die Ware dort weiterverkauft werden soll. Zwar darf dem Händler eines selektiven Vertriebssystems vertraglich untersagt werden, an nicht qualifizierte und deshalb dem System nicht zugehörige Händler zu verkaufen. Stets müssen aber (auch und gerade) innergemeinschaftliche Querlieferungen möglich sein.

Die Verpflichtung zur Ausgleichszahlung bei grenzüberschreitendem Handel in Vertriebssystemen mit Gebietsschutz regelt die Verordnung nicht. In den Leitlinien heißt es aber, dass auch alle indirekten Maßnahmen verboten sind, mit denen der Vertriebshändler dazu gebracht werden soll, nicht an Kunden außerhalb des Vertragsgebiets zu verkaufen, wie z.B. Gewinnausgleichsverpflichtungen. "Diese Praktiken werden umso eher als Verkaufsbeschränkung für den Käufer einzustufen sein, wenn gleichzeitig der Lieferant ein Überwachungssystem – z.B. durch Verwendung unterschiedlicher Etikette oder von Seriennummern – handhabt, mit dem der tatsächliche Bestimmungsort der gelieferten Waren überprüft werden soll."[62]

Wie dargestellt, ist ein solch strenges Verbot nur dann gerechtfertigt, wenn das unterschiedliche Preisniveau entlang der nationalen Grenzen künstlich zur Gewinnmaximierung des Herstellers aufrechterhalten oder aufgebaut wurde. Sind die Märkte aber ihrer Natur nach so unterschiedlich, dass in ihnen völlig verschiedene Vertriebsbedingungen herrschen, kann eine Gewinnausgleichsverpflichtung wirtschaftlich und wettbewerblich sinnvoll sein. Dies beachtet die neue Gruppenfreistellungsverordnung nicht, sollte aber in Zukunft die Kommission dazu veranlassen, eine Einzelfreistellung zu erteilen.

IV. Ergebnis

Die Kommission hat in der VO Nr. 2790/1999 nach eigenen Angaben den Schwerpunkt auf den Schutz des Wettbewerbs wegen dessen sozialer und wirtschaftlicher Vorteilhaftigkeit gelegt und das Integrationsziel auf einen hinteren Rang verdrängt. Sie

---

[61] z.B. die Verweigerung oder Senkung von Prämien oder Rabatten, die Weigerung zu liefern, die Verringerung der Liefermengen, die Androhung einer Vertragskündigung oder Gewinnausgleichsverpflichtung.

[62] *Leitlinien*, ABl. C 291 v. 13.10.2000, S. 1 ff. Rz. 49

geht davon aus, dass in Märkten, auf denen reger interbrand-Wettbewerb herrscht, vertikale Beschränkungen die Integration nicht verhindern können[63] und verzichtet deshalb auf spezielle integrationsfördernde Maßnahmen. Sie hat aber den "roten Faden"[64] der Integration auch nicht völlig abgerissen. Vereinbarungen, die unmittelbar oder mittelbar den Parallelhandel beeinträchtigen, sind auch weiterhin streng untersagt.

Eine solche Rangverschiebung bedeutet keinen Bruch mit den überkommenen Prinzipien, sondern eine pragmatische Lösung, die sich an den tatsächlichen Entwicklungen orientiert. Dass die Aussagen der Delegierten im Spaak Bericht über die Relevanz des Wettbewerbsrechts für die Integration der Volkswirtschaften nach wie vor höchste Aktualität besitzen, zeigen die Ausführungen der Kommission im Weißbuch über die Modernisierung der Vorschriften zur Anwendung der Art. 81 und 82 EG-Vertrag im Zusammenhang mit den Ausführungen zur Wirtschafts- und Währungsunion: "Die Wirtschaftsteilnehmer werden angesichts eines derart vermehrten Wettbewerbsdrucks vielleicht versucht sein, auf protektionistische Verhaltensweisen zurückzugreifen, um sich den Zwängen zur Anpassung an die neuen Bedingungen zu entziehen und auf diese Weise ihre geringere Wettbewerbsfähigkeit in einem neuen Wirtschaftsumfeld auszugleichen."[65]

Auch der Umstand, dass die mittel- und osteuropäische Staaten sowie Zypern der EG beitreten werden und diese zumeist in planwirtschaftlichen Traditionen verhafteten Staaten durch freien Wettbewerb nach Art. 81 ff. integriert werden sollen[66], lässt zweifeln, ob die Integration der Volkswirtschaften tatsächlich nur noch ein weiteres, zweites Ziel der europäischen Wettbewerbspolitik ist[67].

§ 9 Schutz des Wettbewerbs wegen dessen sozialer und wirtschaftlicher Vorteilhaftigkeit

Die "eigentlichen Wettbewerbsfragen"[68] im Sinne der Schaffung und Sicherung eines freien Wettbewerbs unter den auf dem Markt befindlichen Unternehmen sind ebenfalls Ziele der EG-Wettbewerbspolitik. Die Art. 81 ff. EGV schützen insgesamt den Wettbewerb auf dem Gemeinsamen Markt, der bei dem jeweiligen Stand der Integration möglich ist[69]. Um die der EG-Wettbewerbspolitik zugrundeliegende Wettbewerbskon-

---

[63] *Grünbuch*, a.a.O. S. 26
[64] vgl. oben zur Rechtsprechung des EuGH, § 8 I.
[65] *Weißbuch* über die *Modernisierung* der Vorschriften zur Anwendung der Artikel 85 und 86 EG-Vertrag, KOM(99) 101 endg.; S.8
[66] 1994, 1995 und 1996 wurden Assoziierungsverträge i.S.v. Art. 310 zwischen der Gemeinschaft und den Staaten Mittel- und Osteuropas abgeschlossen, die den Übergang zur Marktwirtschaft und eine schrittweise Integration in die Gemeinschaft ermöglichen sollen. Voraussetzung ist also vor allem freier Wettbewerb, vgl. hierzu *Böhnle*, EuZW 1998, S. 111 ff.
[67] Vgl. zu einigen Kartellgesetzen in osteuropäischen Staaten, *Pfeffer* in FS Deringer, S. 346 ff.
[68] *Grünbuch*, a.a.O. S. 3, Rz. 8
[69] So *Mestmäcker*, Europäisches Wettbewerbsrecht, S. 48

zeption zu ergründen, müssen die im Vertrag nur grob umrissenen Ziele konkretisiert werden.

Neben einer harmonischen, ausgewogenen und nachhaltigen Entwicklung des Wirtschaftslebens, einem beständigen, nichtinflationären Wachstum und einem hohen Grad an Konvergenz an Wirtschaftsleistungen, ist dem Zielkatalog mit dem Amsterdamer Vertrag noch das Ziel eines hohen Grades an Wettbewerbsfähigkeit hinzugefügt worden. Die sich aus diesen Zielen ergebene Wettbewerbspolitik scheint nach Art. 2 und 3 des Vertrages jedoch nur eine unter vielen anderen Politiken zu sein. Der hohe Stellenwert eines freien und unverfälschten Wettbewerbs wird erst im Zusammenhang mit der Wirtschaftsverfassung der Europäischen Gemeinschaft ersichtlich. Die Gemeinschaft ist dem Grundsatz einer offenen Marktwirtschaft mit freiem Wettbewerb verpflichtet (vgl. Art. 4 Abs. 1, Art. 98 und 105 Abs. 1). An anderer Stelle des EG-Vertrages bekennt die Gemeinschaft sich zu einem System offener und wettbewerbsorientierter Märkte[70]. Wann aber ist der Wettbewerb beschränkt, d.h. nicht mehr frei? Art. 81 Abs. 1 gibt auf diese Frage keine direkte Antwort.

Freie Marktwirtschaft und freier Wettbewerb setzen jedoch zwangsläufig auch freie Marktteilnehmer und damit freie Unternehmen und Verbraucher voraus. Sind die Unternehmen nicht frei in der Wahl und im Einsatz ihrer Handlungsalternativen, kann zwischen ihnen auch kein freier Wettbewerb stattfinden[71].

I. Schutz der individuellen Handlungsfreiheit

Ziel eines auf freier Marktwirtschaft basierenden Wettbewerbsgesetzes muss es sein, die Freiheit der Marktteilnehmer zu schützen. Hieran knüpfen die Regelbeispiele des Art. 81 Abs. 1 Buchst. a) bis Buchst. e) an. Regelbeispiel a) verbietet beispielsweise die Festsetzung von An- oder Verkaufspreisen sowie sonstiger Geschäftsbedingungen zwischen Unternehmen. Beispiel c) untersagt die Aufteilung von Märkten oder Versorgungsquellen zwischen Konkurrenten und Buchstabe e) verbietet sachlich nicht gerechtfertigte Koppelungsvereinbarungen. In all diesen Fällen geht es darum, dass einem Vertragspartner der freie Einsatz seiner Wettbewerbsparameter vertraglich untersagt wird.

Der Gerichtshof hat in einem seiner ersten Urteile diesen Individualschutz konkretisiert und auch Unternehmen, die nicht an der Absprache beteiligt sind, in den Schutzbereich des Art. 81 Abs. 1 einbezogen. Eine Vereinbarung kann nicht nur das Wettbewerbsverhalten der Vertragsparteien beeinflussen, sondern auch das dritter Marktteilnehmer. Der EuGH stellt bei der Auslegung und Anwendung des Verbots in Art. 81 Abs. 1 deshalb ebenso wie die Kommission in der Regel ausdrücklich oder implizit auf die

---

[70] Art. 154 Abs. 2 und 157 Abs. 1 im Titel XV: Transeuropäische Netze

[71] Nach *Koch*, Grabitz/Hilf, Art. 81 Rz. 33 ist Wettbewerb die Summe der wirtschaftlichen Handlungsfreiheiten der Marktteilnehmer.

Beschränkung der Handlungsfreiheit der Beteiligten sowie deren Auswirkungen auf die Marktstellung Dritter ab[72].

Verschiedene wettbewerbstheoretische Konzeptionen haben den Schutz der Freiheit der Marktteilnehmer zum Inhalt. Im Folgenden sollen sie dargestellt und es soll überprüft werden, ob die EG-Wettbewerbspolitik einem dieser theoretischen Ansätze folgt.

1. Die wirtschaftswissenschaftlichen Theorien

a. Das ordoliberale Konzept der Wettbewerbsfreiheit

Nach dem zentralen Gedanken des ordoliberalen Konzepts der Wettbewerbsfreiheit wird das Vorliegen einer Wettbewerbsbeschränkung an der Einschränkung der Entscheidungsautonomie der Marktteilnehmer beim Einsatz ihrer Wettbewerbsparameter festgemacht, und zwar selbst dann, wenn die Unternehmen diesen Beschränkungen durch Abschluss von Verträgen selbst zugestimmt haben[73].

Das Konzept ist entstanden im Anschluss an die Erkenntnis, dass es in der Realität vollkommenen Wettbewerb in einer atomistischen Marktstruktur, wie sie von der bereits dargestellten Theorie vom vollkommenen Wettbewerb vorausgesetzt wurde, nicht gibt[74]. Dennoch sieht die ordoliberale Theorie von der Wettbewerbsfreiheit diese vollständige Konkurrenz stets als das Leitbild an, das es im Wege der Wettbewerbspolitik bestmöglich zu verwirklichen gelte.[75]

Walter Eucken, einer der Hauptbegründer des ordoliberalen Ansatzes, sieht Sinn und Zweck der Wettbewerbspolitik im Schutz des Einzelnen sowohl vor staatlicher Macht als auch vor der wirtschaftlichen Macht Privater.[76] Der ordoliberale Ansatz fragt nicht danach, ob ein Unternehmen zu einer Absprache mit einem anderen Unternehmen gedrängt wurde oder ob es die Vereinbarung freiwillig einging. Verständlich wird diese Einstellung nur dann, wenn die philosophischen, auf Kant zurückgehenden Wurzeln, in die Betrachtung einbezogen werden. Bei *Eucken* heißt es: "Ohne Freiheit, ohne spontane Selbsttätigkeit ist der Mensch nicht 'Mensch'. ... . Insofern darf der Mensch seine eigene Freiheit nicht selbst aufgeben. ... . Niemand ist für seine eigene Person befugt, seine moralische Autonomie aufzugeben und sich zum bloßen Werkzeug machen zu

---

[72] EuGH Rs. 41/69 Chemiefirma, Slg. 1970 S. 661, 696, 701; Rs. 19 u. 20/74 Kali und Salz, Slg. 1975 S. 499, 521; Rs. 71/74 FRUBO Slg. 1975 S. 563, 484; Rs. 26/76 Metro, Slg. 1977, S. 1353, 1914
[73] vgl. dazu vor allem *Eucken*, ORDO 1949 S. 19 ff, *ders.* Grundsätze der Wirtschaftspolitik, S. 169 ff.; *Böhm*, Wettbewerbsfreiheit und Kartellfreiheit, 1958; *Mestmäcker*, Zeitschrift für die ges. Staatswissenschaft, 1980, S. 387 ff.
[74] vgl. hierzu schon oben, § 6 I.
[75] vgl. *Schmidt*, Wettbewerbsrecht und Kartellrecht, S. 8 f.
[76] vgl. *Eucken*, Grundsätze, a.a.O., S. 169 ff.

lassen."[77] Entscheidend ist hiernach also nicht das wirtschaftliche Resultat, sondern die Verwirklichung der Menschenwürde[78].

Ein Wettbewerbsrecht, das diesem Ansatz folgt, muss notwendigerweise ein allgemeines Kartellverbot vorsehen, also das Verbot jeder Verhaltenskoordination zwischen Unternehmen ohne jede Ausnahmemöglichkeit[79]. Mit jeder Vereinbarung, die sich irgendwie auf den Wettbewerb zwischen den Beteiligten auswirkt, würden sich die Unternehmen zum bloßen Werkzeug ihrer Selbst degradieren.

b. Die Theorie vom dynamischen Wettbewerb

Theoretisch hatten sich bereits Anfang der fünfziger Jahre viele dem ordoliberalen Gedankengut nahestehende Ökonome und Juristen von dem am Modell der vollständigen Konkurrenz angelehnten Wettbewerbsmodell abgewandt und anlehnend an *Clark* ein evolutionäres Wettbewerbskonzept entwickelt[80]. Ebenso wie die Vertreter des workable competition Ansatzes, löste auch dieser Ansatz sich vom Leitbild des vollständigen Wettbewerbs ab. Die darauffolgende Entwicklung der Theorie vom dynamischen Wettbewerb war jedoch völlig konträr.

Ausgehend von der Freiheit der Wettbewerber sah diese Theorie im Wettbewerb einen freien und sich ständig wiederholenden rivalisierenden Prozess, bei dem die Wettbewerber wechselseitig vorstoßen, nachziehen und sich überholen[81]. Weil in diesem Prozess das zeitweise Entstehen von Marktmacht völlig legitim sei und am Anfang eines solchen Prozesses nie klar sei, zu welchem Ergebnis er führen werde, wurde jede vorherige Analyse von Marktstruktur, Verhalten und Ergebnis abgelehnt[82]. Jede Instrumentalisierung des Wettbewerbs für zuvor festgesteckte Ziele müsse abgelehnt werden[83]. Ausgangspunkt für die optimale wirtschaftliche Entwicklung sei allein die Freiheit der Wirtschaftssubjekte, so dass ein Zielkonflikt zwischen Freiheit und gesamtwirtschaftlichem Nutzen niemals auftreten könne. Weil der Staat die Tendenz inneha-

---

[77] *Eucken*, Grundsätze, a.a.O., S. 175 ff.

[78] *Biedenkopf*, Freiheitliche Ordnung durch Kartellverbot, in: Aktuelle Grundsatzfragen des Kartellrechts, 1957, S. 11 ff., 27. Biedenkopf lehnt die Steuerung des Wettbewerbs nach gesamtwirtschaftlich positiven Ergebnissen ab, denn dies setzte Planung voraus, und es sei bisher noch keinem menschlichen Gehirn gelungen, die unendlich verwickelten Wirtschaftsvorgänge in einer industrialisierten Wirtschaft zu überschauen, geschweige denn, sinnvoll aufeinander abzustimmen, S. 35.

[79] vgl. die Darstellung bei *Kerber*, Die Europäische Fusionskontrollpraxis und die Wettbewerbskonzeption der EG, S. 178

[80] vgl. oben, § 6 II.

[81] in den 50-er Jahren zunächst *Schumpeter*, Theorie der wirtschaftlichen Entwicklung; *Clark*, Competition as a dynamic Process und *Arndt*; Schöpferischer Wettbewerb und klassenlose Gesellschaft. Vgl. hierzu auch *Herdzina*, Wettbewerbstheorie, S. 25 ff.

[82] *Hoppmann*, Volkswirtschaftliche und wirtschaftspolitische Bedeutung des Kartell- und Monopolrechts, in: Hoppmann, Erich und Mestmäcker, Ernst-Joachim, Normzwecke und Systemfunktionen im Recht der Wettbewerbsbeschränkungen, 1974, S. 10 ff.

[83] so *Hoppmann*, a.a.O.

be, in wirtschaftliche Abläufe lenkend eingreifen zu wollen, entstand ein tiefes Misstrauen gegenüber dem Staat. Im Gegensatz zur ordoliberalen Auffassung sieht die Theorie vom dynamischen Wettbewerb die Einschränkung der Wettbewerbsfreiheit durch private wirtschaftliche Macht als ein relativ geringes Problem an. Ausreichend seien deshalb allgemeine per se Regeln, die dem Staat keinen diskretionären Spielraum für Interventionen in die Marktprozesse an die Hand geben[84].

2. Die Europäische Konzeption

Kommission und Gerichtshof stellen bei der Frage, ob eine Beschränkung des Wettbewerbs nach Art. 81 Abs. 1 vorliegt, ganz überwiegend darauf ab, ob die Vereinbarung die Handlungsfreiheit der beteiligten Unternehmen einschränkt und ob sich daraus Wahlmöglichkeiten Dritter verringern. Dieser Ansatz, das Vorliegen einer Wettbewerbsbeschränkung an einer Einschränkung der Entscheidungsautonomie der Marktteilnehmer festzumachen, und zwar selbst dann, wenn die Unternehmen diesen Beschränkungen selbst zugestimmt haben, ist zentraler Gedanke des ordoliberalen Konzepts der Wettbewerbsfreiheit[85]. Ganz in diesem Sinne hat sich auch die Kommission geäußert: "Wettbewerb bedeutet Wahlmöglichkeit für Produzenten, Händler und Verbraucher. Aufgabe der Wettbewerbspolitik ist es, diese Wahlmöglichkeit sicherzustellen und darüber zu *wachen*, daß die Freiheit der wirtschaftlichen Betätigung nicht dazu mißbraucht wird, das gleiche Freiheitsrecht anderer zu beseitigen."[86]

An anderer Stelle finden sich jedoch auch Äußerungen der Kommission, die mit dem Freiheitsschutz im ordoliberalen Sinne nicht im Einklang stehen: "Der Wettbewerb stimuliert in der Tat am besten die wirtschaftliche Aktivität und sichert für die Beteiligten den größtmöglichen Freiheitsspielraum. .... Das freie Spiel dezentralisierter Entscheidungsmechanismen führt zu einer ständig verbesserten Leistungsfähigkeit der Unternehmen."[87] "Der dynamische, vorstoßende Wettbewerb ist das Lebenselexier der Wirtschaft. Er sorgt für 'Innovation' und 'Imitation'"[88]. Die Kommission scheint sich hier zur Theorie des dynamischen Wettbewerbs zu bekennen.

Im Ergebnis folgt die EG-Wettbewerbskonzeption weder streng der einen noch der anderen Theorie von der Wettbewerbsfreiheit. Erwünscht ist zwar das freie und dynamische Spiel der Wettbewerbskräfte, das zu immer neuen Innovationen und Imitationen führt. Ob und wie sich dieses freie Spiel entwickelt, will die EG-Wettbewerbspolitik aber nicht unkontrolliert dem Wettbewerbsverhalten der Unternehmen überlassen. Die Freiheit muss vielmehr sichergestellt werden, indem ständig

---

[84] vgl. die Vertreter dieser Auffassung in Amerika, die als die Austrian Economics bezeichnet wurden, statt aller: *Armentano*, Antitrust and Monopoly

[85] So auch *Kerber*, a.a.O. S. 203

[86] Kommission, Memorandum über das Aktionsprogramm der Gemeinschaft für die zweite Stufe, 1962, S. 24. Hervorhebung durch den Verfasser.

[87] Kommission, 1. WB 1972, S. 11

[88] Kommission 15. WB 1986, S. 11

überwacht wird, ob ein Wettbewerber seine Freiheit zur wirtschaftlichen Betätigung dazu missbraucht, das gleiche Freiheitsrecht der anderen Wettbewerber zu beseitigen. Deshalb ist Art. 81 als Verbotstatbestand formiert. Dem Prinzip der dynamischen Wettbewerbsfreiheit würde ein Verbotstatbestand geradezu widersprechen, setzt er doch voraus, dass staatliche Organe ständig in den Wettbewerbsprozess eingreifen.

Andererseits folgt die EG-Wettbewerbspolitik aber auch nicht dem ordoliberalen Leitbild; schon allein deshalb nicht, weil in Art. 81 Abs. 3 Ausnahmen vom Kartellverbot durch Freistellung zugelassen werden. Auch die dargestellten Einschränkungen des Verbotstatbestandes selbst sind mit einem ordoliberalen Wettbewerbsschutz nicht vereinbar. Überhaupt verbietet sich bei diesem Leitbild jeder Blick auf irgendwelche gesamtwirtschaftlichen Vorteile einer den Wettbewerb zwischen den Beteiligten beschränkenden Vereinbarung, wie dies in Absatz 3 des Artikels 81 ausdrücklich vorgesehen ist[89].

Vertikale Vereinbarungen fallen jedoch in der Regel erst einmal unter den Verbotstatbestand und können lediglich gemäß Art. 81 Abs. 3 freigestellt werden. Dabei kommt es nicht darauf an, ob die beteiligten Unternehmen der Freiheitsbeschränkung freiwillig zugestimmt haben oder von einem anderen Unternehmen dazu gedrängt wurden. Das lässt darauf schließen, dass zumindest Art. 81 Abs. 1 eher einem ordoliberalen Ansatz folgt[90].

3. Einschränkung des Verbots durch die Spürbarkeit auf dem Markt

Voraussetzung für eine nach Art. 81 Abs. 1 verbotene Wettbewerbsbeschränkung ist jedoch, dass die Freiheitsbeschränkung nicht nur rein theoretisch, sondern auch spürbar ist. Diese Einschränkung des Verbotstatbestands in qualitativer Hinsicht hat sich seit dem Urteil "Maschinenbau Ulm" mit der Wirkung herausgebildet, dass nicht bereits jede nur ganz entfernt und allenfalls theoretisch denkbare Wettbewerbsstörung das Verbot auslöst[91].

---

[89] Bereits 1950 sah *Eucken* das Problem, dass die den Wettbewerb gefährdende steigende Unternehmenskonzentration von der modernen Technik durch deren steigende Skalenerträge erzwungen wird.

[90] *Ehlermann*, EuR 2000, S. 297 f.

[91] Bereits in diesem Urteil aus dem Jahre 1966 hat der EuGH entschieden, dass Art. 81 Abs. 1 eine Würdigung der *Auswirkungen der Vereinbarung* unter wirtschaftlichen Gesichtspunkten voraussetzt und nicht bestimmte, durch ihre Rechtsnatur gekennzeichnete Arten von Vereinbarungen ausnahmslos erfasst bzw. nicht erfasst. Rs 56/65 Societe Technique Miniere / Maschinenbau Ulm, Slg. 1966, S. 281ff. (283). Nur solche Vereinbarungen fielen unter Art. 81 I EGV, die den Wettbewerb *spürbar* beeinträchtigen.

Vorläufer dieser Entwicklung, die streng genommen einen Bruch mit der rein ordoliberalen Auffassung vom Wettbewerbsschutz darstellt[92], war zum einen die parallele Rechtsprechung des deutschen BGH zum Erfordernis spürbarer Beeinflussung der Marktverhältnisse in § 1 GWB[93] und zum anderen die allgemeine Rechtsregel "de minimis non curat praetor"[94]. Danach bleiben diejenigen Formen des unternehmerischen Zusammenwirkens, die nicht zu einer spürbaren Beschränkung der Stellung von Lieferanten[95], Wiederverkäufern und Verbrauchern[96] (jeweils im Sinne der nicht an der Vereinbarung beteiligten Marktgegenseite) oder dem Wettbewerb untereinander[97] führen, vom Verbot ausgenommen[98]. Abgestellt wird in der Praxis zumeist auf den Marktanteil der an der Vereinbarung beteiligten Unternehmen[99].

Die Kommission hat daraufhin eine primär an Marktanteilen orientierte Bekanntmachung betreffend Vereinbarungen von geringer Bedeutung, die nicht unter Artikel 81 Absatz 1 fallen (Bagatellbekanntmachung), veröffentlicht[100]. Darin hat sie das ursprünglich qualitativ ausgerichtete Spürbarkeitserfordernis in eine quantitative Einschränkung des Verbotstatbestands umgewandelt[101]. Seit Ende 2001 besteht für die Kommission grundsätzlich kein Anlass mehr zum Einschreiten gegen vertikale Vereinbarungen zwischen Unternehmen mit einem Marktanteil von bis zu 15 %[102]. Dies ist

---

[92] so auch *Hollmann*, AWD/BB 1973, S. 192 ff., der davon ausgeht, dass die Einschränkung mit Art. 81 Abs. 1 nicht vereinbar ist, weil der Verbotstatbestand den Freiheitsschutz garantiere. S. 195 f.: "Denn sie schränkt die wettbewerbliche Freiheitsidee von Art. 85 Abs. 1 EWGV ein, ohne dass die Kommission dazu durch Änderung dieses Artikels oder durch eine entsprechende Verordnung im Rahmen von Art. 85 Abs. 3 EWGV ermächtigt wäre."

[93] vgl. BGHZ 37, 194 Spar und WuW/E BGH 726 Klinker. Zur Spürbarkeit in § 1 GWB auch *Holtschneider*, WuW 1980, S. 99 ff. m.w.N.

[94] vgl. Tribunal de Commerce Brüssel WuW/E EWG/MUV 208

[95] KomE SOCEMAS ABl. L 201 v. 17.7.1968, S. 4 ff.

[96] KomE Cobelaz ABl. L 276 v. 6.11.1968, S. 18

[97] KomE Transocean ABl. L 164 v. 27.6.1967 S. 10

[98] vgl. *Mailänder* in: Gemeinschaftskommentar, Art. 85 Rz. 22

[99] Nach Auffassung des EuGH wird eine Vereinbarung dann nicht von der Verbotsvorschrift des Artikel 81 Abs. 1 erfasst, wenn sie den Markt mit Rücksicht auf die schwache Stellung der Beteiligten auf dem Markt der fraglichen Erzeugnisse nur geringfügig beeinträchtigt. EuGH RS 5/69, Völk/ Vervaecke, Slg. 1969, S. 295 ff. 302.

[100] Die Bekanntmachung der Kommission aus dem Jahre 1970 über Vereinbarungen von geringer Bedeutung, die nicht unter Art. 85 I EGV fallen, klammerte Vereinbarungen zwischen Unternehmen, deren Marktanteil und Umsatz (kumulativ) unterhalb eines bestimmten Schwellenwertes liegen, aus dem Verbotsbereich aus, ABl. C 64/1 vom 2.6.1970. Nach mehrfachen Änderungen, ABl. C 313/3 vom 29.12.1977 und ABl. C 231/2 vom 12.09.1986, veröffentlichte die Kommission Ende 1997 eine Bekanntmachung, ABl. C 372 vom 09.12.1997, worin erstmals zwischen horizontalen und vertikalen Vereinbarungen deutlich unterschieden wurde, da letztere erfahrungsgemäß weniger Risiken für den Wettbewerb im Binnenmarkt mit sich bringen würden. Die Spürbarkeisgrenze wurde von 5 auf 10% der Marktanteile heraufgesetzt und auf Gesamtumsatzschwellen wurde ganz verzichtet.

[101] *Peeters*, Am.J.Comp.L.1989, S 521 ff., 541

[102] ABl. C 368/13 v. 22.12.2001. Zur vorherigen Bekanntmachung mit einem Schwellenwert von 10 %, ABl. C 372 v. 09.12.1997, *Jestaedt/Bergau*, WuW 1998, S. 119 ff. und *Rating*, Competition Policy Newsletter Spring 1997, S. 8 ff.

nicht unproblematisch, nimmt doch der EuGH in der Regel die Spürbarkeit der Vereinbarung bei einem Marktanteil der Unternehmen von 5 % und mehr an[103]. Aber auch bei wesentlich niedrigeren Marktanteilen hat er die Spürbarkeit bejaht, jedenfalls wenn es sich um große und bedeutende Unternehmen oder oligopolistisch strukturierte Märkte handelte[104]. Bei Marktanteilen von unter 1 % scheidet aber auch nach Auffassung des EuGH die Spürbarkeit in aller Regel aus[105].

Das Spürbarkeitsmerkmal soll folglich lediglich die entfernt möglichen und theoretischen Wettbewerbsstörungen aus dem Verbotstatbestand ausklammern, nicht aber von dem ordoliberal geprägten Grundsatz abrücken, grundsätzlich alle Verhaltensbindungen dem Verbotstatbestand zu unterwerfen, auch wenn die Beteiligten ihnen freiwillig zugestimmt haben und unabhängig davon, ob sie irgendwelche gesamtwirtschaftlichen Vorteile zur Folge haben[106].

4. Kritik am Konzept der EG

Vor allem die betroffenen Unternehmen wehren sich gegen diesen weiten Anwendungsbereich des Kartellverbots, obwohl er doch dem Grunde nach zu ihrem eigenen Schutz konzipiert wurde.

a. Zwangsjackeneffekt

Der weite Anwendungsbereich von Art. 81 Abs. 1 hat zur Folge, dass alle den Wettbewerb beschränkenden Vereinbarungen nach Absatz 3 freigestellt werden müssen. Die Freistellungspraxis ihrerseits war aber bislang - was besonders in den alten Gruppenfreistellungsverordnungen erkennbar war - ebenfalls geprägt von ordoliberalem Gedankengut: Geschützt werden müssen die Unternehmen auch vor freiwillig eingegangenen Verpflichtungen.

Daneben hat der Grad der individuellen Freiheit auch Auswirkungen auf die gesamtökonomische Wettbewerbsentwicklung. Je größer die Handlungsfreiheit der Händler ist, desto unabhängiger sind sie ihren intrabrand-Wettbewerbern gegenüber. Je mehr sich die Händler aber - wenn auch auf freiwilliger Basis - in ihrem autonomen Verhalten gebunden haben, desto schwächer wird der intrabrand-Wettbewerb und desto stär-

---

[103] Insbesondere EuGH Rs. 19/77, Miller International, Slg. 1978, 131, 148; AEG Rs. 107/82, Slg. 1983, 3151, 3201; Béguelin Rs. 22/71, Slg. 1971, 949, 960

[104] EuGH Distillers Company Rs. 30/78, Slg. 1980, 2229, 2265; Musique Diffusion Française, Rs Slg. 1983, S. 1825, 1900 f.

[105] EuGH Völk Vervaecke, a.a.O., 302; Cadillon/Höss Rs. 1/71, Slg.1971, 351, 356; Béguelin, a.a.O. 960

[106] Auch *Reich*, Festschrift für Ernst Steindorff, 1990., S. 1065 ff., 1072, der keines der für das Spürbarkeitsmerkmal vorgebrachte Argument für wirklich überzeugend hält und es deshalb nicht als Sachregel, sondern als Vermutungskriterium ansieht: " 'De minimis'-Wettbewerbsbeschränkungen sollen nicht mit der Keule des EG-Kartellrechts erschlagen, sondern nach wie vor vom nationalen Wettbewerbsrecht differenziert erfasst werden."

ker wird der interbrand-Wettbewerb. Will die Wettbewerbspolitik demnach den intrabrand-Wettbewerb wegen dessen gesamtwirtschaftlicher Vorteilhaftigkeit fördern, wird sie die Freiheit der Händler schützen; will sie aber den interbrand-Wettbewerb fördern, wird sie eher die Freiheit der Hersteller, ihre eigene Vertriebspolitik zu gestalten, schützen.

Weil die Kommission Art. 81 bislang im ordoliberalen Sinne auslegte, d.h. die Freiheit der am Wettbewerb beteiligten Unternehmen primär schützte und gleichzeitig die Freiheit der Händler für schutzwürdiger hielt als die der Hersteller[107], hat sie den Verbotstatbestand stets weit, den Freistellungstatbestand stets eng ausgelegt. Wenn eine Gruppenfreistellungsverordnung den Unternehmen schon erlaubt, ihre Freiheit wegen ökonomischer Vorteile einzuschränken, müssen die einzelnen freiheitsbeschränkenden Klauseln exakt und abschließend aufgezählt werden[108]. Es musste stets streng überwacht werden, dass keine Klauseln in einem Vertragswerk enthalten waren, die nicht der weißen Liste entsprachen. Der Schwerpunkt der früheren Gruppenfreistellungsverordnungen lag demzufolge auch nach Auffassung der Kommission auf der Handlungsfreiheit des Vertriebs und dem markeninternen Wettbewerb[109].

Wird Art. 81 Absatz 1 weit und Absatz 3 eng ausgelegt, kann darin eine Einschränkung der Vertragsfreiheit gesehen werden, die gerade diese Freiheit selbst vor Einschränkungen oder Aufhebung bewahren will[110]. Dieses paradoxe Ergebnis wird auch von den Befürwortern einer ordoliberal freiheitsorientierten Auslegung gesehen: Wettbewerb resultiere aus dem täglichen Gebrauch der Freiheit zum Abschluss und zur inhaltlichen Gestaltung von Verträgen. Deshalb begrenze Art. 81 Abs. 1 die Vertragsfreiheit der Unternehmen nur, um sie vor Einschränkungen oder Aufhebung durch diese Freiheit selbst zu bewahren. "Eine weitergehende Einschränkung der Vertragsfreiheit hätte nicht die Aufrechterhaltung der unternehmerischen Autonomie und Handlungsfreiheit, sondern *die Art und Weise ihres Gebrauchs* zum Gegenstand. Das Verbot vertraglicher Marktbetätigung würde dann zum *Instrument der Verhaltenskontrolle*, die die Autonomie der Unternehmensentscheidung durch hoheitliche Intervention einschränkt und ersetzt."[111] Genau diese Wirkung hatten die alten GVOen auf die unternehmerische Autonomie. Sie wurde ersetzt durch ein Vertragsmuster, das ihr von der Kommission in den weißen und schwarzen Listen vordiktiert wurde. Die GVOen

---

[107] vgl. *Kerber*, a.a.O., S. 205

[108] Diese Aufstellung nicht nur der schwarzen, sondern auch der weißen Klauseln, kommt nach *Dujim*, a.a.O., S. 140 "dem Schutzbedürfnis der Händler entgegen, dass ihre möglichen Verpflichtungen wenn auch nicht abschließend, so doch exemplarisch aufgezählt werden."

[109] *Mitteilung*, a.a.O. S. 25

[110] vgl. hierzu *Koch* in Grabitz/Hilf, Art. 81 Rz. 18 ff.

[111] *Koch* in Grabitz/Hilf, Art. 81 Rz. 68. Hervorhebungen durch den Verfasser.

gaben damit Lösungen vor, durch die die Vertragsfreiheit der Beteiligten unnötig beschränkt wurde[112].

Auch wenn die bisherige Praxis vornehmlich geprägt war vom Schutz der Händlerfreiheit und damit auch dem des intrabrand-Wettbewerbs, haben Kommission und Gerichtshof gerade in der jüngeren Vergangenheit vermehrt das Herstellerinteresse anerkannt und so die Strenge des Verbots bzw. der Freistellungserfordernisse mit der Zeit gemildert.

b. Teilweise Lockerung des Verbots in Art. 81 Abs. 1

Im Zuge der verstärkten Bedeutung des Hersteller-Markenimages und des Aufkommens von mächtigen Handelsketten als Gegenmacht zum Hersteller[113], wurden immer mehr vertikale Beschränkungen wohlwollend behandelt.

Während die Kommission im Fall "Grundig" aus dem Jahre 1985[114] den Hersteller noch dazu verpflichtete, auch Großhändlern die Überprüfung der Selektionskriterien bei der Zulassung von Einzelhändlern zu überlassen, wird in neueren Entscheidungen dem Hersteller die alleinige Prüfungskompetenz zwecks Einheitlichkeit des Vertriebssystems zugebilligt[115]. Während der Hersteller einem zugelassenen Händler in der Vergangenheit nur dann kündigen durfte, wenn dieser die Vertragsbedingungen nicht mehr erfüllen konnte oder der selektive Vertrieb ganz aufgegeben wurde, hat die Kommission in der Entscheidung "Villeroy & Boch"[116] eine Kündigung mit sechsmonatiger Frist zugelassen und in der Sache "Schott-Zwiesel"[117] auf ein Jahr befristete Verträge akzeptiert.

Eine stärkere Berücksichtigung der Herstellerinteressen zu Lasten der Händler liegt auch in der Zulässigkeit der Verpflichtung zum Bezug einer bestimmten Warenmenge.

---

[112] *Rittner*, Wettbewerbs- und Kartellrecht, S. 247. Der Kommission wurde letztlich sogar unterstellt, eigentliches Ziel dieser detaillierten Gruppenfreistellungsverordnungen sei nicht ausschließlich der Schutz des Wettbewerbs, sondern vielmehr ein vorgegebener Interessenausgleich zwischen dem Lieferanten auf der einen und dem Abnehmer auf der anderen Vertragsseite. *Groger/Janicki*, WuW 1992, S. 991 ff., 992. In der Tat scheint die Kommission teilweise ein privatrechtliches Problem lösen zu wollen, wenn sie auch wettbewerbsneutrale Vertragsklauseln in die Regelung einbaut und auf diese Weise versucht, einen von ihr als sachgerecht angesehenen Ausgleich der Privatinteressen zu schaffen. Es kann aber nicht Aufgabe der Gruppenfreistellungsverordnungen sein, vertragsrechtliche Äquivalenz- und Gerechtigkeitsmodelle zu entwerfen und den privatautonomen Parteien eine konkrete Verteilung von Rechten und Pflichten faktisch als verbindlichen Vertragsinhalt zu dekretieren, *Martinek/Habermeier*, ZHR 158, S. 133 f., 148.

[113] vgl. zur "Buying Power" auch *Vogel*, E.C.L.R. 1998, S. 4 ff.

[114] ABl. L 233 v. 10.7.1985, S. 3

[115] KomE "Villeroy & Boch" ABl. L 376 v. 31.12.1985 S. 18; Verlängerung der Freistellung der Vertriebsbindung von Grundig, ABl. C 181 v. 17.7.1992, S. 4

[116] ABl. L 376 v. 31.12.1985, S.16

[117] ABl. C 112 v. 21.4.1993, S. 4

Sofern der Händler - wie in der Sache "Yves-Saint Laurent"[118] - gleichzeitig dazu verpflichtet ist, das Warenlager mindestens zweimal im Jahr umzuschlagen, wird aus der Mindesteinkaufsverpflichtung auch eine Mindestverkaufsverpflichtung[119].

Weil Alleinvertrieb, Alleinbezug und Franchising durch Verordnungen verbindlich geregelt waren, konnten sich solche wettbewerbspolitischen Verschiebungen nur bruchstückhaft und vornehmlich im Bereich des selektiven Vertriebs entwickeln. Ein gerechter Interessenausgleich zwischen beiden Seiten und damit eine verbindliche Lösung des Problems der Einschränkung der unternehmerischen Autonomie konnte bislang nicht erreicht werden. Eine für alle Bereiche gültige Lösung kann nur dann gefunden werden, wenn zwischen der formalen Handlungs- und der materialen Entschließungsfreiheit differenziert wird, und das Maß der Verwirklichung dieser Freiheiten auf beiden Seiten des Vertrages einerseits sowie auf der Marktgegenseite andererseits in Relation zueinander gesetzt wird.

5. Formale Handlungsfreiheit und materiale Entschließungsfreiheit

Während die formale Handlungsfreiheit identisch ist mit der Gleichheit vor dem Gesetz und dem Schutz vor staatlicher Willkür und damit die Erlaubnis bedeutet, überhaupt frei handeln zu dürfen, ist die materiale Entschließungsfreiheit das Vermögen, im Rahmen der formalen Freiheit und der durch die Sitte gezogenen Grenzen selbst gesteckte Ziele tatsächlich zu verwirklichen[120]. Materiale Handlungsfreiheit setzt immer ein Minimum an ökonomischer Macht voraus: "Der Ohnmächtige ist unfrei trotz aller formalen Freiheiten, die ihm gegeben sein mögen; nur wer Macht hat, kann die Chance nutzen, die die formale Freiheit gewährt." [121] Im gleichen Sinne differenziert *Kirchhoff*: "Ein Wettbewerbsverständnis, das der Äquivalenz von wirtschaftlicher und politischer Ordnung Rechnung trägt, begreift Vertragsfreiheit nicht nur als formale Handlungs-, sondern auch als materiale Entschließungsfreiheit."[122]

Die formale Freiheit bedarf daher der materialen Ergänzung durch ein Minimum an Selbständigkeit im Einsatz der wettbewerblichen Aktionsparameter. Aufgabe der Wettbewerbspolitik kann in der Tat nur sein zu verhindern, dass die eine Seite ihre materiale Entschließungsfreiheit verwirklicht, ohne dass dies auch der des Vertragspartners entspricht[123]. Wollte man jede Verhaltensbindung verbieten, würde man die formale Handlungsfreiheit unabhängig von der materialen Entschließungsfreiheit einengen. Will das Recht lediglich verhindern, dass Marktteilnehmern Verhaltensweisen

---

[118] ABl. L 12 v. 18.1.1992, S. 26

[119] zu weiteren Einschränkungen des Händlers in selektiven Vertriebssystemen vgl. *Duijm*, a.a.O. S. 143 ff.

[120] *Giersch*, Allgemeine Wirtschaftspolitik: Erster Band - Grundlagen, 1961, S. 73 f.

[121] *Giersch*, a.a.O. S. 73 f.

[122] *Kirchhoff*, a.a.O. S. 360

[123] "Wettbewerbsfreiheit ist zu schützen, um den Marktprozess offen zu halten. Voraussetzung dafür ist die Freiheit der Tauschpartner auf der jeweiligen Marktgegenseite, zwischen mehreren Alternativen wählen zu können.", *Meier-Wahl/Wrobel* zum Fall Microsoft, WuW 1999 S. 28 ff.

"aufgezwungen" werden, weil die Entscheidung zum Handeln gleich einem Ohnmächtigen nicht das Ergebnis einer freien Willensbildung war, kann es nur darum gehen, die Entschließungsfreiheit der schwächeren Marktteilnehmer zu schützen[124].

Der interessenausgleichende Mechanismus des Vertrages muss gewahrt werden; die Tauschgerechtigkeit im Rahmen der vertraglichen Beziehungen muss erhalten bleiben[125]. Eine Einschränkung der unternehmerischen Autonomie liegt aber immer dann vor, wenn das Kartellrecht eine Vereinbarung verbietet, die gerade Ausdruck der materialen Entschließungsfreiheit beider Vertragsbeteiligten war[126]. Wenn der Verbotstatbestand des Art. 81 nach wie vor an ordoliberalen Leitgedanken orientiert ist und deshalb grundsätzlich alle Einschränkungen der formalen Freiheit dem Verbot unterworfen werden, muss der Freistellungstatbestand notwendigerweise so weit ausgelegt und angewandt werden, dass all diejenigen Vereinbarungen wieder aus dem Verbotsbereich herausgenommen werden, die zwar eine Einschränkung der formalen Handlungs-, nicht aber der materialen Entschließungsfreiheit darstellen.

Die bisherigen Verordnungen haben dies nicht berücksichtigt. Auf der einen Seite haben sie Vereinbarungen verboten, die Ausdruck der freien unternehmerischen Autonomie auf beiden Vertragsseiten waren. Auf der anderen Seite haben sie nicht ausschließen können, dass ein Vertragspartner seine ökonomische Macht gegenüber einem "ohnmächtigen" Vertragspartner durchsetzt, denn auch marktbeherrschende Unternehmen, ja selbst Monopolisten, konnten in den Genuss der Freistellungswirkung kommen.

a. *Marktmacht der Unternehmen*

aa. *Auswirkungen ökonomischer Macht auf die Handlungsfreiheit*

Ein marktmächtiges Unternehmen, das seinen Gewinn steigern will, kann z.B. die sog. "raising rival's cost strategy"[127] anwenden, indem es etwa durch ein dichtes Netz von Alleinvertriebsverträgen, gekoppelt mit dem Verbot, Konkurrenzmarken zu vertreiben, alle geeigneten Händler an sich bindet. Aktuelle Wettbewerber können dann ihre Waren über diese Händler nicht mehr absetzen und müssten ein eigenes Vertriebssystem aufbauen, was aber sehr kostspielig ist. Aus demselben Grund werden potentielle Wettbewerber daran gehindert, auf den Markt zu treten. Der marktmächtige Lieferant

---

[124] Hierzu auch *Baur*, ZHR 134, S. 97 ff., 104, der zwar damit übereinstimmt, dass freier Wettbewerb auf dem Fehlen unangemessener Marktmacht beruhe, jedoch zu bedenken gibt, dass es noch nicht gelungen ist, exakt festzulegen, wann Marktmacht ihre positive, für das Wirksamwerden monopolistischer Konkurrenz unerlässliche Wirkung verliert und in eine den Wettbewerb hemmende Wettbewerbsbeschränkung umschlägt.

[125] *Baur*, Der Missbrauch im deutschen Kartellrecht, S. 51

[126] Diese Vereinbarungen können zwar Dritte behindern und deshalb eine Wettbewerbsbeschränkung darstellen. Dies ist aber nicht Beweggrund der Ordoliberalen, einen Vertragsschluss zu verbieten.

[127] *Economic Papers* Nr. 119, The Policy Implications of the Economic Analysis of Vertical Restraints, DG II 1996, S. 19

gewinnt die Händler zum Abschluss solcher Vertriebsverträge[128], indem er ihnen - jedenfalls in der Phase, bis der Konkurrent vom Markt verschwunden ist oder der potentielle Wettbewerber seine Markteintrittsbemühungen aufgegeben hat - einen Teil von seinem Extragewinn abgibt oder indem er die Händler unter Druck setzt und sich so von Beginn an alle Extragewinne aneignet[129]. In diesem Fall wird sowohl die materiale Entschließungsfreiheit des Vertragspartners als auch die dritter Marktteilnehmer beschränkt.

Ein nicht marktstarkes Unternehmen kann eine solche Strategie nicht erfolgreich anwenden. Kein Händler würde sich eine für ihn nachteilige Vertriebsvereinbarung aufdrängen lassen. Selbst wenn es dem Lieferanten durch eine besonders hohe Gewinnbeteiligung gelingen würde, viele Händler an sich zu binden, könnte er niemals den ganzen Markt abschotten, weil seine zahlreichen interbrand-Konkurrenten ihn durch entsprechende Gegenstrategien daran hindern würden.

Der Grad der Verwirklichung der eigenen unternehmerischen Autonomie hängt also ganz entschieden von der Marktmacht ab.

bb. Berücksichtigung freiheitsbeschränkender Marktmacht in der GVO

Die Gruppenfreistellungsverordnung stellt in Artikel 2 und 3 vertikale Beschränkungen frei, wenn der Lieferant einen Marktanteil von nicht mehr als 30 % hat[130].

Unterstellt, ein Unternehmen mit einem Marktanteil von bis zu 30 % verfügt nicht über Marktmacht[131], kann es auf seinen Vertriebspartner nicht solchen Druck ausüben, dass der Vertragsschluss nicht dessen materialer Entschließungsfreiheit entspricht. Würde nämlich das Vertragswerk nicht den wirtschaftlichen Vorstellungen entsprechen, würde er ein austauschbares Produkt von einem interbrand-Konkurrenten erwerben. Nur wenn er auf den Vertrieb genau dieses Herstellerprodukts angewiesen ist, muss er sich auf für ihn ungünstige Verträge einlassen.

Hat ein Lieferant[132] keine Marktmacht, kann er auch die Entschließungsfreiheit außenstehender Unternehmen nicht beeinflussen. Weil er durch seine Vertriebsverträge nicht einen ganzen Markt abschotten kann, haben außenstehende Händler genügend Alternativen, substituierbare Produkte zu vertreiben. Andere Hersteller haben ausreichende Möglichkeiten, ihre Produkte über andere Händler abzusetzen.

---

[128] Diese wollen meist mehrere Marken im Sortiment haben und offen für neu auf den Markt getretene Waren sein, anstatt sich auf ein einziges Herstellerprodukt oder -sortiment zu beschränken, vgl. *Economic Papers* 119, a.a.O. S. 19

[129] vgl. hierzu auch *Mitteilung*, a.a.O. S. 16

[130] Bei Alleinbezug wird der Marktanteil des Abnehmers zugrunde gelegt.

[131] Zu der Frage, ob Marktmacht anhand des Marktanteils des Unternehmens gemessen werden kann und wenn ja, wo die Schwelle zur Marktmacht liegt, unten, §13 IX.

[132] Beim Alleinbezug ist wiederum der Marktanteil des Käufers zugrunde zu legen.

Auch wenn die Einführung einer Marktanteilsschwelle in die GVO laut Begründungserwägung Nr. (8), (9) und (10) primär der Förderung gesamtwirtschaftlicher Effizienzgewinne durch Optimierung des Vertriebssektors dient, hat sie auch den Effekt, marktmächtige Unternehmen daran zu hindern, ihre materiale Entschließungsfreiheit auf Kosten der Entschließungsfreiheit der Vertragspartner und Dritter durchzusetzen. Die unternehmerische Freiheit und nicht die formale Handlungsfreiheit wird heute geschützt. Die neue Gruppenfreistellungsverordnung wirkt nicht mehr "wie ein starres Korsett" und innovative, fortschrittliche Entwicklungen des Vertriebssektors werden nicht mehr unterbunden. Letztlich wurde durch die neue Regelung der Freiheitsschutz nicht aufgehoben, sondern möglicherweise sogar verstärkt. Aufgegeben wurde lediglich die ordoliberale Interpretation des Freistellungstatbestandes.

b. *Besonders freiheitsbeschränkende Vertragsklauseln*

Manche Vertragsklauseln können sich unabhängig von der Marktmacht stärker auf die Freiheit der an der Absprache Beteiligten auswirken als andere.

aa. *Auswirkungen bestimmter vertikaler Beschränkungen auf die Handlungsfreiheit*

Fachliche Anforderungen im Sinne von *qualitativen Selektionskriterien* schränken zwar den Händler ein, der über diese Anforderungen nicht verfügt. Eignet er sich die Kenntnisse aber an und stattet er sein Geschäftslokal entsprechend aus, muss er zum System zugelassen werden. Hat der Hersteller aber als Vertriebssystem den *Alleinvertrieb* gewählt, und ist in seinem Gebiet schon ein anderer Händler eingesetzt, ist es für den Händler nicht möglich, dieses Produkt im selben Gebiet auch zu vertreiben[133].

Ist im Vertrag eine bestimmte *Mindestabnahmemenge* vorgesehen, muss der Händler diese zwar erwerben. Er ist aber nicht daran gehindert, auch andere Waren zu vertreiben. Enthält der Vertrag dagegen ein *Konkurrenzwarenverbot*, ist ihm auf jeden Fall untersagt, Konkurrenzprodukte zu verkaufen[134].

Besteht *absoluter Gebietsschutz* in einem Vertriebssystem, dann sind aktive und passive Verkäufe an Kunden außerhalb des Verkaufsgebiets untersagt. Besteht aber nur *relativer Gebietsschutz*, darf der Händler zwar außerhalb seines Gebiets nicht aktiv um Kunden werben; kommt aber ein Kunde aus einem anderen Verkaufsgebiet auf ihn zu, darf er an ihn verkaufen. Bei nur relativem Gebietsschutz wird sowohl der Vertrags-

---

[133] Die Kommission leitet daraus die allgemeine Regel ab, dass ausschließende Vereinbarungen im allgemeinen eine größere Gefahr für den Wettbewerb darstellen als Vereinbarungen anderer Art, *Mitteilung*, a.a.O. S. 23 und *Leitlinien*, a.a.O. Rz. 109.

[134] Auch dies erkennt die Kommission mit der Begründung an, dass derartige Vereinbarungen Spielraum für Geschäftsbeziehungen mit Dritten lassen, *Mitteilung*, a.a.O. S. 36. Deshalb hätte sie bei einer GVO mit zwei Schwellenwerten jeweils die stärker bindende Vereinbarung schon unter den ersten Schwellenwert von 20 % Marktanteil subsumiert.

partei als auch Dritten (z.B. Parallelhändlern oder Direktimporteuren) ein größeres Maß an Handlungsfreiheit gewährt.

Während *Höchstpreise* und *empfohlene Preise* dem Händler erlauben, niedrigere Preise festzusetzen und damit am Preiswettbewerb teilzunehmen, kann er dies bei *Mindest-* und *Festpreisen* nicht. Er kann am Preiswettbewerb, dem wichtigsten Wettbewerbsparameter überhaupt, nicht mehr teilnehmen.

bb. Die neue GVO und das Verbot bestimmter, die Handlungsfreiheit einschränkender Klauseln

Klauseln, die darauf abzielen, die Individualfreiheit erheblich einzuengen, sind niemals gemäß Art. 81 Abs. 3 Buchst. a) unerlässlich. Art. 4 und 5 VO Nr. 2790/1999 zählen Vereinbarungen, die die individuelle unternehmerische Handlungsfreiheit besonders einschränken, zu den nicht freistellbaren Kernbeschränkungen. Dem Händler darf gemäß Art. 4 Buchst. a) der VO niemals die Freiheit genommen werden, am Preiswettbewerb teilzunehmen. Deshalb ist die Vereinbarung von Mindest- und Fest-Wiederverkaufspreisen stets verboten (Erwägungsgrund (10)). Händler in geschlossenen Systemen haben die gesetzlich garantierte Möglichkeit zu systeminternen Querlieferungen (Art. 4 Buchst. d) VO). Im Alleinvertriebssystem steht es unabhängigen Händlern und Verbrauchern frei, das Produkt auch in einem anderen Vertragsgebiet zu erwerben (Art. 4 Buchst. b) VO)[135]. Art. 5 Buchst. c) verbietet schließlich die Vereinbarung eines Konkurrenzwarenverbots in selektiven Vertriebssystemen.

Diese Kernbeschränkungen stellen sicher, dass die Abnehmer überhaupt am inter- und intrabrand-Wettbewerb teilnehmen können und sie keine Beschränkungen der eigenen Freiheit vereinbaren, die im Hinblick auf die erwarteten Gewinne nicht notwendig sind. Eine weitergehende Reglementierung von Bereichen, in denen der Händler oder der Hersteller sich in seiner Autonomie nicht freiwillig einschränken darf, hätte wiederum das Gegenteil zur Folge und würde die gleiche Freiheit einschränken.

b. Kumulativeffekt

aa. Einfluss von Vertragsbündeln auf die Handlungsfreiheit

Schließlich kann die freie unternehmerische Entfaltungsmöglichkeit eingeschränkt werden, wenn eine solche Vielzahl von Unternehmen auf einem Markt gleichartige Vertriebsverträge abgeschlossen haben, dass dritte Marktteilnehmer keine entsprechenden Vertragspartner mehr für sich gewinnen können[136].

---

[135] vgl. hierzu bereits oben, § 8 zum Integrationsziel, das grenzübergreifenden intrabrand-Wettbewerb fordert.
[136] *Mitteilung*, a.a.O. S. 23

Der EuGH hat in diesen Fällen eine Wettbewerbsbeschränkung nach Art.81 Abs. 1 in den auf dem Markt befindlichen Vertriebsverträgen gesehen, obwohl die Vereinbarungen (für sich betrachtet) den Wettbewerb zwischen den Unternehmen nicht beschränken. Abgestellt wird hier lediglich auf die Freiheitseinschränkung dritter Marktteilnehmer[137]. Bereits im Urteil "Maschinenbau Ulm" hatte der EuGH entschieden, dass der wettbewerbsbeschränkende Charakter einer Vereinbarung unter Umständen erst dann festgestellt werden kann, wenn man sie als Bestandteil einer Gesamtheit gleichartiger Absprachen identifiziert[138]. Im Urteil "Brasserie de Haecht I" nahm der Gerichtshof diesen Ansatz auf und stellte fest, dass bei der Prüfung der Wettbewerbsbeschränkung zu berücksichtigen sei, ob die Absprachen "zusammen mit anderen zu einer kumulativen Auswirkung auf den Wettbewerb führen können."[139] In der "Henninger-Bräu"-Entscheidung[140] stellte der Gerichtshof zunächst klar, dass die fraglichen Alleinbezugsbindungen in Bierlieferungsverträgen *für sich betrachtet* nicht unter Art. 81 Abs. 1 fielen. Liege aber wegen der Bindung der Händler ein erschwerter Marktzugang für neue oder ausländische Anbieter vor, und trage die fragliche Vereinbarung in erheblichem Maße zu dieser Abschottungswirkung bei, unterfalle sie dennoch dem Verbot.

Im ersten Schritt wird folglich geprüft, wie viel Prozent der Händler im relevanten Markt überhaupt gebunden sind und im zweiten, welchen Marktanteil der betreffende Hersteller hat und wie viele Händler er durch seine Vertriebsbindungen gebunden hat[141]. Diese Vorgehensweise wurde in den Sachen "Vichy"[142], "Dänische Pelztierzüchter"[143], "Langnese"[144] und "Schöller"[145] bestätigt und bis heute[146] beibehalten[147].

---

[137] Daraus wurde verallgemeinert, dass Art. 81 Abs. 1 überhaupt nicht auf die Freiheit der Vertragspartner abstellt. Nach *Ackermann*, a.a.O. S. 87, ist es kein kartellrechtlicher Schutzzweck, die handelnden Unternehmen in ihrer eigenen Freiheit zu schützen. "Für einen Schutz der Handelnden vor sich selbst wäre nur dann ein Anlass gegeben, wenn diese sich durch ihre Handlung selbst schädigen: Die Parteien einer Kartellvereinbarung, die die Erzielung monopolistischer Gewinne ermöglicht, handeln zum eigenen Vorteil und schädigen nur Dritte. An letztere Folge knüpft Art. 85 Abs. 1 EGV an und nicht an die von der Schädigung Dritter unabhängige, jedenfalls zivilrechtlich relevante Frage, ob einzelne Parteien "übers Ohr gehauen" oder Schwächere in eine für sie ungünstige Absprache hineingezwungen wurden." So auch *Säcker*, Zielkonflikte, S. 24. Wenn man den ordoliberalen Ursprung des Kartellverbots zugrundelegt, ist es aber gerade diese "Tauschgerechtigkeit" zwischen den Vertragsbeteiligten, die das Wettbewerbsrecht schützen will. Vgl. zur "als Tauschgerechtigkeit verstandenen Vertragsfreiheit" auch *Baur*, Der Missbrauch im deutschen Kartellrecht, 1973, S. 66.

[138] EuGH, a.a.O. S. I 5688 f. Rz. 36 ff.

[139] EuGH a.a.O. S. II 1961 ff. Rz. 75 ff. Die Wettbewerbsbeschränkungen dürften "nicht getrennt von dem Bündel in die gleiche oder andere Richtungen gehender Wirkungen" beurteilt werden.
Aus dem Urteil in der Sache "Bilger/Jehle" EuGH Rs. 43/69, Slg. 1970, 127 ff., ergab sich dann implizit, dass zu einem solchen Bündel nicht nur die Verträge eines Herstellers gezählt werden können, sondern auch ähnliche Verträge anderer Hersteller: "Ein solcher Vertrag mag, im Zusammenhang mit ähnlichen, eine bedeutende Zahl von Einzelhändlern desselben Staates an einige inländische Erzeuger bindenden Verträgen gesehen, gegebenenfalls geeignet sein, den Handel zwischen Mitgliedstaaten zu beeinträchtigen."

[140] EuGH Rs. C 234/89, Delimitis/Henninger Bräu, Slg. 1991, I-935

[141] EuGH a.a.O. S. I 985 ff. (20 ff.)

bb. Die neue GVO und der Kumulativeffekt

Entsprechend der Ermächtigung in Art. 7 und Art. 1 a VO Nr. 19/67[148], geändert bzw. eingeführt durch VO Nr. 1215/1999[149], stehen der Kommission in Art. 6 und 8 VO Nr. 2790/1999 nunmehr zwei Vorgehensweisen bei Auftreten von Kumulativeffekten zur Verfügung.

Gemäß Art. 6 VO kann die Kommission im Einzelfall den Vorteil der Verordnung entziehen, wenn eine vertikale Vereinbarung nicht die Freistellungsvoraussetzungen erfüllt, "insbesondere wenn der Zugang zu dem betroffenen Markt oder der Wettbewerb auf diesem Markt durch die kumulativen Wirkungen nebeneinander bestehender Netze gleichartiger vertikaler Beschränkungen, die von miteinander im Wettbewerb stehenden Lieferanten oder Käufern angewandt werden, in erheblichem Maße beschränkt wird." Die Leitlinien zur neuen Gruppenfreistellungsverordnung stellen klar, dass die Verantwortlichkeit nur dem Unternehmen angelastet werden kann, das einen spürbaren Beitrag zur Abschottungswirkung geleistet hat.[150] "Die Verantwortung für eine kumulative wettbewerbswidrige Wirkung kann nur den Unternehmen angelastet werden, die einen spürbaren Beitrag hierzu leisten. Vereinbarungen zwischen Unternehmen, deren Beitrag zur kumulativen Wirkung unerheblich ist, fallen nicht unter das Verbot von Artikel 1 Absatz 1 und unterliegen nicht dem Entzugsmechanismus."[151]

Sind mehr als 50 % des relevanten Marktes durch parallele Netze ähnlicher vertikaler Beschränkungen gebunden, kann die Kommission gemäß Art. 8 der VO Nr. 2790/1999 auch per Verordnung diese insgesamt vom Anwendungsbereich der Gruppenfreistellungsverordnung ausnehmen. Die volle Anwendbarkeit von Art. 81 Abs. 1 und 3 wird so wieder hergestellt[152]. Im Gegensatz zum Entzug der Freistellung im Einzelfall sind die Vereinbarungen also nicht gemäß Art. 81 Abs. 2 nichtig. Vielmehr sind jetzt "die durch die einschlägige Rechtsprechung des Gerichtshofs und des Gerichts erster Instanz entwickelten Kriterien sowie Bekanntmachungen bzw. Mitteilungen und die bisherige Entscheidungspraxis der Kommission maßgeblich."[153]

---

[142] EuG Rs. T-19/91, Société d'hygène dermatologique de Vichy/Kommission, Slg. 1992, II-415. Die Sache betraf ebenso wie "dänische Pelztierzüchter" ein quantitatives Selektionssystem.

[143] EuH Rs. T-61/89, Dansk Pelsdyravlerforening/Kommission, Slg. 1992, II-1931

[144] EuG Rs. T-7/93, Langnese-Iglo/Kommission, Slg. 1995, II-1533

[145] EuG Rs. T-9/93, Schöller/Kommission, Slg 1995, II-1611.

[146] EuGH Nestle/Yötuuli, GRUR int. 2001, 331

[147] vgl. hierzu *Ackermann*, a.a.O., S. 201 ff.

[148] ABl. 36 v. 6.3.1965 S. 533/65

[149] ABl. L 148 v. 15.6.1999, S. 1

[150] *Leitlinien*, a.a.O. Rz. 71 ff.

[151] *Leitlinien*, a.a.O. Rz. 74

[152] *Leitlinien*, a.a.O. Rz. 80 ff.

[153] *Leitlinien*, a.a.O. Rz. 81

Die Kommission hat Ermessen, ob sie eine Verordnung erlässt oder nach Art. 6 VO den Vorteil in Einzelfällen entzieht. Dies hängt ab von der Anzahl der konkurrierenden Unternehmen, die zu der kumulierenden Wirkung im Markt beitragen oder von der Zahl der betroffenen räumlichen Märkte innerhalb der Gemeinschaft[154]. Die neue Gruppenfreistellungsverordnung berücksichtigt folglich den Kumulativeffekt und sichert so die Handlungsfreiheit dritter Marktteilnehmer.

6. Ergebnis

Die EG-Wettbewerbspolitik schützt seit jeher die Freiheit der am Wettbewerb beteiligten Unternehmen. Schon Art. 81 Abs. 1 stellt primär auf die Handlungsfreiheit ab. Schutzadressaten sind neben den Vertragsbeteiligten auch dritte Marktteilnehmer. Weil der Verbotstatbestand einer ordoliberalen Wettbewerbsauffassung nahe steht und die Unternehmen deshalb auch vor einer freiwillig eingegangenen Freiheitsbeschränkung schützt, muss der Freistellungstatbestand zu einer Korrektur dieser Einschätzung gelangen. Er muss solche Beschränkungen vom Verbot freistellen, die auf Seiten der Vertragspartner wie dritter Marktteilnehmer Ausdruck der materialen Entschließungsfreiheit sind. Die bisherigen Gruppenfreistellungsverordnungen vermochten dies nicht und wirkten deshalb wie ein starres Vertragsmuster, das die Handlungsfreiheit der Unternehmen einschränkte. Die neue Verordnung dagegen stellt auf die Marktmacht der Unternehmen ab und stellt nur Vereinbarungen solcher Unternehmen frei, die ihre Entschließungsfreiheit nicht zum Nachteil anderer Unternehmen durchsetzen können.

Daneben nimmt die GVO einige Beschränkungen generell von der Freistellungswirkung aus, um keine im Hinblick auf die erwarteten Vorteile unerlässlichen Beschränkungen der Handlungsfreiheit freizustellen. Sollten Unternehmen in ihrer Freiheit eingeschränkt sein, weil der relevante Markt durch Bündel gleichartiger Verträge abgeschottet wird, kann die Kommission dem entgegenwirken, indem sie entweder den Vorteil nachträglich im Einzelfall entzieht oder das gesamte Bündel von der Gruppenfreistellung ausnimmt.

Die VO Nr. 2790/1999 schützt demnach auch weiterhin die Handlungsfreiheit der Marktteilnehmer und verhindert gleichzeitig die negativen Auswirkungen eines sehr strengen Verbots jeder freiheitsbeschränkenden Vereinbarung.

II. Die Förderung gesamtwirtschaftlicher Vorteile

Nach Art. 2 des EG-Vertrages ist es Aufgabe der Gemeinschaft, "eine harmonische und ausgewogene Entwicklung des Wirtschaftslebens innerhalb der Gemeinschaft, ein beständiges, nichtinflationäres und umweltverträgliches Wachstum, einen hohen Grad an Konvergenz der Wirtschaftsleistungen, ein hohes Beschäftigungsniveau, ein hohes Maß an sozialem Schutz, die Hebung der Lebenshaltung und der Lebensqualität, den

---

[154] *Whish*, C.M.L.Rev. 2000, 887 ff., 920 f.

wirtschaftlichen und sozialen Zusammenhalt und die Solidarität zwischen den Mitgliedstaaten zu fördern." Insoweit knüpft der Vertrag an übergreifende, gesamtgesellschaftliche Interessen an, deren bestmögliche Wahrnehmung nicht notwendig mit der freien Verfolgbarkeit von Individualinteressen übereinstimmen muss[155].

Auch Art. 81 Abs. 3 stellt auf das Erreichen gesamtwirtschaftlicher Ziele mittels Beschränkungen des Wettbewerbs im Sinne von Absatz 1 ab. Indem Art. 81 Abs. 3 zwecks Freistellung einer Wettbewerbsbeschränkung verlangt, dass die Vereinbarung die Warenerzeugung oder –verteilung verbessert oder dazu beiträgt, den technischen oder wirtschaftlichen Fortschritt zu fördern, ist eine ökonomische Bilanz der gesamtwirtschaftlichen Wirkungen einer Wettbewerbsbeschränkung gefordert[156].

1. Die wirtschaftswissenschaftlichen Theorien

Die Existenz des Freistellungstatbestands legt es nahe, dass dem EG-Vertrag eine Wettbewerbskonzeption zugrunde liegt, die - zumindest auch - der Förderung gesamtwirtschaftlicher Interessen dient. Im Folgenden sollen deshalb auch hier die wichtigsten wettbewerbstheoretischen Konzepte dargestellt werden.

a. Theorie von der vollständigen Konkurrenz

Die Theorie von der vollständigen Konkurrenz wurde bereits bei der Überprüfung der US-rechtlichen Wettbewerbskonzeption dargestellt[157]. Sie ist sowohl dort als auch in Europa der Ursprung aller Wettbewerbskonzepte gewesen und hat in die Konzeption der EG insofern einen Einfluss erlangt, als dass das Konzept von der Wettbewerbsfreiheit im ordoliberalen Sinne, dem der Verbotstatbestand im Grundsätzlichen folgt, die vollständige Konkurrenz als Leitbild anerkennt. Dennoch ist die vollständige Konkurrenz im Gesamtgefüge des Art. 81 nicht das anzustrebende Ziel. Vielfältige Ausnahmen werden vom Verbot zugelassen, weil gerade nicht angenommen wird, dass eine möglichst atomistische Marktstruktur - ohne jede unternehmerische Verhaltenskoordination - gleichzeitig die besten gesamtwirtschaftlichen Ergebnisse zur Folge hat.

b. Konzept vom funktionsfähigen Wettbewerb

Das Konzept vom funktionsfähigen Wettbewerb (workable competition) schützt den Wettbewerb nicht um seiner selbst willen, sondern will durch ihn bestimmte, im vorhinein festgelegte gesamtökonomische Ziele verwirklichen.

---

[155] vgl. *Ackermann*, a.a.O. S. 84

[156] Nach *Kirchhoff*, a.a.O. S. 234 tritt damit im Gemeinschaftsrecht von vornherein die gesamtwirtschaftliche Betrachtungsweise gegenüber der Abwägung von Individualinteressen in den Vordergrund. Ob der Wettbewerbskonzeption der EG eine solche Gewichtung schon nach diesen Erkenntnissen entnommen werden kann, erscheint fraglich. Jedenfalls betont der Vertrag sowie die Organe der EG an vielen Stellen auch den Schutz der Freiheit des Einzelnen.

[157] vgl. oben, § 6 I.

Es wird davon ausgegangen, dass zwischen der Marktstruktur, dem Verhalten der Unternehmen und dem daraufhin zutage tretenden Ergebnis auf dem Markt ein Zusammenhang besteht. Hat man ein Ziel festgesetzt, das der Wettbewerb fördern soll, muss die Wettbewerbspolitik ermitteln, innerhalb welcher Struktur es zu welchem unternehmerischen Verhalten kommt, das wiederum Ergebnisse zur Folge hat, die dem Ziel zur Verwirklichung verhelfen[158].

2. Konzeption der EG

Die Vorgehensweise des workable competition Ansatzes entspricht dem Freistellungsverfahren der Kommission nach Art. 81 Abs. 3. Auch sie ermittelt die potentiellen Vorteile einer Vereinbarung in ihrem wirtschaftlichen Zusammenhang und stellt diese den potentiellen Nachteilen für den Wettbewerb gegenüber. Eine genaue wirtschaftliche Analyse ist hier erforderlich. Die Kommission ist zu schwierigen Wertungen wirtschaftlicher Sachverhalte gezwungen und muss den für eine solche Analyse erforderlichen Tatsachenkatalog laut EuGH selbst "nach den Grundsätzen einer guten Verwaltungsführung" ermitteln[159]. Dabei geht sie ebenso wie der Gerichtshof davon aus, dass prinzipiell sämtliche Aspekte der Marktstruktur und des Marktverhaltens untersucht werden müssten, um eine Wettbewerbsbeschränkung durch eine vertikale Beschränkung feststellen zu können[160].

Nach dem Erlass der Verordnung Nr. 17/62, die (im Sinne dieser Überzeugung) gemäß Art. 4 VO die Anmeldepflicht und damit die wettbewerbliche Überprüfung fast jeder vertikaler und horizontaler Absprache vorsah, stellte sich heraus, dass dies zu einer nicht mehr zu bewältigenden Flut von Anmeldungen führte und eine genaue Analyse der angemeldeten Vereinbarungen praktisch nicht mehr durchführbar war. Daraufhin schuf der Rat durch Erlass der Verordnung 19/65[161] die Grundlage für eine gruppenweise Freistellung von Alleinvertriebs- und Alleinbezugsvereinbarungen. Es folgten die VO 67/67 der Kommission und die GVOen 1983/83, 1984/83 sowie die Franchise-VO 4087/88. Daneben veröffentlichte die Kommission eine Vielzahl von Bekanntmachungen, in denen sie auf unverbindlichem Wege ihr eigenes Entscheidungsermessen

---

[158] Nachdem die Neoklassik den freien Wettbewerb in das Prokrustes-Bett einer Vielzahl von Voraussetzungen gepresst hatte, bemühte man sich bereits in den zwanziger und dreißiger Jahren, ihn aus diesen Zwängen zu befreien. Die Nichtkompatibilität von vollständiger Konkurrenz und steigenden Skalenerträgen zeigte erstmals *Sraffa*, Die Ertragsgesetzte unter Wettbewerbsbedingungen, im Jahre 1926 auf. In Deutschland fand das Konzept des funktionsfähigen Wettbewerbs vor allem durch den Ansatz von *Kantzenbach*, Die Funktionsfähigkeit des Wettbewerbs, Bedeutung. Im Einzelnen hierzu *Schmidt*, a.a.O., S. 7 ff. und bereits § 6 II.

[159] EuGH Consten/Grundig, a.a.O. S. 395 f.

[160] *Mitteilung*, a.a.O., S. 25 f.

[161] ABl. Nr. 533/65

einschränkte[162]. Parallel dazu erließ der EuGH Leitentscheidungen, die neben der Entscheidung im Einzelfall auch Präzedenzfälle für zukünftige, ähnliche Verfahren darstellten[163].

Damit verzichtete die Kommission zunehmend darauf, eine detaillierte Einzelfallanalyse vorzunehmen. Selbst wenn eine Vereinbarung nicht den Anforderungen einer GVO entsprach und eine Anmeldung zwecks Einzelfreistellung erfolgte, sah die Kommission fast immer von einer umfassenden Analyse mit verbindlicher Entscheidung ab und erließ ein Verwaltungsschreiben.

a. *Notwendigkeit einer Typisierung*

Die Notwendigkeit einer gewissen Typisierung hat ihre Ursache darin, dass die Zahl der die Struktur, das Verhalten und das Ergebnis bestimmenden Elemente in ihren verschiedenen Ausprägungen bei einer möglichst realitätsnahen Ausgestaltung eines workable competition Ansatzes Größenordnungen annehmen würde, die ihm eine nicht mehr zu bewältigende Komponente verleihen würde. Es ist verwaltungstechnisch unmöglich, in jedem Fall alle theoretisch denkbaren Kombinationen und damit Marktformen zu überprüfen[164]. Aus diesem Grund muss auch der workable competition Ansatz auf "Mustervoraussagen i.S. einer Typizität oder Tendenz über Marktprozesse und Marktergebnisse"[165] zurückgreifen. Die prinzipiell notwendige Überprüfung eines jeden Einzelfalls ist nicht durchführbar. Gewisse Generalisierungen im Sinne von per se Regeln sind nicht zu vermeiden, obwohl dann nicht mehr ausgeschlossen werden kann, dass im Einzelfall auch wünschenswerte Vereinbarungen zum Opfer fallen oder unerwünschte Ergebnisse erlaubt werden[166]. Hier wird deutlich, wie nahe die EG-Wettbewerbskonzeption dem workable competition Ansatz stand und steht.

[162] Im Einzelnen hat die Kommission Bekanntmachungen zu folgenden Bereichen veröffentlicht: Alleinvertriebsverträge mit Handelsvertretern, Vereinbarung über eine zwischenbetriebliche Zusammenarbeit (Kooperationsbekanntmachung), Vereinbarungen von geringer Bedeutung (Bagatellbekanntmachung), Zulieferverträge (Zulieferbekanntmachung), Bekanntmachungen zu den Gruppenfreistellungsverordnungen über Alleinvertriebsvereinbarungen und Alleinbezugsvereinbarungen, Bekanntmachung zu Vertriebs- und Kundendienstvereinbarungen über Kraftfahrzeuge, Nebenabreden zu Zusammenschlüssen, Konzentrations- und Kooperationstatbestände. Auflistung bei *Langen/Bunte*; Einführung Rz. 16

[163] Im Bereich des Alleinvertriebs und des Franchising entwickelte die Kommission aus diesen Leitentscheidungen ihre GVOen. Für den Selektivvertrieb hat sich dagegen eine so gefestigte Rechtsprechung entwickelt, dass (zumeist) im Vorfeld bereits festgestellt werden konnte, wann eine Vereinbarung erlaubt war und wann nicht.

[164] Legt man etwa 26 Struktur-, Verhaltens- und Ergebnisnormen zugrunde, wie sie eine Gruppe amerikanischer Autoren vorgeschlagen hat, so z.B. *Sosnick* in: Das Konzept der "workable competition" und berücksichtigt man bei jedem dieser Elemente nur drei Ausprägungen, so ergeben sich 3^{26} theoretisch mögliche Kombinationen und damit Marktformen, vgl. zu allem auch *Ackermann*, a.a.O. S. 69 f.

[165] *Schmidt*, a.a.O., S. 53

[166] *Schmidt*, WiSt. 1981, 282 ff.

In der ökonomischen Wissenschaft werden nun verschiedene Methoden vorgetragen, wie die notwendige Typisierung der Marktprozesse vorzunehmen ist. Im Hinblick darauf, dass es die drei Testelemente Struktur, Verhalten und Ergebnis gibt, lassen sich verschiedene Definitionstypen unterscheiden. Dabei stehen drei sog. gemischte und ein reiner Definitionstyp im Vordergrund[167]. Zu den gemischten Definitionstypen gehört der *Marktprozessansatz*, der den Wettbewerbsprozess mit Hilfe einer Kombination von Struktur und Verhalten erfassen will[168], der *Marktstrukturansatz*, der den Zusammenhang von Struktur und Ergebnis betont[169] sowie der *Marktverhaltensansatz*, der den Zusammenhang von Verhalten und Ergebnis unterstreicht[170]. Der wichtigste reine Definitionstyp ist derjenige, der nur auf das *Marktergebnis* abstellt[171].

aa. Marktverhaltensansatz in der bisherigen Freistellungspraxis der Kommission

Die Kommission betonte in Übereinstimmung mit dem Marktverhaltensansatz seit jeher in ihren Gruppenfreistellungsverordnungen, ebenso wie in den Bekanntmachungen, den Zusammenhang zwischen der Art der Vereinbarung - also dem isolierten unternehmerischen Verhalten - und dem Ergebnis, das bestimmten gesamtökonomischen Zielen dienen sollte.

Die Vereinbarung eines Alleinvertriebsrechts mit nur relativem Gebietsschutz war stets gut, weil sie z.B. zu einer intensiven Marktpflege führte und eventuell sogar einen Marktzutritt ermöglichte. Absoluter Gebietsschutz war (und ist) dagegen stets schlecht, weil er Parallelhandel unterband. Demzufolge teilten sich die Verordnungen in eine Vielzahl schwarzer und weißer Klauseln auf. Auf die Marktstruktur stellten die GVOen dagegen nur am Rande ab. Marktmacht eines Unternehmens oder eine oligopolistische Marktstruktur sowie der Bindungsgrad der Unternehmen im relevanten Markt wurde nur als Anlass genommen, die Freistellungswirkung nachträglich zu entziehen.

bb. Nachteile des Marktverhaltensansatzes

Die Typisierung nach dem Marktverhaltensansatz führte zum einen zur Einschränkung der unternehmerischen Freiheit. Zum anderen wurde der Schwerpunkt auf den intrabrand-Wettbewerbsschutz gelegt. Die Freiheit der Händler, ihre Aktionsparameter beim Verkauf von Waren frei zu wählen wurde (im Sinne der favorisierten Performance) höher bewertet als die Freiheit der Hersteller, ihre eigene Vertriebspolitik autonom zu bestimmen. Wenn verstärkte Herstellerfreiheit aber zu verstärktem interbrand-

---

167 so *Schmidt*, Wettbewerbsrecht, a.a.O. S. 71
168 *Kaysen/Turner*, Antitrust Policy: An Economic and Legal Analysis, 1959, S. 53 f.
169 *Bain*, Industrial Organization, 1968
170 *Scherer/Ross*, Industrial Market Structure and Economic Performance, 1990, Kap. 2
171 vgl. hierzu die Chicago School, § 6 III und § 9 II.3.

Wettbewerb und damit zu der (ebenfalls erwünschten) Performance einer Wohlfahrtssteigerung führt, muss Wettbewerbspolitik auch die Herstellerfreiheit sichern.

Ausgehend von dem festgesteckten Ziel der Steigerung der Verbraucherwohlfahrt in Art. 81 Abs. 3, muss die Wettbewerbspolitik abwägen, innerhalb welcher Märkte welche Wettbewerbsform zu dem optimalen Ergebnis führt. In polypolistischen Märkten könnte deshalb der interbrand-Wettbewerb höher zu bewerten sein, während in oligopolistischen/monopolistischen Märkten der intrabrand-Wettbewerb mehr zu fördern sein könnte[172]. Die Ausklammerung sämtlicher Strukturgesichtspunkte wird dem Konzept des funktionsfähigen Wettbewerbs also nicht gerecht.

cc. Marktprozessansatz und die neue GVO

Der marktwirtschaftliche Koordinierungsprozess lässt sich adäquat nur mit einem Ansatz erfassen, der Verhaltens- und Strukturmerkmale miteinander kombiniert[173].

Kaysen/Turner setzen workable competition mit dem Fehlen von unvernünftiger Marktmacht gleich, die sie mit Hilfe von Struktur- und Verhaltensmerkmalen definieren. Je nach Schutzzweck der einzelnen Rechtsnorm wird das Schwergewicht entweder auf Strukturmerkmale gelegt, wie z.B. bei der Fusionskontrolle, oder auf Verhaltensmerkmale, wie z.B. beim Behinderungsmissbrauch[174]. Die Verwendung der Marktprozessdefinition schließt dabei nicht aus, dass rückblickend ein Performance-Test zur Beseitigung von Zweifeln herangezogen werden kann. "Ein derartiger Rückschluss ist nicht nur Ausdruck und Konsequenz der zirkularen Verknüpfung von Marktstruktur, Marktverhalten und Marktergebnis, sondern ermöglicht es auch den Kartellbehörden und Gerichten, Ungenauigkeiten oder Fehler bei der Marktabgrenzung oder dem Wettbewerbstest zu korrigieren."[175]

Die Gruppenfreistellungsverordnung vom 22.12.1999 folgt dieser Marktprozessdefinition und legt den Schwerpunkt auf die Verhinderung unvernünftiger Marktmacht. "Die Wahrscheinlichkeit, dass derartige effizienzsteigernde Wirkungen stärker ins Gewicht fallen als wettbewerbsschädliche Wirkungen, die von Beschränkungen in vertikalen Vereinbarungen verursacht werden, hängt von der Marktmacht der beteiligten Unternehmen und somit von dem Ausmaß ab, in dem diese Unternehmen dem Wettbewerb anderer Lieferanten von Waren und Dienstleistungen ausgesetzt sind, die von den Käufern aufgrund ihrer Eigenschaften, ihrer Preislage und ihres Verwendungszwecks als austauschbar oder substituierbar abgesehen werden."[176] Mittels eines solchen Ansatzes wird grundsätzlich jede den intrabrand-Wettbewerb beschränkende Kooperation zwi-

---

172 vgl. hierzu unten ausführlich, § 13 V

173 Nach *Schmidt*, Wettbewerbsrecht, a.a.O. S. 72 ist Wettbewerb (w) als abhängige Variable eine Funktion von Struktur- (s) und Verhaltensmerkmalen (v) als unabhängige Variablen: w=f(s,v)

174 *Kaysen/Turner*, a.a.O. S. 75

175 *Schmidt*, Wettbewerbsrecht, a.a.O. S. 73

176 (7). Begründungserwägung der VO Nr. 2790/1999, ABl. L 336 v. 29.12.1999, S. 21

schen Unternehmen ohne Marktmacht auf vor- und nachgelagerten Wirtschaftsstufen zugelassen.

Weil Schutzgut (und damit zu verwirklichendes Ergebnis) des EG-Wettbewerbsrechts auch der intrabrand-Wettbewerb ist, und dieser gemäß Art. 81 Abs. 3 Buchst. b) niemals völlig ausgeschaltet werden darf, greift ein Verhaltensmerkmal ein, das bestimmte vertikale Vereinbarungen verbietet: Den Händlern muss der Wettbewerbsparameter Preis stets zur freien Verfügung stehen und die Unternehmen müssen in gewissem Rahmen ihre Vertragspartner frei auswählen können[177].

Unterhalb der Marktanteilsschwelle sind alle außer den - in Art. 4 und 5 der VO nach Verhaltensmerkmalen gekennzeichneten - Vereinbarungen freigestellt. Damit steht in wettbewerbsaktiven Märkten der interbrand-Wettbewerb im Zielkatalog an erster Stelle. Diese Einschätzung wird gestützt durch die Aussagen der Kommission in ihren Leitlinien. Danach sollen durch das Wettbewerbsrecht der EG folgende negative Marktauswirkungen von vertikalen Beschränkungen verhindert werden[178]:

- Ausschluss anderer Lieferanten oder anderer Käufer vom Markt durch Errichtung von Marktzutrittsschranken;
- Verringerung des Markenwettbewerbs zwischen den im Markt tätigen Unternehmen ("inter-brand-competition") einschließlich der Erleichterung von Kollusion unter Lieferanten und Käufern, wobei dieser Begriff sowohl die explizite als auch die stillschweigende (bewusstes Parallelverhalten) umfasst;
- Verringerung des Wettbewerbs zwischen Vertriebshändlern, die Produkte derselben Marke vertreiben ("intra-brand-competition");
- Behinderung der Integration der Märkte, namentlich Einschränkung der Freiheit der Verbraucher, Waren oder Dienstleistungen in einem Mitgliedstaat ihrer Wahl zu kaufen.

Auch wenn intrabrand-Wettbewerb erst an dritter Stelle genannt wird, erkennt die Kommission doch an, dass vertikale Beschränkungen in der Form des eingeschränkten Vertriebs bei Fehlen ausreichenden Markenwettbewerbs die Auswahlmöglichkeiten der Verbraucher erheblich mindern kann. In Märkten mit schwachem interbrand-Wettbewerb erhält der intrabrand-Wettbewerb folglich verstärkte Bedeutung.

Neben den Struktur- und Verhaltensmerkmalen nimmt die Gruppenfreistellungsverordnung auch einen Performance-Test als hilfsweisen Wettbewerbstest vor. Stellt die

---

[177] Vom Ansatz des workable competition aus und dessen primärem Ziel der Wohlfahrtsförderung ist eine solche Einschränkung nicht zwingend erforderlich. Die Ausschaltung des intrabrand-Wettbewerbs würde aber im Gegensatz zur Rechtsprechung des EuGH stehen, der bei der Prüfung des vierten Freistellungserfordernisses, der Sicherstellung eines gewissen Mindestmaßes an Wettbewerb, auch den intrabrand-Wettbewerb als Schutzgut ansieht. Weil der workable competition Ansatz aber ohnehin einen vielfältigen Zielkatalog beinhaltet, ist eine solche Vorgehensweise durchaus mit ihm vereinbar.

[178] *Leitlinien*, a.a.O. Rz. 103

Kommission im Rückblick fest, dass eine Vereinbarung zwar den Voraussetzungen der Verordnung entspricht, aber dennoch Wirkungen zeitigt, die mit Art. 81 Abs. 3 nicht vereinbar sind, kann sie den Vorteil der Gruppenfreistellung nachträglich entziehen[179]. Gerade wenn der Markt sich durch einen hohen vertikalen Bindungsgrad auszeichnet, erlaubt der Entzugsmechanismus eine nachträgliche Korrektur des insofern ungenauen Marktstrukturtests, der das Vorliegen paralleler Netze nicht in die Wettbewerbsanalyse ex ante einbezieht[180].

b. Zwischenergebnis

Der Freistellungstatbestand des Art. 81 steht dem Konzept vom funktionsfähigen Wettbewerb nahe. Gesamtwirtschaftliche Ziele werden ex ante festgelegt und die wettbewerbsrelevanten Verhaltensweisen werden anhand von Verhaltens- Struktur- und Ergebnismerkmalen analysiert. Während die Kommission bislang dem Verhaltensansatz zur Wettbewerbsdefinition folgte, geht sie nun nach dem Marktprozessansatz vor, was wettbewerbspolitisch zu begrüßen ist.

Von einigen Autoren wurde geschlussfolgert, dass sich die gesamte EG-Wettbewerbspolitik zum Konzept des workable competition bekannt hat[181]. Als Beleg wurde die folgende Passage aus dem Urteil des EuGH in der Sache "Metro I" angeführt: "Der in den Artikeln 3 und 85 EWG-Vertrag geforderte unverfälschte Wettbewerb setzt das Vorhandensein eines wirksamen Wettbewerbs (workable competition) voraus; es muss also soviel Wettbewerb vorhanden sein, dass die grundlegenden Forderungen des Vertrages erfüllt und seine Ziele, insbesondere die Bildung eines einzigen Marktes mit binnenmarktähnlichen Verhältnissen, erreicht werden."[182].

Ein Bekenntnis zum wettbewerbstheoretischen Konzept des workable competition kann hierin jedoch nicht gesehen werden[183]. Der Gerichtshof wollte vielmehr nur ausdrücken, dass stets soviel Wettbewerb vorhanden sein muss, dass die grundlegenden Forderungen des Vertrages erfüllt werden, folglich insbesondere die Bildung eines einheitlichen Marktes erreicht wird[184]. Die einseitige Festlegung auf das Konzept vom funktionsfähigen Wettbewerb hätte auch bedeutet, dass im Rahmen der Wettbewerbspolitik nur gesamtwirtschaftliche Erwägungen eine Rolle spielen. Wie dargestellt, schützt die EG-Wettbewerbspolitik aber auch die Handlungsfreiheit der Unternehmen. Der workable competition Ansatz berücksichtigt die Individualfreiheit nicht, jedenfalls

---

[179] vgl. hierzu auch die *Leitlinien*, a.a.O. Rz. 71

[180] Auch die nachträgliche Nichtanwendbarkeit der GVO für einen ganzen relevanten Markt mittels Verordnung gem. Art. 8 der VO stellt einen solchen Performance-Test dar.

[181] *Väth*, Die Wettbewerbskonzeption des Europäischen Gerichtshofs, S. 162 ff.

[182] EuGH, Metro/Kommission (Nr. 1), Slg. 1977, 1875, 1905 (Rz. 20)

[183] So auch *Ackermann*, a.a.O. S. 85, Fn. 148 und *Kirchhoff*, a.a.O., S. 317 Fn. 393, ferner auch der ehemalige Vorsitzende Richter am Europäischen Gerichtshof *Everling*, WuW 1990, S. 1008, der bestreitet, dass sich der Gerichtshof auf das Konzept des "workable competition" festgelegt hat.

[184] *Kerber*, a.a.O., S. 186

nicht um ihrer selbst willen. Nur soweit die Handlungsfreiheit der Unternehmen notwendig ist, um gesamtwirtschaftliche Vorteile hervorzubringen, wird sie geschützt. Bestimmte Beschränkungen der Handlungsfreiheit werden dann verboten, weil sie gesamtwirtschaftliche Nachteile mit sich bringen und nicht um der Handlungsfreiheit selbst willen.

3. Effizienz als erstes gesamtwirtschaftliches Ziel

a. Herausragende Bedeutung der Effizienzsteigerung

Die von Kantzenbach für das Konzept des funktionsfähigen Wettbewerbs aufgestellten Ziele sind ganz unterschiedlicher Natur[185]. Auch Art. 3 des EG-Vertrages enthält viele verschiedene Ziele der Gemeinschaft, denen der freie Wettbewerb zur Verwirklichung verhelfen soll. Im 15. Wettbewerbsbericht formulierte die Kommission als ihr vorrangiges Ziel, die Wirtschaftskraft der Gemeinschaft zu steigern und damit entscheidende Impulse für einen Wachstumsschub und eine Verbesserung der internationalen Wettbewerbsfähigkeit zu geben: "Im Rahmen dieser ökonomischen Zielvorstellung nimmt die Wettbewerbspolitik eine zentrale Rolle ein. Der dynamische, vorstoßende Wettbewerb ist das Lebenselixier der Wirtschaft. Er sorgt für 'Innovation' und 'Imitation'. Er sorgt für ein Mehr an Leistung und Wachstum und damit für ein Mehr an Beschäftigung."[186] In diesen kurzen Sätzen hat die Kommission eine ganze Reihe der in Art. 2 genannten Aufgaben der Gemeinschaft zusammengefasst. Der Wettbewerb sollte also einem "ganzen Bündel von teilweise recht heterogenen Zielen und Vorstellungen"[187] dienen.

Auf ein solches Zielbündel wird in der neuen GVO nicht mehr eingegangen[188]. Auch die Leitlinien stellen nicht auf unterschiedliche gesamtökonomische Zielvorstellungen ab. Das herausragende Ziel der neuen Wettbewerbspolitik ist die Steigerung der Effizienz. Im Grünbuch hieß es dementsprechend: "Über vertikale Beschränkungen formalisierte Koordinierung zwischen Herstellern und Händlern kann den Unternehmen zu höheren Gewinnen verhelfen, und unter bestimmten Umständen werden die entsprechenden Effizienzgewinne an die Verbraucher weitergegeben."[189] Auch die auf das Grünbuch folgende Mitteilung der Kommission stellt vornehmlich auf die Effizienz ab. Der Schutz des Wettbewerbs sei das Hauptziel der gemeinschaftlichen Wettbewerbspolitik, "denn Wettbewerb erhöht die Wohlfahrt für die Verbraucher und sorgt für eine effizientere Ressourcenallokation." Sofern vertikale Beschränkungen Effizienzgewinne mit sich bringen, werden sie wohlwollend behandelt[190].

---

185 oben § 9 II.1.b
186 15. WB (1986), S. 11
187 so *Kerber*, a.a.O. S. 188
188 hierzu auch *Wesseling*, E.L.Rev. 2001, 357 ff. 373
189 *Grünbuch*, a.a.O. S. 18
190 zur Effizienz in der *Mitteilung* der Kommission vom 26.11.1998, a.a.O., auf den Seiten 6, 8, 21, 23, 26, 32 und 36

b. *Einfluss der Chicago School*

Das hauptsächliche Abstellen auf die Effizienz und die weitgehende Außerachtlassung aller übrigen gesamtökonomischen Zielsetzungen ist Grundgedanke der Chicago School. Ihr Verdienst war es gerade im amerikanischen Antitrust-Recht, dass veraltete per se Regeln aufgegeben wurden und die effizienzsteigernde Wirkung vertikaler Beschränkungen sowie deren positive Auswirkungen auf den interbrand-Wettbewerb erkannt wurde[191].

Der Ursprung der Chicago School liegt in der sog. ökonomischen Analyse des Rechts. Ausschlaggebend für die rechtliche Zulässigkeit einer Verhaltensweise sind nicht die zivilrechtliche Tauschgerechtigkeit, außerwettbewerbliche Ziele wie Beschäftigungspolitik oder Umweltschutz usw., sondern die Auswirkungen auf die Wirtschaft[192]. Nur wenn eine Vereinbarung dem alleinigen Ziel, das gesamtwirtschaftliche Optimum zu realisieren, entspricht, ist es zu billigen.

Das gesamtwirtschaftliche Optimum ist nach der Chicago School nicht abhängig von der Frage, ob die Gewinne an die Verbraucher weitergegeben werden. Ein Ansatz, der nur nach den gesamtwirtschaftlichen Wohlstandsmehrungs- oder –minderungseffekten fragt, muss sich auch nicht mit den theoretischen Problemen wie "Funktionsfähigkeit des Wettbewerbs", "Zusammenhang von Marktstruktur, Marktverhalten und Marktergebnis" befassen[193]. Wenn eine Absprache zwischen Unternehmen zu einem Anstieg des Output's führt, ist sie wettbewerblich erwünscht.

c. *Unterschied zwischen Effizienz im Sinne der Chicago School und dem EG-rechtlichen Verständnis*

In der Annahme einer grundsätzlichen Übereinstimmung von Effizienzgewinnen und Wohlstandsförderung liegt der Unterschied zwischen der Chicago School und der EG-Wettbewerbspolitik.

Jedes Unternehmen hat das Ziel, den Output zu vermehren und dadurch seinen eigenen Profit zu erhöhen. Während marktschwache Unternehmen ihre Position auf dem Markt nur durch Innovationen, Imitationen, Preisnachlässe etc. durchsetzen und verstärken können, also durch wettbewerblich wünschenswerte Verhaltensweisen[194], haben marktmächtige Unternehmen die Möglichkeit, mittels Absprachen oder missbräuchli-

---

[191] *Baker*, Antitrust Law Journal 1996 S. 517

[192] vgl. ausführlich zur ökonomischen Analyse des Rechts: *Kirchner*, ZHR 144 (1980), S. 563 ff.

[193] *Kirchner*, a.a.O. S. 572

[194] vgl. *Mitteilung*, a.a.O. S. 16: "Hat ein Unternehmen keine Marktmacht, so kann es seinen Gewinn nur durch Optimierung von Herstellung und Vertrieb erhöhen, mit oder ohne vertikale Beschränkungen."

chen Verhaltensweisen ihre Marktposition auf Kosten der Konkurrenten zu sichern[195]. Die Chicago School leugnet zwar nicht, dass Konzentration und Marktmacht ein wesentlicher Faktor zur Erleichterung von Absprachen ist. Der Preismechanismus führe aber entweder dazu, dass durch Newcomers die Konzentration vermindert wird oder dass die Unternehmen gezwungen werden, die Preise zu senken, um Newcomers vom Markt fernzuhalten[196].

Während also die Chicago School als wettbewerbspolitisches Ziel die Effizienzsteigerung der Unternehmen ansieht, die gleichbedeutend ist mit der Erhöhung der Konsumentenwohlfahrt, wird in der EG-Wettbewerbspolitik kein zwingender Zusammenhang zwischen Effizienzsteigerung und Konsumentenwohlfahrt gesehen. Vielmehr kommt es stets darauf an, dass die Effizienzgewinne an die Verbraucher im Sinne der Marktgegenseite *tatsächlich weitergegeben* werden.

4. Zwischenergebnis

Die Chicago School hat auch in Europa einen erheblichen Einfluss auf die Wettbewerbspolitik ausgeübt. Sie hat sich zwar nicht so weit durchgesetzt, dass bei Effizienzgewinnen gleichzeitig die Steigerung der gesamtwirtschaftlichen Wohlfahrt im Sinne von Art. 81 Abs. 3 angenommen wird. Nach wie vor prüft die EG-Wettbewerbspolitik, ob Verhaltensweisen innerhalb einer bestimmten Marktstruktur zu den im Freistellungstatbestand geforderten Ergebnissen führen.

Auch wenn damit Effizienzgewinne noch im Hinblick auf ihre Weitergabe an die Verbraucher überprüft werden, ist ihre Förderung heute das primäre Ziel der gesamten Wettbewerbspolitik. Der Schutz der Individualfreiheit sowie die Förderung anderer gesamtwirtschaftlicher Ziele werden zwar nicht völlig geleugnet, aber doch auf die hinteren Ränge verdrängt.

---

[195] *Mitteilung*, a.a.O. S. 16. Die Kommission führt die bereits dargestellte "rising rival's cost" Strategie an.

[196] *Schmidt*, Wettbewerbsrecht, a.a.O. S. 23

§ 10 Industriepolitische Ansätze

Mit dem Vertrag über die Europäische Union von Maastricht hat die Europäische Gemeinschaft ein neues Vertragsziel in Art. 157 erhalten[197]. Durch die Anerkennung der Industriepolitik als Vertragsziel in Art. 3 Buchst. m) hat sich der Rang der Wettbewerbspolitik im Gesamtgefüge des EG-Vertrages verändert. Es geht nicht mehr nur um das am Binnenmarktziel orientierte Prinzip der funktionalen Integration. Vielmehr soll die Wettbewerbsfähigkeit der Industrie *aktiv* gefördert werden[198].

Die Politik der Gemeinschaft zielt nach Art. 157 Abs. 1 Satz 2, 1. und 3. Spiegelstrich u.a. auf die Erleichterung der Anpassung der Industrie an strukturelle Veränderungen und die Förderung eines für die Zusammenarbeit zwischen Unternehmen günstigen Umfelds ab. Es soll damit nicht den Unternehmen überlassen sein, sich an einen Strukturwandel anzupassen, obwohl gerade der freie Wettbewerb hierfür als das beste Instrument angesehen wird. Der Hinweis auf die Förderung eines für die Zusammenarbeit zwischen Unternehmen günstigen Umfelds lässt dagegen an Kartellbildungen denken[199]. Zwar ist nur von einem Umfeld die Rede, so dass z.B. an die Unterstützung von Kooperationen gedacht werden könnte[200]. Der Schritt zum wettbewerbsbeschränkenden Zusammenwirken ist jedoch naheliegend.

Mit der Monopolkommission kann davon ausgegangen werden, dass Art. 157 einen industriepolitischen Auftrag enthält. Daran ändert auch Art. 157 Abs. 2, S. 2, 1. Halbsatz nichts, wonach die genannten Tätigkeiten nur entsprechend einem System offener und wettbewerbsorientierter Märkte wahrgenommen werden sollen. Sollte dieser Hinweis sicherstellen, dass nur marktkonforme Maßnahmen durchgeführt werden, hätte es

---

[197] Dieser Artikel beruht auf Initiativen der französischen Regierung (Edith Cresson), vgl. *Möschel*, ORDO Nr. 47, 1996, S. 415 ff. In einem EG-internen Non-paper hieß es u.a. zu dem Vorschlag, dass dieser die ökonomische Philosophie der Europäischen Verträge fundamental ändern würde. Der Vertrag von Rom enthielt zwar schon vorher in Art. 130 f – 130 q, eingeführt durch die Einheitliche Europäische Akte vom 17./28.2.1986, BGBl. II, S. 1102, eine Rechtsgrundlage für die Industriepolitik unter dem Titel "Forschung und technologische Entwicklung". Art. 130 f Abs. 3, der mit dem Vertrag von Maastricht gestrichen wurde, enthielt die Aussage, dass bei der Verwirklichung der Industriepolitik u.a. auch der Wettbewerbspolitik Rechnung zu tragen sei. Die in Art. 130 f verankerten Ziele waren auch nicht in den Katalog des Art. 3 aufgenommen.

[198] Wettbewerb wird dann aktiv gestaltet, wenn die anonyme Prozesssteuerung des Marktes durch Wettbewerb versagt und wo Kartellbehörden aus gesamtwirtschaftlichen Anlässen intervenieren, "wo also der Marktprozess gleichsam als manipulierbares staatliches Planspiel betrachtet wird.", *Belke*, ZHR 138 (1974), S. 227, 230. Auf dieses Problem soll an späterer Stelle nochmals eingegangen werden, § 13 III.3.a

[199] *Immenga*, EuZW 1994, S. 14 ff, 16

[200] Nach *Möschel*, ORDO 47, 1996 "kann man all das auch in Richtung unbedenklicher Angebotspolitik interpretieren wie leistungsfähige Infrastruktur, wachstumsfreundliche Unternehmensbesteuerung, marktkonforme Forschungsförderung und ähnliches. Doch dazu war die neue "Verfassungs"-Vorschrift nicht erforderlich. Soll sie nicht von vornherein als eine überflüssige gewollt sein, muss sie weitergreifende Zielsetzungen verfolgen.", S. 419

keines neuen allgemeinen Vertragsziels bedurft[201]. Die Verwirklichung der marktwirtschaftlichen Prinzipien sichern bereits die Wettbewerbsregeln sowie die vier Grundfreiheiten[202]. Da Art. 157 auch keine Angabe eines Rangverhältnisses zwischen Wettbewerbs- und Industriepolitik zu entnehmen ist, sind Wettbewerbsverzerrungen nicht ganz fernliegend[203]. Auch der materielle Vorbehalt in Art. 157 Absatz 3, 2. Unterabsatz, wonach dieser Titel keine Grundlage dafür bietet, dass die Gemeinschaft irgendeine Maßnahme einführt, die zu Wettbewerbsverzerrungen führen könnte, ist nicht in diesem Sinne zu verstehen[204]. Wenn in Art. 3 Abs. 1 Buchst. m) ausdrücklich die Stärkung der Wettbewerbsfähigkeit der Industrie der Gemeinschaft genannt wird, stehen die Prinzipien der Sicherung des Wettbewerbs und der Stärkung der Wettbewerbsfähigkeit der Industrie gleichberechtigt nebeneinander[205]. Das bedeutet doch, dass die Stärkung der Wettbewerbsfähigkeit gerade nicht durch unverfälschten Wettbewerb verwirklicht werden soll[206]. Eine solche Vorgehensweise wäre "selbstverständlich" und bedürfte keines eigenständigen Vertragsziels.

I. Exkurs: die Fusionskontrollverordnung Nr. 4064/89

Erheblichen Einfluss hatte die Industriepolitik insbesondere[207] auf die Fusionskontrollverordnung aus dem Jahre 1989[208]. Nachdem der EuGH in der Sache "Continental

---

[201] a.A. insoweit *Dreher*, WuW 1998, S. 656 ff, der davon ausgeht, dass das Gemeinschaftsrecht auf dem Wettbewerb als dem rechtlichen Ordnungsprinzip beruht und ihm deshalb notwendig den Vorrang vor anderen Politiken einräume. "Die Wettbewerbsregeln des EG-Vertrages, die hiervon möglichen Ausnahmen sowie die im Vertrag enthaltenen Querschnittsklauseln bestätigen: Der Wettbewerb ist das vorrangige Prinzip und nicht nur instrumentelles Hilfsmittel im Tätigkeitsbereich der Gemeinschaft." S. 662.

[202] Diese Bindung der Gemeinschaft an marktwirtschaftliche Grundsätze wird vom EuGH in der Sache "Procureur de la République/ADBHU" (Altölentscheidung); Slg. 1985, 531, Tz. 9, ausdrücklich ausgesprochen: "Die Grundsätze des freien Warenverkehrs und des freien Wettbewerbs sowie die grundrechtliche Handlungsfreiheit stellen allgemeine Grundsätze des Gemeinschaftsrechts dar, über deren Einhaltung der Gerichtshof wacht."

[203] *Monopolkommission*, Hauptgutachten 1990/91, Tz. 27

[204] So auch *Möschel*, ORDO 43, 1992: "Diese Kautele wurde unter dem Einfluss der Generaldirektion Wettbewerb in das Vertragswerk aufgenommen. Da staatliche Fördermaßnahmen kaum jemals Marktteilnehmer völlig gleichmäßig treffen, fast per definitionem die Wettbewerbsverhältnisse verzerren müssen, kann diese Vorschrift schwerlich im strikten Wortsinn angewandt werden. Wird sie aufgeweicht, gerät man schnell auf eine schiefe Bahn." S.418

[205] *Immenga*, EuZW 1994, S. 16; *Möschel*, ORDO 43, 1992

[206] Sonst hätte es der Aufnahme des Artikels 3 lit. m ebenfalls nicht bedurft; vgl. auch *Möschel*, EG-Industriepolitik nach Maastricht, ORDO Bd. 43, 1992, S. 415, 419, hierzu auch *Groger/Janicki*, WuW 1992, S. 991 ff. 993 "Die Wettbewerbsregeln sind der Maßstab für die Industriepolitik - nicht umgekehrt."

[207] Daneben bezweckte die EG-Kommission auch in anderen Bereichen eine Stärkung der europäischen Industrie auf breiter Basis. So z.B. durch die Verordnung Nr. 151/93 über kooperative Gemeinschaftsunternehmen. Durch sie werden die vier wichtigsten GVOen für den Bereich Rationalisierung und Technologietransfer grundlegend liberalisiert; vgl. *Jung*, EuZW 1993, S. 690.

[208] Verordnung Nr. 4064/89. Vgl. zu dem Verhältnis der Art. 81, 82 EGV zur EG-Fusionskontrollverordnung auch *Staudenmayer*, WuW 1992, S. 475 ff.

Can"[209] aus dem Jahre 1972 entschieden hatte, dass Art. 82 auf Fusionen anwendbar ist und 1987 in der Sache "Phillip Morris", dass auch Art. 81 einschlägig ist, erließ die Kommission am 21.12.1989 die Fusionskontrollverordnung[210].

In Erwägungsgrund (13) der Verordnung heißt es: "Die Kommission muss sich bei ihrer Beurteilung an dem allgemeinen Rahmen der Verwirklichung der grundlegenden Ziele des Vertrages gemäß dessen Art. 2 ... orientieren." Art. 2 verweist ausdrücklich auf Art. 3 und damit gleichzeitig auf industriepolitische und wettbewerbspolitische Möglichkeiten.

Stehen *wettbewerbspolitische* Ziele im Vordergrund, müsste die Fusionskontrolle darauf gerichtet sein, Unternehmens- und Marktstrukturen zu verhindern, die nicht kontrollierte Verhaltensspielräume eröffnen. Weil marktmächtige Unternehmen in der Lage sind, den Restwettbewerb auf dem Markt zu kontrollieren, Konkurrenten zu disziplinieren, den Zugang zum Markt zu verhindern oder zu erschweren[211], müsste eine Fusionskontrolle die Marktkonzentration anhand markt- und wettbewerbsbezogener Kriterien begrenzen.

Stehen dagegen *industriepolitische* Erwägungen im Vordergrund, hätte eine Fusionskontrollverordnung auch das Ziel, die Entstehung von Großunternehmen zu fördern, weil sie wichtig sein können für den wirtschaftlichen und technischen Fortschritt, die Bewältigung des Strukturwandels, der bestmöglichen Versorgung der Verbraucher und den politischen Einfluss in der Welt[212].

In diesem industriepolitischen Sinne sieht die Kommission gleichgewichtige Unternehmensgrößen als Indiz für wirksamen Wettbewerb an und fördert sie. Gleichzeitig seien sie eine machtpolitische Gleichgewichtsstrategie zu Drittstaaten[213]. "Die Kommission der Europäischen Gemeinschaft hält die Beherrschung der Zukunftstechnologien für eine Voraussetzung der politischen, insbesondere der *außenpolitischen Handlungsfähigkeit* der Gemeinschaft." [214] Der Wettbewerb zwischen Staaten und

---

[209] "Europeamballage Corporation u. Continental Can Company/Kommission" Slg. 1972, S. 215

[210] Vgl. hierzu und zu dem Problem, warum die VO dennoch nicht nur auf der Grundlage von Art. 83, sondern auch auf Art. 308 erlassen wurde *Staudenmayer*, WuW 1992, S. 475 ff. Zur Wahl der richtigen Gemeinschaftskompetenz auch *Baur*, VEnergR Bd. 84, 1997, S. 13 ff., 31 ff.

[211] *Mestmäcker*, EuR 1988, S. 349, 353

[212] *Mestmäcker*, a.a.O. S. 354 f.

[213] *Mestmäcker* zieht den Vergleich zwischen der Größe der Unternehmen im Wettbewerb und der Stärke und Zahl von Divisionen einer Armee. Er verweist auf ein Zitat von *Servan-Schreiber*, Die amerikanische Herausforderung, 1967 (deutsche Ausgabe: 1968), 227, 171: "Unter den Bedingungen des atomaren Friedens ist von der geschichtlichen Hypothese des industriellen Krieges auszugehen." Über den Erfolg in diesem "Krieg" entscheide die Kontrolle über die Fortschrittsindustrien. Im Verhältnis zu Amerika und Japan soll die Größe der europäischen Unternehmen die europäische Identität gewährleisten.

[214] Jacques *Delors*, nach *Mestmäcker*, FAZ v. 10.10.1992, S. 15

Wirtschaftsblöcken ersetzt damit zunehmend den Wettbewerb zwischen einzelnen Unternehmen[215].

Die internationale Handlungs- und Wettbewerbsfähigkeit soll nicht das Ergebnis eines freien Wettbewerbsprozesses sein, sondern das industriepolitischer Lenkungsmaßnahmen: Die Wettbewerbsfähigkeit auf den Weltmärkten sei zu wichtig, um sie dem Wettbewerb allein zu überlassen. Privaten und öffentlichen Unternehmen könne die Entscheidung über Investitionen, Schaffung neuer Kapazitäten und Übernahme neuer Technologien nicht alleine überlassen bleiben. Angesichts der Komplexität dieser Aufgaben sei es notwendig, dass die *öffentliche Hand* zur Anregung, Richtungsweisung und Kanalisierung *eingreife*[216]. Das Vertrauen auf Initiative und Erfolg unternehmerischen Handelns und auf die Rationalität des Wettbewerbs wird hier ersetzt durch das Vertrauen auf die Weisheit staatlichen Handelns[217]. Ausnahmen vom Zusammenschlussverbot seien hinzunehmen, "falls ein Zusammenschluss, der wegen seiner schädlichen Auswirkungen auf den Wettbewerb mit dem Gemeinsamen Markt *an sich unvereinbar* ist, höherrangigen Zielen dient."[218] Die in Art. 81 Abs. 3 aufgestellten Voraussetzungen werden von der Kommission nur noch als Beispiele für die Verwirklichung allgemeiner Vertragsziele genannt, obwohl der Gerichtshof in der Sache Philip Morris entschieden hat, dass Art. 81 und damit auch der Freistellungstatbestand auf Unternehmenszusammenschlüsse anwendbar ist.

II. Vertikale Wettbewerbsbeschränkungen und Industriepolitik

Industriepolitische Einflüsse machen sich im Bereich vertikaler Wettbewerbsbeschränkungen darin bemerkbar, dass vertikale Vereinbarungen zwischen kleinen und mittleren Unternehmen (KMU) spätestens seit der Bekanntmachung über Vereinbarungen von geringer Bedeutung vom 09.12.1997[219] praktisch nicht mehr unter Art. 81 Abs. 1 fallen. Falls deren Vereinbarungen spürbare Auswirkungen auf den Wettbewerb haben, besteht für die Kommission kein ausreichendes Interesse, das ein Einschreiten gegen sie rechtfertigen würde: "Die Kommission wird daher weder auf Antrag noch von Amts wegen ein Verfahren zur Anwendung von Artikel 81 Absatz 1 auf derartige Vereinbarungen einleiten, *selbst wenn die* in den Nummern 9 und 10 angegebenen *Schwellen überschritten sind.*"[220] Auch die alten GVOen enthielten Bestimmungen

---

[215] *Immenga*, EuZW 1994, S. 18

[216] Die Industriestrategie der Europäischen Gemeinschaft; Europäische Dokumentation (1982), Fn. 15, 20

[217] vgl. *Immenga* EuZW 1994, S. 18 und *Mestmäcker* EuR 1988, S. 357. *Möschel*, ORDO 43, 1992 drückt es anders aus: "Die wirtschaftliche Freiheit des einzelnen, die ein Recht auf Chance und Scheitern ist, wird einmal mehr für ein Linsengericht hergeschenkt.", S. 421

[218] 10. Bericht über die Wettbewerbspolitik (1981), Rz. 21; ähnlich auch die Antwort des Rates auf die schriftliche Anfrage von Herrn Shyns vom 18.06.1979, ABl. C 282/5 v. 12.11.1979. Hervorhebung durch den Verfasser.

[219] ABl. C 372 vom 09.12.1997

[220] ABl. C vom 9.12.1997, S. 13. Hervorhebung durch den Verfasser.

zugunsten KMU. Alleinvertriebsverträge wurden nach der VO 1983/83 auch zwischen Wettbewerbern, also im Horizontalverhältnis, freigestellt, wenn "mindestens einer der Vertragspartner einen jährlichen Gesamtumsatz von nicht mehr als 100 Millionen Europäische Währungseinheiten (ECU) erzielt." (Artikel 3 Buchstabe b). Ferner erfasst die industriepolitisch motivierte Verordnung Nr. 151/93, die die Anwendungsbereiche der Verordnungen Nr. 417/85[221], 418/85[222], 2349/84[223] und 556/89[224] erweitert, auch vertikale Beschränkungen. Während die "alten" Verordnungen über Spezialisierungen bzw. Forschung und Entwicklung Kooperationen nur bis zur Stufe der Produktion zuließen und alle Formen gemeinsamer Vermarktung verboten[225], ist nunmehr der Vertrieb durch ein Gemeinschaftsunternehmen oder die gemeinsame Übertragung des Vertriebs auf ein Drittunternehmen freigestellt[226]. Im Anwendungsbereich der Spezialisierungsverordnung darf die Spezialisierung sogar erstmals auf der Vertriebsstufe einsetzen, so dass jetzt auch reine Vertriebsgemeinschaftsunternehmen freigestellt sind[227, 228].

Mit diesem Gesamtpaket zur Förderung kooperativer Gemeinschaftsunternehmen bezweckte die Kommission eine Stärkung der europäischen Industrie auf breiter Basis. Mittels kooperativer Gemeinschaftsunternehmen könne die Erforschung neuer oder verbesserter Produkte, Technologietransfer durch Erwerb von Lizenzen, die Erschließung neuer Märkte oder die Spezialisierung der Produktion vorangetrieben werden. Zusammenarbeit zwischen Unternehmen sei insoweit erwünscht[229].

---

[221] ABl. 1985 L 53 v. 22.2.1985, S. 1

[222] ABl. 1985 L 53 v. 22.2.1985, S. 5; vgl. *Venit*, E.L.Rev. 1985, S. 151 ff.

[223] ABl. 1984 L 219 v. 16.8.1984, S. 15, mit Berichtigung vom 22.10.1985, ABl. 1985 L 280, S. 32

[224] ABl. 1989 L 61 v. 4.3.1989, S.1

[225] vgl. 14. Bericht über Wettbewerbspolitik, 1984, Tz. 30; 17. Bericht über Wettbewerbspolitik, 1988, Tz. 30, 31.

[226] Vgl. Art. 1 Nr. 3 und Art. 2 Nr. 4 VO Nr. 151/93. Voraussetzung ist, dass die betroffenen Erzeugnisse im Gemeinsamen Markt oder einem wesentlichen Teil desselben nicht mehr als 10 % aller gleichartiger Produkte ausmachen und dass den Abnehmern alternative Bezugsquellen offen stehen

[227] vgl. *Jung*, EuZW 1993, S. 692

[228] Die Patentlizenzverordnung sowie die Verordnung über Know-how-Überlassungen erlaubten früher keine Patentlizenz- oder Know-how-Überlassungen zwischen im Wettbewerb stehenden Unternehmen, die an einem Gemeinschaftsunternehmen beteiligt waren, oder zwischen einer dieser Muttergesellschaften und ihrem Gemeinschaftsunternehmen. Art. 3 Nr. 1 und Art. 4 Nr. 1 der neuen Regelung erweitern die Gruppenfreistellungen jetzt ausdrücklich auf Patentlizenzerteilungen und Know-how-Überlassungen von den Gründerunternehmen an ihre Gemeinschaftsunternehmen, selbst wenn erstere zueinander in einem Wettbewerbsverhältnis stehen; vgl. die 8. Begründungserwägung VO Nr. 2349/84; die 5. Begründungserwägung VO Nr. 556/89; 14. Wettbewerbsbericht Tz. 34

[229] Pressemitteilung IP (92) 1111 der EG-Kommission vom 23.12.1992, WuW 1993, 217. Auch das Europäische Parlament, EP, Entschließung zum 19. Bericht über Wettbewerbspolitik, in: 20. Bericht über Wettbewerbspolitik 1991, Anhang, S. 296, Tz. 33 sowie der Wirtschafts- und Sozialausschuss, WSA, Stellungnahme zum 21. Wettbewerbsbericht, WuW 1993, 288, 289, begrüßten den großzügigen Einsatz von GVOen wegen der positiven Auswirkungen derartiger Kooperationen auf den industriellen Aufschwung und die Wettbewerbsfähigkeit der Gemeinschaft auf den Weltmarkt.

III. Bedeutung der Industriepolitik in der neuen GVO Nr. 2790/1999

Bereits im Grünbuch wurde mehrfach auf die Bedeutung vertikaler Vereinbarungen auf den Welthandel und die große internationale Bedeutung dieser Wettbewerbspolitik hingewiesen[230]. Die Integration der verschiedenen Volkswirtschaften, die mittels vertikaler Vereinbarungen sowohl gefördert als auch behindert werden kann, wird als "ein Schlüssel für die industrielle Wettbewerbsfähigkeit Europas auf den Weltmärkten, die Beschleunigung des Wachstums und die Schaffung von Arbeitsplätzen angesehen."[231] Insoweit erhält der Integrationsgedanke in Zukunft auch eine industriepolitische Variante: Nur wenn alle Mitgliedstaaten der EG zu einem großen, geschlossenen und einheitlichen Gemeinsamen Markt ohne Binnengrenzen zusammenwachsen, kann die europäische Wirtschaft mit anderen Weltwirtschaften - vor allem mit den USA - wirksam konkurrieren.

Die von der Monopolkommission befürchtete Tendenz, dass der Einfluss der Industriepolitik zu einer Aufweichung des Verbots von Wettbewerbsbeschränkungen führen könnte[232], scheint ihre Bestätigung in der nunmehr wohlwollenderen Behandlung vertikaler Beschränkungen gefunden zu haben. Bezeichnenderweise hatte 1995 der Bund der Deutschen Industrie die komplette Aufgabe des Verbots vertikaler Wettbewerbsbeschränkungen und die Einführung eines allgemeinen Missbrauchsprinzips gefordert[233]. Hiergegen hat sich die Kommission jedoch gewehrt. Die präventive Wirkung des Verbotsprinzips spiele eine fundamentale Rolle bei der Sicherstellung intakter Wettbewerbsbedingungen[234]. Artikel 82 und die Fusionskontrollverordnung reichten nicht aus.[235]

Für KMU gilt eine Sonderregelung. Gemäß den Leitlinien zur neuen Gruppenfreistellungsverordnung geht die Kommission davon aus, dass - abgesehen von den Fällen einer kumulativen Wirkung und den Kernbeschränkungen - Vereinbarungen zwischen KMU selten geeignet sind, den Handel zwischen den Mitgliedstaaten spürbar zu beeinträchtigen oder den Wettbewerb im Gemeinsamen Markt spürbar zu beschränken, wenn diese Unternehmen kollektiv oder individuell keine marktbeherrschende Stellung in einem wesentlichen Teil des Gemeinsamen Marktes halten[236]. KMU werden also

---

[230] *Grünbuch*, a.a.O. S. i

[231] *Grünbuch*, a.a.O. S. 1; *van Miert*, Competition Policy Newsletter Summer 1995, S. 1 ff., 5: Vertikalen Beschränkungen komme heute vor allem wegen der Globalisierung der Märkte, der beschleunigten technologischen Entwicklung und dem wachsenden Kapitalbedarf eine Schlüsselfunktion zu.

[232] Monopolkommission, Hauptgutachten 1990/91 Tz. 27

[233] Bericht des BDI "Standortfaktor Wettbewerbspolitik – Reformbedarf auf deutscher und europäische Ebene" Auch andere Industrieverbände fordern eine "flexiblere Handhabung" des Verbots in Art. 81 Abs. 1: UNICE (Modernsing EU competition policy; UNICE 1995); CBI (Loosing the strait-jacket CBI proposals for reform of the scope and administration of article 85 –CBI 1995) sowie ihre Rechtsberater und Fachanwälte. Vgl. Kommission *Grünbuch*, a.a.O. S. x

[234] *Mitteilung*, a.a.O. S.32

[235] *Mitteilung*, a.a.O. S. 15

[236] *Leitlinien*, a.a.O. Rz. 11

auch zukünftig privilegiert. Erst wenn das Unternehmen eine markt*beherrschende* Stellung innehat, werden seine vertikalen Vereinbarungen wettbewerblich überprüft.

IV. Ergebnis

Trotz der Sonderregelung für KMU kann festgestellt werden, dass die Gruppenfreistellungsverordnung - im Gegensatz zu der Fusionskontrollverordnung - nicht stark von industriepolitischen Einflüssen geprägt ist. Erstes Ziel der VO Nr. 2790/1999 ist die Steigerung der Effizienz im Verbraucherinteresse und dieses Ziel ist wettbewerblich motiviert.

Wenn die Integration der Volkswirtschaften nicht nur der Schaffung des Gemeinsamen Marktes wegen seiner Vorteilhaftigkeit für die Europäische Gemeinschaft selbst dient, sondern auch die internationale Wettbewerbsfähigkeit Europas fördert und aus diesem Grund vertikale Beschränkungen weiterhin kritisch untersucht werden, ist dies nur zu begrüßen. Ein Zielkonflikt besteht hier nicht.

§ 11 Resümee und Ergebnisse des 2. Teils

Die Untersuchung der Wettbewerbskonzeption der EG hat gezeigt, dass sich die Entscheidungspraxis der Kommission und die Rechtsprechung des EuGH/EuG nicht mit den in der wettbewerbspolitischen Diskussion gebräuchlichen Kategorien erfassen lässt. Sie ist geprägt von einem "komplexen Gemisch mehr oder weniger heterogener Elemente unterschiedlicher wettbewerbstheoretischer und –politischer Konzepte"[237]. Hinzu kommt, dass in diese "gemischte wettbewerbliche Konzeption" auch außerwettbewerbliche bzw. industriepolitische Zielsetzungen einfließen. Der Grund für diese pragmatische Vorgehensweise liegt darin, dass sich die Entscheidungen von Kommission und EuGH an den EG-spezifischen Vertragszielen orientieren müssen und somit eine Besonderheit gegenüber nationalen Kartellgesetzen aufweisen.

I. Schutzziele der EG-Wettbewerbspolitik

Die EG-Wettbewerbspolitik muss das Integrationsziel verfolgen, indem sie den Aufbau von Handelsschranken zwischen den Mitgliedstaaten durch Vereinbarungen von Unternehmen verhindert. Sie muss den Wettbewerb als solchen schützen, was bedeutet, dass sie zum einen die wirtschaftliche Handlungsfreiheit der Unternehmen sichern, zum anderen wohlfahrtsökonomisch positive Ergebnisse fördern muss. Daneben ist ihr mit Art. 3 Buchst. m) und Art. 157 noch die Stärkung der Wettbewerbsfähigkeit der Industrie der Gemeinschaft übertragen worden.

---

[237] *Kerber*, a.a.O. S. 172

II. Die wettbewerbstheoretischen Elemente der EG-Wettbewerbskonzeption

Dem im EG-Vertrag verankerten Zielbündel kann nicht eine an einer einzigen Wettbewerbskonzeption orientierte Wettbewerbspolitik gerecht werden. *Kirchhoff* spricht insofern davon, es gebe kein Patentrezept, welches Wettbewerbselement in welcher Dosis anzutreffen sein müsse. Die Vielfalt wirtschaftlicher Realität lasse sich nicht in ein theoretisches Modell pressen[238]. Es sei daher nicht sinnvoll, die Wettbewerbspolitik streng an ein marktformenorientiertes Leitbild anzupassen[239].

Dennoch lassen sich gewisse Tendenzen zu bestimmten wissenschaftlich begründeten Theorien durchaus erkennen[240].

Bei der Frage, ob eine Wettbewerbsbeschränkung nach *Art. 81 Abs. 1* vorliegt, geht die Kommission ebenso wie der Gerichtshof zumeist nach formalistischen Überlegungen vor. Angelehnt an die *ordoliberale Theorie von der Wettbewerbsfreiheit* stellen im Rahmen der Prüfung des Verbotstatbestands schon Beschränkungen der Handlungsfreiheiten der sich bindenden Unternehmen eine Wettbewerbsbeschränkung dar, sofern diese sich nur irgendwie spürbar auf dritte Marktteilnehmer auswirken können.

Bei der Prüfung des *Freistellungstatbestands* wird dann gleichermaßen das Blickfeld geweitet und es wird überprüft, ob die wettbewerbsbeschränkenden Abreden gesamtwirtschaftliche Vorteile mit sich bringen. Hier folgt die EG-Wettbewerbspolitik weitgehend dem *Konzept von der Funktionsfähigkeit des Wettbewerbs*. Sie stellt einen Zielkatalog auf und versucht zu ermitteln, welches Verhalten innerhalb welcher Marktstruktur zu welchen Ergebnissen führt. Das workable competition Konzept, das notwendigerweise auf Typisierungen angewiesen ist, wurde in der Vergangenheit mittels eines Marktverhaltensansatzes umgesetzt. Es hat sich jedoch herausgestellt, dass der Wettbewerb sinnvoll nur mittels eines Marktprozessansatzes erfasst werden kann, dem die neue Gruppenfreistellungsverordnung auch folgt. Marktstrukturmerkmale werden nunmehr kombiniert mit Verhaltensmerkmalen. Ein Performance-Test korrigiert eventuelle Fehlanalysen. Die Lehren der *Chicago School* haben insofern einen Einfluss auf die EG-Wettbewerbspolitik ausgeübt, als dass Effizienzgesichtspunkte innerhalb des für den workable competition Ansatz typischen Zielkatalogs an erster Stelle stehen. Die Erreichung dieser Effizienzgewinne wird aber nicht unkontrolliert dem Wettbewerb überlassen, sondern eingebettet in den structure-conduct-performance-Ansatz.

---

238 *Kirchhoff*, a.a.O., S. 317

239 *Kirchhoff*, a.a.O., S. 345

240 Auch nach *Everling*, WuW 1990, S. 1009 bedeutet ein derartiges pragmatischen Vorgehen keineswegs das Fehlen jeder Konzeption. *Fleischer*, WuW 2001, 6 ff., 17, spricht von einer "polyvalenten Zielstruktur".

III. Weiterentwicklung und Rangverschiebung in der EG-Wettbewerbspolitik

Die Untersuchung hat gezeigt, dass in der Reform der EG-Wettbewerbspolitik gegenüber vertikalen Wettbewerbsbeschränkungen, die mit Erlass der VO Nr. 2790/1999 abgeschlossen wurde, kein Bruch mit der sich innerhalb der letzten Jahrzehnte entwickelten Wettbewerbskonzeption vollzogen wurde. Die drei Hauptziele Integration, Schutz der Freiheit der Marktteilnehmer und Förderung gesamtwirtschaftlicher Vorteile werden weiterhin verfolgt. Es hat jedoch eine Rangverschiebung dieser Ziele stattgefunden und zur Verwirklichung dieser Ziele wird heute teils ein neuer Weg eingeschlagen.

Bislang stand die Integration der Märkte an erster Stelle des Zielkatalogs, danach folgte sowohl im Verbots- als auch im Freistellungstatbestand der Schutz der Freiheit der Unternehmen und erst an dritter und letzter Stelle wurde die Förderung gesamtwirtschaftlicher Vorteile berücksichtigt.

Heute steht der Schutz des Wettbewerbs wegen seiner Vorteilhaftigkeit für die Verbraucher und einer effizienten Ressourcenallokation im Vordergrund. Die Förderung gesamtökonomischer Vorteile ist damit vom letzten auf den ersten Rang verlagert worden. Weil zum Schutz des Wettbewerbs auch der Schutz der Freiheit der Marktteilnehmer gehört, ist dieses Ziel auf dem zweiten Platz verblieben[241]. Das Integrationsziel ist vom ersten Rang des EG-rechtlichen Zielkatalogs, den es noch im Grünbuch einnahm, auf den letzten Rang nach dem Schutz des Wettbewerbs wegen dessen wirtschaftlicher Vorteilhaftigkeit verdrängt worden. Es bleibt aber dennoch ein wichtiges Ziel, und vertikale Beschränkungen, die Parallelhandel oder Direkteinfuhren erschweren, sind auch heute noch verboten. Interessanterweise hat das Integrationsziel heute eine industriepolitische Einfärbung erhalten: Nur ein integrierter Gemeinsamer Markt ist in der Lage, zukünftig auf dem Weltmarkt konkurrenzfähig zu bleiben.

Diese neue Auslegung und Anwendung des Artikels 81 für den Bereich vertikaler Beschränkungen beseitigt die drei größten Unzulänglichkeiten des alten Systems. Sie beseitigt den Zwangsjackeneffekt, bezieht die Marktmacht der Unternehmen in die wettbewerbliche Prüfung ein und klammert Zwischenerzeugnisse, Dienstleistungen und Vereinbarungen zwischen mehr als zwei Unternehmen nicht unnötigerweise aus.

Fraglich ist jedoch, ob eine solche Auslegung und Anwendung mit den Grundprinzipien des Artikels 81 übereinstimmt, wie sie durch die Rechtsprechung des EuGH ver-

---

[241] vgl. auch *Oberender/Okruch*, WuW 1994, S. 507 ff., 510, wonach die anfänglich noch vom Leitbild der "vollkommenen Konkurrenz" geprägte wettbewerbspolitische Grundsatzentscheidung bruchlos für das Ziel des funktionsfähigen Wettbewerbs umgedeutet werden konnte.

bindlich ausgeformt worden sind. Es stellt sich die Frage, ob die Gruppenfreistellungsverordnung formell und materiell rechtmäßig ist[242].

Der folgende Teil der Arbeit soll daher die Rechtmäßigkeit der VO Nr. 2790/1999 überprüfen.

[242] Auch nach *Baur*, Der Missbrauch im deutschen Kartellrecht, S. 43 ff., 47, 66 ist es nicht zwingend, dass ein Wettbewerbsrecht entweder ausschließlich als Tauschgerechtigkeit verstandene Vertragsfreiheit zu verstehen ist oder ausschließlich als wirtschaftspolitische Maßnahme. Am Beispiel von § 1 und §§ 2 ff. GWB stellt er dar, dass das GWB bemüht ist, die für die Kartellbehörde maßgebenden wirtschaftspolitischen Ziele möglichst präzise zu formulieren, in ein Rangverhältnis zu bringen und so den Bereich wirtschaftspolitischen Ermessens möglichst einzuschränken, S. 73. Dies haben die Vertragsbegründer des EG-Vertrages bewusst nicht getan, sondern Art. 81 weit gefasst und die weitere Konkretisierung nach Art. 83 dem Rat überlassen. Wenn anstelle des Rates hier die Kommission gem. Art. 211 diese in Art. 2, 3 und 81 festgelegten Ziele ordnen und in ein Rangverhältnis bringen soll und für den Rechtsanwender das wirtschaftspolitische Ermessen einschränken soll, um den Gesetzesvollzug erst möglich zu machen, dann muss sich der anschließende Teil der Untersuchung mit der Frage auseinandersetzen, ob die Kommission sich hierbei in den rechtlichen Grenzen gehalten hat.

Teil 3
Die Rechtmäßigkeit der Gruppenfreistellungsverordnung Nr. 2790/1999 der Kommission

§ 12 Formelle Rechtmäßigkeit

Jede Norm - und damit auch die VO Nr. 2790/1999 der Kommission - muss vom zuständigen Organ im vorgeschriebenen Verfahren und in der gesetzlichen Form erlassen werden.

I. Zuständigkeit der Kommission

1. Grundsätzliche Zuständigkeit des Rates

Die Gesetzgebungsbefugnis wird nach den vertraglichen Regeln grundsätzlich dem Rat der EG (Art. 202) zugewiesen, der auf Vorschlag der Kommission entscheidet[1]. Für den Rat als Gesetzgebungsorgan gilt - wie für die Befugnisse aller anderen Gemeinschaftsorgane auch - der Grundsatz der sog. "compétence d'attribution" (Art. 7 Abs. 1). Im Unterschied zu der prinzipiell unbeschränkten Gesetzgebungsbefugnis der staatlichen Parlamente, ist der Rat bei seiner Rechtssetzung also auf die ihm durch die Verträge zugewiesenen Regelungsmaterien beschränkt[2].

Gemäß diesem Grundsatz der enumerativen Einzelermächtigung[3] ist dem Rat der Europäischen Gemeinschaften in Art. 83 die Ermächtigung erteilt worden, alle zweckdienlichen Verordnungen und Richtlinien zur Verwirklichung der in Art. 81 und 82 niedergelegten Grundsätze zu erlassen. Insbesondere sollen diese Gesetzgebungsakte gemäß Art. 83 Abs. 2 Buchst. b) die Einzelheiten der Anwendung des Art. 81 Abs. 3 festlegen; dabei ist dem Erfordernis einer wirksamen Überwachung bei möglichst einfacher Verwaltungskontrolle Rechnung zu tragen. Der Rat ist damit ermächtigt, Gruppenfreistellungsverordnungen zu erlassen.

Die VO Nr. 2790/1999 ist aber keine Rats-, sondern eine Kommissionsverordnung. Nach Art. 211, der die Aufgaben der Kommission festsetzt, muss die Kommission gemäß dem vierten Spiegelstrich die Befugnisse ausüben, die ihr der Rat zur Durchführung der von ihm erlassenen Vorschriften überträgt. Der Rat kann also im Wege der *Delegation* seine Gesetzgebungsbefugnis zur näheren Durchführung der von ihm erlassenen Vorschriften auf die Kommission übertragen[4]. Auch vorliegend handelt sich um

---

[1] vgl. hierzu *Schwarze*, Gesetzgebung in der Europäischen Gemeinschaft, S. 15

[2] *Schwarze*, Gesetzgebung, S. 15

[3] vgl. *Beutler/Bieber/Pipkorn/Streil*, S. 75

[4] Einer solchen Ermächtigungsnorm bedarf es. Eine Zuständigkeit der Kommission ergibt sich weder aus der materiellen Regelung des Art. 81 Abs. 3, noch aus Art. 249, der keine allgemeine Kompetenznorm ist, und auch nicht aus Art. 211, der auf andere Bestimmungen des Vertrages verweist; vgl. *Kai-*

eine solche abgestufte Rechtssetzung, bei der der Rat die Kommission ermächtigt hat, in einem von ihm selbst definierten Rahmen einzelne Durchführungsbestimmungen zu den Wettbewerbsvorschriften zu erlassen[5].

Der Gerichtshof hat die Rechtmäßigkeit der Durchführungsverordnung im Rahmen der Prozesse um das sog. "Chininkartell"[6] ausdrücklich bestätigt und die von den klagenden Unternehmen gegen eine Gesetzgebungstätigkeit der Kommission zur Regelung der Anhörungsvorschriften erhobenen prinzipiellen Rügen zurückgewiesen[7]. "Da die Anhörung der Beteiligten durch die Kommission im Grundsatz vom Rat vorgeschrieben worden ist, stellen die Vorschriften über das hierbei einzuhaltende Verfahren, so wichtig sie auch sein mögen, Durchführungsmaßnahmen im Sinne des erwähnten Art. 155 dar. Der Rat konnte daher dem zur Durchführung dieses Verfahrens zuständigen Organ die Aufgabe übertragen, die Einzelheiten des Verfahrens zu regeln."[8]

2. Ermächtigungs-VO Nr. 19/65 und deren Änderung durch VO Nr. 1215/99

Eine solche Ermächtigungsverordnung stellt die Verordnung 19/65[9] dar, zuletzt geändert durch die Verordnung Nr. 1215/1999 des Rates vom 10.06.1999[10].

Durch die geänderte Fassung der VO 19/65 wurde die Kommission ermächtigt, eine GVO für alle Arten vertikaler Beschränkungen zu erlassen[11], die Dienstleistungen, Zwischenerzeugnisse und Vereinbarungen zwischen mehr als zwei Unternehmen einbezieht, und die nur noch eine schwarze, aber keine weiße Liste mehr enthält[12]. Die Kommission wurde damit vom Rat, dem gemäß Art. 83 grundsätzlich zuständigen Organ, zur Durchführung der ihm zustehenden Befugnis ermächtigt. In dem vom Rat selbst definierten Rahmen hat die Kommission die VO 2790/1999 als Durchführungsverordnung erlassen[13].

---

ser, Zur Anwendung von Art. 85 Abs. 3 des EWG-Vertrages auf Gruppen von Kartellverträgen, S. 36 f.

[5] *Schwarze*, Die Befugnis zur Abstraktion im europäischen Gemeinschaftsrecht, S. 47

[6] EuGH Rs. 41/69, ACF-Chemiefirma N.V., Slg. 1969, 661; Rs 44/69, Buchler, Slg. 1969, 733 und Rs 45/69, Boehringer, Slg. 1969, 769. Es ging hier um die Kommissionsverordnung Nr. 99/63, ABl. Nr. 127 v. 20.08.1963, die auf der Grundlage des Art. 24 der VO 17/62 des Rates erlassen wurde und die die Anhörung der betroffenen Unternehmen im Kartellverfahren zum Gegenstand hatte.

[7] Die Tendenz des Rates, die Kommission zur Wahrnehmung prinzipiell ihm zustehender Rechtssetzungsaufgaben zu ermächtigen, ist nicht zu verkennen. *Wirsing* sieht darin ein Beispiel für die Verlagerung von Kompetenzen vom Rat auf die Kommission; es sei "beinahe zur Regel geworden, die Kommission in den Ratsverordnungen zu ermächtigen, erforderliche Durchführungs- oder Ausführungsbestimmungen zu erlassen." E. *Wirsing*, Europa- Archiv 1964, S. 86

[8] Siehe EuGH Rs. 41/69, Slg. 1969, S. 691

[9] ABl. 36 vom 6.3.1965, S. 533

[10] ABl. L 148 vom 15.06.1999, S. 1

[11] Vgl. 10. Erwägungsgrund der VO 1215/65, a.a.O.

[12] vgl. hierzu bereits oben, § 3 V.

[13] Zum Problem der umfassenden Ermächtigung in Art. 28 VO-Entwurf *Eilmansberger*, JZ 2001, 365 ff., 374

II. Verfahren

1. Verfahrensvorschriften für die Ermächtigungsverordnung des Rates

Nach Art. 83 Abs. 1 Satz 2 ist die VO Nr. 1215/1999 mit qualifizierter Mehrheit auf Vorschlag der Kommission[14] nach Anhörung des Europäischen Parlaments beschlossen worden. Wegen Zweckmäßigkeit hat der Rat auch die Stellungnahme des Wirtschafts- und Sozialausschusses gemäß Art. 262 Unterabsatz 2 eingeholt[15]. Die Ratsverordnung ist damit in dem im Vertrag dafür vorgesehenen Verfahren erlassen worden.

2. Verfahrensvorschriften für die Durchführungsverordnung

Für die daraufhin zu erlassene Durchführungsverordnung der Kommission gelten diese Verfahrensvorschriften nicht. Bei der anschließenden Ausübung der übertragenen Befugnisse ist die Kommission nicht mehr an die für den Rat maßgeblichen Verfahrensvorschriften gebunden[16]. Ihre Gestaltungsfreiheit wird durch die Delegationsnorm - also die Ermächtigungsverordnung selbst -, die Vertragsvorschriften und die allgemeinen Rechtsgrundsätze begrenzt[17].

Nach Art. 5 der VO 19/65 muss die Kommission vor Erlass der Verordnung den Verordnungsentwurf mit der Aufforderung an alle Betroffenen veröffentlichen, ihr innerhalb einer Frist, die sie auf mindestens einen Monat festsetzt, Bemerkungen mitzuteilen. Insbesondere die Mitgliedstaaten sind aufgefordert, zu dem Verordnungsentwurf Stellung zu nehmen[18]. Dies hat sie mit der Mitteilung nach Artikel 5 der Verordnung Nr. 19/65 vom 24.09.1999 getan[19].

Gemäß Art. 6 der VO Nr. 19/65, geändert durch Art. 1 Nr. 3 der VO Nr. 1215/1999, muss die Kommission den "Beratenden Ausschuss für Kartell- und Monopolfragen" vor der Veröffentlichung eines Entwurfs der Verordnung sowie vor dem Erlass der Verordnung anhören[20].

---

[14] ABl. C 364 v. 26.11.1998, S. 27 und 30

[15] ABl. C 116 v. 28.04.1999. Vgl. *Schröter* in G/T/E, Art. 87, erster Teil Rz. 20: Die Anhörung ist zwar nicht vorgeschrieben, erfolgt jedoch regelmäßig wegen der erheblichen wirtschaftlichen Tragweite der auf diesem Gebiet zu treffenden Bestimmungen.

[16] *Schmitt von Sydow*, in: Groeben/Thiesing/Ehlermann, S. 186, Rz. 45

[17] *Schwarze*, Gesetzgebung, a.a.O., S. 241f.

[18] vgl. Pressemitteilung vom 30.04.1999, DN:IP/99/286: Council gives green light for reform of the EU competition rules applicable to vertical restraints, S. 2

[19] ABl. C 270 v. 24.09.1999 S. 6

[20] Vgl. Präambel der VO 2790/1999

III. Form

Zu den Formvorschriften zählt insbesondere Art. 253. Danach sind "die Verordnungen, Richtlinien und Entscheidungen des Rates und der Kommission ... mit Gründen zu versehen." Das besagt nicht nur, dass diesen Akten überhaupt Gründe beizugeben sind, sondern überdies, dass die Begründung gewissen formalen und inhaltlichen Mindestanforderungen genügen muss[21].

Sinn und Zweck des Art. 253 ist es, dass das den Rechtsakt erlassende Organ sorgfältig Rechenschaft über die Verordnungsvoraussetzungen ablegt[22], wobei vom Gerichtshof an die Begründung von Rechtsakten weniger strenge Anforderungen gestellt werden als an individuelle Entscheidungen. Die Begründung einer Verordnung könne sich darauf beschränken, "die Gesamtlage anzugeben, die zu dem Erlass der Maßnahme geführt hat, und die allgemeinen Ziele zu bezeichnen, die mit ihr erreicht werden sollen. Daher kann nicht verlangt werden, dass sie die mitunter sehr zahlreichen und weit verzweigten tatsächlichen Umstände im einzelnen anführt, auf deren Grundlage die Verordnung ergangen ist, und noch weniger, dass sie diese Umstände mehr oder weniger vollständig würdigt."[23]

Außer der Erklärung, vertikale Wettbewerbsbeschränkungen zwischen nicht marktstarken Unternehmen hätten eine effizienzsteigernde Wirkung und diese Gewinne würden ob des Wettbewerbsdrucks an die Verbraucher weitergegeben werden, enthalten die Begründungen der neuen Gruppenfreistellungsverordnung[24] keine Erklärung dafür, warum grundsätzlich sämtliche Vertikalverträge (bis auf einige Kernbeschränkungen) zwischen Unternehmen ohne Marktmacht freigestellt werden sollen.

Ist Normzweck des Begründungszwangs, dass der Verordnungsgeber Rechenschaft über seine Regelung ablegt und den Adressaten Sinn und Zweck der Regelung darlegt, dann muss es als zulässig erachtet werden, auf pauschale Feststellungen zurückzugreifen, wenn die Vorarbeiten zu der Verordnung umfangreich waren und öffentlich geführt wurden. Aus dem Grünbuch und der darauffolgenden Mitteilung wird deutlich, wie intensiv sich die Kommission mit der Materie auseinandergesetzt hat, und die Leitlinien geben den betroffenen Unternehmen umfangreiche Hilfestellungen bei der Anwendung der neuen GVO.

Der Kommission ist es mithin gelungen, "zwischen der Scylla völlig nichtssagender Begründungen und der Charybdis eines Begründungszwangs hindurchzusteuern, der nahezu Schriftsätze wie in einem Prozess erfordert."[25]

---

[21] *Daig*, Nichtigkeits- und Untätigkeitsklagen, S. 131
[22] *Daig*, a.a.O. S. 134
[23] EuGH 5/67, Slg. 1968, 144; EuGH 87/78, Slg. 1978, 2468
[24] Die Begründungserwägungen der Ratsverordnung entsprechen weitgehend denen der Kommissionsverordnung. Auf sie soll deshalb nicht gesondert eingegangen werden.
[25] *Steindorff*, Rechtsschutz, S. 70

§ 13 Materielle Rechtmäßigkeit

Das Sekundärrecht ist im Einklang mit dem Grundsatz von der Hierarchie der Rechtsnormen an höherrangige Normen der Verträge und an übergeordnete allgemeine Rechtsgrundsätze gebunden[26]. Die Gemeinschaftsverträge unter Einschluss der ihnen gleichgestellten Rechtsakte[27], die Verordnungen des Rates und die Verordnungen der Kommission stehen zueinander grundsätzlich in einem hierarchischen Verhältnis[28]. Diesen Grundsatz hat der EuGH bestätigt, indem er entschieden hat, dass eine Durchführungsverordnung die Bestimmungen der Grundverordnung, von der sie abgeleitet ist, nicht ändern kann[29].

I. Die Normenhierarchie im Wettbewerbsrecht

Im europäischen Wettbewerbsrecht ergibt sich folgende Normenhierarchie[30]:

- Das grundlegende Ziel ist die Errichtung eines Systems, das den Wettbewerb innerhalb des Gemeinsamen Marktes vor Verfälschungen schützt. Dies wird in den *Art. 2 und 3 Abs. 1 Buchstabe g* festgelegt.

- Die grundlegenden materiellen Wettbewerbsregeln, die zur Errichtung eines europäischen Wettbewerbsrechts notwendig sind, enthalten die *Art. 81 und 82.*

- Die zur Verwirklichung der dort niedergelegten Grundsätze weiter erforderliche Ausführungsgesetzgebung ist dem Rat anheim gestellt. Der Vertrag räumt ihm zu diesem Zweck in *Art. 83* die Befugnis ein, alle zweckdienlichen Regelungen zu erlassen.

- Der Rat seinerseits kann im Wege der abgestuften Rechtssetzung wiederum die *Kommission* ermächtigen, einzelne Durchführungsvorschriften zu erlassen.

Damit muss die VO Nr. 2790/1999 der Kommission im Einklang mit der Ermächtigungsnorm des Rates stehen, darf nicht gegen die grundlegenden materiellen Wettbewerbsregeln in Art. 81 und 82 verstoßen und muss mit dem grundlegenden Ziel der Gemeinschaft - der Errichtung eines Systems, das den Wettbewerb vor Verfälschungen schützt - vereinbar sein[31].

---

[26] *Schwarze*, Gesetzgebung, S. 20

[27] Das sind zusätzliche Protokolle und Abkommen, die zwischen den Mitgliedstaaten vereinbart sind, z.B. Protokoll über die Satzung des EuGH (Art. 245 I)

[28] *Schwarze*, Verwaltungsrecht, S. 233

[29] EuGH Rs 38/70, "Tradax", Slg. 1971, 145, 155

[30] vgl. hierzu *Schwarze*, Abstraktion, S. 46 f.

[31] *Müller-Graff*, EuR 1992, 29, stellt einen "organischen Normenbaum des Gruppenfreistellungsrechts" auf "mit den Art. 2 und 3 lit. f. EWGV als Wurzel, den Art. 85, 87 und 155 EWGV als Stamm, den aus dem drohenden Kompetenzstreit zwischen Kommission und Rat erwachsenen (und vom Gerichtshof nicht gestutzten) Ermächtigungs-Verordnungen des Rates für bestimmte vertikale und hori-

1. Vereinbarkeit der Kommissionsverordnung mit VO Nr. 19/65

Die VO Nr. 2790/1999 der Kommission geht nicht über die Ermächtigung in VO Nr. 19/65, geändert durch VO Nr. 1215/1999 des Rates hinaus und hält sich deshalb innerhalb der ihr gesteckten Grenzen, die oben bereits dargestellt wurden[32].

2. Vereinbarkeit der Kommissionsverordnung mit Art. 81

Nach dem Grundsatz von der Hierarchie der Normen muss sich die sekundärrechtliche GVO im Rahmen der primärrechtlichen Ermächtigungsgrundlage halten. Gemäß Art. 83 muss eine Gruppenfreistellungsverordnung eine zweckdienliche Regelung darstellen, die der *Verwirklichung der in Art. 81 niedergelegten Grundsätze* dient, und die die Einzelheiten der Anwendung des Art. 81 Abs. 3 unter Beachtung des Erfordernisses einer wirksamen Überwachung bei möglichst einfacher Verwaltungskontrolle Rechnung trägt.

Welches sind aber die in Art. 81 niedergelegten Grundsätze, denen die VO Nr. 2790/1999 entsprechen muss?

II. Verwirklichung der in Art. 81 niedergelegten Grundsätze

Art. 81 enthält statt detaillierter Regelungen nur allgemeine Grundsätze. Die gesamte Wettbewerbsordnung der EG soll "wirksam, einfach und elastisch"[33] sein. Aus dem Zusammenhang mit Art. 83 ergibt sich, dass das vom Rat - oder kraft Ermächtigung von der Kommission - gesetzte Recht dergestalt sein muss, dass die administrative Anwendung und Durchsetzung dieses Rechts ebenfalls wirksam und einfach ist und sich den jeweiligen tatsächlichen Bedingungen und Anforderungen anpasst[34].

Dass Art. 81 einen solchen weiten Spielraum lässt, bedeutet nicht, dass er praktisch inhaltsleer ist. Der im EG-Vertrag manifestierte Wille zur Errichtung eines Gemeinsamen Marktes beruht auf dem Gedanken, den Wohlstand durch rationelle zwischenstaatliche Arbeitsteilung zu steigern. Dies bedingt den freien Warenverkehr zwischen den Staaten und die Absage an das System nationalen Protektionismus. Um zu verhin-

---

zontale Vereinbarungen sowie Luftverkehrs- und Versicherungsabsprachen als Ästen, den davon in Inhalt, Laufzeit, Erlassverfahren und Missbrauchsaufsicht vorgeprägten GVOen der Kommission als Zweigen und Blättern sowie zwei Freistellungsverordnungen des Rates im Verkehrsbereich und Einzelentscheidungen der Kommission als Einzeltriebe."

[32] vgl. hierzu bereits § 3 V.

[33] *Kaiser*, a.a.O., S. 20

[34] vgl. hierzu *Kaiser*, a.a.O. S. 20: "Der Wille der Vertragsschließenden, ein elastisches Wettbewerbsrecht zu schaffen, ist ebenso evident wie unbestritten. Es sollte sich darin unter allen Umständen von der Regelung des Wettbewerbs im Montanvertrag (Art. 65 mit Art. 4 EGKSV) unterscheiden. Mit dessen Starrheit, die mit Recht fatal genannt wurde, haben die Mitgliedstaaten schlimme Erfahrungen gemacht."

dern, dass die abgebauten staatlichen Handelshemmnisse durch private Vereinbarungen wieder aufgebaut werden, müssen die Wettbewerbsregeln vorsehen, dass *jede* Vereinbarung zwischen Unternehmen, die die *Gefahr* in sich birgt, diesem Ziel zuwiderzulaufen, *zunächst einmal* als für den gemeinschaftlichen Wettbewerb schädlich angesehen wird. Eine Erlaubnis derartig gefährlicher Vereinbarungen darf grundsätzlich nur nach Prüfung der potentiellen Auswirkungen auf den Markt erteilt werden. Die Wettbewerbsregel in Art. 81 ist daher nur als grundsätzliches Verbot mit Freistellungstatbestand auszugestalten gewesen.

1. Verbotsprinzip als Grundsatz

Das als Grundsatz in Art. 81 manifestierte Verbotsprinzip darf durch Sekundärgesetzgebung weder aufgehoben noch modifiziert werden[35]. Sofern eine Vereinbarung die Tatbestandsvoraussetzungen des Art. 81 Abs. 1, aber nicht die des Art. 81 Abs. 3 erfüllt, ist sie ohne Entscheidung gemäß Art. 81 Abs. 2 nichtig. Eine Umkehr in dem Sinne, dass Art. 81 nur als Eingriffsermächtigung für die Exekutive gesehen wird und das Verbot nur nach entsprechender konstitutiver Entscheidung wirksam wird (Missbrauchsprinzip), wäre mit Art. 81 unvereinbar und eine entsprechende Verordnung nicht von Art. 83 gedeckt[36]. Hierdurch würden die in Art. 81 und 82 niedergelegten Grundsätze nicht verwirklicht, sondern umgekehrt werden[37].

Entscheidend ist, in welcher Art und Weise das Verbotsprinzip in Art. 81 zu verstehen ist. Die eine Auslegungsmöglichkeit wäre, die Nichtanwendbarkeit des Verbotstatbestands immer von einer Entscheidung der Exekutive oder einer eng auszulegenden Gruppenfreistellung abhängig zu machen. Artikel 81 wäre dann im Sinne eines *repressiven Verbots mit Ausnahmemöglichkeit im Einzelfall* zu verstehen. Die andere Möglichkeit wäre, Artikel 81 so auszulegen, dass immer dann, wenn eine unter das Verbot fallende Vereinbarung die vier Freistellungsvoraussetzungen kumulativ erfüllt, das Verbot automatisch, d.h. ohne Entscheidung im Einzelfall oder Gruppenfreistellung nicht anwendbar ist (Prinzip der *Legalausnahme*). Die Frage geht also letztlich dahin, ob mit dem Freistellungstatbestand zwingend ein eng auszulegender Erlaubnisvorbehalt geschaffen wurde, oder ob er auch im Sinne eines System der Legalausnahme ausgelegt werden kann. Sollte sich die primärrechtliche Vorschrift des Art. 81 bereits auf ein repressives Verbot mit ausnahmsweiser Freistellungsmöglichkeit festgelegt haben, bestünden ernsthafte Rechtmäßigkeitsbedenken bei einer Gruppenfreistellungsverord-

---

[35] *Koch*, BB 1959, S. 241, 242, etwas anders *Schmit/Herzog*, Art. 87, 87.06, wonach zwar Modifikationen durch den Rat zulässig sind, die grundsätzlichen Prinzipien der Art. 81 und 82 aber gewahrt werden müssen.

[36] *Koch*, BB, a.a.O. S. 242; *Spengler*, WuW 58, 80; *Everling* in Wohlfarth/Everling/Glaesner/Sprung, S. 254: Auch auf Grund Art. 308 könne das Verbotsprinzip nicht durch das Missbrauchsprinzip ersetzt werden, "weil es sich dabei um eine Vertragsänderung handeln würde, bei der nach Art. 236 zu verfahren wäre." So auch *Deringer* in WuW/EWG-Wettbewerbsrecht, Art. 87 Rz. 14 mit Fußnote Nr. 19

[37] *Gleis/Hirsch*, Art. 87 Rz. 2

nung, die den Freistellungstatbestand sehr weit auslegt und grundsätzlich alle vertikalen Beschränkungen zwischen Unternehmen ohne Marktmacht vom Verbot freistellt.

2. Art. 81 Abs. 3 als Ermächtigungsvorbehalt oder Legalausnahme

a. *Auslegung des Art. 81 als repressives Verbot mit Ausnahmemöglichkeit im Einzelfall?*

Für *Emmerich*[38] steht die Anwendung des Art. 81 Abs. 1 unter dem Vorbehalt der Nichtanwendbarkeitserklärung nach Art. 81 Abs. 3, die als gestaltender Verwaltungsakt der dafür zuständigen Instanz vorbehalten ist. Das in Art. 81 unstrittig festgelegte Verbotsprinzip ist für ihn *kraft Vertrages* zwangsläufig mit dem Erlaubnisvorbehalt verbunden: "Die rechtliche Konstruktion als Verbot mit Freistellungsvorbehalt ist durch den Vertrag vorgegeben und kann daher auch nicht durch Verordnung geändert werden, etwa im Sinne einer Legalausnahme dahingehend, dass nach Art. 85 Abs. 3 zu rechtfertigende Klauseln nach einer "rule of reason" ganz automatisch von dem Kartellverbot ausgenommen sind."[39]

Sollte die Einschätzung *Emmerichs* zutreffen, dann müsste sich aus den Absätzen 1 und 3 zwangsläufig ein - auch zahlenmäßig zum Ausdruck kommendes - Regel-Ausnahme-Verhältnis ergeben[40]. Auch nach *Schrötor*[41] wird in Art. 81 Abs. 3 das streng gefasste Verbot des Absatzes 1 nur durch Zulassung von Befreiungen bis zu einem gewissen Grad abgemildert. Folgerichtig ist dann die Konsequenz dieser Auslegung: "Beide Bestimmungen stehen zueinander in einem Verhältnis von Regel und Ausnahme."[42]

Nach *Koch*[43] ist die Nichtanwendbarkeitserklärung keine Erlaubnis im herkömmlichen Sinne der Verwaltungsrechtsfigur des "'Verbots mit Erlaubnisvorbehalt', mit dem Inhalt, dass dem grundsätzlich rechtmäßigen, lediglich aus Gründen der Überwachung dem Kartellverbot unterstellten wettbewerbsbeschränkenden Zusammenwirken der Unternehmen keine Hindernisse entgegenständen. Es handelt sich um eine Ausnahme von dem allgemeinen Verbot des Art. 85 Abs. 1, durch den das verbotene Zusammenwirken von dem repressiven Kartellverbot - d.h. von einer grundsätzlich missbilligten Betätigung - *ausnahmsweise* freigestellt wird und der Grundsatz der Wettbewerbsfreiheit *im Einzelfall* zurücktritt."[44] Diesen repressiven Charakter des Freistellungsverbots und das daraus folgende Verhältnis von Regel und Ausnahme habe dann konsequen-

---

[38] in *Immenga/Mestmäcker* EG-Wettbewerbsrecht, Art. 87 Rz. 2
[39] *Immenga/Mestmäcker* EG-Wettbewerbsrecht, Art. 87 Rz. 18
[40] anders: *Weyer*, ZHR 2000, 611 ff., 624 "Dem (der weiten Auslegung von Art. 81 Abs. 3) steht die Bezeichnung als Verbot mit Erlaubnisvorbehalt nicht entgegen ... ." (Klammerzusatz durch den Verfasser)
[41] in *G/T/E*, Art. 85 Einführung Rz. 29
[42] *Schröter in G/T/E*, Art. 85 Einführung, Rz. 29
[43] in: *Grabitz/Hilf*, Art. 81 Rz. 155
[44] Hervorhebungen durch den Verfasser. Hierzu auch Fikentscher, WuW 2001, 446 ff., 449

terweise auch die Freistellung abstrakt definierter Vereinbarungen in Form der Gruppenfreistellungen zu beachten[45].

Grundlage dieser Auffassung ist das ordoliberale Verständnis von der Wettbewerbsfreiheit, wonach eine Freiheitsbeschränkung gleichzusetzen ist mit einer zu verbietenden Wettbewerbsbeschränkung. Mittels einer Gruppenfreistellungsverordnung wird demzufolge eine nicht voraussehbare Anzahl von Vereinbarungen freigestellt, die den Grundsatz vom freien Wettbewerb verletzen. Konsequenterweise stößt die Möglichkeit einer Gruppenfreistellung dieser Auffassung zufolge schon prinzipiell auf Bedenken[46]. Jedenfalls müsse Art. 81 Abs. 3 aber eng ausgelegt werden und von der Ermächtigung zu Gruppenfreistellungen dürfe nur zurückhaltend Gebrauch gemacht werden[47]. Dementsprechend wird auch die Meinung vertreten, die alten Gruppenfreistellungsverordnungen im Vertikalbereich hätten "häufig bereits des Guten zuviel" getan. Es habe sich um eine "unnötig großzügige Behandlung" restriktiver Vertriebssysteme gehandelt[48].

Sollte Art. 81 in diesem Sinne bereits primärrechtlich festgelegt sein, dann würde die "Schirm"-GVO, die grundsätzlich alle Typen von Vereinbarungen in allen Arten von Vertriebssystemen zwischen Unternehmen ohne Marktmacht vom Verbot freistellt, gegen einen dem Art. 81 immanenten Grundsatz verstoßen und wäre damit materiell rechtswidrig[49]. Immerhin werden voraussichtlich bis zu 90 % aller Vertikalverträge zukünftig nicht mehr verboten sein[50].

aa. Wortlaut des Art. 81 Abs. 3

Für die Auslegung des Kartellverbots im Sinne eines repressiven Verbots mit ausnahmsweiser Freistellbarkeit spricht, dass Art. 81 Abs. 3 ausdrücklich davon ausgeht, dass der Verbotstatbestand auf bestimmte Vereinbarungen für nicht anwendbar *erklärt werden* kann. Entspräche Art. 81 eindeutig dem Prinzip der Legalausnahme, läge der Wortlaut: " ... sind nicht anwendbar" näher.

Andererseits ist nicht verständlich, warum in einem System des repressiven Verbots mit Erlaubnisvorbehalt das Verbot unter bestimmten Voraussetzungen nur für nicht anwendbar erklärt werden *kann* und nicht *muss*, obwohl es allgemeiner Überzeugung

---

[45] so folgerichtig *Koch* in: Grabitz/Hilf Art. 81, Rz. 187
[46] zumal Art. 81 Abs. 3, anders als §§ 2 bis 7 GWB, nicht einmal eingrenzt, für welche Arten von Vereinbarungen eine Ausnahme vom Verbot vorgesehen wird. Insofern kann hier in der Tat von einem "Trojanischen Pferd" gesprochen werden, vgl. *Säcker*, Zielkonflikte, S. 5, zum GWB.
[47] *Hossenfelder/Müller/Parlasca*, ZHR 160 (1996) 1 ff. 23
[48] *Koch* Art. 85 Rz. 156. Genauso *Schröter* in G/T/E Art. 85 Abs. 3 Rz. 202. Vgl. auch *Kallfass*, WuW 1999, S. 225 ff., 237: "Andererseits durchlöchert die gruppenweise Freistellung verschiedener vertikaler Vertragstypen das generelle Prinzip des europäischen Kartellverbots in einem unkontrollierbaren Umfang."
[49] vgl. hierzu *Schütz*, WuW 2000, 686 ff., 690: GVOen waren in ihrem Anwendungsbereich Legalausnahmen.
[50] *Mitteilung* der Kommission über die Anwendung der EG-Wettbewerbsregeln, ABl. C 365 v. 26.11.1998, S. 5 Fn. 3 und S. 33

entspricht, dass Art. 81 Abs. 3 kein Rechtsfolgeermessen einräumt[51]. In diesem Fall hätte der Wortlaut: "muss" oder "ist für nicht anwendbar zu erklären" näher gelegen. Eine andere, dem vertraglich festgelegten Genehmigungssystem ebenfalls wesentlich näherkommende Ausgestaltung wäre nach Auffassung der Kommission der Wortlaut: "Vereinbarungen können *für gültig* erklärt werden" gewesen, anstatt die heutige negative Formulierung "die Bestimmungen des Absatzes 1 können für nicht anwendbar erklärt werden."[52]

Der weder für ein Genehmigungssystem noch für eine Legalausnahme sprechende Wortlaut ist keine "versehentliche Ungenauigkeit" der Vertragsgründer gewesen. Er ist vielmehr darauf zurückzuführen, dass schon bei den Verhandlungen über die Ausgestaltung der Vertragsbestimmung des Art. 81 in der zuständigen Arbeitsgruppe zwischen den französischen und den deutschen Vertretern Streit darüber bestand, ob Absatz 3 als Erlaubnisvorbehalt oder Legalausnahme auszugestalten sei. Frankreich, dessen entsprechende nationale Vorschrift seinerzeit in Art 59 bis und 59 ter VO 45 ein Prinzip des Verbots mit Legalausnahme vorsah, wollte Artikel 81 als eben solches System ausgestalten, während die deutsche Delegation entsprechend ihrer Regelung in §§ 1-8 GWB für ein Verbot mit Erlaubnisvorbehalt plädierte[53]. Schließlich hat man sich als Kompromiss auf den aktuellen Wortlaut des Art. 81 Abs. 3 geeinigt[54]: Eine Freistellung kann entweder einzeln (durch individuell - konkreten Verwaltungsakt im Sinne der deutschen Forderung) oder gruppenweise (mittels generell - abstrakter Verordnung im Sinne des französischen Vorbilds) erteilt werden[55]. Ein endgültiger Ausgleich der Interessen war mit der Formulierung von Art. 81 Abs. 3 also noch nicht zustande gekommen[56].

---

[51] vgl. zum Meinungsstreit statt aller: *Baldi*, Die Freistellung vom EWG-Kartellverbot, S. 264 ff. m.w.N.

[52] *Weißbuch* über die *Modernisierung* der Vorschriften zur Anwendung der Artikel 85 und 86 EG-Vertrag, KOM(99) 101 endg., S. 11; *Bartosch*, EuZW 2001, 101 ff. 102; *Eilmansberger*, JZ 2001, 365

[53] *Wilmanns*, Die Gültigkeit von Kartellen nach Art. 85 EWG-Vertrag und der Verordnung Nr. 17, S. 58: In Frankreich stand das Verbot des Art. 59 bis der VO Nr. 45-1483 unter dem gleichzeitigen Vorbehalt von Art. 59 ter. Das Verbot und dessen Ausnahme wird als eine Einheit angesehen. Die Commission Technique des Ententes nimmt lediglich auf Grund einer Beschwerde oder von Amts wegen eine Untersuchung vor; sie wägt in ihren "avis" a posteriori den wettbewerbsbeschränkenden Teil einer Vereinbarung gegenüber den positiven Wirkungen ab.

[54] Die Kommission spricht im *Weißbuch* über die *Modernisierung*, a.a.O. S. 11 von einem Kompromiss zwischen den Delegationen. *Appeldoorn*, E.C.L.R. 2001, 400 ff., 401; *Ehlermann*, E.C.L.Rev. 2000, 537 ff., 538 ff.

[55] Konsequenterweise müssen die Vertreter der Auffassung, Art. 81 sei im Sinne eines repressiven Verbots mit ausnahmsweiser Freistellbarkeit zu verstehen, auch gegen eine Gruppenfreistellung durch Verordnung sein. Es überrascht deshalb nicht, dass *Koch*, BB 1959, 246, die Ansicht vertrat, Art. 85 Abs. 3 sehe nur die Möglichkeit für eine Erlaubniserteilung im Einzelfall vor. Auch *Hefermehl*, in Baumbach-Hefermehl, Art. 85 Rz. 10 nahm an, Art. 85 Abs. 3 berechtige nur dazu, bestimmten Unternehmen oder Unternehmensvereinigungen für Maßnahmen, die sie regelmäßig treffen, eine über den Einzelfall hinausgehende generelle Freistellung zu erteilen.

[56] *Baldi*, a.a.O. S. 235 f.

bb. VO Nr. 17/62

Der "alte Streit"[57] entbrannte bei Erlass der VO Nr. 17/62 aufs neue[58]. Im Verlauf der Verhandlungen über den Entwurf zur Verordnung Nr. 17 ist im Wirtschafts- und Sozialausschuss, im Europäischen Parlament und im Ministerrat erneut heftig über die Frage gestritten worden, welchem System bei der Anwendung von Art. 81 Abs. 3 der Vorzug zu geben sei[59]. Während Art. 1 Abs. 2 des Entwurfs vom 28.10.1960 noch lautete: "Die Kommission kann die Bestimmungen des Art. 85 Abs. 1 gemäß Art. 85 Abs. 3 des Vertrages nur auf Antrag und mit Wirkung von dem Zeitpunkt der Entscheidung an für nicht anwendbar erklären", weicht die endgültige Fassung erheblich von diesem ab. Letztlich ist durch die VO Nr. 17/62 ein *Mischsystem* entstanden, das in einem Kompromiss zwischen den beiden Systemen der Legalausnahme und des Erlaubnisvorbehalts besteht[60].

Art. 4 VO Nr. 17/62 verpflichtete Unternehmen, die für ihre Vereinbarung Art. 81 Abs. 3 in Anspruch nehmen wollten, grundsätzlich dazu, diese bei der Kommission anzumelden. Solange keine Anmeldung erfolgt war, konnte auch keine Freistellung erfolgen. Nach Art. 9 VO Nr. 17/62 war die Kommission ausschließlich für die Erteilung von Freistellungsentscheidungen zuständig. Diese Regelungen sprechen für ein System des Verbots mit Erlaubnisvorbehalt.

Trotz des Verbots von Art. 81 Abs. 1 war jedoch vor einer Entscheidung nach Art. 81 Abs. 3 die Verhängung von *Bußgeldern* ausgeschlossen, wenn die Vereinbarungen bei der Kommission angemeldet war und wenn sich die Tätigkeit im Rahmen der Anmeldung hielt (Art. 15 Abs. 5 Buchst. a VO 17). Obwohl die Vereinbarung von Beginn an eine verbotene Wettbewerbsbeschränkung darstellte, waren Repressalien erst ab Ablehnung der Freistellungsentscheidung zulässig. Ferner konnte die Freistellung *rückwirkend* zum Zeitpunkt der Anmeldung erteilt werden (Art. 6 VO 17), während beim klassischen Verbot mit Erlaubnisvorbehalt die Erlaubnis grundsätzlich nur für die Zukunft wirken kann. Schließlich waren die nicht anmeldebedürftigen Neukartelle (Art. 4 Abs. 2 VO 17[61]) sowie die anmeldebedürftigen und rechtzeitig angemeldeten Altkartelle (Art. 6 Abs. 2 VO 17) in Abweichung vom Grundsatz schon vor Erteilung der Freistellung *vorläufig gültig*[62]. Diese Regelungen entsprechen nicht dem klassischen System des Verbots mit Erlaubnisvorbehalt.

---

[57] *Baldi*, a.a.O. S. 236

[58] vgl. Kommission im *Weißbuch* über die *Modernisierung*, a.a.O. S. 11

[59] vgl. Darstellung des Streits vom ersten Vorschlag der Kommission vom 28.10.1960, Dok. IV KOM(60) 158 endg.; abgedr. in WuW 1960, S. 856 ff., über die Behandlung im WSA und im EP, die Behandlung im Ministerrat bis zur Einigung auf die endgültige Version bei *Wilmanns*, a.a.O., S. 59 ff.

[60] *Wilmanns*, a.a.O. S. 63; *Baldi*, a.a.O., S. 236, *Gleis/Hirsch*, Art. 85 (3) Rz. 465

[61] Seit dem 10.06.1999 sind durch Änderung der VO 17/62 sämtliche vertikale Vereinbarungen von der Meldepflicht befreist, VO 1216/1999, ABl. L 148 v. 15.06.1999, S. 5 ff.

[62] *Gleis/Hirsch*, Art. 85 (3) Rz. 465

cc. *Rechtsprechung des Gerichtshofs*

Der Gerichtshof[63] bezeichnet die Freistellung vom Verbot als "Ausnahmegenehmigung"[64]. Dies entspricht der Erkenntnis, dass der Wettbewerb das beste Mittel ist, um die allgemeinen Ziele des Vertrages zu erreichen. Nur dann, wenn die gesamtwirtschaftlichen Vorteile einer Absprache die mit ihr verbundenen Nachteile für den Wettbewerb zumindest ausgleichen können, kommt eine Befreiung in Betracht[65].

Diese Überzeugung ist aber nicht gleichzusetzen mit einem repressiven Verbot und einer auch zahlenmäßig zum Ausdruck kommenden ausnahmsweisen Freistellung. Hätte Art. 81 Abs. 3 nach Auffassung des Gerichtshofs den Charakter einer absoluten Ausnahmeregelung, hätte er den Ausführungen der Kommission im "Grundig und Consten"-Urteil nicht widersprochen. Diese hatte geltend gemacht, die Vorschriften des Art. 81 Abs. 3 trügen Ausnahmecharakter, und daraus folge, dass "im Zweifelsfalle die Befreiung versagt werden müsse", sowie dass "die Anforderungen an die Begründung im Fall der Versagung geringer sind, als wenn die Befreiung bewilligt würde."[66]. Der Gerichtshof teilte die Auffassung der Kommission nicht. Zum einen obliege es der Kommission, den wahren Sachverhalt zu ergründen, zum anderen unterstreicht das Gericht im Hinblick auf die gerichtliche Nachprüfung die Pflicht der Behörde zur eingehenden Entscheidungsbegründung[67]: Die Kommission muss detailliert und von Amts wegen überprüfen, welche Nachteile und welche Vorteile die Wettbewerbsbeschränkung zur Folge hat. Kommt sie zu dem Ergebnis, dass die Vorteile die Nachteile überwiegen, muss sie die Beschränkung freistellen. Sie kann sich nicht darauf berufen, die Unternehmen seien dazu verpflichtet, das Vorliegen der Freistellungsvoraussetzungen zu beweisen und bei Beweisfälligkeit die Freistellung zu verweigern. Überwiegen die Vorteile für den Wettbewerb, ist die Vereinbarung wettbewerblich wünschenswert und stellt gerade keinen Ausnahmefall dar, in dem der Schutz des Wettbewerbs aus anderen Erwägungen zurücktreten muss[68]. Art. 81 ist eine Vorschrift, die als Einheit von Absatz 1 und 3 anzusehen ist und bei der im Verbotstatbestand die negativen und im Freistellungstatbestand die positiven Auswirkungen geprüft werden. Die Entscheidung, ob die Vereinbarung nach Absatz 2 nichtig ist, kann deshalb nur nach Prüfung beider Tatbestände gefällt werden.[69]

---

[63] hierzu auch *Appeldoorn*, E.C.L.R. 2001, 400 ff., 401 f.

[64] Vgl. Italien/Rat und Kommission, Rs 32/65, Slg. 1966, 457, 483; Walt Wilhelm, Rs. 14/68, Slg. 1969, 1, 14; Portelange Rs. 10/69-Slg. 1969, 309, 316; Lancôme, Rs. 99/79, Slg. 1980, 2511, 2534

[65] vgl. *Schröter* in G/T/E, Einführung Art. 85, Rz. 29

[66] EuGH a.a.O. S. 373

[67] EuGH a.a.O. S. 395 f.

[68] In diesem Sinne auch *Gleis/Hirsch*, Art. 85 (3) Rz. 466 und 477

[69] EuGH Bosch, a.a.O. S. 112 f. Die Kommission sieht heute deshalb die derzeit zwischen Art. 81 Abs. 1 und 3 differenzierenden Durchführungsbestimmungen als eine künstliche Trennung der Vorschrift an, *Weißbuch* über die Modernisierung, a.a.O., S. 24; anders. *Fikentscher*, WuW 2001, 446 ff., 448

Wenn aber immer dann, wenn das Gesamturteil ein Überwiegen der positiven Wettbewerbswirkungen ergibt, die Freistellung erteilt werden *muss* und die Kommission von Amts wegen diese positiven Aspekte ermitteln muss, dann kann die Freistellung keine absolute Ausnahme zum Verbot sein[70].

Der Gerichtshof schien zunächst noch weiter zu gehen und für alle angemeldeten Kartelle vom Missbrauchsprinzip auszugehen. Im "Bosch"-Urteil erklärte er[71], die vor dem In-Kraft-Treten der VO Nr. 17/62 geschlossenen Vereinbarungen seien nicht schon allein deswegen nichtig, weil sie den Tatbestand des Art. 81 Abs. 1 erfüllen. Sie müssen vielmehr *als gültig angesehen* werden, wenn sie unter Art. 5 Abs. 2 VO 17 fallen. Diese hier nur für Altkartelle geltende Aussage des Gerichtshofs wurde in der Entscheidung "Portelange" auch für Neukartelle bestätigt[72]: "Die gemäß der Verordnung Nr. 17/62 ordnungsgemäß angemeldeten Vereinbarungen im Sinne von Artikel 85 Absatz 1 des Vertrages sind so lange *voll wirksam*, bis die Kommission nach Artikel 85 Absatz 3 und den Vorschriften dieser Verordnung entschieden hat."

Dies hätte die Umkehr vom Verbots- zum Missbrauchsprinzip für jede angemeldete Vereinbarung bedeutet. Die Freistellungsentscheidung der Kommission hätte nur noch deklaratorische Bedeutung, die Verweigerung der Freistellung aber konstitutive, weil die Vereinbarung schon allein durch die Anmeldung voll wirksam geworden wäre[73]. Mit dem Urteil "Brasserie de Haecht II"[74] hat der Gerichtshof die Rücknahme der Nichtigkeitssanktion daher auf die vor In-Kraft-Treten der VO Nr. 17/62 bestehenden, fristgerecht angemeldeten Vereinbarungen beschränkt[75]. Diese Beschränkung war zwingend notwendig: Das Verbotsprinzip ist ein in Art. 81 niedergelegter Grundsatz und darf weder durch Sekundärgesetzgebung noch durch Richterrecht aufgehoben oder modifiziert werden.

dd. Die Kommission

Im April 1999 veröffentlichte die Kommission das Weißbuch über die Modernisierung der Vorschriften zur Anwendung der Artikel 81 und 82 EG-Vertrag[76], mit dem sie den Übergang vom derzeitigen Genehmigungssystem zu einem System der gesetzlichen Ausnahme per Sekundärrecht in die Wege leitete[77].

---

[70] Gegen eine enge Auslegung von Absatz 3 auch *Wiedemann*, Bd. I, allg. Teil Rz. 76
[71] EuGH Slg. 1962, 105, 112 f.
[72] EuGH Rs. 10/69, Slg. 1969, 309, 316
[73] vgl. *Ackermann*, Art. 85 Abs. 1 EGV und die rule of reason, S. 130 und der vor dem Haecht I –Urteil veröffentlichte Aufsatz von *Spormann*, WuW 1970, S. 459 ff., der dementsprechend eine Aufweichung des Kartellverbots feststellte.
[74] EuGH Rs. 48/72, Slg. 1973, 77, 86 ff.
[75] vgl. hierzu auch *Schwarze*, Abstraktion, S. 123
[76] *Weißbuch* über die Modernisierung, a.a.O.
[77] 1994 setzte sich *Bunte*, WuW 1994, S. 5 ff., 12 f., anlässlich der damaligen Diskussion über eine 6. GWB-Novelle mit den Auswirkungen eines Systems der Legalausnahme auseinander. Die Abschaffung des Anmeldeverfahrens in § 5 c GWB sei von Nachteil, die Regelung des EG-Wettbewerbsrechts dagegen zu favorisieren. Wirksame Kartellaufsicht könne nicht so praktiziert werden, dass die Unter-

Nach Auffassung der Kommission muss ein Verbotssystem nicht notwendigerweise von der Vermutung der Unrechtmäßigkeit sämtlicher wettbewerbsbeschränkender Vereinbarungen ausgehen, sondern kann sich darauf beschränken, nur diejenigen Vereinbarungen zu verbieten, welche den Wettbewerb spürbar einschränken und die Freistellungsvoraussetzungen nicht erfüllen[78]. Die Kommission geht sogar noch weiter und hält das derzeitige Meldesystem, das zwischen Anwendbarkeit von Verbots- und Freistellungstatbestand die Anmeldung der Vereinbarung schiebt, für mit der Gesamtvorschrift des Art. 81 unvereinbar: "Schließlich führen die derzeit zwischen Artikel 85 Absatz 1 und Artikel 85 Absatz 3 differenzierenden Durchführungsbestimmungen zu einer künstlichen Teilung der Vorschrift. Sie sind mit dem unteilbaren Charakter des Artikels 85 umso weniger vereinbar, da dieser Vertragsartikel eine wirtschaftliche Analyse sämtlicher Wirkungen einer Vereinbarung voraussetzt."[79]

Welches System zu welcher Zeit angemessen ist, ist eine Frage, die der Vertrag nach Art. 83 dem Sekundärrecht überlassen hat. Wenn vor mehr als fünfunddreißig Jahren ein zentrales Kontrollsystem zweckmäßig war, muss dies heute nicht mehr sein[80].

b. *Zwischenergebnis*

Auch wenn durch die VO Nr. 17/62 (jedenfalls im Bereich horizontaler Vereinbarungen) Artikel 81 heute noch eher im Sinne eines generellen Verbots mit Erlaubnisvorbehalt ausgelegt wird, bedeutet dies nicht, dass eine andere Auslegung im Sinne einer Legalausnahme nicht ebenso der Verwirklichung des in Artikel 81 niedergelegten Verbotsprinzips dienen könnte. Das Verbotsprinzip verbietet es gerade nicht, Artikel 81 per Verordnung anders auszulegen, "etwa im Sinne einer Legalausnahme dahingehend, dass Art. 85 Abs. 3 zu rechtfertigende Klauseln nach einer "rule of reason" ganz auto-

---

nehmen selbst das Vorliegen der Freistellungsvoraussetzungen beurteilen. Die Kartellbehörden seien weitgehend ausgeschaltet, wenn die Absprachen nicht angemeldet würden. Wenn die Kartellbehörde aber trotz Meldesystem wegen Arbeitsüberlastung nicht auf diese Anmeldungen sinnvoll reagieren kann und ihr auf diese Weise auch die Ressourcen für die wettbewerbsrelevanten Fälle fehlen, ist dem Wettbewerb auch nicht gedient.

[78] *Weißbuch* über die Modernisierung, a.a.O. S. 23. So auch *Schaub/Dohms*, WuW 1999, S. 1055 ff., 1065 f. Die Reaktionen zum Weißbuch sind gespalten. Zumeist wird in der deutschen Literatur der Wechsel zu einem System der Legalausnahme abgelehnt. *Fikentscher*, WuW 2001, 446 ff., *Bartosch*, EuZW 2001, 101 ff., *Gröning*, WRP 2001, 83 ff. , *Eilmansberger*, JZ 2001, 365 ff., *Schwenn*, RIW 2000, 179 ff., *Möschel*, C.M.L.R. 2000, 495 ff., 598 ff., Zustimmend dagegen *Ehlermann*, C.M.L.Rev. 2000, 537 ff., 553 ff. und *Bechtold*, ZHR 2000, 200 ff., der eine Erhöhung der Effizienz in der Durchsetzung des EG-Kartellrechts für möglich hält.

[79] *Weißbuch* über die Modernisierung, a.a.O. S. 23 f. unter ausdrücklicher Bezugnahme auf die Urteile des EuGH in den Sachen Bosch, a.a.O. und Bouyer, Rs. 59/77, Slg. 1977, 2359.

[80] Die Frage ist, welche Auswirkungen der Wechsel zum System der Legalausnahme für die Gruppenfreistellungen hat. Nach *Gröning*, WRP 2001, 83 ff., 85, stellen GVOen im Sinne von Art. 28 des VO-Entwurfs der Sache nach abstrakte Regelungen zur Anwendung von Art. 81 Abs. 3 dar. Nach *Bechtold*, EWS 2001, 49 ff., 54, haben GVOen dagegen in einem System der Legalausnahme keinen Sinn mehr, weil sie nur noch feststellenden Charakter hätten. Nach *Weyer*, ZHR 2000, 611 ff., 627 begegnen GVOen im System der Legalausnahme keinen durchgreifenden Bedenken, wenn sie die unmittelbare Wirkung des Art. 81 Abs. 3 fördern.

matisch vom Kartellverbot ausgenommen sind."[81] Das Verbotsprinzip verlangt nur, dass Beschränkungen, die den Freistellungstatbestand nicht erfüllen, nichtig sind, ohne dass es einer konstitutiven Entscheidung bedarf[82]. Welches zahlenmäßige Verhältnis zwischen verbotenen und freigestellten Beschränkungen besteht, ist ebenfalls gleichgültig[83]. Erfüllen vertikale Beschränkungen die vier Freistellungsvoraussetzungen, müssen sie freigestellt werden oder per Verordnung freigestellt sein. Dabei ist es gleichgültig, ob dies 1 % oder 100 % aller Vereinbarungen sind. Die neue Gruppenfreistellungsverordnung verstößt somit nicht gegen das in Artikel 81 niedergelegte und in einen Verbots- und Freistellungstatbestand unterteilte Verbotsprinzip, sofern grundsätzlich alle in ihren Anwendungsbereich fallende Vereinbarungen den Freistellungstatbestand erfüllen.

Dass die Freistellbarkeit vom Verbot "eine immer wichtiger werdende Aufgabe"[84] geworden ist, ist im Übrigen keine Eigentümlichkeit des Wettbewerbsrechts. Diese Vorgehensweise findet eine deutliche Parallele im Verhältnis des vom Gerichtshof gleichermaßen und integrationspolitisch zu Recht sehr weit ausgelegten Beihilfeverbots des Art. 87 einerseits und den Legalisierungstatbeständen (in Abs. 2 und 3) andererseits. Sie findet sich ebenso schon seit geraumer Zeit im Recht der wettbewerbseröffnenden Grundfreiheiten, exemplarisch im Verhältnis zwischen dem mit der "Dassonville"-Formel sehr weit verstandenen Verbot kontingentgleich wirkender Maßnahmen des Art. 28 einerseits und den Rechtfertigungsvoraussetzungen des Art. 30 und der "Cassis"-Rechtsprechung andererseits. Dies ist laut *Müller-Graff* kein Zufall: "Denn in all diesen Fällen geht es um die Bestimmung der rechtlichen Kriterien, nach denen ein von einer weiten Verbotsvorschrift erfasstes verbotsrelevantes Verhalten gleichwohl mit den Bedingungen des Gemeinsamen Marktes vereinbar ist, m.a.W. um die Kriterien der Verbotsausnahme, wobei erst der Blick auf Grundsatz und Ausnahme das Gesamtbild sowohl des jeweiligen Regelungszusammenhangs als auch des Rahmens einer wirtschaftswissenschaftlichen Gesamtwürdigung dieser Normen im Marktrecht ergibt."[85, 86] Genau dies hat der Gerichtshof für den Bereich des Wettbewerbsrechts in seinem Urteil in der Sache "Bosch" aus dem Jahre 1961[87] bereits klargestellt, als er entschied, dass Artikel 81 mit seinem ersten und dritten Absatz als ein "unteilbares Ganzes" zu betrachten ist.

Neben dem Verbotsprinzip ist für die Vereinbarkeit der Gruppenfreistellungsverordnung mit den Grundsätzen des Art. 81 die Frage entscheidend, ob die Berücksichtigung

---

[81] So die bereits zitierte Auffassung *Emmerichs*, oben § 13 II.2.a.
[82] Schütz, WuW 2000, 687 ff., 689 f.
[83] Auch *Wiedemann*, Kommentar zu den GVOen des EG-Kartellrechts, Bd. I , Allgemeiner Teil, Rz. 81 f.
[84] *Wiedemann*, a.a.O. Rz. 81
[85] *Müller-Graff*, EuR 1992, S. 1 ff. 5
[86] Hierzu auch *Weyer*, Freier Warenverkehr und nationale Regelungsgewalt in der EU, S. 431 ff.; EuGH "Kommission/Frankreich", Slg. 1985, 1339, Rz. 13: Die Wettbewerbsregeln, Beihilferegeln und die Regeln über den freien Warenverkehr haben dasselbe Ziel: den Gemeinsamen Markt.
[87] EuGH Rs. 13/61 Slg 1961, S. 113

der gesamtwirtschaftlichen Vorteile tatsächlich ihren Platz erst im Freistellungstatbestand hat. Dies führt bei der Gruppenfreistellung zu dem Ergebnis, dass zunächst alle Vereinbarungen, die eine spürbare Wettbewerbsbeschränkung darstellen, unter das Verbot fallen, um sogleich wieder freigestellt zu werden. Der Leiter der ungarischen Wettbewerbsbehörde stellte dementsprechend die rhetorische Frage: "Macht es mehr Sinn, alle vertikalen Beschränkungen zu verbieten und sogleich 90 % wieder freizustellen, als 90 % zuzulassen und nur 10 % zu verbieten?"[88] In der Tat könnte es sinnvoller sein, die gesamte wettbewerbliche Würdigung im Sinne einer Rule of Reason schon in Absatz 1 vorzunehmen.

Die Frage geht dahin, wie die primärrechtliche "Aufgabenverteilung" zwischen Absatz 1 und Absatz 3 ausgestaltet ist[89]. Sollte die Würdigung bereits im Verbotstatbestand vollständig vorgenommen werden müssen und eine Freistellung demzufolge nur für außerwettbewerbliche Fallgestaltungen in Frage kommen, würde die VO Nr. 2790/1999 gegen diesen Grundsatz verstoßen. Die rechtmäßige Alternative wäre dann eventuell die im Grünbuch vorgeschlagene *Negativattestverordnung* gewesen.

3. Wettbewerbliche Würdigung in Art. 81 Absatz 1 oder erst in Absatz 3

Die Diskussion darüber, ob bereits im Verbotstatbestand die wettbewerbsschädlichen Auswirkungen einer Vereinbarung mit den wettbewerbsfördernden abgewogen werden müssen, ist nicht neu[90]. Die Forderung nach einer Rule of Reason in Art. 81 Abs. 1 wurde bereits kurz nach der Gründung des Vertrages erhoben und reißt bis in die heutige Zeit nicht ab[91]. Sollte Art. 81 tatsächlich so konzipiert sein, dass eine "Verhinderung, Einschränkung oder Verfälschung des Wettbewerbs" nur dann vorliegt, wenn per Saldo negative Wettbewerbsauswirkungen vorliegen, wäre Art. 81 Abs. 3 nur für außerwettbewerbliche und damit politisch motivierte Argumente offen. Im Hinblick darauf, dass der gesamte EG-Vertrag sich an marktwirtschaftlichen Grundsätzen orientiert und die Errichtung des Gemeinsamen Marktes prinzipiell dem freien Wettbewerb zwischen den Marktteilnehmern anvertraut ist, müssten solche außerwettbewerblichen, interventionistischen Maßnahmen eine Ausnahme darstellen[92].

---

[88] Zitat bei *Hawk*, CMLRev, 1995, S. 973 ff., 980

[89] *Hawk*, E.C.L.R 1988, 53 ff., 69 f. kritisiert die Zweiteilung des Art. 81 in Verbots- und Freistellungstatbestand allgemein und nennt sie eine "*maudite* bifurcation".

[90] Bereits 1962 forderte *Wolf*, WuW 1962, 643, 653 eine Rule of Reason für das Tatbestandsmerkmal der Beeinträchtigung des zwischenstaatlichen Handelns. Sehr eindringlich dann die Abhandlung von *Joliet* aus dem Jahr 1967: The Rule of Reason in Antitrust Law, sowie die Arbeit *Schlueps* aus 1966, Der Alleinvertriebsvertrag - Marktstein der EWG-Kartellpolitik.

[91] vgl. statt aller *Ackermann*, a.a.O. S. 2, Fn. 4, listet die wesentlichen der Rule of Reason gewidmeten Beiträge auf.

[92] Vgl. *Baldi*, a.a.O. S. 151 und 231 f., hierzu auch *Ehlermann*, C.M.L.Rev. 537 ff., 548 ff.

a. Der Vertrag

Der Wortlaut des Art. 81 gibt keine eindeutige Antwort auf diese Frage. Einerseits spricht Absatz 1 von Vereinbarungen, die eine Verhinderung, Einschränkung oder Verfälschung *des Wettbewerbs* bezwecken oder bewirken. Er ist nicht beschränkt auf den Wettbewerb zwischen den Beteiligten oder auf die negativen Wettbewerbswirkungen. Dies lässt vermuten, dass der Verbotstatbestand nur dann erfüllt ist, wenn im Ergebnis der Wettbewerb materiell beschränkt ist[93]. Andererseits nimmt Absatz 3 ausdrücklich Bezug auf die gesamtwirtschaftlichen Auswirkungen einer Vereinbarung, die sich auf den Wettbewerb förderlich auswirken. Der Freistellungstatbestand bezieht sich also auch nicht lediglich auf außerwettbewerbliche, politische Erwägungen.

b. Rechtsprechung des EuGH

Auch der EuGH hat sich weder ausdrücklich für noch gegen eine Abwägung im Verbotstatbestand ausgesprochen.

aa. Anfängliche Rechtsprechung des Gerichtshofs zu Artikel 81

Im "Maschinenbau-Ulm"-Urteil[94] verlangte der Gerichtshof bei der Prüfung des Art. 81 Abs. 1, dass zunächst der eigentliche Zweck der Vereinbarung in Betracht gezogen wird, "wobei die wirtschaftlichen Begleitumstände ihrer Durchführung zu berücksichtigen sind. Die in Artikel 85 Absatz 1 bezeichneten Wettbewerbsstörungen müssen sich aus ... der Vereinbarung selbst ergeben. Läßt die Prüfung dieser Bestimmungen keine hinreichende Beeinträchtigung des Wettbewerbs erkennen, so sind die *Auswirkungen der Vereinbarung* zu untersuchen. Damit die Vereinbarung vom Verbot erfaßt wird, müssen Voraussetzungen vorliegen, aus denen sich *insgesamt* ergibt, daß der Wettbewerb *tatsächlich* spürbar verhindert, eingeschränkt oder verfälscht worden *ist.* Hierbei ist auf den Wettbewerb abzustellen, wie er ohne die streitige Vereinbarung bestehen würde"[95]

Diese Ausführungen konnten als Anweisung zur Vornahme umfassender Marktuntersuchungen mit dem Ziel eines eigentlichen Alternativentests aufgefasst werden[96]. Und dementsprechend wurde seinerzeit im "Maschinenbau-Ulm"-Urteil auch ein Bekenntnis des Gerichtshofs zur Rule of Reason gesehen[97].

---

[93] vgl. zu den Termini der formellen und materiellen Wettbewerbsbeschränkung *Sandrock*, Grundbegriffe des Gesetzes gegen Wettbewerbsbeschränkungen, S. 395 ff.
[94] EuGH Rs 56/65, Slg. 1966, 281 ff.
[95] EuGH a.a.O. S. 303. Hervorhebungen durch den Verfasser.
[96] vgl. *Baldi*, a.a.O., S. 198
[97] *Schluep*, Alleinvertriebsvertrag, S. 153

Das folgende Urteil des Gerichtshofs in der Sache "Grundig und Consten" schien dies zu bestätigen[98]. Hier kam die Rule of Reason zwar nicht zum Zuge. Das hat nach Auffassung der Verfechter einer Rule of Reason Prüfung aber allein daran gelegen, dass der Gerichtshof in der Vereinbarung des absoluten Gebietsschutzes zwischen den Klägern selbst schon zweifelsfrei eine Wettbewerbsbeschränkung im Sinne einer per se Regel erblickt habe. Weil die Wettbewerbsbeschränkung sich hier allein aus dem Zweck der Vereinbarung ergeben habe, sei es hinfällig gewesen, die tatsächlichen Auswirkungen unter dem Aspekt der Spürbarkeit zu klären[99]. Folgerichtig wurde davon ausgegangen, dass Art. 81 Abs. 1 die volle materielle Wettbewerbsbeschränkung erfasse und nach der Ratio des Absatzes 3 materielle Störungen ausnahmsweise dann hinzunehmen seien, wenn gewisse übergeordnete Ziele durch die Marktbeeinflussung verwirklicht werden könnten[100]. Der Freistellungstatbestand sei eine gemeinschafts- oder wirtschafts*politische* Rule of Reason[101].

bb. Entscheidungspraxis des Gerichtshofs in der Folgezeit

Auch heute wird teilweise vertreten, dass das Urteil, ob eine materielle Wettbewerbsbeschränkung vorliegt, schon nach Prüfung des Verbotstatbestands feststeht[102]: "Der Freistellungstatbestand ist dem Verbot systematisch nachgeschaltet und setzt das Vorliegen einer Wettbewerbsbeschränkung voraus."

Neben den genannten Urteilen in den Sachen "Maschinenbau Ulm" und "Grundig und Consten" wird eine Bestätigung dieser Sichtweise in den "Metro"-Entscheidungen[103] gesehen, in denen es um die 1975 von der Kommission erteilte[104] und 1983 von ihr verlängerte[105] Freistellung eines selektiven Vertriebssystems ging. Der EuGH entschied, dass bestimmte selektive Vertriebssysteme keiner Freistellung bedürfen, weil sie ein mit *Art. 81 Abs. 1* zu vereinbarender Bestandteil des Wettbewerbs sind.[106] Zu einer Beschränkung oder Ausschaltung des Wettbewerbs kann das selektive Vertriebssystem nur dann kommen, wenn es zu einer Starrheit der Preisstruktur führt, die nicht

---

[98] Während *Ulmer*, EuR 1969, S. 344 f., dies anzweifelte und im Grundig-Urteil eine Einschränkung des MBU-Urteils sah, schließen die Urteile nach Auffassung *Scheufeles* fugenlos aneinander an: "Die Prüfung, ob die ökonomischen Effekte eintreten würden, die der Gesetzgeber zu verhindern wünscht, kann dann, wenn die Wettbewerbseinschränkung bezweckt ist, getrost den Beteiligten überlassen werden; sie kennen die Materie besser, als Kartellbehörde und –gericht dies je vermöchten. Dass auch einmal ein Versuch am untauglichen Objekt unternommen wird, spricht nicht gegen die Regel.", BB/AWD 1970, S. 385 ff., 389 f.

[99] *Schluep*, a.a.O., S. 158

[100] Dementsprechend stehen nach Auffassung *Schlueps* bezüglich des damaligen Entwurfs der VO 67/67 "eine Reihe von Alleinvertriebsverträgen ... von vornherein nicht in der Reichweite von Art. 85 Abs. 1 EWGV", S. 178

[101] *Schluep*, a.a.O., S. 163

[102] *Ackermann*, a.a.O. S. 58

[103] EuGH Rs. 26/76, Slg. 1977, 1875; Rs. 75/84, Slg. 1986, 3021

[104] KomE vom 15.12.1975, Saba Nr. 1 ABl. L 28 vom 03.02.1976, S. 19

[105] KomE vom 21.12.1983, Saba Nr. 2, ABl. L 376 vom 31.12.1983, S. 41

[106] EuGH Metro I, a.a.O. S. 1905

durch andere Faktoren des Wettbewerbs zwischen Erzeugnissen derselben Marke und durch das Bestehen eines echten Wettbewerbs zwischen verschiedenen Marken *aufgewogen* wird.[107]

Im Sinne einer ordoliberalen Auslegung des Verbotstatbestands stellt aber bereits eine Vereinbarung, die zu einer Starrheit der Preisstruktur führt, eine Wettbewerbsbeschränkung dar[108]. Hier verneint der Gerichtshof jedoch eine Beschränkung des Wettbewerbs, wenn die Starrheit der Preisstruktur durch andere Faktoren ausgeglichen wird. Diese anderen Faktoren - verstärkter intrabrand-Wettbewerb auf Qualitäts- oder Serviceebene, stärkerer interbrand-Wettbewerb - sind gesamtwirtschaftliche Erwägungen, die in anderen Verfahren erst im Freistellungstatbestand berücksichtigt werden. Die Vorgehensweise des EuGH kommt hier einer Rule of Reason Prüfung zumindest sehr nahe[109].

Im Verfahren "AEG-Telefunken" wiederholt der Gerichtshof seine Einstellung zum Selektivvertrieb. "Vereinbarungen, die ein selektives Vertriebssystem begründen, beeinflussen zwangsläufig den Wettbewerb im Gemeinsamen Markt. Wie der Gerichtshof in seiner Rechtsprechung anerkannt hat, gibt es jedoch legitime Bedürfnisse, ... die eine Einschränkung des Preiswettbewerbs zugunsten eines andere Faktoren als Preise betreffenden Wettbewerbs *rechtfertigen*. Somit stellen selektive Vertriebssysteme, da sie auf die Erreichung eines rechtmäßigen Ergebnisses abzielen, das zur Stärkung des Wettbewerbs beiträgt, soweit dieser nicht nur die Preise zum Gegenstand hat, einen Wettbewerbsfaktor dar, der mit Artikel 85 Absatz 1 vereinbar ist."[110]

Im "Maissaatgut"-Urteil[111] sah die Kommission in der Erteilung einer ausschließlichen Lizenz eines Sortenschutzrechts einen Verstoß gegen Art. 81 Abs. 1[112]. Der EuGH gelangte dagegen zu der Auffassung, dass die "Vergabe einer offenen ausschließlichen Lizenz, also einer Lizenz, welche die Stellung Dritter, wie die der Parallelimporteure und Lizenznehmer für andere Gebiete, nicht betrifft, als solche nicht unvereinbar mit Artikel 85 Absatz 1 EWG-Vertrag ist."[113] Als die negativen Wettbewerbswirkungen ausgleichende, wettbewerbsfördernde Wirkungen kommen vier Anknüpfungspunkte in Betracht: Die Verringerung des Vermarktungsrisikos bei der Markterschließung, die Verbreitung einer neuen Technologie, die Förderung des interbrand-Wettbewerbs und die Besonderheit des Sortenschutzrechts für Maissaatgut[114]. All dies sind wiederum gesamtwirtschaftliche Vorteile, die in Absatz 3 des Artikels 81 genannt und deshalb normalerweise auch dort geprüft werden.

---

[107] EuGH Metro II, a.a.O. S. 3085
[108] vgl. hierzu oben § 9 I. I.2.
[109] vgl. hierzu ausführlich *Kirchhoff*: Die kartellrechtliche Beurteilung vertikaler Vertriebsverträge, S. 245
[110] EuGH Rs. 107/82, Slg. 1983, 3151 ff. 3194. Hervorhebung durch den Verfasser.
[111] EuGH Rs. 258/78 "Nungesser und Eisele/Kommission", Slg. 1982, 2015
[112] KomE vom 21.09.1978, ABl. L 286 vom 12.10.1978, S. 23, 31
[113] EuGH a.a.O. S. 2069, Rz. 58
[114] vgl. die detaillierte Darstellung bei *Ackermann*, a.a.O., S. 179 ff.

In der Sache "Pronuptia"[115] entschied der EuGH, dass die Verwendung einer Systemidee durch den Franchisegeber, die an bestimmte Vereinbarungen mit dem Franchisenehmer geknüpft ist, für sich allein kartellrechtlich unbedenklich ist. Bestimmungen, die unerlässlich sind, um die Funktionsfähigkeit dieses Kerns eines Franchisevertrags zu gewährleisten, fallen schon nicht unter das Kartellverbot des Art. 81 Abs. 1[116]. Auch hier bewegt der Gerichtshof sich fort von einer formalistischen Anwendung des Kartellverbots hin zu einer materiellen Betrachtungsweise, die schon auf der Ebene des Art. 81 Abs. 1 verstärkt Raum lässt für eine Berücksichtigung des wirtschaftlichen Wirkungszusammenhangs, in dem eine Regelung Verwendung findet[117].

In all diesen Verfahren hat der EuGH die Drittwirkungen gegeneinander abgewogen und Nachteile bereits im Verbotstatbestand mit Vorteilen kompensiert. Hierin ist eine Abkehr von der ansonsten eher ordoliberal geprägten Auslegung und Anwendung des Art. 81 Abs. 1 zu sehen[118]. *Ackermann* erhebt deshalb die Forderung: "Der EuGH und der EuG[119] mögen ihre Scheu vor dem Wort Rule of Reason ablegen und das, was sie seit langem praktizieren, endlich auch so nennen."[120]

Wenn diese Forderung tatsächlich gerechtfertigt ist, würde die Gruppenfreistellungsverordnung nicht diesem Grundsatz entsprechen. Die bisherige Auslegung und Anwendung des Art. 81 wäre rechtswidrig und die dargestellten Urteile des EuGH wären erste Schritte hin zu der rechtmäßigen Verwirklichung des dem Art. 81 immanenten Grundsatzes gewesen.

c. Bedeutung der Zulässigkeit von Gruppenfreistellungen

aa. Zulässigkeit der Freistellung ganzer Gruppen von Vereinbarungen

Wenn alle gesamtwirtschaftlichen Erwägungen schon ihren Platz im Verbotstatbestand haben und Absatz 3 nur für politische Erwägungen offen steht, fragt sich, warum der Vertrag die Freistellung ganzer Gruppen von Vereinbarungen in Art. 81 Abs. 3 vorsieht. Eine an marktwirtschaftlichen Grundsätzen orientierte Wirtschaftsverfassung müsste solchen politisch motivierten Ausnahmen äußerst skeptisch entgegen stehen. Die Freistellung einer Gruppe von ex ante nicht individualisierbaren Wettbewerbsbe-

---

[115] EuGH Rs. 161/84, Slg. 1986, 353

[116] vgl. Darstellung bei *Ackermann*, a.a.O., S. 192 und bei *Kirchhoff*, a.a.O., S. 295

[117] *Joerges*, ZHR 151 (1987), S. 195 ff., 204 f. nennt diese Vorgehensweise "methodische Schwäche" und "Inkonsistenz der Argumentation". "Methodisch unzulässig wäre es, Einsichten zur ökonomischen Effizienz von Verträgen als rechtlich verbindliche Vorgaben zu behandeln; eine Rezeption von Ergebnissen der ökonomischen Analyse des Franchising ist nur zulässig, wenn und soweit das Rechtssystem selbst sich der Förderung ökonomischer Effizienz verschreibt. Der EuGH hätte mithin deutlicher begründen müssen, warum sich aus den von ihm dem Franchising zugeschriebenen Funktionen deren grundsätzliche Unbedenklichkeit nach Art. 85 Abs. 1 EWGV ergibt."

[118] vgl. hierzu auch ausführlich *Ulmer*, RIW 1985, S. 517 ff. und *Green*, ECLR 1988, S. 190 ff.

[119] Für Direktklagen von Unternehmen in Wettbewerbssachen gegen die Kommission ist das Gericht erster Instanz unter Rechtskontrolle des Gerichtshofs zuständig.

[120] *Ackermann*, a.a.O. S. 207

schränkungen müsste prinzipiell unzulässig sein. *Ackermann* versucht die Zulässigkeit von Gruppenfreistellungsverordnungen mit dem Argument zu begründen, dass der EuGH in der Sache "Italienische Klage gegen Kommission" entschieden hat, dass im Fall der nach Absatz 3 zulässigen Gruppenfreistellung eine Vereinbarung, die zu der betroffenen Gruppe gehört, *nicht notwendigerweise* den Tatbestand von Artikel 81 Absatz 1 erfüllen muss[121]. "Indem Artikel 85 Absatz 3 den Rat zu Gruppenfreistellungen ermächtigt, verpflichtet er ihn zugleich, von dieser Befugnis nur für Gruppen von solchen Vereinbarungen Gebrauch zu machen, die möglicherweise unter Absatz 1 fallen." Weil der EuGH also *nicht* fordert, dass *jede* der zu der freigestellten Gruppe gehörende Vereinbarung notwendigerweise den Tatbestand von Art. 81 Abs. 1 erfüllen muss, hält *Ackermann* Gruppenfreistellungen für zulässig, auch wenn es voraussichtlich *nur ganz wenige* Vereinbarungen wären, die einer Freistellung bedürften[122].

Die Frage, warum die Möglichkeit von Gruppenfreistellungsverordnungen dann überhaupt gegeben ist, drängt sich auf. Dies sah auch der Gerichtshof so: "Eine entsprechende Verordnung des Rates wäre in der Tat gegenstandslos, wenn die Vereinbarungen, die zu den von ihr beschriebenen Gruppen gehören, jene Voraussetzungen (die des Absatz 1) von vorneherein nicht erfüllen."[123]

Joliet, der ebenfalls für eine Rule of Reason Prüfung im Verbotstatbestand des Art. 81 eintritt, ist in seiner Schlussfolgerung konsequenter[124]. Er hält Gruppenfreistellungsverordnungen im Bereich der Rule of Reason für unzulässig[125].

bb. Negativattestverordnung als bessere Alternative?

Eine Negativattestverordnung, wie sie die Kommission im Grünbuch unter Option IV[126] vorgeschlagen hatte, wäre mit diesem Ansatz eher vereinbar[127]: "Damit würden

---

[121] EuGH Rs. 32/65, Slg. 1966, S. 459 ff. 483

[122] *Ackermann*, a.a. O. S. 121

[123] EuGH a.a.O. S. 483 (Klammerzusatz durch den Verfasser)

[124] *Joliet*, Rule of Reason, S. 178 f.

[125] *Joliet*, Rule of Reason, S. 187

[126] *Grünbuch*, a.a.O. S. 85

[127] Dennoch hält gerade *Ackermann* diese Option für bedenklich, EuZW 1887, S. 271 ff. 273. Eine Negativattestverordnung führe im Bereich der von der Regelung erfassten vertikalen Beschränkungen zur Aufgabe des Verbotsprinzips zugunsten bloßer Verbietbarkeit durch die Kommission. "Man mag eine entsprechende Änderung des Primärrechts fordern: der geltende EG-Vertrag erlaubt eine solche Gestaltung auf sekundärrechtlicher Ebene nicht." Von seinem Standpunkt aus müsste aber vielmehr eine Gruppenfreistellungsverordnung Rechtmäßigkeitsbedenken hervorrufen, wenn fast ausschließlich solche Vereinbarungen gruppenweise nach Absatz 3 freigestellt werden, die (seiner Meinung nach) schon gar nicht unter das Verbot fallen. Ob aber einige Vereinbarungen unter eine gedachte Negativattestverordnung fallen, obwohl sie eine materielle Wettbewerbsbeschränkung darstellen, ist genauso eine Durchbrechung des Verbotsprinzips wie die gruppenweise Freistellung von Vereinbarungen, die zwar Abs. 1, nicht aber Abs. 3 erfüllen.

vertikale Beschränkungen unter diesen Voraussetzungen normalerweise nicht unter das Verbot von Artikel 85 Absatz 1 fallen".[128]

Wären alle Vereinbarungen zwischen Unternehmen mit Marktanteilen von bis zu [20 %] schon vom Verbotstatbestand ausgenommen worden, so hätte dies bedeutet, dass innerhalb der Prüfung des Absatzes 1 schon eine Saldierung der negativen mit den positiven Wettbewerbswirkungen vorgenommen würde. Eine Orientierung am vom Gerichtshof entwickelten "Spürbarkeitsmerkmal"[129] hätte darin jedenfalls nicht mehr gesehen werden können[130].

d. Bedeutung der Tendenz des EuGH, wirtschaftliche Gesichtspunkte schon im Verbotstatbestand zu berücksichtigen

Die Tendenz des Gerichtshofs, teils die wettbewerblichen Vor- und Nachteile bereits in Art. 81 Abs. 1 gegeneinander abzuwägen, bestätigt die Forderung nach einer Rule of Reason im Verbotstatbestand. Ein starkes Argument gegen einen solchen, dem Art. 81 immanenten Grundsatz ist bereits die primärrechtlich vorgesehene Möglichkeit einer Gruppenfreistellung. Daneben spricht auch der übrige Wortlaut des Freistellungstatbestands gegen eine volle Rule of Reason Prüfung in Absatz 1. Die in Art. 81 Abs. 3 genannten Vorteile sind solche, die den Wettbewerb fördern und nicht irgendwelchen außerwettbewerblichen Zielen dienen.

Warum hat aber der Gerichtshof in den oben genannten Urteilen diese gesamtwirtschaftlichen Argumente in den Verbotstatbestand gezogen? Nach *Everling*, dem ehemals Vorsitzenden Richter am EuGH, ist diese Tendenz, schon bei Absatz 1 weniger auf formale Kriterien als auf die Wirkungen auf den Markt abzustellen, kein Grund, "vorschnelle Schlüsse etwa auf die Anwendung einer 'Rule of Reason'" zu ziehen.[131] Entsprechend der wettbewerbstheoretischen Analyse im zweiten Teil dieser Arbeit liegt auch seiner Auffassung nach der Tatbestand des Absatzes 1 ohne weiteres vor, und es ist auf eine Freistellung zu verweisen, "wenn Vereinbarungen oder Verhaltensweisen Beschränkungen des innergemeinschaftlichen Handels oder ein Vorgehen bezwecken oder bewirken, die bereits ihrem Inhalt nach als Wettbewerbsbeschränkung zu beurteilen sind, wie etwa die in Abs. 1 des Art. 85 EWGV aufgezählten Tatbestände, vor allem Preisfestsetzungen und Gebietsabsprachen. Bei Vereinbarungen komplexeren Inhalts dagegen stellt er, besonders wenn sie zugleich wettbewerbsfördernde

---

[128] *Grünbuch*, a.a.O. S. 85, Rz. 295

[129] Siehe dazu zuerst EuGH Rs. 56/65 Maschinenbau Ulm, Slg. 1966, 306; Völk/Verwaecke, Slg. 1969, 302; Cadillon, Slg. 1971, 83

[130] siehe *Emmerich*, EuR 1971, 295, 318 f: Die Kommission hatte das Merkmal ursprünglich eher qualitativ, etwa im Sinne einer "bilan économique" verstanden, ist hiervon aber sehr bald mit Rücksicht auf Art. 81 Abs. 3 wieder abgekommen. Sie schien also schon von Beginn des Spürbarkeitserfordernisses an das Bedürfnis zu haben, in ihm eine wettbewerbliche Abwägung von Vor- und Nachteilen vorzunehmen.

[131] *Everling*, WuW 1990, S. 995 ff., 1002

Elemente enthalten, auch auf die Marktverhältnisse ab und beurteilt die Vorgänge in ihrem wirtschaftlichen Zusammenhang."[132]

Hinsichtlich der teilweisen Einbeziehung gesamtwirtschaftlicher Erwägungen lehnt *Everling* eine Verallgemeinerung ab. "Diese Praxis kann trotz gewisser Parallelen nicht ohne weiteres als Anwendung der 'Rule of Reason' im amerikanischen Sinn verstanden werden. Amerikanische Gerichte gehen anders vor; sie wägen insbesondere die wettbewerbsbeschränkenden Wirkungen einer Vereinbarung gegen die Feststellung wettbewerbsfördernder Elemente ab. *Dem Gerichtshof geht es um die Feststellung der wettbewerbsbeschränkenden Wirkungen auf dem Markt.*"[133]

Dieser letzte Satz erklärt - zumindest zum Teil - das Vorgehen des Gerichtshofs in den oben genannten Verfahren. Im Verbotstatbestand muss nur geprüft werden, ob überhaupt eine Beschränkung des Wettbewerbs zwischen Unternehmen vorliegt, die sich irgendwie spürbar auf den Markt auswirkt. Wenn von der Vereinbarung als solcher zunächst nur wettbewerbsneutrale oder positive Auswirkungen ausgehen, müssen die wirtschaftlichen Begleitumstände weiter untersucht werden, um eventuelle wettbewerbsschädigende Wirkungen auf den Markt auszumachen[134]. Ist dies nicht der Fall, liegt der Tatbestand des Art. 81 Abs. 1 schon nicht vor. Liegen aber wettbewerbsschädliche Auswirkungen vor, so ist trotz der zunächst aus der Vereinbarung selbst nur ersichtlichen positiven Auswirkungen der Verbotstatbestand erfüllt. Ob die positiven Auswirkungen die negativen aber überwiegen, d.h. welche Wirkungen auf den Markt sich per Saldo ergeben, ist ausschließlich der Prüfung des Freistellungstatbestands vorbehalten.

Everling gibt jedoch auch zu bedenken - und dies beseitigt den noch bestehenden Erklärungsbedarf -, dass in den Entscheidungen des EuGH dennoch teilweise dem Absatz 3 vorbehaltene Gesichtspunkte zum tragen kommen. In Vorlageverfahren ist der Gerichtshof auf die im Vorlagebeschluss enthaltenen Angaben angewiesen. Eine Freistellung nach Absatz 3 ist nicht möglich, weil nur über die abstrakte Frage der Auslegung des Gemeinschaftsrechts entschieden wird, die Anwendung des Gemeinschaftsrechts selbst aber dem vorlegenden nationalen Gericht vorbehalten bleibt. "Dadurch kann der Gerichtshof dazu verleitet werden, die Gesichtspunkte, die *an sich im Freistellungsverfahren* zu berücksichtigen wären, *bereits in die Untersuchung der Tatbestandsmerkmale des Abs. 1 einzubeziehen.*" [135] Dies sei bei der Würdigung seiner Rechtsprechung zu berücksichtigen.

---

[132] *Everling*, a.a.O. S. 1003

[133] *Everling*, a.a.O. S. 1003. Hervorhebung durch den Verfasser.

[134] So auch *Steindorff*, CMLRev. 1984, S. 639 ff., 642: "the rule of reason can come into operation only where agreements or practices are not plainly anticompetitive on their face, but where an investigation only into all the facts surrounding an agreement or a practice permits their restrictive effect to be judged."

[135] *Everling*, a.a.O. S.999. Hervorhebung durch den Verfasser.

Weil also die Kommission das Freistellungsmonopol hat, d.h. weder der EuGH oder das EuG noch nationale Gerichte oder Behörden eine Freistellung vom Verbot erteilen können,[136] sieht der Gerichtshof sich gezwungen, schon den Tatbestand des Absatzes 1 einzuschränken. Ansonsten wäre er "genötigt, dem Wettbewerbsverbot einen weitergehenden Inhalt zu geben, als es bei wirtschaftlicher Betrachtung angebracht ist."[137] Er nimmt folglich teilweise die eigentlich dem Absatz 3 vorbehaltene Abwägung bereits in Absatz 1 vor, um im Ergebnis die wettbewerblich richtige Entscheidung zu gewährleisten. Für den EuGH, der Artikel 81 mit seinen Absätzen 1 und 3 seit jeher als eine Einheit betrachtet und der bei seiner Rechtsprechung stets pragmatisch vorgeht[138], bereitet ein solches Vorgehen aus dogmatischer Sicht keine Probleme[139].

Nach alledem erscheint es nicht angebracht, die Rechtsprechung zum Verbotstatbestand als Rule of Reason im US-amerikanischen Sinne zu qualifizieren. Soweit eingehende Untersuchungen der wirtschaftlichen Zusammenhänge bei der Prüfung des Verbotstatbestandes vorgenommen werden, geschieht dies zumeist, um wettbewerbsschädigende Wirkungen der Vereinbarung erst auszumachen.

e. *Die Kommission*

Die Kommission hat sich in ihrem Weißbuch von April 1999 ebenfalls zu diesem Verständnis des Art. 81 bekannt[140]. Zwar habe auch sie teilweise die wettbewerbsfördernden und wettbewerbsschädlichen Aspekte bestimmter Vereinbarungen nach Art. 81 Abs. 1 beurteilt. "Jedoch lässt sie (diese Vorgehensweise) sich wegen der Struktur des Artikels 85 nicht verallgemeinern. Würde die Analyse der positiven und negativen Aspekte einer wettbewerbsbeschränkenden Vereinbarung im Rahmen des Artikels 85 Absatz 1 systematisch betrieben, so würde Artikel 85 Absatz 3 seiner Substanz beraubt. Eine so weitreichende Änderung des Wettbewerbsrechts ließe sich nur durch eine Vertragsrevision herbeiführen. Dies wäre aber ziemlich paradox, da gerade die Vorschrift des Artikels 85 Abs. 3 alle Elemente einer "Vernunftregel" enthält. ... Schließlich bestünde bei einem solchen Ansatz die Gefahr der Zweckentfremdung des Artikels 85 Absatz 3, der einen Rechtsrahmen für die wirtschaftliche Beurteilung von Verein-

---

[136] Das nationale Gericht wäre nach Aussetzung des Verfahrens wegen Vorlage nach Art. 234 nochmals gezwungen, das Verfahren auszusetzen, damit die Kommission das Vorliegen der Freistellungsvoraussetzungen überprüft und dann evtl. eine Freistellungsentscheidung erlässt.

[137] *Everling*, a.a.O. S. 1004

[138] Auch nach *Fritzsche*, ZHR 160 (1996), S. 31 ff., 33, lassen sich Kommission und Gerichtshof "bei der Beurteilung "notwendiger" Wettbewerbsbeschränkungen mehr von pragmatischen Erwägungen im Einzelfall als von dem Bemühen um Rechtssicherheit und Abstraktion leiten." Dabei bleibt sein dogmatischer Standpunkt leider unklar, S. 39.

[139] In diesem Sinne auch *Kirchhoff*, a.a.O., S. 311: "Kommission und Gerichtshof sind vielmehr nur aufgrund eines pragmatischen Ansatzes zu der Einsicht gelangt, im Hinblick auf die Realitäten des Wirtschaftslebens nicht jede formale Einschränkung von Handlungsfreiheit im Wettbewerb schon als Wettbewerbsbeschränkung unter Art. 85 Abs. 1 subsumieren zu können."

[140] *Weißbuch* über die Modernisierung, a.a.O. S. 26

barungen darstellt, nicht aber den Ausschluss der Wettbewerbsregeln aus politischen Erwägungen ermöglicht."[141]

Diese Interpretation entspricht auch der Einschätzung des Generaldirektors *Schaub*[142]. Danach werden die wettbewerbsschädlichen Auswirkungen unter Absatz 1 und die wettbewerbsfördernden Auswirkungen unter Absatz 3 überprüft. Eine komplette Rule of Reason Analyse unter Art. 81 Abs. 1 würde die vertraglich festgesetzte Trennung zwischen Verbots- und Freistellungstatbestand aufheben und Artikel 81 Absatz 3 seiner Funktion berauben. Dies wiederum würde zu einer unerlaubten faktischen Vertragsänderung führen, zu der einzig und allein die Mitgliedstaaten befugt seien[143].

f. Zwischenergebnis

Die Zweiteilung des Art. 81 in Verbots- und Freistellungstatbestand ist so zu interpretieren, dass in Absatz 1 alle wettbewerbsschädlichen und in Absatz 3 alle wettbewerbsförderlichen Auswirkungen geprüft werden. Diese Aufgabenzuteilung ist primärrechtlich vorgegeben und eine Vorziehung aller positiven Effekte in Absatz 1 würde Absatz 3 seines Inhalts berauben. Soweit der Gerichtshof und die Kommission gesamtwirtschaftliche Erwägungen bereits im Verbotstatbestand berücksichtigen, dient dies hauptsächlich der Ermittlung wettbewerbswidriger Auswirkungen einer Absprache. Wenn teils aber auch gesamtwirtschaftlich positive Auswirkungen mit negativen abgewogen werden, hat dies lediglich verfahrensökonomische Gründe, stellt aber kein verallgemeinerungsfähiges Grundverständnis des Artikels 81 Abs. 1 dar[144].

Die VO Nr. 2790/1999 geht folgerichtig davon aus, dass zwar nicht notwendigerweise alle, aber doch die Mehrzahl aller vertikalen Vereinbarungen unter das Verbot des Art. 81 Abs. 1 fallen. Erst in einem zweiten Schritt erklärt sie dieses Verbot wegen der gesamtwirtschaftlichen Vorteilhaftigkeit der Vereinbarungen unter Absatz 3 für nicht anwendbar. Diese zweistufige Prüfung entspricht der Natur des Artikels 81 und damit der Verwirklichung dieses dem Art. 81 immanenten Grundsatzes[145].

III. Abstraktion des Freistellungstatbestands auf die Marktmacht plus einiger Kernbeschränkungen

Das Prinzip der zweigeteilten Prüfung sowie das zuvor dargestellte Verbotsprinzip wird von der Gruppenfreistellungsverordnung nur dann voll verwirklicht, wenn grundsätzlich (aber nicht notwendigerweise) alle vertikalen Vereinbarungen zwischen Un-

---

141 *Weißbuch* über die Modernisierung, a.a.O. S. 26

142 *Schaub*, Fordham Corporate Law Institute, 25th Annual Conference; unter http://europa.en.int/comm/dg04/speech/eight/en/sp98059.htm

143 *Schaub*, a.a.O. S. 29

144 Fleischer, WuW 2001, 8 ff., 17, hält dies für eine systematisch bedingte Einpassungsschwierigkeit der rule of reason.

145 Stopper, EuZW 2001, 526 ff., 430 hält die GVO deshalb auch für ein "Vorbild" für horizontale Vereinbarungen.

ternehmen ohne Marktmacht dem Verbot unterfallen und gleichzeitig die in Absatz 3 enthaltenen Voraussetzungen kumulativ erfüllen. Dementsprechend fordert Art. 83 Abs. 2 Buchst. b) auch, dass eine Gruppenfreistellungsverordnung die *Einzelheiten* der Anwendung des Artikels 81 Absatz 3 festlegt.

Dieser Anforderung wurden die früheren, detaillierten Gruppenfreistellungsverordnungen gerecht. Jede der drei Verordnungen für Alleinvertrieb, Alleinbezug und Franchising definierte zunächst die von der Verordnung erfasste Gruppe von Vereinbarungen, die aller Voraussicht nach unter das Verbot des Art. 81 Abs. 1 fielen und erläuterte sodann, welche genauen Vorteile diese Vereinbarungen zur Folge haben, welche Gewinne an die Verbraucher weitergegeben werden, warum sie nicht unerlässlich sind und weshalb sie den Wettbewerb nicht ausschalten. Diese Regelung der Einzelheiten des Freistellungstatbestandes soll exemplarisch anhand der Franchise-VO Nr. 4087/88 dargestellt werden:

1. Zum Vergleich: die alte Franchiseverordnung und die heutige "Schirm"-GVO[146]

Die (2). Begründungserwägung der Franchiseverordnung umschrieb zunächst zusammen mit Art. 1 Abs. 3 VO 4087/88 die Gruppe, die die VO erfasste. Danach umfassten Franchisevereinbarungen im Wesentlichen die Erteilung von Lizenzen für die Nutzung von Rechten an gewerblichem oder geistigem Eigentum wie Warenzeichen, sonstigen der Unterscheidung dienenden Zeichen oder Know-how; derartige Lizenzen konnten mit Liefer- oder Bezugspflichten für Waren verbunden sein.

In der (4)., (5). und (6). Begründungserwägung ging die Verordnung davon aus, dass bestimmte Vereinbarungen unter Art. 81 Abs. 1 fielen und sie deshalb einer Freistellung bedürften. Die entsprechenden Vereinbarungen wurden in den Begründungserwägungen dargestellt und in Art. 2 VO aufgezählt, während Art. 3 VO diejenigen Klauseln auflistete, die aller Voraussicht nach gar nicht erst unter Absatz 1 des Art. 81 fielen. Hierzu zählte die Vereinbarung eines relativen Gebietsschutzes, ein Konkurrenzwarenverbot, ein Verbot der aktiven Kundenwerbung außerhalb des Verkaufsgebiets etc. Diese Klauseln waren freigestellt, weil sie bestimmte Vorteile für den Wettbewerb mit sich brachten, die wiederum der (7). Grund nannte. Sie verbesserten den Warenabsatz und/oder die Erbringung von Dienstleistungen; sie ermöglichten finanzschwachen Anbietern den Marktzutritt und fachten so die interbrand-Konkurrenz an. Neue Geschäfte würden eröffnet, die ob der Erfahrungen des Franchisegebers, von denen sie profitieren, erfolgreicher sein könnten.

Die Verbraucherbeteiligung erörterte der (8). Erwägungsgrund. Die Verbraucher profitierten von der Kombination eines einheitlichen Franchisenetzes mit dem Einsatz von Händlern, die persönlich an der Leistungsfähigkeit ihres Betriebes interessiert seien. "Der einheitliche Charakter des Franchisenetzes und die ständige Zusammenarbeit

---

[146] Zur Zulässigkeit von Franchisevereinbarungen nach der neuen GVO Liebscher/Petsche, EuZW 2000, 400 ff.

zwischen dem Franchisegeber und den Franchisenehmern sichert die gleichbleibende Qualität der Waren und Dienstleistungen."

Indem die Verordnung in Art. 4 und 5 die Klauseln aufzählte, die nicht in der Franchisevereinbarung enthalten sein durften, wie das Verbot systeminterner Querlieferungen und die Verweigerung der Garantieleistungen für Waren, die in einem anderen Vertragsgebiet erworben wurden, wurde sichergestellt, dass keine Beschränkungen auferlegt wurden, die für die Verwirklichung der Ziele nicht unerlässlich waren ((9). und (10). Erwägungsgrund). Schließlich dienten bestimmte Kernbeschränkungen, die Paralleleinfuhren garantierten, dazu, dass der Wettbewerb nicht für einen wesentlichen Teil der den Gegenstand der Franchise bildenden Waren ausgeschaltet wurde ((12). Begründungserwägung).

Die alte Franchise-VO legte gemäß Art. 83 Abs. 2 Buchst. b) detailliert die Einzelheiten des Art. 81 Abs. 3 fest, indem sie ausführlich die freigestellte Gruppe umschrieb und auf jedes einzelne Freistellungsmerkmal einging. Derartige Festlegungen und Umschreibungen enthält die neue VO Nr. 2790/1999 praktisch nicht mehr. Die Gruppe von Vereinbarungen, die regelmäßig unter Art. 81 Abs. 1 fällt und die gleichzeitig den Anforderungen des Art. 81 Abs. 3 entspricht, umfasst sämtliche vertikale Vereinbarungen für den Einkauf und Verkauf von Waren sowie Dienstleistungen ((3). Erwägungsgrund). Von einer inhaltlichen Umschreibung dieser Gruppe wird völlig Abstand genommen[147] Auch auf die einzelnen Vereinbarungen und deren potentiellen Auswirkungen auf den Wettbewerb wird nicht mehr eingegangen. Vertikale Beschränkungen, gleich welcher Art, erhöhten die wirtschaftliche Effizienz innerhalb einer Produktions- oder Vertriebskette, "weil sie eine bessere Koordinierung zwischen den beteiligten Unternehmen ermöglichen. Sie können insbesondere die Transaktions- und Distributionskosten der Beteiligten verringern und deren Umsätze und Investitionen optimieren."[148] Welche konkreten Vorteile die Verbraucher von diesen Vereinbarungen haben können, legt die Verordnung ebenfalls nicht mehr dar. Es wird lediglich davon ausgegangen, *dass* die Verbraucher an dem Gewinn angemessen beteiligt werden, wenn das vereinbarende Unternehmen keine Marktmacht besitzt[149].

Auf die dritte und vierte Freistellungsvoraussetzung geht die Verordnung etwas detaillierter ein. Im Hinblick auf die Unerlässlichkeit wird die Festsetzung von Mindest- oder Festpreisen sowie der absolute Gebietsschutz genannt[150]. Diese verbotenen Vereinbarungen sowie die Festsetzung einer Marktanteilsschwelle sicherten schließlich

---

[147] Zum Begriff der "Gruppe" in Art. 81 Abs. 3 *Kaiser*, Zur Anwendung von Art. 85 Abs. 3 des EWG-Vertrages auf Gruppen von Kartellverträgen, S. 31 ff., der den deutschen Begriff dem französischen ("catégorie") und italienischen ("categoria") gegenüberstellt. Im Hinblick auf den seinerzeit herrschenden Streit, ob Gruppenfreistellungen nur mehrere, ähnliche Vereinbarungen der individuell beteiligten Parteien erfasse oder a priori sämtliche Verträge, die bestimmte Merkmale aufweisen, kam Kaiser zu letzterer, heute unstreitigen Auslegung.

[148] VO Nr. 2790/1999, (6). Erwägungsgrund

[149] VO Nr. 2790/1999, (8). Erwägungsgrund

[150] VO Nr. 2790/1999, (10). Erwägungsgrund

auch, dass den beteiligten Unternehmen nicht die Möglichkeit eröffnet wird, für einen wesentlichen Teil der betreffenden Erzeugnisse den Wettbewerb auszuschalten[151].

Werden durch eine derart pauschale Regelung noch die Einzelheiten der Anwendung des Art. 81 Abs. 3 festgelegt? Wenn nicht einmal eingegrenzt wird, welche Vereinbarungen überhaupt in den Genuss der Freistellung gelangen, wie kann dann sichergestellt sein, dass sie alle vier Freistellungsvoraussetzungen kumulativ erfüllen? Eine antizipierte Wettbewerbsanalyse der vertikalen Wettbewerbsbeschränkungen ist scheinbar nicht mehr möglich. Statt dessen geht die Kommission davon aus, dass alle vertikalen Vereinbarungen zwischen Unternehmen ohne erhebliche Marktmacht per se alle vier in Absatz 3 geforderten Marktwirkungen hervorbringen.

Der im Primärrecht detailliert in vier Tatbestandsmerkmale aufgeteilte Freistellungstatbestand wird durch eine sekundärrechtliche Durchführungsverordnung im Ergebnis auf *ein einziges Tatbestandsmerkmal*, die fehlende Marktmacht (flankiert von einigen wenigen Kernbeschränkungen), reduziert. Die einzelnen Freistellungsvoraussetzungen werden abstrahiert: "Abstraktion bezeichnet die Möglichkeit, einen Gegenstand oder eine Gruppe von Gegenständen unter *einem* Gesichtspunkt unter Absehen von allen anderen Gegenstandseigenschaften zu betrachten."[152] Fraglich ist jedoch, ob die Kommission zu einer solchen Abstraktion befugt ist.

2. Abstraktionsbefugnis der Kommission

Es gibt verschiedene Abstraktionsmöglichkeiten im Recht. Abstraktion soll die *gesetzgeberische* Regelung einer unbestimmten Zahl von Tatbeständen, die generell gleichmäßige *administrative* Erledigung in etwa gleichgelagerter Verwaltungsvorgänge oder eine mehr generalisierende Art *gerichtlicher* Streiterledigung ohne Berücksichtigung aller individuellen Besonderheiten des jeweiligen Einzelfalls erlauben[153].

a. Abstraktionsbefugnis der Kommission in ihrer primären Funktion als Verwaltungsbehörde

Die Kommission könnte ihre Abstraktionsbefugnis im gesetzgeberischen Bereich aus einer Abstraktionsbefugnis im Verwaltungsbereich, ihrem Hauptaufgabengebiet, herleiten.

In Deutschland ist die Abstraktionsbefugnis der nationalen Behörden bei der Bearbeitung einer Vielzahl gleichartiger Einzelfälle aus der Verwaltungspraxis nicht mehr wegzudenken. Der auf den Gebieten der Massenverwaltung eingerichtete automatisierte Verwaltungsvollzug kann nicht alle individuellen Umstände des einzelnen Falles

---

[151] VO Nr. 2790/1999, (12). Erwägungsgrund

[152] *Heisenberg*, Die Abstraktion in der modernen Naturwissenschaft, S. 141; vgl. weitere Definitionen des vorwiegend erkenntnistheoretisch verwendeten Begriffs der Abstraktion bei *Schwarze*, Abstraktion, S. 11

[153] *Schwarze*, Abstraktion, S. 11

berücksichtigen[154]. Das Instrument der Abstraktion wird bewusst in den Dienst einer rationellen und kostensparenden Verwaltung gestellt. Im Bereich des Steuerrechts ist die Abstraktion der Tatbestände besonders häufig anzutreffen[155]: "Eine individuelle Behandlung jedes einzelnen Falles würde, wenn jeweils alle Einwendungen zu berücksichtigen wären, zu Ergebnissen führen, die für die Steuerpflichtigen in ihrer Gesamtheit betrachtet und für die Verwaltung nicht tragbar sind. Deshalb erscheint es geboten, für die Besteuerung Fälle, die im *großen und ganzen gleichgelagert* sind, ihrer Besonderheit im einzelnen zu entkleiden und nach ihren *wesentlichen Merkmalen* zusammenzufassen und für die Besteuerung gleich zu behandeln."[156]

Dieselbe Argumentation würde sich auch für die Abstraktionsbefugnis der Kommission als Verwaltungsbehörde in Kartellsachen anbieten. Auch hier ist sie mit einer solchen Vielzahl von Anmeldungen befasst, dass die individuelle Behandlung jeder einzelnen Absprache zu untragbaren Ergebnissen führen würde, die gerade wegen der Ähnlichkeit vieler Fallgestaltungen auch nicht notwendig erscheint.

Der EuGH hat jedoch in einer seiner ersten Entscheidungen zum Wettbewerbsrecht des EGKSV eine solche Abstraktionsbefugnis der Kommission abgelehnt. Es ging in der Sache um die Verlängerung einer Genehmigung der Hohen Behörde (heute Kommission) gem. Art. 65 § 2 EGKSV in einem der zahlreichen "Schrottprozesse"[157]. Die Hohe Behörde hatte in ihrer Entscheidung nicht nur die Verlängerung der Genehmigung erteilt, sondern auch die Grundsätze genannt, denen ihrer Auffassung nach eine *künftige* Regelung entsprechen müsse. Die betroffenen Unternehmen haben sich gegen diese Nebenbestimmung mit der Begründung gewandt, die Hohe Behörde dürfe nur unter Berücksichtigung der konkreten künftigen Entwicklung über die konkreten zukünftigen wettbewerblichen Tatbestände auf Antrag entscheiden. Der Gerichtshof hat diesen Einwand mit der Begründung zurückgewiesen, die Hohe Behörde habe offensichtlich nicht die Absicht gehabt, schon jetzt rechtsverbindlich die Voraussetzungen für zukünftige Genehmigungen festzulegen. Die Nebenbestimmungen stellten nur eine Ankündigung dar, welche die Hohe Behörde nicht binde und keineswegs ausschließe, dass sie ihren Standpunkt nach sorgfältiger Prüfung späterer Anträge ändere[158]. Damit stellte der EuGH klar, dass der Verwaltungsbehörde eine Befugnis zur verbindlichen

---

[154] vgl. *Lenk*, DVBl. 1974, 832, 835f.

[155] *Schwarze*, Abstraktion, S. 14f.

[156] OFH, Urteil vom 25.8.1950, BayFMBl. 1950, 457, 458, Nr. 181. Zur Abstraktion im Baurecht bei der Entscheidung über die Erteilung einer Baugenehmigung nach § 34 BauGB, BVerwG, Beschluss vom 3.1.1973, Buchholz 406.11, § 34 BBauG Nr. 34: "Der Kläger übersieht bei seiner gegen die Entscheidung gerichteten Argumentation vor allem die eine Typisierung der baurechtlichen Beurteilung voraussetzende Wirkung einer Baugenehmigung. Eine so stark individualisierte, gleichsam maßgeschneiderte Baugenehmigung, wie sie der Kläger im unbeplanten Innenbereich für angezeigt hält, würde sich in ihrer Einhaltung nicht überwachen lassen, insbesondere dort nicht, wo eine ständige Überwachung erforderlich wäre. Allein aus diesem Grunde ist ein entsprechendes Maß an typisierender baurechtlicher Beurteilung ganz allgemein und so auch im Zusammenhang mit § 34 BauGB sowohl sachgerecht als auch unvermeidbar."

[157] EuGH Rs 16, 17, 18/59, Slg. 61, 45

[158] EuGH a.a.O. S. 63-64

Abstraktion nicht zugesprochen wird. Eine Kompetenz zu einer solchen normativverbindlichen, über den Einzelfall hinausgreifenden Regelung einer Vielzahl von Fällen, nimmt der Gerichtshof also nicht schon allein wegen eines offensichtlichen Bedürfnisses an.[159]

Diese "Unverbindlichkeit" gilt im Übrigen auch für die administrativen Richtlinien der Kommission, die durch die Veröffentlichung einer Vielzahl von Bekanntmachungen im Wettbewerbsrecht auf das Instrument der Abstraktion zurückgegriffen und dadurch ihr eigenes Verwaltungsermessen im Vorfeld gebunden hat[160]. Der Gerichtshof hat sich zu den Bekanntmachungen nie geäußert; Generalanwalt de Lamothe hat jedoch mehrfach betont, dass die Bekanntmachungen lediglich Hinweischarakter hätten und keine für den Gerichtshof, für die innerstaatlichen Gerichte oder für die Kommission selbst verbindliche Rechtsnormen schafften[161].

Der EuGH entspricht damit nicht der Rechtspraxis deutscher Verwaltungsgerichte, sondern eher der des französischen Conseil d'Etat, der die Behörden zu einer möglichst umfassenden Prüfung der konkreten Umstände anhält. Dort gilt der Grundsatz von der „obligation pour l'administration de procéder à un examen *particulier des circonstances de l'affaire* avant de prendre une décision même discrétionnaire“[162].

b. Abstraktionsbefugnis der Kommission in der Rolle des Gesetzgebers

Dass ein Bedürfnis zur Abstraktion auch und gerade in der Europäischen Gemeinschaft besteht, wird aus der weitgehend einfachen und elastischen Ausgestaltung des Primärrechts deutlich, das zwecks Anwendbarkeit noch der Ausführung durch Sekundärrecht bedarf. Beim gesamten EG-Vertrag handelt es sich um eine Rechtsordnung, die notwendig und daher bewusst unvollständig und auf eine fortschreitende Entwicklung angelegt ist. Es besteht ein Defizit an solchen Normen, die dazu geeignet sind, die tatsächliche Verwaltung der Einzelfälle durch die Behörden zu regeln[163].

---

159 vgl. *Schwarze*, Abstraktion, S. 56 und 59

160 *Bunte* in: Langen/Bunte, Einführung zum EG-Kartellrecht, Rz. 15

161 Der Versuch der Kommission, die Kriterien der Auslegungsbekanntmachung im Rahmen von Vorlageverfahren in die Rechtsprechung des Gerichtshofs einzuführen, ist damit fehlgeschlagen. In Übereinstimmung mit den Schlussanträgen von GA de Lamothe erwähnt der Gerichtshof die Kriterien der Bekanntmachung nicht, vgl. *Mestmäcker* in: Normzwecke, S. 44

162 Siehe dazu aus der französischen Verwaltungsrechtsprechung die Entscheidungen C.E., 4 févr. 1921, Rec. Cons. D'Etat p. 148; 4 août 1922, ibid., p. 732 (Cie du Bourbonnais); C. E., 24.7.1942, Rec. p. 233 (Piron); C.E., 15.6.1951, Rec. p. 337 (Galetzky); C.E., 14.10.1955, Rec. p. 480 (Dame Génin); C.E., 12.11.1955, Rec. p. 538 (Bouissières et Bauchy); C.E. 16.11.1962, Rec. p. 614 (Dolbeau); C.E., 4.10.1967, Rec. p. 347 (Michels)

163 Der Vertrag blieb zum einen weit gefasst, weil das Primärrecht offen sein sollte für künftige Entwicklungen. Zum anderen konnte vielfach bei den Vertragsverhandlungen keine wirkliche Einigung erzielt werden und so behielt sich jeder Mitgliedstaat die Art, wie die Vertragsaussage in der Praxis ausgelegt werden sollte, innerlich vor, vgl. von *Simson*, in: Gesetzgebung, S. 55 ff., 59

Hierin liegt ein wesentlicher Unterschied des EG-Vertrags zum EGKS- und EAG-Vertrag. Während letztere vorwiegend Verwaltungsgemeinschaften für bestimmte Grundstoffe und Energiequellen darstellen, deren rechtliche Organisation und Normierung in den betreffenden Verträgen nach der Art eines "traité de règles" im Wesentlichen selbst erfolgt ist, sind die Aufgaben der Organe der Europäischen (Wirtschafts)Gemeinschaft zunächst vorwiegend rechtssetzender Natur, denn der Vertrag lässt als "traité cadre" viele Rechtsfragen offen, deren Lösung der sekundären Gemeinschaftsrechtssetzung im Zuge fortschreitender Integration überlassen ist[164].

Während das Wettbewerbsrecht des EGKSV als "traité de règles" bereits voll wirksam war, oder, wie *Kaiser* es beschrieben hat, "mit dem Inkrafttreten des Montanvertrages ins Leben getreten ist wie die gepanzerte Athene aus dem Haupte des Zeus"[165], bedurfte und bedarf das Wettbewerbsrecht des heutigen EG-Vertrages ständiger konkretisierender Rechtssetzung, stets angepasst an den jeweiligen Integrationsgrad[166]. Mit dem Erlass von Rechtsvorschriften verbunden ist aber zwangsläufig auch immer ein gewisses Maß an Abstraktion, weil Gesetze ihrer Natur nach abstrakte Regelungen sind und sich gerade nicht an Einzelfällen orientieren. Das muss auch für eine Gruppenfreistellungsverordnung nach Artikel 83 Absatz 2 Buchst. b) der Kommission als Durchführungsorgan gelten. Die Frage nach der Befugnis zur Abstraktion erweist sich mithin nicht dem Grunde nach, sondern im Hinblick auf ihr *jeweils in Anspruch genommenes Ausmaß* als Problem. Es liegt bereits im Begriff der Abstraktion begründet, dass sie je nach ihrer Verwendungsart eine verschiedene Reichweite hat und dass ihr eine unterschiedliche Gradabstufung zukommen kann[167].

3. Ausmaß der Abstraktionsbefugnis der Kommission im Wettbewerbsrecht

a. Regelung einer Vielzahl gleichgelagerter wirtschaftlicher Tatbestände

Der EuGH[168] hat sich erstmals bei den bereits erwähnten "Schrottprozessen" für die Befugnis zur Abstraktion des europäischen Gesetzgebers im detailliert geregelten EGKSV ausgesprochen: "Wegen des vielgestaltigen und wechselnden Charakters des Wirtschaftslebens ist es für die Einrichtung und das Funktionieren einer zur Wahrung

---

[164] *Schwarze*, Abstraktion, S. 26
[165] *Kaiser*, a.a.O. S.10
[166] Generalklauseln und unbestimmte Rechtsbegriffe müssen ausgefüllt werden, was jeweils eine neue Wertung des Sachgebiets erfordert. Dabei hat sich der Gesetzesanwender von bestimmten Methoden eines "wertorientierten" Denkens leiten zu lassen. Diese Werte können sich aber, und das wurde in Teil 2 der Arbeit gezeigt, mit der Zeit ändern, was ein erneutes Ausfüllen der Generalklauseln notwendig machen kann. Vgl. hierzu allgemein auch *Larenz*, Methodenlehre der Rechtswissenschaft; auch *Raisch* zum Beispiel der Missbrauchsaufsicht über marktbeherrschende Unternehmen im GWB, JZ 1965, S. 625 ff.: "Zunächst müssen aber die wirtschafts- und gesellschaftspolitischen Leitmotive der herrschenden Kräfte aus der Ebene verschwommener Maximen zu Rechtsprinzipien konkretisiert werden und in den Bereich juristischer Denkformen gestellt werden." S. 631. Ebenso *Baur*, ZHR 134, S. 98 f.
[167] *Schwarze*, Abstraktion, S. 29
[168] vgl. grundsätzlich EuGH Rs. 2/57, Slg. 57, 131, 153-155

des Gleichgewichts auf dem Gemeinsamen Markt geschaffenen Einrichtung notwendig, klare und objektive Unterscheidungsmerkmale zu verwenden, die auf eine Vielzahl von Fällen, welche *bestimmte gemeinsame Grundzüge* aufweisen, anwendbar sind. Es ist hierbei nicht möglich, sämtliche Unterschiede zu berücksichtigen, die in der Struktur der der Hohen Behörde unterstehenden Wirtschaftseinheiten bestehen können, da die Tätigkeit dieser Behörde sonst behindert würde und ihre Wirksamkeit verlöre."[169]

Im Bereich des heutigen EG-Vertrages hat der Gerichtshof diese Rechtsprechung zum EGKS-Vertrag, dass die rechtsetzenden Instanzen bei der rechtlichen Regelung einer Vielzahl im Wesentlichen gleichgelagerter wirtschaftlicher Tatbestände über eine weitreichende Befugnis zur Abstraktion verfügen müssen, hauptsächlich im Bereich des Zoll- Tarif- und Abschöpfungsrechts fortgesetzt[170].

aa. Exkurs: Abstraktionsbefugnis im Agrarbereich

Der Rat erlässt in der Agrarpolitik grundsätzlich nach Art. 37, 34[171] die gemeinsamen Marktorganisationen, die die Kommission - ermächtigt gemäß Art. 211 - durchführt. Sie erlässt vornehmlich Verordnungen im Verwaltungsausschussverfahren, um das Agrarrecht der Gemeinschaft den aktuellen wirtschaftlichen Verhältnissen anzupassen. Die Ermächtigungen des Rates sind dabei zumeist recht weit gefasst und räumen der Kommission eine weite Beurteilungskompetenz hinsichtlich der komplexen wirtschaftlichen Sachverhalte ein. Häufig sind es im Agrarbereich erst diese Durchführungsvorschriften, die eine Marktordnung effektiv in Funktion setzen.

Die grundsätzliche Zulässigkeit derart flexibler Ermächtigungen und deren Durchführung durch abstrahierende Verordnungen der Kommission wurde für Art. 2 der Verordnung Nr. 974/71[172], der die Festlegung von Währungsausgleichsabgaben[173] durch

---

[169] EuGH Rs 17 und 20/61, Slg. 61 S. 686. Hervorhebung durch den Verfasser.

[170] Der Grundsatz gilt aber grundsätzlich in jedem Bereich, in dem der Gesetzgeber es mit komplexen wirtschaftlichen Sachverhalten zu tun hat, vgl. EuGH Kommission/Rat Slg. I 1996, 881 Tz. 18; Vereinigtes Königreich/Rat Slg. I 1996, 5755 Tz. 58; Spanien/Kommission, Slg. I 1997, 135, Tz 34, Roquette Frères/Rat, Slg. 1980, 3333 Tz. 25; und Rs. C 248/95 und 249/95, SAM Schifffahrt GmbH u. Heinz Stapf/Bundesrepublik Deutschland, EuZW 1998, S. 178 ff.

[171] Der Rat ist gemäß Art. 37 Abs. 2 Unterabs. 3 für verbindliche Entscheidungen im Agrarsektor zuständig. Die Kommission hat also auch hier nur insoweit eine Handlungsbefugnis, als der Rat ihr eine entsprechende Ermächtigung nach Art. 211 Abs. 4 und 145 Unterabs. 3 einräumt.

[172] ABl. L 106 v. 12.5.1971 S. 1

[173] Als Anfang der siebziger Jahre die Auflösung des auf festen Paritäten gegründeten Weltwährungssystems durch teils beträchtliche Schwankungen die einheitlichen Agrarpreise der Gemeinschaft in Frage stellte, wurde das Währungsausgleichssystem mit dem Ziel geschaffen, die Auswirkungen der wechselnden Paritäten auf das Preisgefüge zu neutralisieren. Es hatte sich gezeigt, dass die aufgrund der Währungsschwankungen unterschiedlich gewordenen Agrarpreise in den Mitgliedstaaten zu einer Verlagerung der Handelsströme führten. Die 11 %ige Abwertung des französischen Franc hätte zu einer Erhöhung der in Rechnungseinheiten ausgedrückten Agrarpreise um 11 % geführt. Um der damit verbundenen Steigerung der Verbraucherpreise zu begegnen, wurde das Verhältnis des Franc zur

die Kommission regelt, vom Gerichtshof bejaht[174]. Die genannte Verordnung ermächtigt die Kommission zur Entscheidung darüber, ob und auf welche Erzeugnisse Währungsausgleichsabgaben erhoben werden sollen. Art. 2 der VO[175] bestimmt den grundsätzlichen Berechnungsmodus der Währungsausgleichsbeträge. Sie werden in der Weise festgesetzt, dass auf die "Preise" der Waren, um die es geht, eine bestimmte, prozentual bemessene Abgabe erhoben wird. In ihrer Durchführungsverordnung hatte die Kommission bei der Auslegung des Begriffs "Preise" kurzfristige Preisschwankungen nicht berücksichtigt, sondern einen durchschnittlichen cif-Preis zugrunde gelegt, der nur bei merklichen Änderungen (im allgemeinen 10 % nach oben oder unten) geändert wurde. Dieses pauschale Vorgehen wurde von einer Importfirma vor dem EuGH[176] angegriffen. Nach ihrer Auffassung hätte die Kommission nicht lediglich den cif-Preis als Bezugsgröße zugrunde legen dürfen, sondern auch kurzfristige Preisschwankungen berücksichtigen müssen. Der Gerichtshof ist der Argumentation der Klägerin nicht gefolgt und hat das pauschale Vorgehen der Kommission grundsätzlich gebilligt[177]. Die Verwendung des effektiven Preises für jedes einzelne Erzeugnis als Bemessungsgrundlage hätte die Ermittlung des für das jeweilige Geschäft gültigen effektiven Wechselkurses vorausgesetzt, was erhebliche verwaltungspraktische Schwierigkeiten mit sich gebracht hätte. Außerdem galt die fragliche Spanne von 10 % für beide Seiten, konnte sich also sowohl negativ als auch positiv bei Änderungen des effektiven cif-Preises auswirken. Schließlich könne nur ein erst bei merklichen Änderungen korrigierter Durchschnittswert als Kriterium eine gewisse Beständigkeitsgarantie für die kaufmännische Kalkulation des Handels bieten[178].

Das hier gewählte pauschalierende Verfahren war nach Auffassung des EuGH dazu geeignet, die grundsätzlich nur schwer zu vereinbarenden Postulate der *individuellen*

Rechnungseinheit eingefroren. Dadurch konnten französische Landwirte aber bei grenzüberschreitendem Verkauf einen währungsbedingten Gewinn erzielen. Ein Verkauf an eine deutsche Interventionsstelle hätte also wegen der unveränderten DM-Zahlung infolge der Abwertung des Franc einen höheren Franc-Betrag ergeben als bei gleichem Verkauf an die französische Interventionsstelle. Durch das Währungsausgleichssystem wurde dieser Vorteil in Form einer Abgabe (bzw. Beihilfe bei spiegelbildlichen Verlusten bei der Ausfuhr) abgeschöpft. vgl. hierzu P. *Gilsdorf*, Der Währungsausgleich aus rechtlicher Sicht, S. 3 ff. Heute gilt dieses Währungsausgleichssystem nur noch in einer eingeschränkten Form.

[174] zur Zulässigkeit der Ermächtigungsverordnung EuGH Rs 5/73 Balkan-Import GmbH/Hauptzollamt Berlin-Packhof, Slg. 1973, 1091 ff, 1115

[175] Nach Art. 2 Abs. 1 werden die Ausgleichsbeträge in der Weise festgesetzt, dass auf die "Preise" der Waren, um die es geht, eine bestimmte, prozentual bemessene Abgabe erhoben wird, die in ihrer Höhe dem Unterschied zwischen der Parität der fraglichen nationalen Währung und dem arithmetischen Mittel der während eines bestimmten Zeitraumes festgestellten Wechselkurse entspricht.

[176] EuGH Becher, Rs. 154/73, Slg. 1973, S. 19ff

[177] EuGH a.a.O. S. 26: "es ist berechtigt, wenn die Kommission bei Erlass der Durchführungsbestimmungen für eine Regelung wie diejenige, die durch die Verordnung Nr. 974/71 für die Ausgleichsbeträge geschaffen wurde, gewisse zwingende Erfordernisse verwaltungstechnischer Art berücksichtigt und namentlich dafür Sorge trägt, dass die getroffenen Maßnahmen nicht allzu oft geringfügigen Änderungen unterworfen sind."

[178] vgl. auch *GA Trabucchi* in seinen Schlussanträgen in dieser Rechtssache, Slg. 1973, S. 30-32

Gerechtigkeit, der *Rechtssicherheit* und der *Verwaltungsökonomie* zu einem gewissen Ausgleich zu bringen[179].

bb. Parallele zum Wettbewerbsrecht

Ähnlich verfährt die Kommission in der neuen GVO. Es wird davon ausgegangen, dass die Warenerzeugung und -verteilung verbessert wird, die Verbraucher am Gewinn beteiligt werden, keine unerlässlichen Beschränkungen vereinbart werden und der Wettbewerb nicht ausgeschaltet wird, wenn die Unternehmen keine Marktmacht haben und keine Kernbeschränkungen vereinbart werden. Die effektiven Auswirkungen jeder einzelnen Vereinbarung im Hinblick auf diese Tatbestandsmerkmale werden im Interesse der *Verwaltungsvereinfachung* nicht ermittelt. Die Kommission geht noch weiter und beschränkt sich bei der Prüfung des Freistellungstatbestandes nicht nur auf die Marktmacht der Unternehmen. Diese sei grundsätzlich abhängig von dem Ausmaß, in dem die Unternehmen dem Wettbewerb anderer Lieferanten von Waren und Dienstleistungen ausgesetzt sind[180]. Dieses Ausmaß an interbrand-Konkurrenz ermittelt sie jedoch nicht konkret, sondern geht davon aus, dass ein Unternehmen mit einem Marktanteil von bis zu 30 % keine Marktmacht hat.

Diese weitgehende Abstraktion dient nicht nur der Verwaltungsökonomie. Wie festgestellt wurde, haben die alten Verordnungen Vereinbarungen nicht erfasst, die alle vier Freistellungsvoraussetzungen erfüllten und umgekehrt solche Vereinbarungen freigestellt, obwohl sie Art. 81 Abs. 3 nicht erfüllten. Die neue "Schirm"-GVO soll dies vermeiden. Sollte das entscheidende Merkmal in der Tat die Marktmacht der Unternehmen sein, dann führt sie auch zu einer größeren *individuellen Gerechtigkeit.* Schließlich waren die Unternehmen, die ihre vertikalen Vereinbarungen nicht dem genauen Wortlaut einer GVO angepasst hatten, bisher gezwungen, diese bei der Kommission zwecks Einzelfreistellung anzumelden, erhielten aber selten eine verbindliche Entscheidung, sondern zumeist nur ein unverbindliches Verwaltungsschreiben. Heute können Unternehmen mit einem Marktanteil bis zu 30 % grundsätzlich sicher sein, dass ihre vertikalen Vereinbarungen verbindlich freigestellt sind. Dies dient der *Rechtssicherheit.*

Allein schon aus diesen Gründen könnte auch der wettbewerbsrechtlichen Durchführungsverordnung ein hoher Abstraktionsgrad zugebilligt werden. Auch im Wettbewerbsrecht handelt es sich um einen Bereich der Massenverwaltung, der zwangsläufig eine gewisse Pauschalierung der wirtschaftlichen Sachverhalte im Interesse der drei Postulate Gerechtigkeit, Rechtssicherheit und Verfahrensökonomie erfordert. Fraglich ist nur, ob diese Postulate auch die weitgehende Loslösung von den primärrechtlichen Tatbestandsmerkmalen rechtfertigen.

---

179 *Schwarze*, Abstraktion, S. 49 ff. und *ders.*, Verwaltung, S. 427

180 (7). Begründungserwägung der VO Nr. 2790/1999

cc. *Unterschied zwischen Wettbewerbs- und Agrarpolitik*

Ein wesentlicher Unterschied zwischen den beiden Politiken ist, dass in Art. 81 grundsätzlich[181] davon ausgegangen wird, der freie Wettbewerb bringe ohne staatliche Lenkung die bestmöglichen Ergebnisse hervor. Der Wettbewerb wird primär durch autonomes Wettbewerbsverhalten der Unternehmen gefördert. Wenn die Unternehmen aber ihre Autonomie freiwillig beschränken wollen und diese Beschränkung sich spürbar auf dritte Marktteilnehmer auswirkt, dann müssen die Vereinbarungen zu ganz bestimmten, in Absatz 3 festgelegten Auswirkungen auf den Wettbewerb führen. Die Kommission *wacht* dabei über die von politischer Einflussnahme unbeeinflussten Marktgeschehnisse und darüber, dass Artikel 81 nicht verletzt wird[182]. Wettbewerbspolitik wird "nur beiläufig betrieben"[183]. Es wird immer nur dann eingegriffen, wenn eine Beschränkung nach Art. 81 Abs. 1 vorliegt, die nicht alle vier Freistellungsvoraussetzungen erfüllt.

Dies ist mit Agrarpolitik nicht vergleichbar. Die wesentliche Aufgabe besteht darin, zur Schaffung eines gemeinsamen Marktes für Agrarerzeugnisse die nationalen durch eine gemeinschaftliche Marktorganisation *abzulösen*[184] (und nicht etwa im Interesse eines freien Wettbewerbs *abzuschaffen*), also nicht lediglich zu wachen, sondern aktiv gestaltend tätig zu werden. Diese gemeinschaftliche Organisation soll der Erreichung ganz bestimmter, in Art. 33 Abs. 1 aufgelisteter Ziele dienen[185]. Welche Mittel und Maßnahmen zur Verwirklichung der Ziele eingesetzt werden können, regeln Art. 34 und 35. Nach Art. 36 findet das Kapitel über die Wettbewerbsregeln nur Anwendung, wenn dies der Rat unter Berücksichtigung der genannten Ziele bestimmt. Die Gemeinschaft wird im Agrarbereich mithin interventionistisch tätig. Sie lenkt durch politisch motivierte Maßnahmen das Wirtschaftsleben in eine bestimmte, von ihr festgesetzte Richtung. Freier Wettbewerb kann hier in Teilbereichen sozusagen als interventionistisches Mittel eingesetzt werden. Die Marktteilnehmer sind - anders als in der Wettbewerbspolitik - nicht die Protagonisten dieser Zielverwirklichung, sondern die Maßnahmeempfänger. Ihr Verhalten wird bewusst gesteuert; sie können ihre unternehmerische Freiheit nur in den vorgegebenen Bahnen verwirklichen[186]. In der Agrarpolitik

---

[181] Eine Ausnahme bildet die wohl mögliche Beeinflussung des freien Wettbewerbs durch industriepolitische Maßnahmen, vgl. oben § 10

[182] Etwas anders: *van Miert*, WuW 1995, S. 553 ff. 554: "Die Kommission hat nicht nur die Einhaltung der Spielregeln zu überwachen, nach denen Marktwirtschaft in der Gemeinschaft stattfindet. Sie hat die Spielregeln auch fortzuentwickeln, um sie der Dynamik der wirtschaftlichen Entwicklung anzupassen."

[183] *Baldi*, a.a.O., S. 96

[184] *Schwarze*, Verwaltungsrecht, S. 380 ff.

[185] Steigerung der Produktivität der Landwirtschaft, Gewährleistung einer angemessenen Lebenshaltung der in der Landwirtschaft tätigen Personen, Stabilisierung der Märkte, Sicherstellung der Versorgung, Belieferung der Verbraucher zu angemessenen Preisen.

[186] EuGH Rs. 5/73, Balkan-Import-Export GmbH / Hauptzollamt Berlin-Packhof, Slg.1973, S. 1091 ff., 1129: "Zwar haben die Organe bei der Wahrnehmung ihrer Befugnisse darüber zu wachen, daß die den Wirtschaftsteilnehmern auferlegten Belastungen nicht das Maß übersteigen, das erforderlich ist, damit die Verwaltung die ihr gesteckten Ziele erreichen vermag, doch folgt daraus nicht, daß der Um-

kann die Freiheit ganzer Wirtschaftszweige bestimmten Zielen zum Opfer fallen, weil diese Freiheit gerade nicht das zentrale Mittel der Zielverwirklichung ist. Wenn aber der freie Wettbewerb nicht das Mittel zur Verwirklichung der Ziele ist, dann dürfen den handelnden Organen angesichts der Komplexität des Regelungsgegenstands nicht zu enge rechtliche Fesseln angelegt werden[187].

Für das Beispiel der Währungsausgleichsabgaben bedeutet das: Wenn nach Auflösung des Weltwährungssystems die Ungleichheiten im Preisniveau zwischen den Mitgliedstaaten ausgeglichen werden sollen und dieser Ausgleich nicht durch freien Wettbewerb geschaffen werden soll, dann muss dem handelnden Organ weites Ermessen und damit auch das Recht zu einer weitreichenden Abstraktion zur Bestimmung der geeigneten Maßnahmen zugebilligt werden.

Das Wettbewerbsrecht ist dagegen an die Freiheit der Marktteilnehmer gebunden. Seine erste Aufgabe muss es sein, diese Freiheit zu sichern und zu gewährleisten, dass keine anderen als die in Art. 81 Abs. 3 aufgezeigten Marktauswirkungen von Freiheitsbeschränkungen ausgehen. Wenn einer Verordnung nach Art. 83 damit neben den Zielen auch das Mittel zur Verwirklichung dieser Ziele vorgegeben wird, ist die Befugnis zur Abstraktion zwangsläufig eingeschränkt. Unzulässig wäre es deshalb, aus politischen Motiven die Besonderheiten eines bestimmten Wirtschaftskreises völlig zu ignorieren. Diese Gefahr könnte die "Schirm"-GVO in sich bergen. Eine derart von den Eigenheiten der konkreten Vertriebssysteme abstrahierende Regelung kann möglicherweise nicht mehr auf deren spezifische Marktwirkungen Rücksicht nehmen. Eine Prognose, ob die gruppenweise freigestellten Vereinbarungen tatsächlich unter den Freistellungstatbestand fallen, erscheint angesichts der abstrakten Erfassung aller Vereinbarungen zwischen Unternehmen mit einem Marktanteil von bis zu 30 % zumindest fraglich. Dies spricht zunächst gegen eine weitgehende Abstraktionsbefugnis der Kommission.

b. Langjährige Verwaltungspraxis

Auf der anderen Seite hat die Kommission während der Vorarbeiten zur jetzigen "Schirm"-GVO ständig betont, dass sie die Wettbewerbsregeln nunmehr seit über fünfunddreißig Jahren erfolgreich angewandt habe und in dieser Zeit sehr gute Einblicke in die Wirtschafts- und Wettbewerbsabläufe innerhalb der Europäischen Gemeinschaft habe gewinnen können[188]. Sie ist aufgrund dieser Erfahrungen zu der Einsicht gelangt, dass es nicht zweckmäßig ist, die Freistellung an den Arten von Vertriebssystemen zu orientieren, sondern von der Marktstruktur abhängig zu machen. Die Kausalität zwischen der konkreten Vereinbarung in einem bestimmten Vertriebssystem und

---

fang dieser Verpflichtung an den besonderen Verhältnissen eines bestimmten Wirtschaftskreises zu messen ist. Eine solche Abwägung wäre angesichts der Vielfalt und Komplexität der wirtschaftlichen Verhältnisse nicht bloß undurchführbar, sondern würde darüber hinaus eine ständige Quelle der Rechtsunsicherheit bedeuten."

[187] *Schwarze*, Verwaltungsrecht, 437

[188] *Grünbuch*, a.a.O., S. viii, 2, *Weißbuch*, über die Modernisierung, a.a.O., S 4, 7 f., 11 f.

dem Bewirken der in Art. 81 Abs. 3 aufgeführten Freistellungsvoraussetzungen verlangt sie nicht mehr.

Der EuGH[189] erkennt die Erfahrungen der Verwaltungsbehörde an, die diese bei der Ausübung ihrer Befugnisse gewonnen hat. Das Ausmaß zulässiger Abstraktion hinge von dem Ausmaß der Erfahrungen ab, welche die zur Rechtsetzung im Gemeinschaftsrecht berufenen Organe bis zum fraglichen Zeitpunkt jeweils sammeln konnten[190]. Im Verfahren „Grundig und Consten" hat sich der Gerichtshof die Ausführungen des Generalanwalts Roemer zu eigen gemacht, der im Zusammenhang mit der Pflicht der Kommission zur umfassenden Tatsachenermittlung und der Beurteilung eventueller Verbesserungseffekte nach Absatz 3 feststellte: "Gerade zu Beginn der Entwicklung eines neuen Kartellrechts, *solange es an einer etablierten Praxis und an ausreichend geklärten Prinzipien fehlt*, sollte die Kommission insofern ein übriges tun".[191]

Diesen Zusammenhang zwischen Abstraktionsbefugnis und Erfahrung im Umgang mit der zu regelnden Materie erkennt auch *Baldi* an: "In den entscheidenden Punkten der Auslegung bzw. Anwendung des Art. 85 Abs. 3 EWGV geht es jedoch immer um direkte oder indirekte Wertungsfragen, für deren *allgemeine Beurteilung* sich *erst durch längere Rechtspraxis* einigermaßen verlässliche Richtlinien herausbilden."[192] Je länger die Rechtspraxis also andauert, desto verlässlicher lassen sich Richtlinien herausarbeiten, die zu einer abstrakten, allgemeinen Beurteilung berechtigen.

Die Kommission hat diesem Zusammenhang Rechnung getragen, indem sie zu Beginn der europäischen Wettbewerbspolitik das Meldesystem einführte und zunächst jede einzelne Absprache in ihrer Individualität überprüfte. Sie hatte seinerzeit keine ausreichende Kenntnis der europäischen Märkte und wusste nicht, welche vertikalen Vereinbarungen warum geschlossen wurden. Nur durch ein zentrales Genehmigungssystem konnte eine europäische "Wettbewerbskultur" herausgebildet werden[193]. Heute hat die Kommission einen umfassenden Einblick in die Märkte, die darin geschlossenen Vertriebsvereinbarungen und deren Auswirkungen gewonnen. Die vollständige Ermittlung der potentiellen Auswirkungen jedes Einzelfalls oder auch jeder eng eingegrenzten Gruppe von Vertriebssystemen erübrigt sich, wenn die Kommission aufgrund ihrer langjährigen Erfahrungen die Erkenntnis gewonnen hat, dass prinzipiell jede vertikale Vereinbarung zwischen Unternehmen ohne Marktmacht den Freistellungstatbestand erfüllt. Die VO Nr. 2790/1999 würde dann ein anhand etablierter Verwaltungspraxis verifiziertes, allgemeines Prinzip beinhalten.

---

[189] EuGH Rs. 42/72, Slg. 1972, S. 67

[190] Diese allgemeine Aussage findet sich zwar nicht in den Urteilsgründen ausdrücklich wieder. Sie ergibt sich aber inzident aus der gerichtlichen Bestätigung der im Prozess sowohl von der Kommission als auch vom Generalanwalt vertretenen Rechtsauffassung, Slg. 1972, S. 65 sowie 72.

[191] EuGH Rs 56 u. 58/64 Slg. S. 321, *GA Roemer* S. 430. Hervorhebung durch den Verfasser.

[192] *Baldi*, a.a.O. S. 286. Hervorhebungen durch den Verfasser.

[193] *Weißbuch* über die Modernisierung, a.a.O. S. 4

c. *Praktikabilität des Auslegungsergebnisses*

Ein weiter Aspekt, der nicht nur eine weitreichende Befugnis zur Abstraktion, sondern auch ein Bedürfnis, wenn nicht sogar eine Notwendigkeit hierzu begründet, ist der Umstand, dass die Kommission auf dem Gebiet des Wettbewerbsrecht eine Flut gleichgelagerter Vorgänge zu erledigen hat.

Kaiser hat für das europäische Gemeinschaftsrecht über die vier klassischen Elemente der Auslegung (grammatische, logische, historische, teleologische[194]) hinaus die "praktische Handhabung des Gesetzes" zur zusätzlichen spezifischen Auslegungsmaxime erhoben[195]. Danach ist auf die Möglichkeit der Anwendung der auszulegenden Normen und auf die Praktikabilität des Auslegungsergebnisses Bedacht zu nehmen. In diesem Sinne nimmt bereits Art. 83 Abs. 2 Buchst. b) eindeutig Bezug auf diese Praktikabilität: Bei der Festlegung der Einzelheiten des Art. 81 Abs. 3 muss dem Erfordernis wirksamer Überwachung bei möglichst einfacher Verwaltungskontrolle Rechnung getragen werden.

Auch Generalanwalt Trabucchi hat ausdrücklich auf eine Berücksichtigung praktischer Erwägungen bei der Auslegung des europäischen Gemeinschaftsrechts Bezug genommen: "Eine eindeutige Wahl lässt sich nur treffen, wenn im Rahmen dieser Zielbestimmungen auch praktische Erwägungen entscheidend zum Zuge kommen. Damit fließt in die Auslegung der anzuwendenden Vorschriften notwendigerweise ein Element ein, das *kennzeichnend für die gesetzgebende Tätigkeit* ist, dem der gesetzesanwendende Richter entscheidendes Gewicht beizulegen in der Regel vermeidet."[196]

Die Auslegung des Freistellungstatbestands muss mithin zu einer praktikablen Anwendbarkeit dieser Vorschrift führen. Gerade im Bereich der Massenverwaltung sind abstrahierende, pauschalierende Regelungen praktikabler als detaillierte Vorschriften, die auf sämtliche mögliche Fallgestaltungen Bezug nehmen[197]. Nur eine mehr oder weniger abstrakte Regelung konnte das frühere "Chaos der Gruppenfreistellungen" abschaffen. Die alten GVOen regelten auf der einen Seite viel im Detail und in den technischen Einzelheiten, während auf der anderen Seite in wichtigen Fragen der Wettbewerbspolitik eine Entscheidungsschwäche unübersehbar war.[198] Nur die Reduzierung auf das Wesentliche, auf den Kern der Materie unter Außerachtlassung möglicher Eventualitäten, wird hier das Problem lösen können. Auch die zukünftigen Entwicklungen in der EU werden das Bedürfnis nach einfachen und damit notwendig abstrahierenden Regelungen verstärken. Bereits heute besteht sie aus 15 Mitgliedstaa-

---

[194] Dazu *Savigny*, System des heutigen Römischen Rechts, Bd. I, 1840, S. 213

[195] *Kaiser*, a.a.O. S. 18

[196] Rs. 159/73, Slg. 1973, S. 131. Hervorhebung durch den Verfasser.

[197] *Schwarze*, Abstraktion, S. 19 f.

[198] *Schwarze*, Gesetzgebung, S. 27

ten, arbeitet in 11 Amtssprachen und zählt über 350 Mio. Einwohner[199]. In Zukunft wird sie um die mittel- und osteuropäischen Staaten sowie Zypern erweitert werden. Der Gemeinsame Markt hat dazu geführt, dass heute wesentlich mehr zwischenstaatliche Handelsbindungen bestehen als noch vor fünfunddreißig Jahren, die zwangsläufig auch nach Art. 81 wettbewerbsrelevante Absprachen mit sich bringen. Eine aktive Politik zur Bekämpfung von Wettbewerbsbeschränkungen wird schon heute durch die enorme Zahl der Anmeldungen erheblich erschwert[200]. Nur bei 13 % aller neuen Fälle handelte es sich laut Kommission um von Amts wegen eingeleitete Verfahren. "Dies zeigt, dass die Kommission nach und nach dazu verurteilt wurde, auf die Flut von Anmeldungen und Beschwerden nur noch zu reagieren statt zu agieren."[201]

Die "Schirm"-GVO (verbunden mit der Abschaffung der Anmeldepflicht gem. Art. 4 Abs. 2 der VO 17/62)[202] enthebt die Kommission von dieser Flut von Anmeldungen und gibt bislang gebundene Ressourcen frei[203]. Sofern tatsächlich die von der Verordnung erfassten Vertikalabsprachen den Freistellungstatbestand erfüllen, kann die Kommission in Zukunft ihre Tätigkeit auf die Überprüfung der Vereinbarungen von marktstarken Unternehmen konzentrieren. Sowohl die Kommission als Verwaltungsbehörde als auch die Unternehmen profitieren von der neuen Regelung. Für die Mehrheit aller Fälle erübrigt sich eine genaue Analyse des Vertragsinhalts. Dies spricht für eine weitgehende Abstraktionsbefugnis der Kommission.

4. Zwischenergebnis

Bei der Frage nach der Abstraktionsbefugnis der Kommission als Gesetzgeberin geht es nicht um das 'Ob', sondern um das 'Wie' dieser Befugnis. Gesetzgebung kann ohne Abstraktion nicht stattfinden. Gerade in Bereichen der Massenverwaltung muss eine abstrakte und praktikable Regelung getroffen werden. Auch die Tatsache, dass die Kommission seit fast vier Jahrzehnten praktische Erfahrungen bei der Anwendung von Art. 81 gesammelt hat und sie dabei allgemeine Prinzipien und grundsätzliche wirtschaftliche Zusammenhänge ausmachen konnte, spricht für die Abstraktionsbefugnis. Voraussetzung ist jedoch, dass nicht interventionistisch in die freien Wirtschaftsabläufe eingegriffen wird, sondern nur Voraussetzungen geschaffen werden, damit sich der Wettbewerb frei entfalten kann. Damit muss grundsätzlich jede unter die Verordnung

---

[199] *Weißbuch* über die Modernisierung, a.a.O. S. 4. Dazu kommt noch eine gemeinsame Währung, ein einheitlicher Markt und eine globale Wirtschaft, S. 7. Zur Zeit des Erlasses der VO 17/62 waren es nur sechs Mitgliedstaaten, bestehend aus 170 Mio. Einwohnern und vier Amtssprachen.

[200] *Steindorff* zweifelte bereits 1963 an, ob die Kommission mit den ihr Verfahren regelnden Bestimmungen überhaupt der geeignete Apparat für die Bewältigung der einzelnen Kartellfälle ist, BB/AWD 1963, S. 353 ff., 356.

[201] *Weißbuch* über die Modernisierung, a.a.O. S. 22

[202] vgl. *Mitteilung*, a.a.O. S. 28: Das Unternehmen soll nicht dafür bestraft werden, dass es die Anmeldung unterlassen hat, weil es seinen Marktanteil falsch eingeschätzt hat. Nur bei den nach Art. 4 Abs. 2 VO/17 von der Anmeldung befreiten Vereinbarungen könne aber rückwirkend zum Tag des Vertragsabschlusses freigestellt werden.

[203] *Mitteilung*, a.a.O. S. 29

fallende Vereinbarung Art. 81 Abs. 3 entsprechen. Das Recht muss das Mittel (den freien Wettbewerb) sichern, das die in Teil 2 der Arbeit untersuchten Ziele verwirklichen soll und nicht umgekehrt Mittel schaffen und einsetzen, um diese Ziele zu verwirklichen. Die Kommission darf sich zwar vom Wortlaut des Artikels 81 Abs. 3 trennen, muss aber sicherstellen, dass alle von der GVO erfassten Beschränkungen die Freistellungsvoraussetzungen erfüllen.

Grundsätzlich jede von der "Schirm"-GVO erfasste Vereinbarung

- muss zur Verbesserung der Warenerzeugung oder –verteilung oder zur Förderung des technischen oder wirtschaftlichen Fortschritts beitragen,
- muss den Verbraucher an diesem Gewinn angemessen beteiligen,
- darf nur solche Beschränkungen enthalten, die für die Verwirklichung dieser Ziele unerlässlich sind und
- darf nicht die Möglichkeit eröffnen, für einen wesentlichen Teil der betreffenden Waren den Wettbewerb auszuschalten.

Wann liegt aber eine Verbesserung der Warenerzeugung vor? Wann werden die Verbraucher angemessen an diesem Gewinn beteiligt? Wann ist eine Vereinbarung unerlässlich und wann besteht die Möglichkeit der Wettbewerbsausschaltung? All diese Tatbestandsmerkmale müssen für die Anwendung ausgelegt werden. Sie räumen dem Gesetzesanwender eine Entscheidungs- und Gestaltungsfreiheit ein. Im deutschen Recht würde man diese als Beurteilungsspielraum qualifizieren. Der EuGH folgt der Trennung zwischen unbestimmten Rechtsbegriffen und Ermessen nicht[204]. Der Ausdruck "Ermessen" wird vielmehr als Inbegriff für "Entscheidungsfreiheit" verwendet[205]. Dem Gerichtshof kommt dabei lediglich die Aufgabe des "gardien de l'objectivité" zu; er prüft jeweils, ob der Gesetzgeber oder die Verwaltungsbehörde das Gemeinschaftsrecht richtig ausgelegt und angewandt und nicht die Grenze des Vertrages überschritten hat[206].

Zu prüfen ist daher, wo die Ermessensfreiheit des Gesetzgebers gemäß Art. 83 bei der Ausfüllung der unbestimmten Rechtsbegriffe des Art. 81 Abs. 3 aufhört und wo die Rechtsverletzung beginnt.[207]

---

[204] Vielmehr findet sich in den deutschen Übersetzungen der EuGH-Urteile eine bunte Mischung der verschiedenen Ausdrücke für Entscheidungsspielräume: Ermessensbefugnis etwa in Rs 94 und 96/63, Pierre Bernusset/Kommission, Slg. 1965, 645 ff., 669; Rs 255/84, Nachi Fujikoshi Corporation/Rat, Rz. 42; sowie Beurteilungsspielraum in Rs 144/82, Armelle Detti/Gerichtshof Slg. 1983, 2421, 2436;

[205] *Schwarze*, Verwaltungsrecht, S. 282

[206] vgl. *Rupprecht*, Die Nachprüfungsbefugnis des Europäischen Gerichtshofes gegenüber Ermessenshandlungen der Exekutive in der Montanunion und der Europäischen Wirtschaftsgemeinschaft. S. 14, 15

[207] Auf jeden Fall muss sich der Gesetzgeber ebenso wie die Verwaltungsbehörde bei der Anwendung und Auslegung des Gemeinschaftsrechts an dessen Wortlaut halten. In den ersten beim Gerichtshof anhängigen Verfahren überhaupt, die den sog. Monnet-Rabatt im Stahlhandel betrafen, hatte die Hohe Behörde geltend gemacht, sie habe von dem strengen Wortlaut des Vertrages, wenn auch in geringem und deshalb entschuldbarem Maße, abweichen müssen, da sonst das eindeutig vom Vertrag Gewollte

IV. Reichweite der Ermessensfreiheit bei der Ausfüllung der Tatbestandsmerkmale des Artikels 81

Das spezifisch zur Lenkung und Absicherung eines Integrationsprozesses eingesetzte Wettbewerbsrecht muss Geschmeidigkeit und Flexibilität aufweisen, um bei neuen Entwicklungen die nötige Anpassungsfähigkeit zu gewährleisten. Dementsprechend hat der EuGH die unbestimmten Rechtsbegriffe niemals als "unveränderliche Größen" verstanden, sondern hat ihnen die Fähigkeit zugeschrieben, Sachverhalte zu erfassen, "die vor allem im Zeitablauf ungewiss und veränderlich sind."[208] Der EuGH gibt dem Verordnungsgeber damit einen weiten Spielraum[209,210].

Dennoch hat der Gerichtshof sich in etlichen Entscheidungen zu Artikel 81 nicht lediglich damit begnügt festzustellen, dass die Kommission als Rechtsanwender diese unbestimmten Rechtsbegriffe rechtsfehler- und ermessensfehlerfrei ausgelegt und angewandt hat, sondern hat sich in der Sache zum materiellen Inhalt der einzelnen Tatbestandsmerkmale geäußert. In vielen dieser Urteile war es die Kommission selbst, die die Sache zum EuGH gebracht hat. Sie wollte eine Grundsatzentscheidung zu einem bestimmten Tatbestandsmerkmal provozieren. Deshalb hat sie bei der Auslegung der unbestimmten Begriffe der Art. 81 und 82 sog. "Testentscheidungen" erlassen[211], um diese nach der vorausgesehenen Anfechtung durch die Betroffenen vom EuGH in einem "Grundsatzprozess" auf ihre Rechtmäßigkeit hin überprüfen zu lassen. Die Kommission hat ihre weitere Verwaltungspraxis dann auf der Grundlage der ergangenen Entscheidung ausgerichtet. Der Gerichtshof macht damit den Weg frei für ein an die derzeitigen Anforderungen angepasstes und verbindliches Wettbewerbsrecht[212]. Dies bedarf eines gewissen "pouvoir normatif", d.h. der Gerichtshof darf sich nicht auf blo-

---

im Lichte der seit Vertragsschluss eingetretenen Entwicklung vereitelt werden würde. Der Gerichtshof gab dem kein Gehör: der Vertrag sei nun einmal der Vertrag und eine von ihm abweichende Entscheidung der Behörde sei damit rechtswidrig. Sollte der Vertrag sich in seinen nicht vorausgesehenen Auswirkungen als verfehlt erweisen, so sei es Sache der Mitgliedstaaten, ihn zu ändern und anzugleichen, nicht aber des Gerichtshofs, ihn gegen seinen Wortlaut auszulegen. Rs 1 und 2/54, Slg. 1954-1955, S. 7 und 79, vgl. *von Simson*, in: Europäisches Verwaltungsrecht im Werden, 1982, S. 23 ff., 29

[208] EuGH Slg. 1968, S. 1, 19 für den in Art. 2 Abs. 2 EGKSV verwendeten Begriff der "Voraussetzungen, die von sich aus die rationellste Verteilung der Erzeugnisse sichern."

[209] vgl. hierzu auch *Schwarze*, Gesetzgebung, S. 22: "Insgesamt wollte der EuGH im Interesse einer funktionsfähigen Wirtschaftsgesetzgebung im Gemeinsamen Markt den zuständigen Gemeinschaftsorganen das erforderliche legislative Ermessen auf jeden Fall sichern und ihnen auf diese Weise den notwendigen Reaktions- und Handlungsspielraum erhalten."

[210] EuGH Rs. 23/75, Slg. S. 1279, 1302 "Wenn Artikel 155 des Vertrages bestimmt, dass "die Kommission ... die Befugnisse auszuüben (hat), die ihr der Rat zur Durchführung der von ihm erlassenen Vorschriften überträgt", so ergibt sich aus dem Zusammenhang des Vertrages, in den dieser Artikel gestellt werden muss, sowie aus den Anforderungen der Praxis, dass der Begriff 'Durchführung' weit auszulegen ist."

[211] vgl. dazu die Ausführungen der Kommission im ersten Wettbewerbsbericht (Anlage zum Fünften Gesamtbericht über die Tätigkeit der Gemeinschaften) 1972, S. 15: "Es ist das Ziel der Kommission gewesen, Entscheidungen in typischen Fällen zu treffen."

[212] *Schwarze*, Abstraktion, S. 146

ße Rechtsanwendung beschränken, sondern muss den Vertrag dynamisch und auf andere, vergleichbare Fallgestaltungen übertragbare Weise *interpretieren*[213]. Dennoch muss er stets beachten, dass er nur über die Auslegung und Anwendung des Rechts wachen und eben nicht die Entscheidung der Kommission oder die des nationalen Richters vorwegnehmen darf[214]. Bezüglich der Beurteilungsfreiheit der Kommission in Ermessensfragen ist entscheidend, dass die Auslegung eines unbestimmten Rechtsbegriffs die Kommission bei ihrer folgenden Verwaltungstätigkeit bindet. Die Entscheidungsfreiheit der Verwaltung besteht also nur dort, wo weder der Gesetzgeber ein bestimmtes Ergebnis vorherbestimmt, noch das Gericht an ihrer Stelle eine andere Entscheidung getroffen hat. Lässt also der Vertrag der Exekutive durch die Verwendung unbestimmter Rechtsbegriffe augenscheinlich einen Entscheidungsspielraum, so ergibt sich dessen *effektive Reichweite* aus dem *Umfang der vom Gericht beanspruchten Nachprüfungsbefugnis*.[215, 216].

Weil eine Revision der Rechtsprechung des EuGH auch durch die hier zu beurteilende gesetzgeberische Reform der EG-Wettbewerbspolitik nicht beabsichtigt war, muss die "Schirm"-GVO im Einklang mit der einschlägigen Rechtsprechung des EuGH stehen. Die Kommission durfte folglich nur insoweit ihr Ermessen frei ausüben, als der EuGH die Auslegung nicht bereits durch verbindliche Entscheidung *an sich gezogen* hatte. Das Grünbuch legte insofern fest, "dass die Kommission keine Lösungen in Betracht zieht, die über die Grenzen von Art. 85 hinausgehen, *wie sie durch die Rechtsprechung der Gemeinschaftsgerichte gezogen worden sind*."[217]

Die VO Nr. 2790/1999 muss sich mithin in den Grenzen halten, die der Gerichtshof Artikel 81 durch verbindliche Auslegung gesteckt hat. Diese Rechtsprechung soll deshalb im Folgenden untersucht werden.

1. Ein Exkurs zum Wettbewerbsrecht im Montanvertrag

Bevor auf die einschlägigen Entscheidungen zu Art. 81 eingegangen wird, soll zunächst die Entscheidung des Gerichtshofs aus dem Jahre 1962 in der Sache "Geitling, Mausegatt und Präsident/Hohe Behörde"[218] dargestellt werden, die ein instruktives Beispiel für die gerichtliche Nachprüfung von unbestimmten Rechtsbegriffen im Wett-

---

[213] *Schwarze*, Abstraktion, S. 192

[214] Gerade der vorlegende nationale Richter ist darauf angewiesen, dass der Gerichtshof ihm eine Antwort auf seine Vorlagefrage gibt, die er praktisch umsetzen kann. Ihm ist nicht geholfen, wenn das Gericht ihm im Interesse der allgemeinen Interpretation des Vertrages "Steine statt Brot"[214] gibt, so *GA Mayras* Rs. 127/73 BRT/SABAM Slg. 1973, S. 321

[215] *Schwarze*, Verwaltungsrecht, S. 329

[216] Hat der Gerichtshof einmal verbindlich über eine Auslegungsfrage entschieden, dann müssen entweder die Mitgliedstaaten für eine Vertragsänderung oder der Rat als Gemeinschaftsgesetzgeber im Rahmen seiner Rechtssetzungskompetenz Einstimmigkeit aufbieten, wenn sie die abstrakten Festlegungen des Gerichtshofs nicht gelten lassen und eine Abänderung der von jenem getroffenen "Regelung" herbeiführen wollen, *Schwarze*, Abstraktion, S. 189

[217] *Grünbuch*, a.a.O. S. 81. Hervorhebung durch den Verfasser.

[218] EuGH Rs. 13/60 Slg. 1962, 177ff.

bewerbsrecht der Montanunion nach Art. 65 ff. EGKSV darstellt[219]. In dieser, auch als "Rueff-Urteil"[220] bezeichneten Entscheidung, ging es um die gerichtliche Feststellung der Rechtswidrigkeit der von der Hohen Behörde verfügten Ablehnung einer Genehmigung für eine einheitliche Ruhrkohlenverkaufsgesellschaft nach Art. 65 § 2 c EGKSV[221]. Dabei hatte der Gerichtshof unter anderem den Begriff "Möglichkeit, die Preise zu bestimmen" auszulegen und anzuwenden[222]. Er wandte sich diesem Ausdruck einzeln zu und prüfte die Subsumtion der Behörde eingehend nach. Hierbei beschäftigte er sich mit der subtilen Unterscheidung von Preisfestsetzungs- und Preisbestimmungsmacht[223]: Aus einem Vergleich mit Art. 81 Abs. 3 EG-Vertrag unter Berücksichtigung des dem Art. 65 EGKSV entsprechenden Regelungsziels ergebe sich, dass Preisbestimmungsmacht in der Fähigkeit bestehe, "die Preise in einer Höhe festzusetzen, die sich merklich von der Höhe unterscheidet, auf die sie sich eingependelt hätten, wenn sie ausschließlich vom Wettbewerb bestimmt worden wären." "Eine Preisbestimmungsmacht kann hiernach nur angenommen werden, wenn festgestellt wird, dass die tatsächlichen Preise anders sind, als sie wären, wenn keine Preisfestsetzungsmacht bestanden hätte."[224] Während erstere eine objektive Gegebenheit darstelle, die sich aus einer leicht feststellbaren organisatorischen Struktur ergebe und daher gerichtlich nachprüfbar sei, erfordere letztere einen Vergleich zwischen der Wirklichkeit und einer hypothetischen Entwicklung. Ein so schwieriger Vergleich müsse notwendigerweise dem Ermessen weiten Raum lassen. Dennoch setzte der Gerichtshof die Prüfung fort und prüfte, ob die Indizien der Hohen Behörde stichhaltig waren, anhand derer sie aus der Existenz der Preisfestsetzungsmacht das Vorliegen der Preisbestimmungsmacht folgerte. Die richterliche Kontrolle wurde hier extensiv ausgeübt.

Im Rahmen der Prüfung dieses Tatbestandsmerkmals musste der Gerichtshof auch über die Frage entscheiden (und das war aller Voraussicht nach der eigentlich von den Klägern verfolgte Zweck[225]), was er unter dem Begriff des durch den Montanvertrag geschützten Wettbewerbs überhaupt verstehe. Der Gerichtshof hat den in Art. 2 EGKSV gebrauchten Wettbewerbsbegriff – "die Voraussetzungen, die von sich aus die rationellste Verteilung der Erzeugung auf dem höchsten Leistungsstand sichern [sollen]" - bewusst als einen unbestimmten Begriff angesehen. Wegen seiner für das gesamte Recht des Montanvertrags erkennbar großen Bedeutung hat er ihn aber, ungeachtet der Vorschrift des Art. 33 EGKSV, wonach ihm eine Würdigung der wirtschaft-

---

[219] vgl. auch *Schwarze*, Verwaltungsrecht, S. 333ff.

[220] Dieses Urteil ist nach dem Namen des Berichterstatters, des damaligen Richters am Gerichtshof *J. Rueff*, benannt.

[221] Art. 65 § 1 EGKSV stellt das allgemeine Kartellverbot dar.

[222] EuGH, a.a.O. S. 212, daneben auch die Begriffe: "nicht geeignet (ist), den Absatz zu kontrollieren" und "wesentlicher Teil der betreffenden Erzeugnisse auf dem Gemeinsamen Markt." Vgl. hierzu die Entscheidungsgründe S. 229 f. und 230 ff.

[223] vgl. hierzu die Ausführungen des EuGH, a.a.O. S. 213- 229

[224] EuGH, a.a.O. S. 215

[225] *Schwarze*, Abstraktion, S. 145, der das Verfahren als einen "Grundsatzprozess" bezeichnet und sich dabei auf die Ausführungen des *GA Roemer* stützt, der zu Beginn seiner Schlussanträge die grundsätzliche Bedeutung dieses Prozesses für die Klägerinnen hervorhebt, a.a.O. S. 243.

lichen Gesamtlage versagt ist[226], als Rechtsbegriff aufgefasst und dessen nähere Bestimmung nicht allein einem nicht nachprüfbaren Ermessen der Hohen Behörde überlassen. Allerdings hat er bei der Auslegung dieses unbestimmten Begriffs selbst wieder eine flexible Form der Deutung gewählt. Nach seiner Auffassung will der Vertrag "innerhalb des unvollständigen Wettbewerbs, wie er auf dem Kohle- und Stahlmarkt herrscht, [nur] ein gewisses Mindestmaß an Wettbewerb ('dose minimum de concurrence') gewährleisten."[227] *Rueff* hat diese *"souplesse"* des Begriffs besonders unterstrichen[228], die notwendig sei für die zukünftige Anpassung an die geänderten, nicht vorhergesehenen Bedingungen des Marktes[229]. Im Wettbewerbsrecht des Montanvertrags hat der Gerichtshof folglich seine Überprüfungskompetenz auf die Würdigung komplexer wirtschaftlicher Sachverhalte ausgedehnt, hierbei aber eine "geschmeidige" Auslegung gewählt.

2. Reichweite der Ermessensfreiheit bei Art. 81 Abs. 1

Auch Art. 81 Abs. 1 enthält eine Vielzahl unbestimmter Rechtsbegriffe, von denen jeder schwierige Fragen tatsächlicher und rechtlicher Art aufwirft. Um festzustellen, ob eine wettbewerbsbeschränkende Absprache vorliegt, sind häufig umfangreiche Nachforschungen, Ermittlungen und wirtschaftliche Würdigungen anzustellen. In solchen Fällen, in denen die Verwaltungsbehörde zur Wertung komplexer wirtschaftlicher Sachverhalte gezwungen wird, hat der Gerichtshof ihr normalerweise einen weiten Beurteilungs- oder Ermessensspielraum zugestanden. Zum Verbotstatbestand des Art. 81 zeigt die Rechtspraxis des Gerichtshofs jedoch eine andere Tendenz.

In der Sache "ICI"[230] ging es darum, ob die in der Mitte der sechziger Jahre von den maßgeblichen Herstellern von Anilinfarben durchgeführten Preisanhebungen auf wettbewerbsrechtlich relevante *abgestimmte Verhaltensweisen* zurückzuführen waren.

---

[226] Art. 33 Abs. 1, 2 EGKSV lautet: "Die Nachprüfung durch den Gerichtshof darf sich jedoch *nicht auf die Würdigung der aus den wirtschaftlichen Tatsachen oder Umständen sich ergebenden Gesamtlage erstrecken*, die zu den angefochtenen Entscheidungen oder Empfehlungen geführt hat, es sei denn, dass der Hohen Behörde der Vorwurf gemacht wird, sie habe ihr Ermessen missbraucht oder die Bestimmungen des Vertrages oder irgendeiner bei seiner Durchführung anzuwendenden Rechtsnorm offensichtlich verkannt."

[227] EuGH a.a.O. S. 227

[228] Auf der Kölner Tagung für Europarecht im Jahre 1963, siehe *Rueff*, Der Gerichtshof und die Nationalökonomie, KSE 1, S. 13 ff., 27: "C'est dans cet arrêt que la Cour a introduit pour la première fois la notion de 'dose de concurrence' pour que soient respectées simultanément toutes les exigences économiques, sociales et même morales du Traité, donc que soient respectées, avec un dosage approprié, les exigences contradictoires du Traité. Je voudrais souligner la souplesse de cette notion."

[229] Dieselbe Notwendigkeit zur Findung "pragmatischer" Formulierung durch den Gerichtshof hat *Rueff* übrigens bereits 1963 für die Auslegung der Wettbewerbsbestimmungen des EGV gesehen: "Je suis convaincu que, pour l'application du Traité de Rome, pour l'application de son Art. 85, la Cour devra faire souvent usage, dans un pragmatisme éclairé, de cette notion de 'dose de concurrence voulue par le Traité' qui permet, d'une part, de ne pas fermer les yeux aux réalités et, d'autre part, de respecter les exigences fondamentales du Traité."

[230] EuGH Rs. 48/69, Imperial Chemical Industries Ltd. / Kommission, Slg. 1972, S. 619 ff.

Obwohl es sich um eine sehr umfangreiche Tatsachengrundlage handelte, die sich in den ebenfalls außerordentlich umfangreichen Parteivorträgen sowie der Zahl der Sachverständigen widerspiegelte[231], prüfte der EuGH die Subsumtion des mit spezifisch wirtschaftlichen Problemen angereicherten Sachverhalts und den Begriff der aufeinander abgestimmten Verhaltensweise vollständig nach und entschied am Ende definitiv, ob dessen Voraussetzungen vorlagen[232]. "Die Frage, ob es im vorliegenden Fall zu einer Abstimmung gekommen ist, lässt sich somit nur dann richtig beantworten, wenn die in der angefochtenen Entscheidung angeführten Indizien nicht einzeln, sondern in ihrer Gesamtheit unter Berücksichtigung der Besonderheiten des Farbstoffmarkts gewürdigt werden. ... . Bei dieser Sachlage und unter Berücksichtigung der Besonderheiten des Farbstoffmarkts ist davon auszugehen, dass das Verhalten der Klägerin im Zusammenwirken mit anderen am Verfahren beteiligten Unternehmen darauf abzielte, die Risiken des Wettbewerbs und die Ungewissheit über nicht abgestimmte Reaktionen der Konkurrenten auszuschalten und statt dessen zu einer Zusammenarbeit zu gelangen, die eine durch Artikel 85 Absatz 1 des Vertrages verbotene abgestimmte Verhaltensweise darstellt."

Ähnlich dem "Rueff"-Urteil hat der EuGH hier zunächst ausdrücklich bestätigt, dass eine umfangreiche Würdigung aller Indizien im konkreten Zusammenhang gefordert war, hat diese aber nicht der Kommission überlassen, sondern selbst verbindlich in der Sache entschieden.

3. Reichweite der Ermessensfreiheit bei Art. 81 Abs. 3

Im Verfahren "Grundig und Consten" hat der Gerichtshof sich zum freien Beurteilungsspielraum der Kommission und der Grenze zur gerichtlichen Nachprüfung im Freistellungstatbestand geäußert. Die Kommission sei verpflichtet, "nach den Grundsätzen einer guten Verwaltungsführung mit den ihr zur Verfügung stehenden Mitteln zur Aufklärung des rechtserheblichen Sachverhalts beizutragen". Hinsichtlich der Beurteilung der folgenden Frage, ob diese Tatsachenbasis die Tatbestandsmerkmale des Freistellungstatbestands erfüllt, weicht der Gerichtshof von der soeben für Absatz 1 festgestellten Kontrolldichte ab[233]: "Auf der anderen Seite ist die Kommission bei der Wahrnehmung ihrer Aufgaben zu schwierigen Wertungen wirtschaftlicher Sachverhalte gezwungen. Die gerichtliche Nachprüfung dieser Wertungen muß dem Rechnung tragen und sich deshalb auf die Richtigkeit der ihnen zugrundeliegenden Tatsachen und deren Subsumtion unter die Begriffe des geltenden Rechts beschränken. Sie hat sich in erster Linie auf die Begründung der Entscheidung zu erstrecken, aus der hervorgehen muß, auf welche Tatsachen und Erwägungen sich jene Wertungen stützen." Zu diesen Tatsachen und Erwägungen, die beachtlich sind für die Freistellung vom Wettbewerbsverbot, sind eine Reihe von Entscheidungen ergangen, die nun im

---

[231] vgl. *GA Mayras* a.a.O. S. 670
[232] EuGH a.a.O. S. 658 und 664
[233] EuGH RS 56 und 58/64, Slg. 1966, S. 321 ff. (396), *Weyer*, ZHR 2000, 611 ff., 617

Zusammenhang mit der Kommissionspraxis und der Auffassung in der Literatur untersucht werden sollen.

a. *Erste Freistellungsvoraussetzung: Verbesserung der Warenerzeugung oder –verteilung oder die Förderung des technischen oder wirtschaftlichen Fortschritts*

Der Wortlaut des ersten Tatbestandsmerkmals lässt die Absicht des Vertrages erkennen, für Absprachen mit gesamtwirtschaftlich positiven Auswirkungen eine umfassende Freistellungsmöglichkeit zu schaffen, die nicht durch den Gegenstand und den Anwendungsbereich der Absprache begrenzt wird[234]. Für die "Verbesserung" im Sinne von Art. 81 Abs. 3 Buchst. a) kommt es nach Auffassung des Gerichtshofs nicht primär darauf an, ob die Absprache den spezifischen wirtschaftlichen Interessen der beteiligten Unternehmen nutzt, d.h. ob sie ihren eigenen Gewinn dadurch steigern können. Vorteile für die am Vertrag beteiligten Unternehmen würden immer bewirkt, denn sonst würden sie die Absprache mit einem Konkurrenten oder einem Unternehmen auf vor- oder nachgelagerter Wirtschaftsstufe gar nicht erst treffen. Die Absprache müsse vielmehr, um in den Genuss einer Freistellung zu kommen, spürbare *objektive* Vorteile mit sich bringen, die geeignet sind, die mit ihr verbundenen Nachteile für den Wettbewerb auszugleichen[235].

Gefordert wird vom Gerichtshof damit bereits beim ersten Freistellungsmerkmal eine Prognose über die wirtschaftlichen und technischen Folgen der Absprache. Dabei festgestellte ganz unerhebliche Vorteile sind noch keine Verbesserung der Erzeugung oder des Vertriebs und keine Förderung des technischen oder wirtschaftlichen Fortschritts. Nötig ist vielmehr, dass die Vorteile *nach der prognostizierten Saldierung* tatsächlich von einigem Gewicht, d.h. spürbar sein werden[236].

Zu den möglichen objektiven Vorteilen, die in eine Saldierung mit den wettbewerblichen Nachteilen einfließen können, zählen vor allem Kosteneinsparungen, welche die beteiligten Unternehmen durch die Kooperation miteinander erzielen. Daneben gilt als Vorteil auch die Verbreiterung des Angebots und eine kontinuierliche Versorgung der Verbraucher[237]. Wenn Wettbewerbsbeschränkungen einen Marktzutritt erst ermöglichen, wird die dem Verbraucher angebotene Produktpalette um eine weitere Preis-Leistungs-Kombination erweitert, worin ein spezieller Fall der Verbreiterung des An-

---

[234] *Schröter* in G/T/E Artikel 85 Absatz 3 Rz. 214. Anders als im deutschen GWB, wo Horizontalabsprachen gem. § 1 verboten sind und gem. §§ 2 bis 8 ganz bestimmte Kartelltypen per Gesetz vom Verbot ausgenommen werden können.

[235] EuGH Grundig/Consten, a.a.O. S. 396: "Die subjektive Methode, die den Begriff der "Verbesserung" nach den Besonderheiten des jeweiligen Vertragsverhältnisses bestimmt, wird der Zielsetzung des Artikels 85 nicht gerecht."

[236] EuGH a.a.O. S. 397

[237] EuGH Rs. 26/76 Metro/SABA I, Slg. 1977, 1916 Rz. 47 u. 48

gebots zu sehen ist[238]. Auch die Bereitstellung eines dichten Netzes an Reparaturwerkstätten und ein auf die Besonderheit der Waren und deren Merkmale zugeschnittener Kundendienst stellen einen nach Art. 81 Abs. 3 zu beachtenden Vorteil dar[239]. Der Abschluss von engen Lieferverträgen in qualitativen Selektivsystemen für einen angemessenen Zeitraum gewährleistet durch Beständigkeit und Flexibilität der Bedarfsdeckung die Anpassung der Produktion an die Nachfrage und damit eine größere Regelmäßigkeit des Vertriebs.[240] Andererseits hat der Gerichtshof in der Sache "van Landewijk"[241] den Gesichtspunkt der erhöhten Markttransparenz[242] nicht als relevanten Vorteil angesehen. Die von einem umfassenden Preis-, Rabatt- und Konditionenkartell ausgehenden ungünstigen Wirkungen auf die Abnehmer würden nicht durch den Vorteil der verbesserten Marktübersicht aufgewogen werden.

Der Gerichtshof schränkt entsprechend der primärrechtlichen Konzeption folglich den Freistellungstatbestand nicht auf ganz bestimmte formelle Tatbestände wegen bestimmter zu erzielender Vorteile ein[243]. Wichtig ist das Vorliegen nur irgendeines wirtschaftlichen Vorteils, sofern er die durch die Absprache bewirkten Nachteile[244] spürbar ausgleichen kann.

In der Literatur wird die Forderung des Gerichtshofs, bereits im ersten Freistellungsmerkmal die Eignung des Vorteils zum Ausgleich der befürchteten Nachteile zu überprüfen, teilweise nicht geteilt.[245] Im Rahmen des ersten Tatbestandsmerkmals komme es ausschließlich auf die den beteiligten Unternehmen erwachsenden Vorteile an und nicht darauf, ob diese Vorteile etwaige Nachteile ausgleichen können. Unternehmen gingen Wettbewerbsabsprachen zunächst einmal ausschließlich in der Erwartung ein, ihren eigenen Profit zu steigern und nicht, weil sie die Konsumentenwohlfahrt steigern wollten. Nur bei den absprechenden Unternehmen würden sich die Vorteile demnach zunächst verwirklichen. Es sei gar nicht möglich, die Betrachtung der Vorteile für die Unternehmen als sog. *subjektive* Methode zu bezeichnen und völlig außer Ansatz las-

---

[238] vgl. auch weitere Ausführungen zu möglichen Vorteilen *Gleis/Hirsch*, Art. 85 (3) EWGV, Rz. 490 ff.

[239] EuGH Metro II Rs. 75/84, Slg. 1986, 3021 ff. Rz. 54

[240] EuGH Rs. 26/76, Slg. 1977, 1875, 1915

[241] EuGH Rs. 209 bis 218 und 218/78, Slg. 1980, 3125, 3276 ff., 3279

[242] Die Kommission hat in anderen Verfahren diesen Gesichtspunkt als relevanten Vorteil angesehen. Z.B. rechtfertigt sie es bei Fachausstellungen, den Aussteller für eine bestimmte Zeit vor und nach der Messe ein Beteiligungsverbot an anderen, ähnlichen Veranstaltungen aufzuerlegen: KomE 13.3.1969, ABl. L 69/13, 18, EWA; 24.9.71, ABl. L 227/26, 30 Cematex; 17.7.75, ABl. L 228/17, 21 UNIDI; 7.11.1977, ABl. L 299/18 BPICA.

[243] *Baldi*, a.a.O., S. 289

[244] Zu den Nachteilen, die nicht durch irgendwelche Vorteile aufgewogen werden können, zählt die Kommission in aller Regel Absprachen über eine räumliche Marktaufteilung, über Preise, Investitionen, Erzeugungs- und Lieferquoten sowie Marktinformationssysteme. Negativ beurteilt sie ferner Gesamtumsatzrabattkartelle, kollektive Ausschließlichkeitsbindungen zwischen Herstellern und Händlern sowie private Selbstbeschränkungsabkommen, vgl. *Schröter* in G/T/E, Art. 85 Absatz 3 Rz. 220.

[245] *Gleis/Hirsch*, Art. 85 (3) Rz. 481

sen zu wollen[246]. Würden diese Vorteile ausgeklammert, seien andere in der Regel nicht mehr festzustellen. Das entscheidende *Korrektiv* liege nicht in der Definition des Vorteils, sondern in der von Art. 81 Abs. 3 zusätzlich geforderten *Beteiligung der Verbraucher* an diesen Vorteilen im zweiten Freistellungserfordernis. Die Verbraucherbeteiligung schließe ohnehin aus, dass Vereinbarungen, Beschlüsse und abgestimmte Verhaltensweisen freigestellt werden, deren Vorteil sich im wirtschaftlichen Nutzen für die beteiligten Unternehmen erschöpft.

In eine ganz ähnliche Richtung gehen die Ausführungen von *Baldi*[247]. Die Freistellungspraxis berücksichtige sehr mannigfaltige betriebs- und volkswirtschaftliche Vorteile. Da die Kartellbehörde aber die grundsätzlich zu bejahenden Verbesserungen jeweils noch auf ihre freistellungspolitische Erheblichkeit aufgrund der gleichzeitig gegebenen nachteiligen Marktwirkungen prüfe, könne die erste Freistellungsvoraussetzung von Absprachen mit wirklich einschneidenden Wettbewerbsbeschränkungen kaum je erfüllt werden. Die *entscheidenden diesbezüglichen Überlegungen* im Hinblick auf die Bewertung und Vergleichung der Kundenalternativen mit und ohne die zu prüfende Wettbewerbsbeschränkung werden aber auch seiner Meinung nach *erst bei der Beurteilung der "angemessenen Verbraucherbeteiligung"* angestellt. "Da aber die wettbewerbstheoretische Absprachenbeurteilung ganz allgemein vom Gedanken des Bilanzierens positiver und negativer Marktwirkungen beherrscht ist, können eben Verhältnismäßigkeitsüberlegungen auch bei der Prüfung des ersten Freistellungserfordernisses angestellt werden."[248] Zwingend notwendig sind sie aber auch seiner Meinung nach bei der Prüfung des ersten Tatbestandsmerkmals noch nicht.

Ob diese Auffassung zutreffend ist, oder ob mit der Rechtsprechung des Gerichtshofs eine Saldierung von Vor- und Nachteilen schon hier vorgenommen werden *muss*, um schädliche Wettbewerbsabsprachen von der Freistellung auszuschließen, soll an späterer Stelle untersucht werden[249].

b. Zweite Freistellungsvoraussetzung: angemessene Verbraucherbeteiligung

Die angemessene Gewinnbeteiligung versteht sich als auf die Marktgegenseite bezogener und zusätzlich qualifizierter Ausdruck dessen, was im zuvor geprüften ersten Freistellungserfordernis "Verbesserung ... oder Förderung" heißt[250].

Unter Verbrauchern sind deshalb nicht nur die Endverbraucher zu verstehen, sondern alle Abnehmer der Erzeugnisse um die es geht, insbesondere die Kunden, die die unmittelbaren Vertragspartner der an der Absprache beteiligten Unternehmen sind[251].

---

[246] So aber der EuGH in Grundig/Consten, a.a.O. S.397
[247] *Baldi* a.a.O. S. 401 ff.
[248] *Baldi*, a.a.O. S. 404
[249] unten, § 13 IV.4.a.aa.
[250] *Skaupy*, WuW 1967, 562, spricht von den "aus der Verbesserung der Warenerzeugung oder –verteilung usw. entstehenden Vorteilen."
[251] *Gleis/Hirsch*, Art. 85 (3) EWGV Rz. 506

Diese Auffassung liegt als selbstverständlich der gesamten Entscheidungspraxis der Kommission zugrunde und wurde nie vom Gerichtshof beanstandet.

"Gewinn" ist nach Auffassung des EuGH jeder Vorteil, der den Verbrauchern auf Grund der Absprache zufließt[252]. Der Ausdruck umfasst deshalb in der Entscheidungspraxis der Kommission neben finanziellen Vorteilen, wie sie sich etwa aus einer Preissenkung[253], der Beibehaltung der bisherigen Preise trotz gestiegener Kosten[254] oder allgemein aus einem preislich günstigen Angebot[255] ergeben, auch Verbesserungen anderer Art, darunter die höhere Qualität der angebotenen Waren[256], ein erweitertes Angebot[257], die regelmäßige Belieferung[258], einen gut funktionierenden Kunden-, Garantie- und Reparaturdienst[259], bequeme Einkaufsmöglichkeiten[260] und eine sichere Versorgung[261]. Die Gewinne der Verbraucher sind demnach *dieselben Vorteile*, die gemäß dem ersten Freistellungserfordernis von den Unternehmen laut EuGH erzielt werden mussten.

Nach Art. 81 Abs. 3 müssen die Verbraucher an diesem erzielten Gewinn auch *angemessen* beteiligt werden. Bei der Beurteilung dessen, ob die Beteiligung angemessen ist oder nicht, handelt es sich um eine Frage der Wertung. Für diese Wertung sind zwei verschiedene Gesichtspunkte maßgebend. Einmal müssen die Verbraucher einen angemessenen Teil dessen bekommen, was sich insgesamt an Vorteilen für die am Vertrag beteiligten Unternehmen ergibt. Zum anderen muss die Beteiligung im Verhältnis stehen zu den Nachteilen, die sich aus den vereinbarten Wettbewerbsbeschränkungen für die Verbraucher ergeben. Für die Beurteilung beider Gesichtspunkte hat die Kommission einen weiten Ermessensspielraum. Laut EuGH müssen die Vorteile aber überhaupt spürbar sein, damit sie angemessen sind[262]. Es darf deshalb auf keinen Fall ein Saldo zu Lasten der Verbraucher bestehen. Die durch eine Absprache bewirkten Kosteneinsparungen, die Preissenkungen ermöglichen könnten, müssen also auch tatsächlich in Preissenkungen umgesetzt werden, die für die Marktgegenseite spürbar sind.

---

[252] EuGH Metro/SABA I a.a.O. S. 1916

[253] KomE Grundig/Consten, ABl. 1964, 2545, 2550; CEMATEX I, ABl. 1971 L 227, S. 26, 31; National Sulphuric Acid Association, ABl. 1980 L 260 S. 20, 24; Rockwell/Iveco, ABl. 1983 L 224 S. 19, 25, 26

[254] KomE FN/CF ABl. 1971 L 134 S. 6, 11

[255] KomE Vakuumstromschalter I ABl. 1977 L 48 S. 32, 37; Rockwell/Iveco, a.a.O.

[256] KomE FN/CF, a.a.O.; Sopelem/Langen, ABl. 1972 L S. 47, 49; Davidson Rubber ABl. 1972, L 143 S. 31, 36; Bayer/Gist-Brocades ABl. 1976, L 30 S. 13, 19

[257] KomE Transocean I ABl. 1967 Nr. 163 S. 10 Sopelem/Vickers ABl. 1978 L 70 S. 50,51; Langenscheid/Hachette ABl. 1982, L 39 S. 25, 30; Iveco/Ford ABl. 1988 L 230 S. 39; Moosehead/Whitbread ABl. 1990 L 100 S. 32, 37

[258] KomE OMEGA ABl. 1970, L 242 S. 22, 26; Goodyear Italiana ABl. 1975 L 38, S. 10, 12; Junghans ABl. 1977 L 30 S. 10, 16; UIP ABl. 1989 L 226, S. 25, 31

[259] KomE OMEGA a.a.O..; BMW ABl. 1975 L 29 S. 1

[260] KomE Maison Jalatte ABl. 1966 S. 37; OMEGA a.a.O.

[261] KomE Kunstfasern ABl. 1984 L 207 S. 17

[262] KomE EWA ABl. 1969 L 69 S. 13, 19; Cematex ABl. 1971 L 227 S. 26, 31; Fliesenhersteller ABl. 1971 L 10 S. 15, 22

Da das ganze Verfahren nach Art. 81 Abs. 3 sich unvermeidbar im Bereich der Prognose bewegt, kann nicht mit Sicherheit nachgewiesen werden, ob durch den Vertrag tatsächlich in Zukunft Gewinne für die Verbraucher bewirkt werden[263]. Es muss jedoch hierfür eine hinreichend große Wahrscheinlichkeit bestehen. Um in diesem Bereich der Wahrscheinlichkeit mit sinnvollen Maßstäben operieren zu können, zieht die *Kommission* in einer Art Vorgriff auf die vierte Voraussetzung des Art. 81 Abs. 3 die Wettbewerbsverhältnisse auf dem Markt heran[264]. Sie geht von dem Erfahrungssatz aus, dass *wirksamer Wettbewerb* mit hoher Wahrscheinlichkeit dafür sorgen wird, dass die Verbraucher an den entstehenden Vorteilen tatsächlich auch partizipieren[265]. Dabei spiele neben dem Wettbewerb zwischen den verschiedenen Herstellern miteinander konkurrierender Erzeugnisse (interbrand-Wettbewerb) auch der zwischen Händlern, die Erzeugnisse ein- und desselben Herstellers absetzen (intrabrand-Wettbewerb), eine Rolle[266, 267]. In diesen Fällen gebe der Wettbewerb an sich schon die Gewähr dafür, dass die Verbraucher angemessen an den Vorteilen beteiligt werden. Fehle der Wettbewerbsdruck von vornherein oder werde er durch den Vertrag oder Beschluss beseitigt, beispielsweise durch Aufteilung der Märkte oder der Kundschaft, falle die Prognose ungünstig aus: Es sei unwahrscheinlich oder sogar ausgeschlossen, dass es zu Gewinnen auch für den Verbraucher komme[268].

Der *EuGH* steht dieser pauschalen Annahme eines Zusammenhangs zwischen Wettbewerbsdruck und Verbraucherbeteiligung kritisch gegenüber: "Es mag zwar *fraglich* sein, ob für die Erfüllung der hier erörterten Voraussetzungen von Artikel 85 Absatz 3 die *Vermutung genügt*, der Wettbewerbsdruck werde ausreichend sein, um SABA und die Großhändler zur Weitergabe eines Teils des Gewinns aus der Rationalisierung des Vertriebsnetzes an die Verbraucher zu veranlassen. Die Freistellung kann jedoch im vorliegenden Fall als durch den Vorteil, der den Verbrauchern aus der verbesserten Versorgung entsteht, hinreichend gerechtfertigt angesehen werden."[269]

Der Gerichtshof hat sich in der Sache "Metro I" demnach weder für noch gegen die Entscheidungspraxis der Kommission ausgesprochen. Er hat sie jedoch als fraglich eingestuft und begründete im konkreten Fall das Vorliegen der Verbraucherbeteiligung

---

[263] *Gleis/Hirsch*, Art. 85 (3) Rz. 510
[264] so *Gleis/Hirsch* Art. 85 (3) Rz. 510
[265] vgl. KomE Jaz-Peter ABl.1969 L 195 S. 5, 9; MAN/SAVIEM ABl. 1972 L 31 S. 29, 36; Prym-Beka ABl. 1973 L 296 S. 24, 26; BMW ABl. 1975 L 29 S. 1, 8; Duro-Dyne ABl. 1975 L 29 S. 11, 13; Rank/SOPELEM ABl. 1975 L 29 S. 20, 24; SABA ABl. 1976 L 28 S. 19, 28
[266] KomE Grundig/Consten, a.a.O.; BMW a.a.O.; Duro-Dyne a.a.O.; Goodyear Italiana a.a.O.; Bomee-Stichting ABl. L 1975 329 S. 30, 34; SABA a.a.O.
[267] In der Sache Grundig/Consten brachte die als Streithelferin von Grundig dem Prozess beigetretene deutsche Regierung vor, die angemessene Verbraucherbeteiligung ergebe sich automatisch, nämlich dadurch, dass Consten mit anderen Unternehmen auf dem Markt gleichartiger Erzeugnisse im Wettbewerb stehe. Dem hielt die Kommission entgegen, Wettbewerb nur auf der Herstellerstufe (interbrand competition) genüge im fraglichen Zusammenhang eben gerade nicht.
[268] KomE Julien/van Katwijk ABl. 1970 L 242 S. 18, 20; Prym/Beka, a.a.O.; Kachelhandelaren ABl. 1975 L 159 S. 22, 28; Theal-Watts ABl. 1977 L 39, 19, 24; Gerofabriek ABl. 1977 L 16 S. 8, 12
[269] EuGH Metro I Rs 26/76, a.a.O. S. 1916 f.

anhand der Umstände des Einzelfalls. Im Hinblick darauf, dass der Gerichtshof die Kommission im Verfahren "Grundig und Consten" dazu angehalten hat, bei der Prüfung des Freistellungstatbestandes zur Aufklärung des Sachverhalts beizutragen und eine umfassende Wertung vorzunehmen, liegt es nahe, dass er auch die Ermittlung eines Vorteils, an dem die Verbraucher angemessen beteiligt werden, im Einzelfall fordert. Andererseits hat er diesen Standpunkt im "Metro"-Urteil nicht wiederholt und die gängige Kommissionspraxis gerade nicht verworfen[270]. Er hält sie lediglich für fraglich. Diese "Zweifel" könnten dann ausgeräumt werden, wenn sich aufgrund einer langjährigen Verwaltungspraxis *als richtig erweisen würde*, dass ein unmittelbarer Zusammenhang zwischen angemessener Verbraucherbeteiligung und lebhaftem Wettbewerb besteht. Hierauf soll an späterer Stelle zurückgekommen werden.

c. *Dritte Freistellungsvoraussetzung: Unerlässlichkeit der Wettbewerbsbeschränkung*

Bei der Unerlässlichkeit ist zu prüfen, ob sich die den beteiligten Unternehmen auferlegten wettbewerbsbeschränkenden Verpflichtungen nach ihrem Gegenstand, ihrem Inhalt und ihren Auswirkungen in den Grenzen dessen halten, was zur Erreichung der angestrebten Vorteile als unbedingt erforderlich anzusehen ist. Nach Auffassung des Gerichtshofs ist damit eine strenge objektive Kausalität gemeint. Es genügt für die Unerlässlichkeit nicht, wenn die Wettbewerbsbeschränkungen zur Verwirklichung der positiven Ziele nur irgendwie beitragen können[271].

Die konkrete Wettbewerbsbeschränkung muss notwendig sein zur Erzielung des *gesamtwirtschaftlichen Vorteils* im Vergleich zu anderen, weniger einschränkenden Eingriffen in die *Handlungsfreiheit*. Nach Generalanwalt Roemer ist für die Unerlässlichkeit entscheidend, ob die durch die konkrete Vereinbarung erzielbaren Verbesserungen, die als gesamtwirtschaftlich nützlich anerkannt werden, in gleicher Weise, in gleichem Umfang und in gleicher Intensität ohne die konkrete Beschränkung des Wettbewerbs im Sinne von Art. 81 Abs. 1 zu erzielen sind[272].

Im Ergebnis nimmt die Kommission Unerlässlichkeit immer dann an, wenn die vereinbarte Wettbewerbsbeschränkung nicht wesentlich[273] über das hinausgeht, was *nötig* ist, um die Ziele der Absprache zu erreichen[274]. Nötig in diesem Sinne sind alle die Beschränkungen, die vernünftigerweise für die Verwirklichung der Ziele *erforderlich*

---

[270] Die Kommission hat auch nach dem Urteil in der Sache "Metro I" weiterhin die Weitergabe der Vorteile über die verschiedenen Handelsstufen bis zum Endverbraucher nur in einigen Fällen gesondert geprüft, vgl. KomE Duro-Dyne, a.a.O.; Bayer/Gist Brocades, a.a.O.; Junghans, a.a.O.

[271] EuGH, Grundig/Consten, a.a.O. S. 397

[272] Rsen. 56 und 58, Grundig/Consten. a.a.O. S. 321, 401, 437

[273] KomE FN-CF ABl. 1971 L 134 S. 6, 11

[274] KomE Schiffsfarben ABl. 1967 Nr. 163 S. 10, 15 f.; EWA, a.a.O.; Clima Chappée-Buderus, a.a.O.; Prym-Belka a.a.O.

sind[275]. Und vernünftigerweise ist eine Beschränkung dann erforderlich, wenn unter den gegebenen Umständen *ein anderes kaufmännisches Verhalten nicht erwartet werden kann*[276]. Letztlich ist eine Wettbewerbsbeschränkung daher zur Erreichung der positiven Ziele dann unerlässlich, wenn vernünftigerweise angenommen werden kann, dass diese Ziele ohne oder mit einem Weniger an Wettbewerbsbeschränkungen nicht erreicht werden können. Dabei erfolgt von Seiten der Kommission allerdings nur in einigen Fällen eine ausdrückliche Abwägung zwischen mehreren Beschränkungsmöglichkeiten verschiedener Intensität[277, 278].

Beachtet werden muss, dass anlässlich der zuvor geprüften beiden positiven Freistellungsvoraussetzungen bereits feststeht, dass die wettbewerbswidrigen Auswirkungen einer Absprache durch die wettbewerbsfördernden Auswirkungen wenigstens ausgeglichen werden, dass also die Absprache, um deren Unerlässlichkeit es hier geht, sich ohnehin per Saldo positiv auf den Wettbewerb auswirkt. Die Bejahung der beiden positiven Freistellungsvoraussetzungen impliziert deshalb in den meisten Fällen bereits das Urteil, dass die betreffende Absprache per Saldo ihrer Marktwirkungen die Funktionsfähigkeit des Wettbewerbs nicht beeinträchtigt[279]. Die Eignung einer Wettbewerbsbeschränkung zum Hervorbringen ganz besonderer Vorteile ist deshalb für die Kommission ein starkes Indiz für die Unerlässlichkeit dieser Beschränkung[280]. Dies gilt in erster Linie für Entscheidungen über die Unerlässlichkeit von Alleinvertriebsverträgen mit relativem Gebietsschutz[281], für Fachhandelsbindungen[282], für die Ausschließlichkeit der Lizenz von gewerblichen Schutzrechten[283] sowie für Spezialisierungsvereinbarungen aller Art[284].

---

[275] KomE Schiffsfarben, a.a.O.; ACEC-Berliet, a.a.O..; Jaz-Peter, a.a.O.; Cematex, a.a.O.; MAN/SAVIEM, a.a.O.; UNIDI, ABl. 1975 L 228 S. 17, 21

[276] KomE Jaz-Peter, a.a.O.; FN-CF a.a.O.; GEC-Weir ABl. 1977 L 327, S. 26, 34

[277] insb. KomE GEC/WEIR Sodium Circulators, ABl. 1977 L 327 S. 26; Grundig/Consten, a.a.O.; DRU/Blondel, ABl. 1965 S. 2194; Hummel/IsbecqueABl. 1965 S. 2581; Maison Jalatte, a.a.O.; EWA ABl. 1969 L 276 S. 29; Clima Chappee/Buderus, ABl. L 195 S. 1; Prym/Beka ABl. 1973 L 296 S. 24; BMW a.a.O.; Kabelmetal/Luchaire ABl. 1975 L 222 S. 34; Distillers ABl. 1978 L 50 S. 16; Lab ABl. 1980 L 51 S. 19

[278] An dieser Stelle kann eine Brücke geschlagen werden zu § 9 I.5.a der Arbeit: Wenn die Einschränkung der eigenen Freiheit für die Erzielung der wirtschaftlichen Vorteile notwendig und damit Ausdruck eines vernünftigen kaufmännischen Verhaltens ist, dann kann und sollte auf sie nicht verzichtet werden. Die eigene Freiheitsbeschränkung ist hier Ausdruck der materialen Entschließungsfreiheit und damit unerlässlich. Nur wenn diese Freiheit durch solche Vereinbarungen eingeschränkt wird, die nicht Ausdruck eines vernünftigen kaufmännischen Verhaltens sind, besteht der Verdacht, dass sich hier in der vertikalen Vereinbarung nur die formale Handlungsfreiheit niederschlägt. In diesem Fall ist die aus kaufmännischer Sicht nicht notwendige freiheitsbeschränkende Klausel erlässlich und eine Freistellung nach Absatz 3 scheitert.

[279] *Baldi*, a.a.O. S. 413 f.

[280] KomE MAN/SAVIEM, a.a.O. S. 36

[281] KomE Duro-Dyne, a.a.O. S. 13; Goodyear/Italiana, a.a.O. S. 12

[282] KomE BMW, a.a.O. S. 8; SABA, a.a.O. S. 28; Junghans, a.a.O. S. 16

[283] KomE Davidson Rubber, a.a.O. S. 36; Kabelmetal, a.a.O. S. 38; AOIP/Beyrard, ABl. 1976 L 6 S. 8, 14

[284] KomE FN-CF, a.a.O. S. 11; SOPELEM/Lange, a.a.O. S. 49; MAN/SAVIEM, a.a.O. 36

Dieser Vorgehensweise kann nur bedingt zugestimmt werden. Die beiden ersten Freistellungsvoraussetzungen sind ausschließlich gesamtwirtschaftlich orientiert. Welche Auswirkungen der gesamtwirtschaftlich positive Saldo auf die Handlungsfreiheit der Unternehmen und auf das Integrationsziel, also auf die übrigen vom Wettbewerbsrecht zu verwirklichenden Ziele hat, wurde noch nicht beurteilt. Innerhalb von Art. 81 Abs. 3 Buchst. a) muss deshalb darüber geurteilt werden, ob die gesamtwirtschaftlichen Vorteile tatsächlich als so wichtig angesehen werden, um eine Beschränkung nach Absatz 1 zu rechtfertigen. Es darf jeweils nur das Mindestmaß an freiheitsbeschränkenden Vereinbarungen getroffen werden, das zur Erreichung des konkreten Vorteils notwendig ist. Davon kann aber nur dann ausgegangen werden, wenn mit der Vereinbarung die materiale Handlungsfreiheit verwirklicht wird, wenn also kein marktmächtiges Unternehmen an der Vereinbarung beteiligt ist und keine besonders freiheitsbeschränkenden Klauseln vereinbart werden.

d. Vierte Freistellungsvoraussetzung: keine Ausschaltung des Wettbewerbs

Die Absprache, die freigestellt werden soll, darf für die beteiligten Unternehmen nicht die Möglichkeit eröffnen, für einen bestimmten wesentlichen Teil ihrer Erzeugnisse den Wettbewerb auszuschalten. Wird durch eine Absprache diese Möglichkeit eröffnet, darf keine Freistellung erteilt werden. Diese Freistellungssperre ergibt sich schon aus Art. 3 Buchst. g EGV, wonach es Ziel des Vertrages ist, ein System zu errichten, das den Wettbewerb innerhalb des Gemeinsamen Marktes vor Verfälschungen schützt[285].

Nach dem wörtlichen Gesetzestext soll nicht zugelassen werden, dass durch eine freizustellende Absprache "die Möglichkeit eröffnet wird, für einen wesentlichen Teil der betreffenden Waren den Wettbewerb auszuschalten." In der Sprache des Vertrages kann somit sehr wohl der Wettbewerb ausgeschaltet werden, nur nicht für einen wesentlichen Teil. Weil aber das in Art. 3 Buchst. g des Vertrages niedergelegte Grundprinzip besagt, dass der Wettbewerb innerhalb des Gemeinsamen Marktes vor Verfälschungen geschützt werden muss, ist unter Wettbewerbsausschaltung der formale Tatbestand der Beseitigung der Wettbewerbsfreiheit unter den Kartellanten zu verstehen. Es geht also in Art. 81 Abs. 3 um denselben eingeschränkten Wettbewerbsbegriff wie in Absatz 1. Eine materielle Wettbewerbsbeschränkung, also eine nach Art. 81 Abs. 2 nichtige, liegt dann vor, wenn der so verstandene Wettbewerb für einen wesentlichen Teil der betroffenen Waren ausgeschaltet wird: Wettbewerb darf zwischen den Beteiligten soweit fehlen, als die Funktionsfähigkeit des Wettbewerbs nicht beeinträchtigt wird[286].

---

[285] Vgl. hierzu *Gleiss/Hirsch* Art. 85 (3) EWGV Rz. 518

[286] *Gleiss/Hirsch* Art. 85 (3) EWGV Rz, 520

Der EuGH hat die Kommissionspraxis bestätigt, dass hierbei zu berücksichtigen ist, inwieweit die Kartellmitglieder miteinander noch konkurrieren[287]. Die Kommission hat andererseits festzustellen, welche Stellung die beteiligten Unternehmen auf dem sachlich, örtlich und zeitlich relevanten Markt einnehmen und bis zu welchem Grade die Marktverhältnisse insgesamt durch die Absprache verändert werden[288]. Dabei muss Wettbewerb nicht nur zwischen den der Vereinbarung angehörenden und den ihr nicht angehörenden Händlern, die Produkte verschiedener Marken verkaufen (interbrand-Wettbewerb) bestehen, sondern auch zwischen den einzelnen Wiederverkäufern von Produkten und Erzeugnissen einer gleichen Marke (intrabrand-Wettbewerb)[289]. Art. 81 Abs. 3 Buchst. b) garantiert also dreierlei Mindestmaß an Wettbewerb: Innen-, interbrand- und intrabrand-Wettbewerb.

Um den Schutz des Innenwettbewerbs willen dürfen Unternehmen sich z.B. nicht durch horizontale Vereinbarung auf gemeinsame Verkaufspreise verständigen[290]. Damit wirksamer interbrand-Wettbewerb auf einem relevanten Markt garantiert ist, darf die Vereinbarung (ob horizontal oder vertikal) den beteiligten Unternehmen keine marktmächtige Position einräumen. Um dies festzustellen, ist in der Regel der Marktanteil der Unternehmen zu ermitteln. Marktanteile bis zu 30 % stehen dabei der Freistellung regelmäßig nicht entgegen[291], solche über 50 % lassen sie allgemein als fraglich erscheinen[292], bei Marktanteilen über 80 % muß die Freistellung in aller Regel abgelehnt werden[293].

Schließlich muss intrabrand- Wettbewerb möglich bleiben, weshalb die Einräumung jeder Art von absolutem Gebietsschutz sowie die Festlegung von Fest- und Mindestwiederverkaufspreisen nicht zulässig ist.

4. Schlussfolgerung aus den einzelnen Tatbestandsmerkmalen des Art. 81 Abs. 3

Ist Ziel der Untersuchung die Beantwortung der Frage, ob die VO Nr. 2790/1999 sich innerhalb der von EuGH und EuG gesetzten Grenzen des Art. 81 hält, muss der Versuch unternommen werden, in der Auslegungspraxis - die notwendigerweise an Einzelfällen orientiert ist - ein gemeinsames abstraktes Grundmuster zu erkennen.

---

[287] Siehe Kommission Entscheidungen Fédétab, ABl. 1978 L 224 S. 29, 44, bestätigt durch EuGH van Landewijk, RS. 209 –215 und 218, Slg. 1980, 3125, 3279; WANO/Schwarzpulver, ABl. 1978 322 S. 26, 34; Lab ABl. 1980 L 51 S. 19, 25; bestätigt durch EuGH Coöperatieve Stemselen Kleurselfabriek Rs. 61/80, Slg. 1961 S. 851, 868; Ford/IVECO, ABl. 1988 L 230 S. 37 ff. 39
[288] Schröter in G/T/E Art. 85 Abs. 3 Rz. 230
[289] KomE Bomee Stichting, ABl. 1975 L 329 S. 30
[290] EuGH Metro/Saba I Rs. 27/76 Slg. 1977, 1875, 1906
[291] KomE BMW ABl. 1975 L 29 S. 1, 9; Duro-Dyne ABl. 1975 L 29 S. 11, 12; Rank/Sopelem ABl. 1975 L 29, 20, 22; Bayer/Gist-Brocades ABl. 1976 L 30 S. 13, 20; Amersham/Buchler, ABl. 1982, L 314 S. 34, 37;
[292] KomE Geofabriek, ABl. 1977 L 16 S. 8, 12; Gußglas Italien, ABl. 1980 L 383 S. 19, 25
[293] siehe die oben zitierten Entscheidungen

Zunächst ist festzustellen, dass sich auf den ersten Blick weder aus den Entscheidungen der Kommission noch aus den Urteilen von EuGH und EuG erkennbar ein "Grundprinzip" des Freistellungstatbestandes dergestalt erkennen lässt, dass das Erfüllen sämtlicher Voraussetzungen von der Marktmacht der beteiligten Unternehmen (plus einiger Kernbeschränkungen) abhängig ist.

Auffällig ist jedoch, dass die Gerichte ebenso wenig wie die Kommission jeweils ein Tatbestandsmerkmal des Art. 81 Abs. 3 streng nach dem anderen prüfen. Es werden vielfach Verknüpfungen hergestellt, und die Prüfung der einzelnen Tatbestandsmerkmale scheint vielfach ineinander überzugehen.

a. Verknüpfungen durch EuGH und Kommission zwischen den vier Prüfungsschritten

aa. Verbindung zwischen dem ersten und zweiten Freistellungserfordernis

Bereits in der Sache "Grundig und Consten"[294] hat der Gerichtshof für das Vorliegen einer Verbesserung der Warenerzeugung oder –verteilung bzw. der Förderung des technischen oder wirtschaftlichen Fortschritts entschieden, dass diese Vorteile nur dann beachtlich sind, wenn sie die aus der Absprache resultierenden Nachteile für den Wettbewerb übersteigen. *Gleiss/Hirsch*[295] wie auch *Baldi*[296] gehen aber davon aus, dass gerade das Tatbestandsmerkmal der angemessenen Verbraucherbeteiligung, also erst die zweite Voraussetzung des Art. 81 Abs. 3, die Bilanzierung der Vor- und Nachteile ermöglichen soll.

In der Tat können die Verbraucher nur dann angemessen von den Vorteilen der Unternehmen profitieren, wenn diese Vorteile auf die Marktgegenseite bezogen überwiegen. Werden die Verbraucher nicht beteiligt am Gewinn, so überwiegen zwangsläufig die Nachteile der Absprache. Dennoch verbindet der Gerichtshof die beiden ersten Tatbestandsmerkmale, was zwar nicht schädlich ist, da der gesamte Freistellungstatbestand vom Gedanken des Bilanzierens positiver und negativer Marktwirkungen beherrscht ist[297]; es besteht aber beim ersten Tatbestandsmerkmal noch keine Notwendigkeit. Spätestens bei der Prüfung der angemessenen Verbraucherbeteiligung werden solche Vereinbarungen ausscheiden, deren Vorteil sich im wirtschaftlichen Nutzen für die jeweiligen Unternehmen erschöpft. Nur die Vereinbarungen bleiben dann übrig, die geeignet sind, die Nachteile spürbar auszugleichen. Eine besondere Qualifizierung der Vorteile ist im ersten Freistellungserfordernis mithin in der Tat noch nicht notwendig.

---

[294] EuGH a.a.O. S. 396
[295] vgl. oben, § 13 IV.3.a. und *Gleiss/Hirsch* Art. 85 (3) EWGV Fn. 481
[296] vgl. oben, § 13 IV 3.a. und *Baldi*, a.a.O. S. 403 f.
[297] *Baldi*, a.a.O., S. 404

bb. *Verbindung zwischen dem ersten und dritten Freistellungserfordernis*

Ebenfalls in der Sache "Grundig und Consten"[298] verbindet der Gerichtshof das erste Freistellungserfordernis mit der Unerlässlichkeit der Wettbewerbsbeschränkung. Der Vertrag fordere eine für die Verbesserung unerlässliche Wettbewerbsbeschränkung. Deshalb genüge nicht nur irgendein Vorteil, sondern ein qualifizierter, nämlich einer, der stärker wiegt als die Nachteile, die aus der Vereinbarung resultieren. Wiegen die Vorteile schwerer als die Nachteile, so ist dies aber gleichzeitig ein Indiz für die Unerlässlichkeit der Wettbewerbsbeschränkung. Besteht andererseits von vornherein der Verdacht, dass die Nachteile überwiegen, prüft das Gericht gar nicht erst detailliert die Vorteile und Nachteile der Absprache auf den Wettbewerb und wägt beide gegeneinander ab, sondern verneint direkt deren Unerlässlichkeit.

Das Überwiegen der Vorteile indiziert die Unerlässlichkeit der Wettbewerbsbeschränkung; nur bei einigen Beschränkungen wird generell angenommen, dass sie niemals durch entsprechende Vorteile ausgeglichen werden können, und die Unerlässlichkeit wird per se verneint.

cc. *Verbindung zwischen dem zweiten und vierten Freistellungserfordernis*

Die Kommission geht bei der Prüfung der angemessenen Verbraucherbeteiligung bereits seit vielen Jahren von dem Erfahrungssatz aus, dass wirksamer inter- und intrabrand-Wettbewerb mit hoher Wahrscheinlichkeit dafür sorgen wird, dass die Marktgegenseite tatsächlich auch an den entstehenden Vorteilen beteiligt wird. Damit stellt sie auf die Wettbewerbsverhältnisse auf dem Markt ab und geht bei Vereinbarungen zwischen Unternehmen ohne Marktmacht davon aus, dass diese ihre erwirtschafteten Gewinne an die Marktgegenseite weitergeben (müssen)[299]. Sie greift hier auf die vierte Voraussetzung des Freistellungstatbestandes vor, bei der ebenfalls auf die Marktverhältnisse abstellt wird, um solche Vereinbarungen zu verhindern, die die Möglichkeit eröffnen, für einen wesentlichen Teil der betroffenen Waren den Wettbewerb auszuschalten[300].

Aus diesen Verbindungen zwischen den einzelnen Freistellungsvoraussetzungen wird deutlich, dass ein innerer Zusammenhang zwischen den Tatbestandsmerkmalen bestehen muss. Bildet man aus diesen Verknüpfungen eine Argumentationskette, so ließe sich - deren Richtigkeit zunächst einmal unterstellt - folgende These für den Bereich vertikaler Wettbewerbsbeschränkungen aufstellen:

---

[298] EuGH a.a.O. S. 396, 397

[299] vgl. auch die Argumentation der Kommission in der *Mitteilung* im Anschluss an das Grünbuch, a.a.O., S. 15 und 16

[300] vgl. hierzu auch *Gleiss/Hirsch*, Art. 85 (3) EWG Rz. 510

b. *Die aus den Verbindungen gefolgerte Argumentationskette*

Wird die Marktgegenseite angemessen an dem Gewinn beteiligt, d.h. profitieren auch die Verbraucher spürbar vom Rationalisierungsgewinn der an der Absprache Beteiligten, dann heißt dies gleichzeitig, dass die negativen Auswirkungen der Wettbewerbsbeschränkung geringer sind als die positiven. Diese überwiegenden Vorteile stellen im nächsten Schritt - abgesehen von einigen per se Fällen - ein starkes Indiz dafür dar, dass die Wettbewerbsbeschränkung unerlässlich ist. Die Steigerung der Verbraucherwohlfahrt indiziert damit das Vorliegen entsprechender Vorteile der Unternehmen gemäß dem ersten Freistellungsmerkmal sowie die Unerlässlichkeit gemäß dem dritten Freistellungsmerkmal. Die Kommission geht nun davon aus, dass die Marktposition der beteiligten Unternehmen darüber entscheidet, ob die Verbraucher am Gewinn angemessen beteiligt werden: Ein nicht marktstarkes Unternehmen werde schon allein aufgrund des Wettbewerbsdrucks dazu gezwungen, die erzielten Gewinne an die Verbraucher weiterzugeben. Gleichzeitig könne ein marktschwaches Unternehmen durch eine wettbewerbsbeschränkende Absprache nicht den Wettbewerb ausschalten. Damit wäre auch die vierte Freistellungsvoraussetzung erfüllt.

c. *Zentrales Element der Argumentationskette: Marktmacht der Unternehmen*

Würde die Auffassung der Kommission über den Zusammenhang zwischen Marktmacht und Verbraucherbeteiligung zutreffen, die der Gerichtshof im "Metro"-Urteil für zumindest fraglich hielt, dann könnte allein aus dem Fehlen von Marktmacht zuzüglich einiger zu verbietender Kernbeschränkungen davon ausgegangen werden, dass alle vertikalen Vereinbarungen alle vier Freistellungsvoraussetzungen erfüllen: Die Vertriebsvereinbarung würde zu irgendeinem Rationalisierungsgewinn führen. Weil das Unternehmen starkem Wettbewerbsdruck ausgesetzt ist, müsste es die Verbraucher an diesen Gewinnen angemessen beteiligen. Dieser positive Saldo indiziert grundsätzlich die Unerlässlichkeit und gleichzeitig kann die marktschwache Position die Unternehmen nicht in die Lage versetzen, den interbrand-Wettbewerb auszuschalten (und die Kernbeschränkungen sichern wiederum ein Mindestmaß an intrabrand-Wettbewerb).

Sollten diese Zusammenhänge tatsächlich zutreffen, würde sich die Gruppenfreistellungsverordnung in den Grenzen des Art. 81 Abs. 3 halten, wie sie durch die Rechtsprechung der Gemeinschaftsgerichte gezogen worden sind. Der Schluss von der Marktmacht auf die Verbraucherbeteiligung und im Anschluss daran auch auf die übrigen Freistellungsvoraussetzungen ist damit nicht im Hinblick auf die angewandte Abstraktion grundsätzlich "zweifelhaft". Im "Grundig und Consten"-Urteil[301] hatte der Gerichtshof die Kommission noch *prinzipiell* zur genauen Einzelfall-Analyse ermahnt, weil in den sechziger Jahren noch keine Entscheidungspraxis bestand, die zu Verallgemeinerungen berechtigt hätte. Im "Metro I"-Urteil[302] hielt er den generellen Schluss von Marktmacht auf Verbraucherbeteiligung dagegen nur deshalb für fraglich, weil er

---

[301] EuGH Grundig/Consten, a.a.O. S. 395

[302] EuGH Metro I, a.a.O. S. 1916 f.

sich mit dem von der Kommission behaupteten Zusammenhang *inhaltlich* nicht auseinandergesetzt hat und dies im konkreten Fall auch nicht notwendig war. Es soll daher im Folgenden überprüft werden, ob die dargestellten Zusammenhänge *inhaltlich* zutreffen.

Die Verifizierung des wirtschaftlichen Zusammenhangs ist abhängig von den Erfahrungen, die mit vertikalen Wettbewerbsbeschränkungen gesammelt wurden. Nicht nur die Kommission hat sich mit diesen Fragen auseinandergesetzt. Unter dem Begriff der *ökonomischen Analyse des Rechts*[303] werden unter anderem auch vertikale Wettbewerbsbeschränkungen auf ihre typischen Ursachen und Wirkungen überprüft.

V. Ökonomische Analyse vertikaler Wettbewerbsbeschränkungen

Die Kommission stützt sich bei ihren Ausführungen zur ökonomischen Analyse vertikaler Beschränkungen vornehmlich auf das Economic Paper No. 119 der Generaldirektion II[304], das die Basis für das Kapitel über die wirtschaftlichen Auswirkungen vertikaler Bindungen im damals geplanten Grünbuch darstellte[305].

Bevor im Einzelnen auf die Analyse eingegangen wird, soll das Ergebnis vorweggenommen werden. Grundlage einer gesetzlichen Neuregelung vertikaler Wettbewerbsbeschränkungen ist danach die Erkenntnis, dass drei Marktsituationen unterschieden werden können, in denen dieselben vertikalen Vereinbarungen bestimmte unterschiedliche Marktwirkungen verursachen können:

- Vertical structures with *small market shares* in unconcentrated upstream and downstream markets, and new or established vertical structures attempting to enter a new market: in such *"safe harbour"* situations, either non-price or price restraints could be allowed; only the minimal analysis needed to establish competitive market conditions is necessary to determine economic effect.
- Vertical structures that are non-negligible and well established in their market: such situations could require a more detailed inquiry into the extend of competition in the market and, if then necessary, into the effects of proposed vertical restraints.
- Vertical structures with a dominant position in their market: in such situations, a more detailed justification could be required from the firms to show that proposed vertical restraints would enhance efficiency without posing substantial risks for inter-brand competition, and that comparable efficiency gains could not be realised with lower risks for inter-brand competition.

---

[303] vgl. hierzu und zu ihrer Entwicklung in den USA *Kirchner*, ZHR 144 (1980) S. 563 ff. m.w.N.
[304] "The policy implications of the Economic Analysis of Vertical Restraints" von Rey/ Caballero-Sanz, November 1996
[305] *Economic Papers* No. 119, S. 4

Für die hier allein entscheidende erste Marktsituation wird die Aufstellung klarer Marktstruktur-Kriterien gefordert um festzulegen, ob eine vertikale Struktur in den "sicheren Hafen" gelangt oder nicht[306].

Überprüft wurde in der Studie zuvor, welche unterschiedlichen vertikalen Absprachen von den Unternehmen zur Erreichung ganz vielfältiger Ziele, ob positiv oder negativ für den Wettbewerb, (mit Erfolg) eingesetzt werden können. Stets klargestellt wurde jedoch, dass es bei der Analyse *ausschließlich* um die *ökonomische Effizienz* dieser Vereinbarungen geht, dass also alle anderen Ziele ausgeklammert werden, denen der Wettbewerb möglicherweise ebenfalls dienen soll[307]. Es überrascht deshalb, dass die Ergebnisse dieser Studie nahezu komplett in die heutige gesetzliche Regelung übertragen wurden. Die VO Nr. 2790/1999 übernimmt den Gedanken des "sicheren Hafens" für alle Vertikalabsprachen von Unternehmen ohne Marktmacht und fügt lediglich eine kurze Liste von Kernbeschränkungen hinzu. Dass eine gewisse *Verlagerung* der Rangordnung der Schutzziele stattgefunden hat, wurde bereits dargestellt. Die Kommission wollte ihre Politik abwenden von dem Einsatz bestimmter GVOen, deren Schwerpunkt im Schutz der Handlungsfreiheit und der Integration der Märkte lag, hin zu einem mehr gesamtwirtschaftlich ausgerichteten Ansatz[308].

Selbst die OECD stellt klar, dass es sich bei den ökonomischen Gesichtspunkten, denen sie ihre Studie widmete, lediglich um eine Komponente des Wettbewerbsrechts unter anderen handelt[309]. Der Mitarbeiter der Kommission *Deacon* dagegen schließt sich in vollem Umfang den "Gegnern der freedom of action theory" an und plädiert für eine *ausschließliche* Ausrichtung der EG-Politik an Marktstrukturkriterien[310]. Die Berücksichtigung der Integration und der damit verbundenen Freiheit der Unternehmer zu grenzüberschreitendem Handel ist seiner Auffassung nach hinfällig.

---

[306] Praktisch wortgleich und erstmals enthält der *OECD-Report* "Competition Policy and Vertical Restraints: *Franchising* Agreements" aus dem Jahr 1994 diese Dreiteilung der Marktstruktur, unter http://www.oecd.org/daf/clp/Publications/FRANCH-E.pdf , S. 15 sowie S. 199 ff. Autor dieser Studie ist neben *Brenner* auch wieder Patrick *Rey*. Hierauf bezieht sich auch *Deacon*, Mitarbeiter der GD IV, Fordham University-22nd Annual Conference on International, Oxford, 26/10/1995, S. 10, der diese OECD-Studie für die beste Einführung in die neue wirtschaftliche Analyse hält, die eine direkte Verbindung zur Europäischen Wettbewerbspolitik herstellen könne.
Zuletzt wurde die Teilung der Marktstruktur vorgenommen in der *OECD-Studie* "Competition and Trade Effects of Vertical Restraints" vom Mai 1999; COM/DAFFE/CLP/TD(99)54; S. 9

[307] *OECD-Report Franchising*, S. 9 "....but discussion of these objectives is beyond the scope of the report."

[308] *Mitteilung*, a.a.O. S. 25

[309] *OECD Journal* of Competition Law & Policy 1999 Volume No. 1 February, S. 73, 74

[310] *Deacon*, a.a.O. S. 4 f. unter Bezugnahme auf *Bright*, 21st Fordham Conference sowie Hawk, CMLR 1995, S. 973.

Auch für *Schaub*[311] ist die Betonung der wirtschaftlichen Auswirkungen und die Konzentration auf die Marktanalyse in Wettbewerbsfällen der *Ethos*, der den (seinerzeit) angestrebten Reformen zugrunde liege.

Wenn die Förderung der Effizienz heute an vorderster Stelle steht, muss zunächst genau geklärt werden, was unter Effizienz zu verstehen ist[312].

1. Was bedeutet Effizienzsteigerung?

Effizienz bedeutet besondere wirtschaftliche Leistungsfähigkeit[313]. Ist die Effizienz dann schon gesteigert, wenn die absprechenden Unternehmen von der Wettbewerbsbeschränkung profitieren (*increase profits*) und damit ihre eigene wirtschaftliche Leistungsfähigkeit gesteigert haben? Die Anhänger der Chicago School bejahen dies, denn für sie kommt es auch auf die sog. produktive Effizienz an[314]. Oder ist die Effizienz dann gesteigert, wenn nicht nur die Vertriebsbeteiligten, sondern auch die Konsumenten von der Wettbewerbsbeschränkung profitieren (economic efficiency im Sinne von *total welfare*)? Dann wäre unter Effizienz die Steigerung der Leistungsfähigkeit der ganzen Gesellschaft zu verstehen. Die sog. allokative Effizienz ist dann gesteigert, wenn in der Summe eine Wohlfahrtssteigerung vorliegt. Im Idealfall profitieren beide Seiten, also sowohl die Unternehmen als auch die Verbraucher, von der Vereinbarung. Eine Steigerung wird aber auch dann bejaht, wenn die Verbraucher einen Nachteil erleiden, der Vorteil für die Vertriebsbeteiligten aber diesen Nachteil zumindest ausgleicht. In diesen Fällen werden die Firmenprofite möglicherweise später an die Verbraucher durch Investition in die Produktion und den Vertrieb anderer Waren oder Dienstleistungen zurückgegeben[315].

Eine weitere Möglichkeit besteht darin, eine Effizienzsteigerung nur dann anzunehmen, wenn die Konsumenten unmittelbar durch die Wettbewerbsbeschränkung eine Wohlfahrtssteigerung erfahren (*consumer surplus*). Dies ist die Interpretation von Effizienz, wie sie in Art. 81 Abs. 3 vertraglich für das Europäische Wettbewerbsrecht festgelegt ist. Der Freistellungstatbestand fordert die angemessene Beteiligung der Verbraucher am Gewinn. Damit ist es nicht ausreichend, wenn nur die beteiligten Unternehmen einen Gewinn erzielen, auch wenn dieser größer ist als der Nachteil für die Verbraucher. Dies stellt auch das Economic Paper klar: "For this reason, even if total welfare increases, we will still accept that there is a restriction of competition if the

---

[311] Vgl. *Schaub*, Second Oslo Competition Conference, S. 8: "In fact this emphasis on economics and greater market analysis in competition cases can be described as the underlying ethos behind much of our reform programme. Of these, perhaps the most important change will come in our treatment of vertical restraints.", veröffentlicht unter http://europa.eu.int/comm/dg04/speech/eight/en/sp98057.htm

[312] Zum Unterschied zwischen Effizienz im Sinne der Chicago School und der EG bereits oben, § 9 II.3.c

[313] vgl. *Duden*, Das Fremdwörterbuch

[314] vgl. zur Chicago School ausführlich oben, § 6 III.

[315] *OECD-Report Franchising*, S. 26

agreement reduces consumer surplus only."[316] Dennoch bestünde in den meisten Fällen kein großer Unterschied. Steige die ökonomische Effizienz, wenn in der Summe der Konsumenten- und Produzentengewinn steige, dann seien beide miteinander identisch, solange letztlich ein Konsumentengewinn übrigbleibe. Dem ist zuzustimmen: Die Verbraucher werden dann am Gewinn beteiligt, wenn sie letztlich keinen Wohlfahrtsverlust erleiden. Aber hierin besteht gerade der - insofern entscheidende - Unterschied zur vorgenannten ökonomischen Effizienz, die auch dann gesteigert sein kann, wenn kein Konsumentengewinn übrig bleibt.

Der zum Ethos erhobene economic approach kann im Rahmen des Art. 81 also kraft Vertrag letztlich nur die Steigerung der Verbrauchergewinne bedeuten. Auf dieser Basis ist deshalb auch die ökonomische Analyse vertikaler Wettbewerbsbeschränkungen vorzunehmen[317].

2. Wirtschaftswissenschaftliche Theorien zum Wettbewerbsprozess

Die ökonomische Analyse des Rechts basiert u.a. auf bestimmten wirtschaftswissenschaftlichen Theorien[318]:

Die *mikroökonomische Preistheorie* besagt, dass die Nachfrage nach einem gegebenen Produkt steigt, wenn der Preis sinkt[319]. Das Gegenstück zu der Gesetzmäßigkeit der Nachfrage ist die des Angebots: Je mehr Geld ein Unternehmen für seine Produkte erhält, desto mehr wird es produzieren und auf den Markt bringen. Diese Zusammenhänge bewahrheiten sich in dieser reinen Form jedoch nur im in der Realität niemals anzutreffenden vollkommenen Wettbewerb[320].

Das Gegenteil des vollkommenen Wettbewerbs ist das Monopol, bei dem es nur einen Lieferanten gibt, das verkaufte Produkt keine Substitute auf dem Markt hat und hohe Marktzutritts- und -austrittsschranken bestehen.

Im Gegensatz zum Polypolisten wird der Monopolist tendenziell weniger produzieren als Nachfrage besteht, damit er seine Preise auf einem hohen Niveau halten kann. Weil die Konsumenten keine Alternative zu dem Produkt haben, müssen sie die überhöhten

---

[316] *Economic Paper* 119, a.a.O., S. 10 Fn. 11: Für den Europäischen Gesetzgeber ist danach ein ECU Konsumentengewinn nicht dasselbe wie ein ECU Produzentengewinn.

[317] Dies sieht auch der *OECD-Report Franchising*, der die Auswirkungen der Vereinbarungen auf alle drei Komponenten, nämlich total surplus, consumer surplus und profits diskutiert, S. 26.

[318] Diese Theorien stellen einen analytischen Rahmen dar, ohne den die Ergebnisse einer Wettbewerbspolitik "im besten Fall intuitiv richtig, im schlechtesten Fall planlos wären." *Wood*, OECD Journal of Competition Law and Policy No. 1 1999 S. 82 ff, S. 83.

[319] Die Preistheorie ist auch im EG-Wettbewerbsrecht "a basic tool in the economic analysis", vgl. *Martinez*, Mitarbeiter der DG IV in seiner Rede auf der Konferenz "Legal Challenges of Pricing" Norton Rose 7.12.1998: "Some views on pricing and EC competition policy", http://europa.eu.int/comm/dg04/speech/eight/en/sp98060.htm

[320] vgl. oben, § 23 V.2. hierzu auch *Liesner/Glynn*, E.C.L.R. 1987, S. 344 ff., 348 ff.

Preise zahlen. Der Monopolist wird so lange seine Preise erhöhen, wie die Konsumenten noch bereit und in der Lage sind, diese zu zahlen[321]. Während im vollkommenen Wettbewerb sich eine bestimmte Preis/Mengen-Kombination ergibt, bei der sich Angebots- und Nachfragekurve auf optimalem Niveau treffen, ist im Monopol die angebotene Menge stets geringer und der vom Verbraucher gezahlte Preis stets höher als unter optimalen Wettbewerbsbedingungen. Dies hat bestimmte negative Folgen: Einige Abnehmer kaufen das Produkt unter Monopolbedingungen nicht, obwohl eine Nachfrage besteht (sog. *"deadweight loss"*), und der Monopolist bereichert sich auf Kosten der Verbraucher, die das Produkt zu überhöhten Preisen kaufen.

Während die Unternehmen im perfekten Wettbewerb gezwungen sind, so effektiv wie möglich zu sein, besteht für den Monopolisten dieser Zwang nicht, d.h. er produziert uneffektiv. Diese Verschwendung von Ressourcen *"X-inefficency"*) führt wiederum zu höheren Preisen und geringerer Produktionsmenge[322]. Die Schlussfolgerung: "The best profits of all monopoly profits is a quiet life[323]" ist daher zutreffend.

Die beiden Marktformen Polypol und Monopol sind die gegensätzlichen Extreme. Zwischen ihnen gibt es in der Realität vielfältige Variationen. Je mehr ein Unternehmen dem Wettbewerb durch Konkurrenten ausgesetzt ist, desto mehr wird es sich statt für sein eigenes ruhiges Leben für die eigene Effektivität und Produktivität einsetzen müssen.

Welche Situation konkret gegeben ist, lässt sich anhand der sog. *Angebots- und Nachfrageelastizität* ermitteln[324]. Gemessen wird bei der Nachfrageelastizität, inwieweit sich die Nachfrage eines Produkts ändert, wenn der Preis steigt (Preiselastizität[325]). Je mehr ein Unternehmen dem Wettbewerb durch andere Unternehmen ausgesetzt ist, die ähnliche, aus der Sicht des Verbrauchers austauschbare Produkte anbieten, desto schneller wird die Nachfrage nach seinem Produkt bei einem Preisanstieg sinken, weil der Verbraucher dann das Substitut eines Wettbewerbers kaufen wird. Unter Kreuzpreiselastizität zwischen zwei Produkten ist der Maßstab dafür zu verstehen, wie die Nachfrage nach dem einen Produkt auf Änderungen des Preises des anderen Produktes reagiert[326].

---

[321] *Wood*, a.a.O. S. 86: Natürlich versucht das Unternehmen, das Wettbewerb ausgesetzt ist, das gleiche. Nur wird es schon bald seine Produkte nicht mehr verkaufen können, weil die Verbraucher zu einem Substitut wechseln werden.

[322] *Wood*, a.a.O. S. 87: Der Monopolist wird sich eher für ein leichtes Leben einsetzen als für die Optimierung seiner Effizienz.

[323] *Hicks*, Annual Survey of Economic Theory: The Theory of Monopoly, in: Econometrica 3, 1935, S. 1ff., 8

[324] Die *Bekanntmachung* der Kommission zur Definition des relevanten Marktes im Wettbewerb, ABl. C 372 v. 9.12.1997, S. 5, beruht auf der Nachfrage- und Angebotssubstituierbarkeit. Hierauf wird an späterer Stelle detailliert eingegangen, § 13, IX.1.c.

[325] *Bekanntmachung* der Kommission zur Definition des relevanten Marktes im Wettbewerb, a.a.O., S. 5 ff. Fn 5 zu Rz.39

[326] *Bekanntmachung* der Kommission zur Definition, a.a.O. Fn. 5 zu Rz. 39

Unter Bezugnahme auf die Grundmodelle des perfekten Wettbewerbs und des Monopols findet die ökonomische Analyse aller anderen in der Realität anzutreffenden Zwischenformen des Wettbewerbs statt.

3. Ursachen und Wirkungen vertikaler Wettbewerbsbeschränkungen

Während horizontale Vereinbarungen eine direkte Auswirkung auf die Marktstellung der betroffenen Unternehmen haben, weshalb Kartelle auch als der "Cousin des Monopols" bezeichnet werden[327], wirken sich vertikale Wettbewerbsbeschränkungen nicht direkt auf die Marktstellung der Beteiligten aus. Unmittelbar koordinieren vertikale Beschränkungen nur den Vertrieb des Herstellerprodukts. Mittelbar haben sie allerdings auch Auswirkungen auf die Marktstellung der beteiligten Unternehmen. Beide Wirkungsrichtungen sollen im Folgenden dargestellt und auf ihre wettbewerbspolitische Relevanz überprüft werden[328].

a. Verschiedene Vertikalabsprachen zur Lösung von intrabrand-Koordinationsproblemen

Vertikale Vereinbarungen haben zunächst Auswirkungen auf die Beziehung zwischen Lieferant und Abnehmer. Sie organisieren den Vertrieb, indem sie die Natur und die Qualität des Produktes sowie die des Services festlegen. Sie haben Auswirkungen auf Produktionskosten, Verkaufspreis und Verkaufsmenge etc.. All diese Faktoren bestimmen den Profit der Vertriebskette.

Die wichtigsten in den verschiedenen Vertriebssystemen anzutreffenden Verpflichtungen sind *Preisregelungen* (Preisbindung, Mindest-, Höchstpreise, Preisempfehlungen), *Mindest-* bzw. *Maximalabnahmeverpflichtungen, Gebiets-* oder *Kundenbeschränkungen, Konkurrenzwarenverbote* oder *-gebote* sowie *Koppelungsvereinbarungen*[329]. Diese Vereinbarungen werden eingesetzt, um bestimmte Unvollkommenheiten im Markt zu überwinden, die anzutreffen sind, wenn jeder an der Vertriebskette Beteiligte seine Entscheidungen unabhängig von denen der anderen Beteiligten trifft.

aa. "Double marginalisation" oder doppelte Gewinnspannenerhöhung

Verfügen sowohl Lieferant als auch Abnehmer über ein gewisses Maß an Marktmacht[330], werden beide einen Aufschlag zu ihren jeweiligen Kosten hinzurechnen. Je-

---

[327] *Wood*, a.a.O. S. 88

[328] Zu den Beweggründen und Auswirkungen vertikaler Vereinbarungen auch *Lever/Neubauer*, E.C.L.R. 2000, 7 ff.

[329] vgl. *OECD-Report Franchising*, a.a.O., S. 30-33, ebenso *Economic Paper* 119, a.a.O. S. 6, 7, *Mitteilung*, a.a.O., S. 16-18

[330] Die Marktmacht ist auf beiden Seiten zwar so groß, dass die eine Vertriebsstufe der anderen nicht vorschreiben kann, welchen Aufschlag sie auf den Preis setzt, andererseits aber im interbrand-Wettbewerb nicht so ausgeprägt, dass die Höhe des Preises keinen direkten Einfluss auf die Nachfrage hat.

des Unternehmen kann seine Preisentscheidung unabhängig von dem anderen vornehmen. Dadurch wird der Preis in der Regel zu hoch, d.h. höher als der Preis, bei dem der Gesamtgewinn von Hersteller und Händler auf lange Sicht am größten wäre, denn mit steigendem Preis sinkt die Nachfrage und damit auch die an die Konsumenten abgesetzte Produktmenge[331]. Dieses Ergebnis liegt nicht im Interesse der Beteiligten. Deshalb sind sie bemüht, das Koordinationsproblem mittels vertikaler Beschränkungen zu eliminieren. Nützlich ist hier die Festsetzung eines *Höchstpreises*, wodurch dem doppelten Gewinnaufschlag auf direktem Wege eine Grenze gesetzt wird. Das Problem kann aber auch durch eine *Mindestabnahmeverpflichtung* gelöst werden: Weil eine bestimmte Menge verkauft werden muss, muss der Händler seinen Preis heruntersetzen. Möglich ist auch die Festsetzung eines *zweiteiligen Tarifs*, der aus einem niedrigen, an den Grenzkosten orientierten Großhandelspreis und einer von der gekauften Menge unabhängigen Gebühr besteht. Der Hersteller erhält seinen Profit durch die Gebühr und der Händler ist bemüht, so viel wie möglich zu verkaufen, weil er dadurch seinen Gewinn maximieren kann, ohne dass von seinen gesteigerten Verkaufsbemühungen auch der Hersteller profitiert[332].

Die Wettbewerbsbeschränkungen Höchstpreis, Mindestabnahmemenge und zweiteiliger Tarif führen zur Erhöhung des Profits der Vertriebsbeteiligten, weil sie verhindern, dass durch doppelten Gewinnaufschlag weniger verkauft wird als möglich und daher auch weniger Gewinn erzielt wird. Weil die Verkaufspreise unmittelbar durch diese vertikalen Beschränkungen sinken, profitieren auch die Verbraucher davon. Werden diese Vereinbarungen also allein aus dem Grund getroffen, um das Problem des doppelten Gewinnaufschlags zu lösen, dann steigern sie die Effizienz im Sinne von Art. 81 Abs. 3[333].

bb. Händlerservice und –Verkaufsbemühungen

Die Bemühungen eines Händlers, sich für den bestmöglichen Vertrieb der Ware einschließlich Lieferservice, qualifizierte Produktinformation durch geschultes Personal, ansprechende Darbietung der Ware in modernen Verkaufsräumen, Parkmöglichkeiten etc. einzusetzen, können durch verschiedene Faktoren gehemmt sein. Zum einen ist es möglich, dass der Großhandelspreis des Lieferanten so hoch ist, dass der Händler nicht mehr viel am Verkauf der Ware verdient, will er dennoch sämtliche Leistungen anbieten[334]. Dieses Problem könnte auf direktem Wege gelöst werden, indem der Hersteller dem Händler einen bestimmten Rahmen an *Serviceleistungen vertraglich vorschreibt.* Möglich wäre es aber auch hier, einen *zweiteiligen Tarif* mit Produktpreis bei Marginalkosten festzusetzen, der es ermöglicht, den Händler zum alleinigen Nutznießer der

---

[331] vgl. hierzu *Grünbuch*, a.a.O. S. 18, *Economic Papers* No. 119, a.a.O. S. 12, *OECD-Report Franchising*, a.a.O., S. 34, *Lever/Neubauer*, E.C.L.R. 2000, 7 ff., 10

[332] vgl. hierzu ausführlich *OECD-Report Franchising*, a.a.O., S. 36

[333] vgl. *Economic Papers* 119, a.a.O., S. 12: Dieselben Vereinbarungen können aber auch aus anderen Gründen getroffen werden, aus denen sich nicht ohne weiteres die Steigerung der Konsumentenwohlfahrt ergibt.

[334] vgl. *Economic Papers* 119, a.a.O. S. 13, *OECD-Report Franchising*, a.a.O., S. 38 f.

Verkaufsbemühungen zu machen, was wiederum den Anreiz zu solchen Leistungen stärkt. Die unvermeidbare Folge von gestiegenen Serviceleistungen ist zumeist eine Erhöhung der Preise. Dies führt zu einem größeren Profit der Vertriebsbeteiligten, der jedenfalls teilweise zur Finanzierung der Serviceleistungen auch notwendig ist. Die Frage ist jedoch, ob dieser Gewinn auch an die Verbraucher weitergegeben wird. Weil die Weitergabe sich nicht nur in der Senkung der Verkaufspreise niederschlagen kann[335], ist entscheidend, ob "*die* Verbraucher" den gestiegenen Händlerservice um den Preis eines höheren Verkaufspreises willen auch *als Gewinn ansehen*. Der umfangreiche Service zieht jedenfalls neue Kunden, sog. Grenzkunden an. Fraglich ist aber, ob auch die alten Kunden, die das Produkt schon kennen oder solche, die genau wissen, welches Produkt sie erwerben wollen, noch auf diesen Service angewiesen sind. Würden viele dieser Kunden eher auf den für sie nutzlosen Service verzichten und dafür einen niedrigeren Kaufpreis zahlen wollen, und ist die Anzahl dieser Kunden größer als die der Grenzkunden, dann profitieren "die Verbraucher" im Sinne von Art. 81 Abs. 3 nicht von dem Gewinn der beteiligten Unternehmen.

Dieses Problem kann aber nur dann entstehen, wenn die Kunden das fragliche Produkt trotz des höheren Preises weiterhin kaufen (müssen). Dies ist nur dann der Fall, wenn es keine akzeptablen Alternativen gibt, d.h. wenn andere Unternehmen ein vergleichbares Produkt nicht auch ohne Service zu einem niedrigeren Preis anbieten. Gibt es auf dem Markt aber solche substituierbaren Produkte, werden die Verbraucher einfach dieses andere Produkt kaufen, und die Nachfrage nach dem teureren, aber mit vielfältigen Serviceleistungen angebotenen Produkt wird sinken. Auch dieser wird seine Preise wieder senken müssen. Das Problem, dass nur die Unternehmen von der Wettbewerbsbeschränkung profitieren, nicht aber die Verbraucher, besteht folglich nur dann, wenn der Lieferant über Marktmacht verfügt.

Die Motivation des Händlers, den Kunden einen umfangreichen Service anzubieten, kann auch dadurch geschmälert werden, dass Verbraucher sich zwar bei ihm beraten lassen, das Produkt letztlich aber bei einem preiswerteren Händler erwerben, der die Zusatzleistungen nicht erbringt[336]. Im Ergebnis wird der erste Händler sein Geschäft aufgeben müssen, was dazu führt, dass überhaupt kein Service mehr angeboten wird. Auch hier kann die *vertragliche Verpflichtung zur Erbringung eines bestimmten Services* das Problem lösen. Eine Alternative wäre die Ausschaltung des intrabrand-Wettbewerbs entweder durch *Preisfestsetzung* - hier insbesondere eines Mindestpreises - oder durch ausschließliche *Gebietszuteilung*[337].

Ein Free-rider Problem kann jedoch nur dann entstehen, wenn das Produkt auch Anlass zum "Trittbrett fahren" gibt. Es muss sich um hochwertige, komplexe und teure Produkte handeln, die nicht zur Befriedigung des täglichen Bedarfs dienen, d.h. es muss

---

[335] s.o. § 13 IV 3.b.

[336] *Economic Papers* 119, a.a.O. S. 14, *OECD-Report Franchising*, a.a.O., S. 40

[337] vgl. hierzu *Möschel*, BB 1985, S. 1477 ff., 1479: "Dies hat nichts ... mit einer Politik der überhöhten Preise zu tun."

sich für den Verbraucher auch lohnen, sich erst in einem Geschäft beraten zu lassen und die Ware dann in einem anderen zu kaufen. In diesem Fall profitieren die Unternehmen von der Ausschaltung des Free-rider Problems durch gesicherte Servicedienste, die ihnen einen besseren Absatz der Waren und daher auch einen höheren Gewinn gewährleisten. Ob die Verbraucher an dem Gewinn angemessen beteiligt werden, hängt wiederum davon ab, ob die Mehrheit von ihnen für das Produkt überhaupt einen hohen Service wünscht. Auch hier werden die Verbraucher nur dann benachteiligt, wenn sie keine Wahl haben, auf ein anderes, vergleichbares Produkt auszuweichen.

cc. *Weitere Koordinationsprobleme*

(1) Der Vertrieb einer bestimmten Warenpalette oder eines Produktmixes

Ein weiteres Koordinationsproblem kann entstehen, wenn der Händler ein ganzes Sortiment eines Herstellers verkaufen soll, wobei der Großhandelspreis für ein weniger gefragtes Produkt über den Grenzkosten liegt und der Händler deshalb dieses Produkt gerne aus der Palette herausnehmen würde. Dies wäre aus Sicht der Effizienz der Vertriebskette ungünstig, weil nicht mehr der optimale Produktmix dem Verbraucher angeboten wird. Um dies zu vermeiden, kann der Hersteller zu einem *zweigliedrigen Tarif* verkaufen, bei dem der Großhandelspreis für alle Produkte auf Höhe der Grenzkosten liegt. Möglich ist auch eine an der insgesamt verkauften Warenmenge bemessene *Gewinnbeteiligung* oder - wenn die preiswerteren und damit vom Händler bevorzugt vertriebenen Produkte von einem konkurrierenden Hersteller sind - eine *Exklusivvertriebsvereinbarung*[338].

(2) Verkaufsbemühungen des Herstellers

Nicht nur Verkaufsbemühungen auf der Händlerebene steigern die Effizienz der Vertriebskette, sondern auch solche auf der Herstellerebene. Der Hersteller wird aber nur dann einen Anreiz zu solchen Anstrengungen wie z.B. einer landesweiten Werbekampagne haben, wenn auch er davon profitiert. Dies kann die Anhebung des *Großhandelspreises über die Marginalkosten* notwendig machen[339].

(3) Profit- und Risikoverteilung zwischen Lieferant und Abnehmer

Ein weiteres Koordinationsproblem ist die Profit- und Risikoverteilung zwischen Lieferant und Abnehmer. Obwohl ein zweiteiliger Tarif in vielen Fällen für die Optimierung des Vertriebs nützlich sein kann, weil der Abnehmer zum Nutznießer der eigenen

---

[338] Liegt das Angebot der gesamten Produktpalette nicht im Interesse der Verbraucher, weil einige Bestandteile auf dem Markt überhaupt nicht nachgefragt werden, dann entstehen Wohlfahrtsprobleme nur bei schwachem interbrand-Wettbewerb, d.h. die Konsumenten kaufen die gefragten und entsprechend teureren Produkte aus der Palette, weil es keine Alternativen gibt. Bieten aber Wettbewerber eine substituierbare Produktpalette ohne nicht erwünschte Bestandteile zu niedrigeren Preisen an, dann werden sie zu diesem wechseln.

[339] vgl. hierzu *OECD-Report Franchising*, a.a.O., S. 43; *Economic Papers* 119, a.a.O., S. 15

Bemühungen wird, ist Kehrseite der Medaille, dass er auch das Risiko des Erfolgs oder Misserfolgs des gesamten Vertriebssystems trägt. Dies schreckt risikobewusste Händler oft ab. Qualifizierte, etablierte Händler, die von den Verbrauchern geschätzt werden, sind oft nicht bereit, das gesamte Risiko zu tragen und lehnen den Vertrieb des Produkts ab. Dies schmälert die Verbrauchergewinne. Deshalb ist in diesen Fällen häufig ein *Großhandelspreis über den Marginalkosten* und eine *geringere Vertriebsgebühr* sinnvoller. Hier trägt auch der Lieferant das Risiko: Sinkt die Nachfrage nach dem Produkt, dann sinkt auch sein Gewinn.

(4) Versunkene Kosten bei immateriellen Investitionen

Schließlich entstehen Koordinationsprobleme, wenn der Hersteller in die Entwicklung und Optimierung eines Produkts investiert und das für den Vertrieb dieses Produkts notwendige Wissen und Equipment an die hierzu eingesetzten Händler - oftmals durch umfangreiche Schulungen etc. - weitergeben muss. Die Gefahr, dass nach Beendigung der Vertriebsbeziehung diese Bemühungen zu versunkenen Kosten werden, schmälert die Motivation des Herstellers zu weiteren Investitionen[340]. Auch muss er befürchten, dass der Händler sich die profitable Geschäftsidee zunutze macht und zu ihm in (Hersteller-) Konkurrenz tritt. Geringere Investitionen in die Entwicklung neuer Produkte und in die Verbesserung der auf dem Markt befindlichen Produkte liegen nicht im Verbraucherinteresse. Hier können auf gewisse Zeit geschlossene *Konkurrenzwarenverbote* und *nachvertragliche Wettbewerbsverbote* helfen. Für den Fall, dass der Händler die Investitionen tätigt, kann ein *Alleinvertriebsrecht* sinnvoll sein[341].

dd. Die aus der Analyse zu ziehenden Schlussfolgerungen

Die Untersuchung zeigt, dass von vertikalen Wettbewerbsbeschränkungen häufig nicht nur die Unternehmen profitieren, sondern auch die Verbraucher. In vielen Fällen ist deshalb eine koordinierte Vertriebsstruktur einer ungebundenen Beziehung zwischen Lieferant und Abnehmer vorzuziehen. Die Analyse zeigt aber auch, dass verschiedene Vereinbarungstypen zur Überwindung ein und desselben Koordinationsproblems eingesetzt werden können, d.h. eine Vereinbarung kann ganz unterschiedliche Marktauswirkungen haben. Deshalb ist es nicht sinnvoll, bei der gesetzlichen Regelung vertikaler Vereinbarungen ausschließlich bei der *Art der Beschränkung* anzusetzen.

Wichtig ist, ob die Verbraucher Ausweichmöglichkeiten haben, ob sie auf substituierbare Produkte ausweichen können, wenn das gewünschte Produkt nicht ihren Wünschen entspricht. Ist dies der Fall und besteht lebhafter Wettbewerb, haben Unternehmen, die vertikale Beschränkungen vereinbaren, die nicht im Interesse der Verbraucherwohlfahrt liegen, keine Überlebenschance auf dem Markt. Haben die Unternehmen aber Marktmacht, dann sind die Verbraucher mangels Alternativprodukten ge-

---

340 *Williamson*, Transaction Cost Economics in: Schmalensee/Willig: Handbook of Industrial Organization, 1989, V.1, S. 135 ff., 182

341 *Economic Papers* 119, a.a.O., S. 16; *OECD-Report Franchising*, a.a.O., S. 45

zwungen, die Waren zu kaufen, obwohl sie nicht der optimalen Preis- Leistungs-Kombination entsprechen. Dann werden die Verbraucher nicht an den von den Unternehmen erzielten Gewinnen angemessen beteiligt. Vertikale Vereinbarungen bewirken also erst in einer bestimmten Marktstruktur gewisse vorhersehbare Wettbewerbsauswirkungen[342].

b. Vertikale Beschränkungen und interbrand-Wettbewerb

Von vertikalen Wettbewerbsbeschränkungen werden nicht nur die an der Absprache beteiligten Lieferanten und Abnehmer sowie die Verbraucher betroffen, sondern auch die interbrand-Konkurrenz, indem sie diese entweder steigern oder schwächen.

aa. Steigerung des interbrand-Wettbewerbs

Indem Vertriebssysteme Koordinationsprobleme lösen und der Vertrieb effizienter gestaltet wird, wächst die Nachfrage nach dem Produkt und die Vertriebskette stärkt ihre Position auf dem Markt. Jeder Hersteller ist bestrebt, sein Produkt und den Vertrieb durch entsprechende vertikale Absprachen zu optimieren. Jeder Händler ist bestrebt, seine Waren durch besseren Service und optimalen Kundendienst an die Verbraucher zu verkaufen. Dies stimuliert den Wettbewerb unter den horizontalen Wettbewerbern sowohl auf der Lieferanten- als auch auf der Händlerstufe, sofern keiner von ihnen über Marktmacht verfügt.

Allein auf die Effizienz abgestellt, erscheint intrabrand-Wettbewerb zwischen Verteilern desselben Herstellerprodukts nicht mehr notwendig und schützenswert. Wichtig ist nur, dass auch auf der Händlerebene Wettbewerb herrscht, dass der Vertreiber der einen Herstellermarke in Konkurrenz tritt zu dem Vertreiber einer substituierbaren Marke[343].

Vertikale Wettbewerbsbeschränkungen ermöglichen daneben in vielen Fällen den Marktzutritt und schaffen so neuen interbrand-Wettbewerb. Ohne Vertriebsbindungen kann ein neuer Anbieter seine Waren häufig nicht über ortsansässige Händler auf den Markt bringen. Umgekehrt kann es auch für einen Händler, der sich auf einem neuen Markt niederlassen will, notwendig sein, Vertriebsvereinbarungen mit einem Hersteller zu schließen. In beiden Fällen erhöht sich die Anzahl der interbrand-Wettbewerber, wodurch der Wettbewerb stimuliert wird.

bb. Schwächung des interbrand-Wettbewerbs

Auf der anderen Seite können vertikale Vereinbarungen auch einen negativen Einfluss auf den interbrand-Wettbewerb haben. Primäres Ziel jeder Vertriebsvereinbarung ist

---

[342] oben, § 9 II.2.a.bb. und cc.

[343] Zu diesem Ergebnis kommt der *OECD-Report Franchising*, a.a.O. S. 52 und auch das *Economic Paper* 119, a.a.O., S. 27

die Steigerung des eigenen Profits. Die Wahrscheinlichkeit, die Gewinne nicht an die Verbraucher weitergeben zu müssen, ist größer, wenn der Wettbewerbsdruck sinkt und die eigene Marktmacht steigt. Um den Wettbewerbsdruck möglichst gering zu halten, können sowohl Hersteller als auch Händler eine horizontale *Kollusion* mit ihren Wettbewerbern anstreben. Gerade in oligopolistischen Märkten, in denen nur wenige Wettbewerber mit relativ hohen Marktanteilen existieren, ist mit solchem Verhalten zu rechnen. Der Einsatz von Alleinvertriebsrechten mit Gebietsschutz ermöglicht z.B. eine solche Kollusion[344]. Existieren dagegen eine Vielzahl von Wettbewerbern auf dem Markt, dann ist eine kontrollierbare Zusammenarbeit kaum durchführbar. Damit eine Kollusion funktioniert, darf kein Mitglied aus dem System ausbrechen und z.B. durch stillschweigende Herabsetzung der Preise versuchen, sich einen Wettbewerbsvorteil zu verschaffen. Weil das Verhalten der einzelnen Unternehmen überwacht werden muss, was bei steigender Anzahl immer schwieriger wird, ist auf Märkten mit einer Vielzahl von Wettbewerbern kaum mit kollusivem Verhalten zu rechnen.

Vertikale Vereinbarungen können auch den *Marktzutritt erschweren* oder unmöglich machen, indem sie den Markt abschotten. Wird ein Händler durch eine langjährige Ausschließlichkeitsvereinbarung an einen Hersteller gebunden, steht er für den Vertrieb konkurrierender Waren nicht mehr zur Verfügung. Verfügt der Hersteller über einen hohen Marktanteil und bindet er eine Vielzahl der in Frage kommenden Händler, ist es für eine neue Herstellermarke schwierig, auf einem neuen Markt Fuß zu fassen[345]. Die "Eiscreme"-Entscheidungen des Gerichts erster Instanz, bestätigt durch den EuGH, haben dies gezeigt[346]. Umgekehrt kann es auch für einen neuen Händler schwierig sein, sich auf einem Markt niederzulassen, wenn die größten Hersteller ihre vom Verbraucher bevorzugten Waren durch Ausschließlichkeitsbindungen nur über bestimmte Händler vertreiben und die Hersteller nicht bereit sind, ihre Waren auch an den neuen Händler zu verkaufen[347].

Die dargestellte "rising rival's cost"-Strategie hat gezeigt, dass vertikale Vereinbarungen von marktmächtigen Unternehmen sogar dazu eingesetzt werden können, um aktuelle interbrand-Wettbewerber vom Markt zu drängen[348].

---

[344] In diesem Fall werden die Verbraucher nicht angemessen am Gewinn beteiligt und die Vereinbarung erfüllt nicht den Freistellungstatbestand.

[345] Dies liegt ausschließlich im Interesse der vereinbarenden Unternehmen, weil sie so Wettbewerber fernhalten, die sie dazu nötigen könnten, die erzielten Gewinne an die Verbraucher weiterzugeben.

[346] Langnese-Iglo/Kom Rs. T-7/93, Slg. 1995 S. II 1533, bestätigt durch EuGH Rs. C-279/95, Slg. 1998, I-5609 ff.

[347] vgl. hierzu auch *Hefermehl*, GRUR 1975, S. 275 ff., 282, wonach der Marktanteil des Herstellerartikels für die Frage eine Rolle spielt, in welchem Umfang es dem Händler, der diesen Artikel nicht führen darf, gelingen kann, den Ausfall dieses Artikels durch verstärkte Verkaufsbemühungen bei anderen Artikeln zu kompensieren. Je höher der Marktanteil ist, desto schwieriger wird es für den Händler sein.

[348] oben, § 9 I 5.a.aa

Die Auswirkungen vertikaler Wettbewerbsbeschränkungen auf den interbrand-Wettbewerb sind folglich ebenfalls abhängig von der Position, die die vereinbarenden Unternehmen auf dem Markt einnehmen. Soweit starker interbrand-Wettbewerb herrscht, ist es unwahrscheinlich, dass Vertriebsvereinbarungen Kollusionen erleichtern oder potentielle Wettbewerber vom Markt fernhalten bzw. aktuelle aus dem Markt drängen. Vielmehr verstärken sie den Wettbewerb zwischen den horizontalen Wettbewerbern und führen zu neuen Marktzugängen[349]. Dies liegt im Verbraucherinteresse, weil immer mehr und immer bessere Preis-Leistungs-Kombinationen auf dem Markt angeboten werden.

4. Resümee und Zwischenergebnis

Die ökonomische Analyse vertikaler Wettbewerbsbeschränkungen hat gezeigt, dass sie *Koordinationsprobleme* lösen können, die eine *Effizienzsteigerung* bewirken. Dabei können ganz unterschiedliche Vereinbarungsarten zur Lösung ein und desselben Problems eingesetzt werden. Sofern starke *interbrand-Konkurrenz* herrscht, haben die Wettbewerbsbeschränkungen zum einen zur Folge, dass die Unternehmen ihre so erzielten Gewinne *an die Verbraucher weitergeben*, weil sie durch den Konkurrenzdruck hierzu gezwungen werden. Zum anderen wird wiederum der *interbrand-Wettbewerb verstärkt*, was den Druck, erzielte Profite zur Steigerung der Nachfrage an die Verbraucher weiterzugeben, nochmals verstärkt. Negative Wettbewerbsauswirkungen zeitigen vertikale Wettbewerbsbeschränkungen dagegen grundsätzlich nur dann, wenn an ihnen marktmächtige Unternehmen beteiligt sind.

VI. Bedeutung der Analyseergebnisse für Art. 81 Abs. 3

Werden die Ergebnisse der ökonomischen Analyse anhand der Tatbestandsmerkmale des Art. 81 Abs. 3 überprüft, so soll nochmals hervorgehoben werden, dass es sich hier um eine ausschließlich an gesamtökonomischen Gesichtspunkten orientierte Analyse handelt.

1. Vorteile nach Art. 81 Abs. 3

Vertikale Wettbewerbsbeschränkungen können zur Verbesserung der Warenerzeugung oder –verteilung oder zur Förderung des technischen oder wirtschaftlichen Fortschritts beitragen und erfüllen damit das *erste Freistellungserfordernis*. Die Unternehmen sind in erster Linie daran interessiert, die Warenverteilung durch Optimierung des Vertriebs zu verbessern, weil sie sich davon einen höheren Profit versprechen. Ein höherer Profit führt wiederum zu einem größeren Kapital, das den Unternehmen Investitionen in eine bessere Warenerzeugung und in die Weiterentwicklung ihrer Produkte ermöglicht. Vertikale Beschränkungen ermutigen Unternehmen auch deshalb zu Innovationen, weil sie durch den Einsatz bestimmter Verpflichtungen sicherstellen können, dass sie

---

[349] *OECD-Report Franchising*, a.a.O., S. 58

die Früchte ihrer Bemühungen ernten werden. Die Analyse hat gezeigt, dass die Unternehmen oft ganz unterschiedliche Vereinbarungstypen wählen, die im Ergebnis zu demselben Erfolg führen[350].

2. Gewinnbeteiligung der Verbraucher

Das *zweite Freistellungserfordernis*, die angemessene Beteiligung der Verbraucher am Gewinn, ist dann erfüllt, wenn die Unternehmen durch bestimmte Marktgegebenheiten dazu veranlasst werden, ihre Profite mit der Marktgegenseite zu teilen. Die Analyse hat gezeigt, dass die Unternehmen durch starke interbrand-Konkurrenz gezwungen werden, die Verbraucher durch Preisnachlässe, verbesserten Service etc. am Gewinn zu beteiligen. Würden sie dies nicht tun, würden die Verbraucher zu einer substituierbaren Marke wechseln. Starke interbrand-Konkurrenz liegt dann vor, wenn das vereinbarende Unternehmen nicht über Marktmacht verfügt, die es ihm ermöglicht, die eigene Unternehmensentscheidung unabhängig von der Reaktion der Konkurrenz und der Verbraucher zu treffen.

3. Unerlässlichkeit

Die Förderung der Konsumentenwohlfahrt durch eine vertikale Vereinbarung bedingt deren *Unerlässlichkeit*, dem dritten Freistellungserfordernis. Stellt man ausschließlich auf die Steigerung der Effizienz ab, dann ist keine geeignete Vereinbarung unerlässlicher als die andere.

Wird das Free-rider Problem z.B. genauso effektiv entweder durch Gebietsaufteilung oder durch Preisfestsetzung gelöst, dann sind beide Vereinbarungen in dieser konkreten Situation zur Förderung der Effizienz des Vertriebssystems unerlässlich. Erst wenn die Wettbewerbspolitik sich daneben auch zum Ziel setzt, die Freiheit der Wettbewerber zu schützen, ist nur die Gebietsaufteilung unerlässlich, weil die Preisfestsetzung die Freiheit der Händler zum Preiswettbewerb völlig ausschaltet und daher zur Beseitigung des Free-rider Problems nicht unerlässlich ist[351].

Ebenso ist es beim relativen oder absoluten Gebietsschutz. Aus reinen Effizienzüberlegungen kann ein absoluter Gebietsschutz nützlicher sein für einen Marktzutritt als ein nur relativer, denn bei Zulassung von Parallelhandel besteht zumindest die Gefahr,

---

[350] Hierzu zählen die Vereinbarungen, die sich nicht direkt auf den Preis beziehen genauso wie reine Preisregelungen und auch solche Beschränkungen, die eine Verhinderung von Parallelhandel zur Folge haben.

[351] Vgl. *Peeperkorn*, Competition Policy Newspaper, Summer 1998, S. 10 ff., 16, wonach die negativen Effekte verschiedener Vereinbarungen differieren und diejenige Vereinbarung an Art. 81 Abs. 3 Buchst. a) scheitern muss, die die größeren negativen Auswirkungen hat. Es muss aber vorher festgestellt werden, was überhaupt als ein negativer Effekt angesehen wird. Ist der Schutz der Handlungsfreiheit der Wettbewerber kein Schutzobjekt, kann eine Einschränkung der Handlungsfreiheit keinen negativen Effekt darstellen. Sofern nur auf die Effizienz abgestellt wird und verschiedene Vereinbarungen diese steigern, ist überhaupt kein negativer Effekt festzustellen.

dass dem Vertreiber des neuen Produkts nicht alle Verkaufsanstrengungen zugute kommen. Erst wenn Wettbewerb auch der Integration dienen soll, ist absoluter Gebietsschutz im Hinblick auf die Gefährdung dieses Ziels nicht unerlässlich.

4. Nichtausschaltung des Wettbewerbs

Die Möglichkeit, für einen wesentlichen Teil der betreffenden Waren den Wettbewerb auszuschalten, also das *vierte Freistellungsmerkmal*, ist bei reiner Berücksichtigung der Effizienzsteigerung dann eröffnet, wenn in dem relevanten Produktmarkt kein wirksamer interbrand-Wettbewerb mehr besteht. Dieser ist nur dann in Gefahr, ausgeschaltet zu werden, wenn die vereinbarenden Unternehmen Marktmacht besitzen.

5. Zwischenergebnis

Die auf Effizienzgesichtspunkte beschränkte ökonomische Analyse vertikaler Beschränkungen hat gezeigt, dass grundsätzlich jede vertikale Vereinbarung alle vier Freistellungsvoraussetzungen des Art. 81 Abs. 3 erfüllt, wenn sie zwischen nicht marktstarken Unternehmen abgeschlossen wird.

Die oben aufgestellte These hat sich bewahrheitet: Vertikale Beschränkungen zwischen marktschwachen Unternehmen bewirken Vorteile i.S.v. Art. 81 Abs. 3, an denen die Verbraucher angemessen beteiligt werden. Dieser positive Saldo zugunsten der Verbraucher indiziert die Unerlässlichkeit und das marktschwache Unternehmen kann den Wettbewerb nicht ausschalten.

Damit hat die Analyse auch erwiesen, dass ein Zusammenhang zwischen Wettbewerbsdruck und angemessener Verbraucherbeteiligung besteht, den der Gerichtshof im "Metro I"-Urteil für "fraglich" hielt. Unternehmen unter Wettbewerbsdruck sind gezwungen, die Marktgegenseite angemessen am Gewinn zu beteiligen.

Art. 3 der VO Nr. 2790/1999 fordert nicht das Fehlen von Marktmacht auf beiden Seiten der Vereinbarung, sondern lässt es ausreichen, wenn *nur der Lieferant* (bei Alleinbezug *nur der Käufer*) keine Marktmacht besitzt. Ob es nur auf jeweils eine Seite der Vertriebsvereinbarung ankommt oder ob die Marktverhältnisse auf beiden Seiten zugrunde gelegt werden müssten, soll im Folgenden untersucht werden.

VII. Ermittlung nur der Marktmacht eines an der Absprache Beteiligten

"Im allgemeinen wird lediglich der Marktanteil des Lieferanten geschätzt werden müssen, da dieser Marktanteil dafür ausschlaggebend ist, ob eine Vereinbarung gruppenweise freigestellt wird oder nicht. Bei Alleinbezug kann es jedoch vorkommen, dass der Marktanteil des Käufers als relevanter Indikator eingesetzt werden muss."[352] Des-

---

[352] *Mitteilung*, a.a.O. S. 30

halb gilt die Freistellung gemäß Art. 3 Abs. 1 VO Nr. 2790/1999 dann, wenn der Anteil des Lieferanten an dem relevanten Markt 30 % nicht überschreitet (außer bei Alleinbelieferungsverpflichtungen, bei denen gemäß Art. 3 Abs. 2 VO der Anteil des Käufers 30 % nicht überschreiten darf).

1. Die generelle Bedeutung von Lieferanten- bzw. Käufermärkten

Ausgehend von *Alleinvertriebsverträgen*, zu deren Gruppe auch die selektiven Vertriebsverträge und das Franchising gehört[353], werden die verschiedenen negativen Marktauswirkungen mit den hierfür ursächlichen Marktumständen in Verbindung gesetzt.

Alleinvertrieb kann nur unter bestimmten Bedingungen wettbewerbsschädlich sein[354]. Er kann grundsätzlich nur dann zu einer Marktabschottung führen, wenn ein ausreichender Prozentsatz von *Lieferanten* auf einem Markt gebunden ist, wenn erhöhte Marktzutrittsschranken auf der *Lieferantenebene* bestehen und die Vereinbarungen für eine lange Zeit geschlossen wurden[355]. Alleinvertriebsverträge können ferner den interbrand-Wettbewerb schwächen, wenn dieser unter den *Lieferanten* ohnehin schon schwach ist, weil die Lieferanten entweder hohe Marktanteile haben oder hohe Marktzutrittsschranken bestehen[356]. Wichtig sind mithin grundsätzlich Marktanteile, Marktzutrittsschranken und der Bindungsgrad auf *Lieferantenebene*. Die Bedingungen auf Händlerebene sind scheinbar völlig unerheblich.

Beim *Alleinbezug*, dem Spiegelbild des Alleinvertriebs, sind die Verhältnisse genau umgekehrt. Hier ist grundsätzlich nur die Marktseite der *Händler* ausschlaggebend. Deshalb müssen augenscheinlich nur diese analysiert werden[357].

2. Kritik an der einseitigen Analyse der Marktverhältnisse

Nach Auffassung einiger Autoren ist dies nicht in jedem Fall überzeugend. Um die wirtschaftliche Realität voll erfassen zu können, müssten jeweils beide Seiten der Vereinbarung in Betracht gezogen werden[358]. Auch die Händlerebene habe bei Alleinver-

---

[353] Selektivvertrieb ist danach eine schwache Form des Alleinvertriebs und Franchising eine besondere, dem Alleinvertrieb ähnliche Vertriebsform, *Biro/Fletcher*, CMLR 1998, 133

[354] *Biro/Fletcher*, a.a.O., S. 129 ff. Sie kritisieren gerade, dass die Kommission in Option IV des Grünbuchs eine solche Differenzierung nicht vorgenommen hat.

[355] *Biro/Fletcher*, a.a.O. S. 131

[356] *Biro/Fletcher*, a.a.O. S. 135f.

[357] *Biro/Fletcher*, a.a.O. S. 132f.

[358] *O'Toole*, E.C.L.R. 1999, S. 5 ff.. Dies hat die Kommission bei ihrem Vorschlag einer Negativattestverordnung, die ebenfalls auf Marktanteilsschwellen basieren sollte, auch noch getan. Nach Option IV des Grünbuchs sollten nur die Vereinbarungen in den Genuss der Negativattestverordnung kommen, bei denen *beide Parteien* einen Marktanteil von bis zu 20 % hatten, *Grünbuch*, a.a.O. S. 85, Rz. 295.

trieb, Selektivvertrieb und Franchising eine wichtige Bedeutung für den Wettbewerb[359].

Einige Hersteller könnten einigen Händlern Alleinvertriebsrechte zum Vertrieb ihrer Produkte erteilen in der Erwartung, dass die Händler untereinander zu kollusivem Verhalten übergehen. Die Förderung der Marktmacht ihrer Händler kann im Interesse der Hersteller sein, denn dies verringert den Anreiz der Hersteller, den Wettbewerb untereinander mittels Preissenkungen anzufachen. Wegen der kollusiven Verbundenheit und der relativ großen Marktmacht würde kein Händler einen niedrigeren Großhandelspreis in Form von niedrigeren Verbraucherpreisen an die Marktgegenseite weitergeben. Um diese für die Hersteller nützliche Kollusion auf Händlerebene sicherzustellen, müssen sie die Zahl der Händler zahlenmäßig begrenzt halten[360]. Gerade in nicht konzentrierten Herstellermärkten ist es besonders reizvoll für die Hersteller, wenigstens den Händlermarkt frei von starkem interbrand-Wettbewerb zu halten und deshalb Kollusion auf Händlerebene zu fördern[361]. Auch solche Wettbewerbsbeschränkungen würden von der nur auf die Lieferantenebene abstellenden GVO erfasst und freigestellt werden, weil es hier gerade typisch ist, dass nicht die Lieferanten-, sondern nur die Händlerebene über hohe Marktanteile verfügt.

Für die spiegelbildliche Beschränkung des Alleinbezugs wird ebenfalls ein Gegenbeispiel angeführt. Der Interbrand-Preiswettbewerb auf Herstellerebene kann durch Alleinbezugsverträge eingeschränkt werden, wenn die Händlerebene polypolistisch strukturiert ist, die Herstellerebene jedoch hoch konzentriert ist. Die wenigen Hersteller produzieren unterschiedliche Produkte und setzen ihre Einzelhändler in verschiedene, räumlich abgesteckte Gebiete ein. Verkaufen die gebundenen Händler nur die Produkte dieses einen Herstellers, steigen die Kosten für die Verbraucher, die auf der Suche nach der Konkurrenzmarke große Anstrengungen auf sich nehmen müssen[362]. Diese interbrand-Wettbewerbsbeschränkung kann nur bei gewisser Marktmacht der Hersteller durchgesetzt werden.

Als praktisches Beispiel soll ein Verfahren der FTC von Juli 1996 angeführt werden[363]. Zwei amerikanische Hersteller von Pumpen für Löschfahrzeuge teilten sich ihre Kunden - die Hersteller der Löschfahrzeuge - mittels Alleinbezugsvereinbarungen untereinander auf. Beide Pumpenhersteller hatten zusammen einen Marktanteil von 90 %. Durch diese Bindungen konnten sie sich ihren zugeteilten Kunden gegenüber wie Monopolisten verhalten und die Preise heraufsetzen. Außerdem errichteten sie durch ihre

---

359 *O'Toole*, E.C.L.R. 1999, S. 5 ff.

360 vgl. zum kollusiven Verhalten auf Herstellerebene bereits oben, § 13 III.b.bb.

361 so auch *Schwartz/Eisenstadt*, Economic Policy Paper 82-8, Antitrust Division, Department of Justice, 1983

362 vgl. auch *Besanko/Perry*, International Journal of Industrial Organization, Vol. 11, 1993

363 Dargestellt von *Pitofsky*, Chairman der FTC auf der 24th Annual Conference on International Policy and Law at Fordham Corporate Law Instituite, October 16-17, 1997; zitiert bei *O'Toole*, a.a.O. S. 8.

Alleinbezugsvereinbarungen Marktzutrittsschranken, weil sie den Kunden alle weiteren Alleinbezugsvereinbarungen mit anderen Herstellern verboten[364].
Auch diesen Fall würde die neue GVO trotz der überwiegenden negativen Auswirkungen freistellen, weil sie nur auf die Käuferebene bei Alleinbezugsvereinbarungen abstellt.

3. Stellungnahme und Zwischenergebnis

Das einseitige Abstellen auf nur einen Markt - entweder den Lieferanten- oder den Käufermarkt - kann nicht sämtliche Wettbewerbsbeschränkungen aus dem Anwendungsbereich der Gruppenfreistellungsverordnung ausschließen. Dies spricht dafür, dass in der GVO auf beide Seiten hätte abgestellt werden müssen.

Andererseits ist davon auszugehen, dass die zuletzt dargestellten Fallkonstellationen eher Ausnahmen darstellen, so dass in der Regel die Zugrundelegung der Lieferantenebene bei Alleinvertrieb etc. und die der Käuferebene bei Alleinbezug ausreichen wird. Die Kommission selbst gibt zu bedenken, dass durch diesen wirtschaftlich ausgerichteten Ansatz keine hundertprozentige Sicherheit zu erlangen ist[365].

Die Ermittlung des Marktanteils auf beiden Seiten der Absprache würde aber zum einen bedeuten, dass die Kommission mit vielen aus dem Anwendungsbereich der GVO fallenden Vereinbarungen konfrontiert würde, obwohl sie keine Wettbewerbsbeschränkung darstellen[366]. Zum anderen müssten stets beide Seiten einer Absprache den Aufwand betreiben, ihren Marktanteil zu ermitteln, obwohl in den allermeisten Fällen der Marktanteil der einen Seite keinen Einfluss auf die Auswirkungen der Vereinbarung hat. Verfahrensökonomisch ist es deshalb angezeigt, sich auf den Marktanteil nur einer Seite der Absprache zu beschränken. Für die soeben dargestellten Ausnahmefälle steht der Kommission das Instrument des Entzugs der Freistellungswirkung gem. Art. 6 VO Nr. 2790/1999 zur Verfügung.

Die bisherige Analyse war beschränkt auf die gesamtwirtschaftliche Effizienz vertikaler Kooperation und ließ alle übrigen Ziele der EG-Wettbewerbspolitik unberücksichtigt. Im Folgenden soll auf die Bedeutung der Kernbeschränkungen im primär marktstrukturorientierten Ansatz eingegangen werden.

---

[364] vgl. hierzu auch die *FTC* unter http://www.ftc.gov/opa/1996/9607/hale.htm und *Pitofsky*, Vertical Restraints and Vertical Aspects of Mergers – A U.S. Perspective unter ders. Internetadresse.

[365] *Mitteilung*, a.a.O., S. 30

[366] *Biro/Fletcher*, a.a.O. S. 136. Dass die Marktanteile auf beiden Seiten erheblich differieren können, liege daran, dass der sachliche und räumliche Markt jeweils ganz unterschiedlich definiert sein könne. Auf Händlerebene würden Märkte räumlich viel enger definiert als auf Herstellerebene. Auch weil der Händler häufig nicht nur hinsichtlich eines Produkts alleinvertriebsberechtigt sei, sondern auch die Substitute in seinem räumlichen Gebiet verteile, könne er im Vergleich zu dem jeweils nur ein einziges Produkt herstellenden Herstellers einen wesentlich höheren Marktanteil haben, S. 137.

VIII. Marktstrukturorientierte GVO und die Notwendigkeit von Kernbeschränkungen

Wie im zweiten Teil der Untersuchung festgestellt wurde, war und ist *alleiniges* Ziel der EG-Wettbewerbspolitik nicht die Steigerung der gesamtwirtschaftlichen Effizienz. Inwieweit die in der schwarzen Liste enthaltenen Vereinbarungen notwendig sind im Hinblick auf die Verwirklichung dieser anderweitigen Wettbewerbsziele, soll nun untersucht werden.

1. Die übrigen Schutzziele des EG-Wettbewerbsrechts

Neben dem Ziel, gesamtökonomisch vorteilhafte Wettbewerbsergebnisse zu fördern, soll das Wettbewerbsrecht auch die Handlungsfreiheit der Beteiligten schützen und die Integration der Volkswirtschaften fördern.

a. Schutz der Handlungsfreiheit in der marktstrukturorientierten GVO

Der Schutz der Handlungsfreiheit der Unternehmen wird im ordoliberal geprägten Art. 81 Abs. 1 zum Anlass genommen, zunächst jede im Markt spürbare Beschränkung der individuellen Handlungsfreiheit einem Verbot zu unterwerfen. Wie die Untersuchung im zweiten Teil der Arbeit gezeigt hat, muss dieses strenge Verbot in Absatz 3 dahingehend korrigiert werden, dass die Unternehmen zwar freiheitsbeschränkende Vereinbarungen eingehen dürfen, sie aber nicht ihre materiale Entschließungsfreiheit einschränken dürfen[367].

Die Beschränkung der Freistellung auf Vereinbarungen zwischen nicht marktstarken Unternehmen dient der Verwirklichung dieses Ziels. An keiner freigestellten Vereinbarung ist ein Unternehmen mit wirtschaftlicher Macht beteiligt, das diese Macht gegenüber einem marktschwachen Vertragspartner oder dritten Marktteilnehmer durchsetzen kann.

Daneben wurde festgestellt, dass einige Arten vertikaler Beschränkungen die individuelle Freiheit der Unternehmen besonders einschränken und im Hinblick auf die gesamtwirtschaftlichen Vorteile nicht unerlässlich sind. Nach der (11). Begründungserwägung VO Nr. 2780/1999 sind deshalb bestimmte vertikale Beschränkungen, die den Wettbewerb in schwerwiegender Weise behindern, wie die Festsetzung von Mindest- und Festpreisen für den Weiterverkauf und bestimmte Formen des Gebietsschutzes, unabhängig von dem Marktanteil der beteiligten Unternehmen von der gruppenweisen Freistellung ausgeschlossen[368].

---

[367] vgl. oben, § 9 I.5.
[368] hierzu ausführlich in Teil 2 der Untersuchung, § 9 I.5.

b. Förderung der Integration in der marktstrukturorientierten GVO

Wenn das EG-Wettbewerbsrecht an dritter Stelle neben dem Schutz des Wettbewerbs wegen dessen wirtschaftlicher und sozialer Vorteilhaftigkeit auch die Integration der Märkte fördern soll, muss der Handel zwischen den Mitgliedstaaten durch lebhaften Wettbewerb angefacht werden. Inter- und intrabrand-Wettbewerb können wichtige Beiträge zum Zusammenwachsen der Märkte leisten.

Vertikale Beschränkungen hemmen den intrabrand-Wettbewerb. Dies kann für die Integration nützlich sein, weil sie den grenzüberschreitenden interbrand-Wettbewerb anregen können. Weil grenzüberschreitender intrabrand-Wettbewerb aber ebenfalls ein Integrationsinstrument ist, können vertikale Beschränkungen die Integration auch hemmen.

Eine Vereinbarung, die Parallelhandel und Direkteinfuhren eines Herstellerprodukts unterbindet, ist stets unerlässlich und damit nicht freistellungsfähig[369]. Absoluter Gebietsschutz ist dementsprechend gemäß Art. 4 Buchst. b) VO verboten. Sofern die Händler frei sind, ihre Wiederverkaufpreise zu bestimmen und ihnen der Kundenkreis nicht abschließend vorgeschrieben wird, ist grenzübergreifender Parallelhandel nie ganz ausgeschlossen[370].

2. Kritik an der Aufnahme von Kernbeschränkungen in einer strukturorientierten Gruppenfreistellung

Die Vertreter der Auffassung, die Europäische Wettbewerbspolitik sollte sich lediglich an Effizienzgesichtspunkten orientieren, kritisieren die Nichtfreistellung der in der schwarzen Liste enthaltenen Vereinbarungen[371]. Sie sind gegen das Verbot von Preisbindungen jeglicher Art[372], halten absoluten Gebietsschutz und damit das Verbot grenzübergreifender Lieferungen in vielen Fällen für ökonomisch sinnvoll[373] und befinden intrabrand-Wettbewerb nicht für grundsätzlich schutzwürdig[374].

Die ökonomische Analyse hat in der Tat ergeben, dass Preisbindungen und absoluter Gebietsschutz - und damit auch die völlige Ausschaltung des intrabrand-Wettbewerbs -

---

369 Vgl. z.B. EuGH Consten/Grundig

370 hierzu ausführlich in Teil 2 der Untersuchung, § 8 III.

371 Sehr deutlich *Korah*, ECLR 1998, S. 506 ff., 509: "There is no need for the regulation when the agreement does not infringe Article 85(1), and export bans may be helpful to owners of brands with a small market share who want to induce investment in retailers."

372 *Economic Paper* 119, a.a.O. S. 27: Preisfestsetzungen können positive und negative Auswirkungen haben. Wenn gleichzeitig dafür eingetreten wird, allein die ökonomische Effizienz über die Zulässigkeit entscheiden zu lassen, vgl. *Hawk*, CMLR 1995, S 973; *Deacon*, Fordham University, a.a.O. S. 4, dann müssen Preisfestsetzungen bei Effizienzsteigerungen zugelassen werden.

373 Vgl. wie vorherige Fn. *Economic Paper* 119 und *Hawk*.

374 *OECD-Report Franchising*, a.a.O.: Notwendig ist nur der Händler-interbrand-Wettbewerb, nicht aber der intrabrand-Wettbewerb zwischen Händlern ein und derselben Herstellermarke, S.52 sowie *Economic Paper* 119, a.a.O., S. 27.

zu gesamtökonomisch vorteilhaften Ergebnissen führen können. Diese Beschränkungen sind in vielen Fällen echte Alternativen zu anderen vertikalen Vereinbarungen und damit unter dem Effizienzgesichtspunkt ebenso wünschenswert[375].

Die Forderung war zu Beginn der Reform unmissverständlich: Die Kommission solle die bisherigen Urteile des Gerichtshofs zu vertikalen Wettbewerbsbeschränkungen als überholt betrachten und sie in Zukunft einfach negieren. Die Kommission als politische Instanz, so wird argumentiert, müsse an der Spitze des Fortschritts stehen und sich bei der Reform ihrer Wettbewerbspolitik notfalls über konservative Richter hinwegsetzen[376]. Der Schutz der Handlungsfreiheit der Marktteilnehmer sei überflüssig und überholt.

3. Stellungnahme zu der Kritik im Zusammenhang mit den in Teil 2 gewonnenen Ergebnissen

Ein solches "Hinwegsetzen" wäre weder wirtschaftlich sinnvoll noch erscheint die angeregte Vorgehensweise verfahrensmäßig empfehlenswert.

Wie im zweiten Teil der Arbeit dargestellt, setzt freie Marktwirtschaft auch *freie Marktteilnehmer* voraus. Das Wettbewerbsrecht muss sich deshalb auch zur Aufgabe machen, diese Freiheit zu schützen[377]. Ohne den Schutz der Handlungsfreiheit würde eine Wirtschaftspolitik, die ihren Blick nur auf die Erzielung gesamtwirtschaftlicher Effizienz richtet, für eine interventionistische Lenkung des Wettbewerbsprozesses sehr empfänglich sein. Die Bekämpfung privater und staatlicher Macht, der Grundgedanke der Wettbewerbspolitik überhaupt, würde im Interesse der Effizienzsteigerung in den Hintergrund geraten[378]. Der Schutz der Handlungsfreiheit bedingt aber, dass den Wirtschaftsteilnehmern jedenfalls ein Mindestmaß an Möglichkeiten zum freien Wettbewerb garantiert wird. Wäre es wettbewerbsrechtlich zulässig, Wiederverkaufspreise und absoluten Gebietsschutz festzusetzen, wäre ein Händler nur noch das Werkzeug

---

[375] vgl. oben, § 13 V.3. Im Beispiel Benetton soll der absolute Gebietsschutz sogar wesentlich effizienter sein.

[376] Vgl. hierzu *Schröter* in einem Vortrag im Rahmen des FIW Seminars am 24.09.1996 in Brüssel: Zur Beurteilung vertikaler Wettbewerbsbeschränkungen nach Art. 85 des EG-Vertrages, Internet: http://europa.eu.int/comm/dg04/speech/six/de/sp96047.htm
S. 5: "Ich halte derartige Aufrufe zum Ungehorsam gegenüber dem Gesetz für unverantwortlich. In einer Gemeinschaft, die von der freiwilligen Anerkennung ihrer Regeln lebt, hätte ein Aufstand der Exekutive gegen die Judikative verheerende Wirkungen. Glücklicherweise nimmt kaum jemand solche Brandreden ernst."

[377] vgl. hierzu oben, § 9 I.

[378] In diesem Sinne auch ganz deutlich *Müller-Graff*, EuR 1992, S. 20: "Abgesehen von den theoretischen und praktisch wohl unlösbaren Schwierigkeiten der exakten gesamtwirtschaftlichen Nutzenberechnung in einem Wirtschaftssystem, trägt sie der gesellschaftlich-wirtschaftlich-komplexen Funktion des Wettbewerbs nicht ausreichend Rechnung und würde grobschlächtig das Freiheitsziel des Gemeinschaftskartellrechts überspielen. Sie findet auch in Art. 85 Abs. 3 keinen Halt. In ihm hat gerade im Topos des wirtschaftlichen Fortschritts ein Vergleich zu den positiven Wirkungen unbeschränkten Wettbewerbs für Handlungsfreiheiten, Wirtschaftsentwicklung und Marktintegration zu erfolgen."

seines Lieferanten und könnte weder am inter-, noch am intrabrand-Preiswettbewerb teilnehmen[379]. Die Kernbeschränkungen sind deshalb keine altmodischen Überbleibsel einer veralteten Wettbewerbspolitik, sondern elementare Bestandteile einer auf freier Marktwirtschaft beruhenden Gemeinschaft.

Auch die Forderung nach der Aufgabe des *Integrationsziels* ist nicht gerechtfertigt. Die EG dient in erster Linie der Errichtung eines Gemeinsamen Marktes, und so lange die Integration nicht vollendet ist, muss sie weiterhin gefördert werden. Im zweiten Teil der Untersuchung wurde dargestellt, dass noch ein enormes Integrationspotential besteht, und dass dieses Wettbewerbsziel spätestens mit der Erweiterung der Gemeinschaft eine Renaissance erleben wird[380]. Integration ist die Voraussetzung für gesamtwirtschaftliches Wachstum und deshalb darf sie nicht im Interesse kurzfristiger Effizienzgewinne vernachlässigt werden. Auch ein Benetton-Vertriebssystem profitiert letztlich von der Integration der Märkte, denn noch bei Gründung der Europäischen Gemeinschaften wäre ein solches internationales System wegen nationalstaatlichen marktabschottenden Regelungen nicht möglich gewesen[381]. Warum soll dann heute einem Unternehmen eine privatrechtliche Abschottung zugestanden werden, nur weil es der Effizienz dient?

Grenzüberschreitender intrabrand-Wettbewerb und damit Parallelhandel sowie Direkteinfuhren müssen garantiert werden, und deshalb sind die Kernbeschränkungen auch im Hinblick auf das Integrationsziel notwendiger Bestandteil der Gruppenfreistellungsverordnung.

Der von den Kritikern der Kommission vorgeschlagene Weg, sich einfach über konservative Richter hinwegzusetzen und sich an die Spitze des Fortschritts zu stellen, erscheint ferner auch verfahrensmäßig wenig sinnvoll. Nach Art. 220 sichert ausschließlich der Gerichtshof die Wahrung des Rechts bei der Auslegung und Anwendung dieses Vertrages. Ob eine Wettbewerbsbeschränkung bei völliger Ausschaltung der Handlungsfreiheit oder des grenzüberschreitenden Handels vorliegt, kann und darf nur er verbindlich festlegen. Die Kommission hat hier nicht die Kompetenz, sich über seine Entscheidungen hinwegzusetzen. Ein "Aufstand der Exekutive gegen die Judikative"[382] durch eine rein an Effizienzgesichtspunkten orientierte "Schirm"-GVO wäre wenig sinnvoll, wenn der EuGH bzw. das EuG diese bei erster Gelegenheit in einem Verfahren nach Art. 230 gemäß Art. 231 für nichtig erklären würde[383]. Einziger Grad-

---

[379] vgl. hierzu oben, § 9 I.5.b.

[380] vgl. hierzu oben, § 8 II.2., 3.

[381] Das Ziel der Europäischen Gemeinschaften war es gerade, mittels der Grundfreiheiten Warenverkehr, Freizügigkeit der Arbeitnehmer, Niederlassungsfreiheit und freier Warenverkehr sowie freier Kapital- und Zahlungsverkehr einen Gemeinsamen Markt frei von nationalstaatlichen Behinderungen zu erschaffen.

[382] *Schröter*, a.a.O. S. 5

[383] Die in Art. 230 geregelte Nichtigkeitsklage trennt zwischen privilegierten und nicht privilegierten Klagen. Die privilegierten Klagen des Art. 230 Abs. 1 bis 3 dienen der Wahrung des Rechts in der Gemeinschaft, wozu auch die – entsprechend unserer Verfassungsrechtsdoktrin - abstrakten Normen-

messer für die Zulässigkeit oder Unzulässigkeit der sekundärrechtlichen Reformen bleibt somit die Rechtsprechung, die sich im Laufe der Zeit zwar ändern kann und auch muss. Der Gerichtshof hat sich aber von den Anfängen seiner Tätigkeit an[384] bis heute[385] stets geweigert, die Gültigkeit der genannten "Grundprinzipien"[386] anzutasten. Eine Gruppenfreistellungsverordnung, die diese Prinzipien aufgegeben hätte, hätte demnach keinen Bestand vor dem EuGH.

4. Fazit

Die Untersuchung hat gezeigt, dass sich die Reduzierung auf den Marktmachtgedanken in Kombination mit einigen Kernbeschränkungen in den Grenzen des Freistellungstatbestandes hält, wie sie durch die Rechtsprechung des EuGH und des EuG gesetzt worden sind. Eine Rangverschiebung der Ziele innerhalb der EG-Wettbewerbskonzeption hat mit der "Schirm"-GVO zwar stattgefunden, ein Bruch mit der Wettbewerbstradition ist darin jedoch nicht zu sehen, und die dem Art. 81 immanenten Grundsätze werden durch die Reform nicht angetastet.

Bislang wurde die Prüfung auf die Tatsache beschränkt, dass das vereinbarende Unternehmen (Lieferant oder Käufer) marktschwach ist, weil es einem solchen Wettbewerbsdruck ausgesetzt ist, dass es gezwungen wird, die erzielten Vorteile an die Marktgegenseite weiterzugeben. Auch die VO Nr. 2790/1999 macht die Erfüllung des Freistellungstatbestands im (7). Erwägungsgrund von der Marktmacht abhängig, und damit von dem Ausmaß, "in dem diese Unternehmen dem Wettbewerb anderer Unternehmen von Waren und Dienstleistungen ausgesetzt sind, die von den Käufern aufgrund ihrer Eigenschaften, ihrer Preislage und ihres Verwendungszwecks als austauschbar oder substituierbar angesehen werden." Die Kommission fordert in Art. 3 der

---

kontrollklagen betreffend Rechtshandlungen der europäischen Organe gehören. Die Klagebefugten müssen kein Rechtsschutzinteresse geltend machen. Klagebefugt sind neben Kommission und Rat (und Parlament nach Maßgabe des Art. 230 Abs. 3) die einzelnen Mitgliedstaaten. Alle anderen Betroffenen können als nicht privilegierte Kläger gem. Art. 230 Abs. 4 Nichtigkeitsklage vor dem Gericht erster Instanz erheben gegen Entscheidungen, die gegen sie erlassen wurden oder wenn sie durch eine Verordnung, eine Richtlinie oder durch eine an einen Dritten ergangene Entscheidung unmittelbar und individuell betroffen sind. Hierzu *Baur*, VEnergR Bd. 84, 1997, S. 13 ff., 48 ff..

[384] Vgl. hierzu *Schröter*, a.a.O.: "Diese Kritik ist so alt wie die gemeinschaftliche Wettbewerbspolitik.", S. 2. und auf S. 3 unter Bezugnahme auf die italienische Klage und das Verfahren Grundig/Consten: "Es sind im Grunde genommen dieselben Fragen, die sich auch jetzt wieder stellen, nämlich die nach der Tragweite des Artikels 85 im Vergleich zu Artikel 86, nach der richtigen Interpretation des Begriffs der Wettbewerbsbeschränkung, nach dem Verhältnis zwischen den Tatbestandsmerkmalen des Bezweckens und des Bewirkens sowie – damit verbunden - nach der Notwendigkeit einer wirtschaftlichen Analyse der bereits eingetretenen oder zu erwartenden Marktwirkungen einer Vereinbarung, deren Zweck eindeutig auf eine Beschränkung der Wettbewerbsfreiheit der Beteiligten oder Dritter hindeutet. Allerdings stützt sich die Kritik heutzutage eher auf wettbewerbspolitische, wirtschaftliche und praktische als auf rechtliche Argumente."

[385] vgl. die bereits zitierten Urteile BMW und Volkswagen zur Handlungsfreiheit als Schutzobjekt des Verbotstatbestands.

[386] Schutz der Handlungsfreiheit, der grenzüberschreitenden Lieferungen und des intrabrand-Wettbewerbs.

VO jedoch nicht den Nachweis einer solchen Situation, sondern geht davon aus, dass ein Unternehmen mit einem Marktanteil bis zu 30 % keine Marktmacht besitzt.

Hinsichtlich der Befugnis zu dieser weiteren Abstraktion kann auf die obigen Ausführungen verwiesen werden[387]. Die Zulässigkeit der zahlenmäßigen Konkretisierung ("Quantifizierung")[388] unbestimmter Rechtsbegriffe wird für die Exekutive und Judikative in den Mitgliedstaaten sowie der EG zwar unterschiedlich beurteilt[389]. Dem Gesetzgeber - und in dieser Rolle befand sich die Kommission bei Erlass der VO Nr. 2790/1999 - muss jedoch eine "Quantifizierung" möglich sein.

Fraglich ist jedoch, ob ein unmittelbarer Zusammenhang zwischen Marktmacht und Marktanteil eines Unternehmens besteht und wenn ja, ob die Grenze bei 30 % liegt.

IX. Reduzierung der Marktmacht auf einen bestimmten Marktanteil des Unternehmens

Zunächst kann vorangestellt werden, dass es keine absolute (zahlenmäßige) Definition von Marktmacht gibt[390]. Es kann also nur versucht werden nachzuweisen, dass Unternehmen mit einem Marktanteil von bis zu 30 % *generell* keine Marktmacht haben.

1. Der Marktanteil als zuverlässiger Indikator

Die Prüfung bedarf der Beantwortung verschiedener Fragen. Zunächst ist fraglich, ob möglicherweise auch andere Marktgegebenheiten in die Untersuchung einfließen müssten, um zu dem einigermaßen sicheren Ergebnis zu gelangen, dass ein Unterneh-

---

[387] § 13 III.

[388] Dies ist vor allem im deutschen Verwaltungsrecht ein vieldiskutiertes Thema. Für die deutschen Verwaltungsgerichte ist diese Praxis zur Gewohnheit geworden: So ist z.B. ein Ortsteil abgelegen, wenn es bis zur nächsten Apotheke ca. 6 km sind, BVerwGE 45, 331; vgl. hierzu auch F. *Haueisen*, NJW 1973, S. 641 ff.

[389] Das englische House of Lords hat in einem Verfahren, in dem es darum ging, wann ein wesentlicher Anteil des Mietzinses für die Möblierung aufgewandt wurde, die Entscheidung des vorinstanzlichen Gerichts, das entschieden hatte, dass dies bei einem Betrag von 20 % der Fall sei, zurückgewiesen: "If the judgement of the Court of Appeal in Palser's case were to be understood as fixing percentages as a legal measure, that would be going beyond the powers of the judiciary. To say everything over 20 per cent of the whole rent should be regarded as substantial portion of that rent would be to play the part of a legislator: if Parliament thinks fit to amend the statute by fixing percentages, Parliament will do so. Aristotle long ago pointed out that the degree of precision that is available depends on the subject matter. There is no reason for the House to differ from the conclusion reached in these two cases that the portion was not substantial, but this conclusion is justified by the view taken on the facts not by laying down percentages of general application.", Palser v. Grinling, (1948) A.C. 291 ff. 317.

[390] Vgl. *Schröter*, Vortrag FIW Seminar, a.a.O. S. 5: "Auf meine drängende Frage, was denn nun unter "market power" zu verstehen sei, habe ich bisher keine Antwort erhalten. Halten wir zunächst fest, dass das geltende Gemeinschaftskartellrecht diesen Begriff nicht kennt." Auch *Eickhof*, ORDO Bd. 47, 1996, S. 173 ff.

men über Marktmacht verfügt oder nicht (a.). Zum anderen könnte es auch denkbar sein, dass ein Unternehmen über einen hohen Marktanteil verfügt, der ihm aber keine Marktmacht verleiht, weil er möglicherweise nur von kurzfristiger Dauer (z.B. nach Einführung einer innovativen Produktidee) ist (b.). Schließlich ist die Festlegung des relevanten Marktes mit vielen Unsicherheitsfaktoren verbunden. Es ist kaum möglich, allgemein verbindlich festzustellen, ob ein Produkt aus Verbrauchersicht durch ein anderes substituierbar ist. Diese verfahrensmäßigen Unsicherheiten könnten das Ergebnis angreifbar machen (c.)[391].

a. Wettbewerbliche Notwendigkeit andere Indikatoren außer dem Marktanteil

Der EuGH hat in einigen Entscheidungen das Tatbestandsmerkmal der "beherrschenden Stellung" in Art. 82 ausgelegt. Diese Rechtsprechung kann auch zur Auslegung und Konkretisierung des Begriffs der Marktmacht herangezogen werden, denn beherrschende Stellung und Marktmacht sind *zwei Begriffe derselben Kategorie*. Während eine beherrschende Stellung gleichzeitig Marktmacht impliziert[392], muss ein marktmächtiges Unternehmen nicht zugleich eine beherrschende Stellung innehaben: Ein beherrschendes Unternehmen kann sich gegenüber seinen Marktpartnern weitgehend unabhängig verhalten. Von Seiten der Wettbewerber, Abnehmer und Verbraucher aus bedeutet dies, dass das marktbeherrschende Unternehmen deren Verhalten *beherrschen* kann. Ein marktmächtiges Unternehmen ist dagegen lediglich in der Lage, das Verhalten der Konkurrenten, der Marktgegenseite und der Verbraucher zu *beeinflussen*.

Weil Marktmacht und beherrschende Stellung sich demnach nur durch einen unterschiedlichen Intensitätsgrad unterscheiden, soll hier auf die Rechtsprechung zu Art. 82 Bezug genommen werden.

In der Sache "United Brands / Kommission" entschied der EuGH: "Mit der beherrschenden Stellung in diesem Sinne ist die wirtschaftliche Machtstellung eines Unternehmens gemeint, die dieses in die Lage versetzt, die Aufrechterhaltung eines wirksamen Wettbewerbs auf dem relevanten Markt zu verhindern, indem sie ihm die Möglichkeit verschafft, sich seinen Wettbewerbern, seinen Abnehmern und schließlich den Verbrauchern gegenüber in einem nennenswerten Umfang unabhängig zu verhalten. Das Vorliegen einer beherrschenden Stellung kann sich aus dem *Zusammentreffen mehrerer Faktoren* ergeben, die jeweils für sich genommen nicht ausschlaggebend sein müssen. Um festzustellen, ob UBC ein Unternehmen mit beherrschender Stellung auf dem relevanten Markt ist, sind zunächst ihre *Unternehmensstruktur* und sodann die *Wettbewerbssituation auf diesem Markt* zu untersuchen." [393]

---

[391] hierzu auch *Whish*, C.M.L.R. 2000, 887 ff., 907 ff.

[392] vgl. *Mitteilung* der Kommission, a.a.O. S. 15

[393] EuGH United Brands Company / Kommission, Rs 27/76, Slg. 1978, S. 207 ff., 286; fast gleicher Wortlaut in Hoffmann La Roche / Kommission, Rs. 85/76, Slg. 1979 S. 520. Hervorhebungen durch den Verfasser.

Bei der Untersuchung von Unternehmensstruktur, Wettbewerbsbedingungen und Verhalten greift der Gerichtshof auf bestimmte Indizien zurück, die auf das Vorliegen einer beherrschenden Stellung schließen lassen[394]. Dabei wird den *Wettbewerbsbedingungen* größere Bedeutung beigemessen als den strukturellen Elementen, und als Indikator für den Grad des Wettbewerbs wird primär der *Marktanteil* des Unternehmens angesehen[395].

Dies würde die Vorgehensweise der Kommission in Art. 3 VO unterstützen. Dennoch sind auch andere Merkmale außer dem des Marktanteils des Unternehmens in der Rechtsprechung zu Art. 82 ein fester Bestandteil.

In der Sache "Hoffmann-La Roche / Kommission" spricht der EuGH einigen wichtigen Marktumständen einen eigenen Beweiswert zu: "Demgegenüber stellen das Verhältnis zwischen den Marktanteilen von Roche und seinen Wettbewerbern, insbesondere den nächstkleineren, der technologische Vorsprung eines Unternehmens gegenüber seinen Wettbewerbern, ein erstklassiges Vertriebsnetz und das Fehlen eines potentiellen Wettbewerbs taugliche Indizien dar, und zwar das erste, weil es die Berechnung der Wettbewerbsfähigkeit der Wettbewerber des fraglichen Unternehmens gestattet, das zweite und dritte, weil sie schon an sich technische und Handelsvorteile darstellen, und das vierte, weil es das Ergebnis der Errichtung von Schranken gegen das Auftreten neuer Wettbewerber auf dem Markt ist."

Diese Umstände können sich demnach verstärkend oder hemmend auf die marktbeherrschende Situation eines Unternehmens auswirken. Es macht einen Unterschied, ob ein Unternehmen mit einem 40 %-igen Marktanteil 60 Wettbewerber mit nur jeweils einem Prozent Marktanteil hat oder zwei Wettbewerber mit jeweils 30 % Marktanteil[396]. Während die beiden fast ebenso marktstarken Wettbewerber das Unternehmen daran hindern, eine marktbeherrschende Stellung einzunehmen, werden dies die 60 marktschwachen Wettbewerber nicht können[397]. Dieses Beispiel ist zwar ein theoretischer Fall. Es zeigt jedoch, dass ein beträchtlicher Marktanteil als Beweismittel für das Vorliegen von Marktmacht keine unveränderliche Größe ist. "Seine Bedeutung schwankt von Markt zu Markt ... ."[398] Dies könnte für die GVO bedeuten, dass das alleinige Abstellen auf den Marktanteil der Unternehmen die Marktsituation nicht ausreichend erfasst[399].

---

[394] vgl. *Koch* in Grabitz/Hilf, Art. 82, Rz. 23

[395] so auch *Koch* in Grabitz/Hilf, a.a.O. Rz. 29

[396] Studie des *Office of Fair Trading*, Competition in Retailing, Sept. 1997 S. 73

[397] vgl. dieselbe Studie, S. 73f.: "Even where market shares are high, price competition will be intense if cross-price elasticities between retailers are high. The most extreme example of this is the simple undifferentiated Bertrand model, in which players compete head-to-head on price. In this simple model, it is assumed that all consumers purchase from the player who charges the least. Because there is so much to gain from undercutting, the equilibrium in this model involves price falling to equal cost, and zero profits being made, even where there are *just two players*."

[398] EuGH Hoffmann-La Roche / Kommission, a.a.O. S. 520

[399] so *Griffiths*, E.C.L.R. 2000, 241 ff., 245

Andererseits führt der Gerichtshof in demselben Verfahren fort: "Wenn die Bedeutung der Marktanteile auch von einem Markt zum anderen unterschiedlich sein kann, so kann man doch zu Recht annehmen, dass besonders hohe Marktanteile - von außergewöhnlichen Umständen abgesehen - *ohne weiteres* den Beweis für das Vorliegen einer beherrschenden Stellung liefern."[400]

In der Sache "Hoffmann-La Roche" stellt der Gerichtshof deshalb nur in den Fällen, in denen der Lieferant keinen besonders hohen Marktanteil hat, auf zusätzliche Kriterien ab. Hinsichtlich der Vitamingruppe B_2, in der die Klägerin einen Marktanteil von 86 % hat, führt er aus: "Die auf diese Weise belegten Marktanteile sind so bedeutsam, dass sie *für sich allein* eine beherrschende Stellung beweisen."[401]

Im Vergleich hierzu hat der EuGH in der Sache "Metro I" entschieden, dass ein Marktanteil von 5-10 % gegenüber acht Wettbewerbern mit insgesamt 91 % Marktanteil (davon einer mit mehr als 25 %, drei mit mehr als 10 % und vier mit 6-7 %) das Bestehen einer beherrschenden Stellung ausschließt[402]. Auf die Unternehmensstruktur musste wegen des geringen Marktanteils nicht mehr eingegangen werden.

Der EuGH greift bei der Prüfung der marktbeherrschenden Stellung also nur dann auf weitere Kriterien zurück, wenn weder ein besonders niedriger noch ein besonders hoher Marktanteil vorliegt. Ein Unternehmen mit einem geringen Marktanteil kann sich in der Regel nicht unabhängig gegenüber Marktpartnern verhalten, während dies bei einem Unternehmen mit einem sehr hohen Marktanteil unterstellt werden kann.

Übertragen auf die Freistellung vom Wettbewerbsverbot in der VO Nr. 2790/1999 lässt sich dann formulieren: "Wenn die Bedeutung der Marktanteile auch von einem Markt zum anderen unterschiedlich sein kann, so kann man doch zu Recht annehmen, dass niedrige Anteile - von außergewöhnlichen Umständen abgesehen - ohne weiteres den Beweis für das Vorliegen einer nicht marktmächtigen Stellung und damit für ausreichenden Wettbewerbsdruck liefern." Liegen im Ausnahmefall außergewöhnliche Umstände vor (z.B. ein Unternehmen mit einem Marktanteil von 30 % hat 70 Konkurrenten mit jeweils nur einem Prozent Marktanteil), kann ein gewisses Maß an Marktmacht nicht verneint werden. In dem Fall müssen die übrigen Kriterien überprüft werden. Für diese Fälle steht der Entzugsmechanismus gem. Art. 6 und 7 VO zur Verfügung.

Grundsätzlich kann aber festgestellt werden, dass der Marktanteil ein verlässlicher Indikator für Marktmacht ist.

---

[400] EuGH, a.a.O., S. 521. Hervorhebung durch den Verfasser.
[401] EuGH, a.a.O., S. 527. Hervorhebung durch den Verfasser.
[402] EuGH Metro I, a.a.O. S. 1904

b. *Vorübergehend hoher Marktanteil bei Innovationen*

In besonders dynamischen Märkten wechseln sich Innovations-, Imitations- und Stagnationsphasen rasch ab[403]. *Grossekettler*, der das sog. Koordinationsmängelkonzept entwickelt hat, spricht von Mutations-, Selektions- und Imitationsprozessen[404]. Jedes Unternehmen strebt nach hohen Gewinnen, und die höchsten Gewinne erzielt derjenige, der die gesamte Nachfrage auf sich zieht. Die Unternehmen sind daher bestrebt, zumindest zeitweise eine Monopolstellung zu erreichen. Marktschwachen Unternehmen gelingt dies aber nur durch die Erfindung neuer Preis-Leistungs-Kombinationen. Sie müssen einen "möglichst breiten Fächer alternativer Problemlösungen"[405] darbieten, in der Erwartung, dass sich ihre Innovation auf dem Markt durchsetzt (Mutationsprozess). Hat sich ein Produkt tatsächlich im Selektionsprozess vor den Bedürfnissen der Verbraucher bewährt, hat das Unternehmen zunächst einen sehr hohen Marktanteil: Kein anderes Unternehmen hat bislang diese Preis-Leistungs-Kombination auf den Markt gebracht. Die gesamte Nachfrage konzentriert sich auf ein einziges Unternehmen, das auch alle Gewinne erzielt. Andere Unternehmen werden im folgenden Imitationsprozess diese Preis-Leistungs-Kombination nachahmen und vergleichbare, substituierbare Produkte auf den Markt bringen. Dadurch wird die Monopolstellung des ersten Unternehmens aufgezehrt und sein Marktanteil sinkt. Das Streben um neue Preis-Leistungs-Kombinationen, die kurzfristige Monopolgewinne mit sich bringen, beginnt von neuem.

In einem dynamischen Markt hat ein kurzfristig hoher Marktanteil demnach nichts mit Marktmacht zu tun, die das Unternehmen in die Lage versetzen könnte, "die Aufrechterhaltung eines wirksamen Wettbewerbs auf dem relevanten Markt zu verhindern, indem sie ihm die Möglichkeit verschafft, sich seinen Wettbewerbern, seinen Abnehmern und letztlich den Verbrauchern gegenüber in einem nennenswerten Umfang unabhängig zu verhalten."[406] Im Gegenteil: Es sind gerade diese kurzfristigen Monopolgewinne, die die Unternehmen dazu motivieren, innovative Produkte zu entwickeln, von denen letztlich auch seine Wettbewerber, seine Abnehmer und vor allem die Verbraucher profitieren[407]. Nur wenn der Marktanteil des Unternehmens in der Imita-

---

[403] entwickelt von H. *Grossekettler*: Die gesamtwirtschaftliche Problematik vertraglicher Vertriebssysteme zwischen Industrie und Handel, in: Ahlert, Wiesbaden 1981, S. 267 ff., vgl. hierzu auch *Ahlert*, WRP 1987, S. 215 ff. 219 f

[404] *Grossekettler* in Borchert/Grossekettler, S. 222; *ders.* WRP 1978, 622 ff.; *ders.* in Ahlert, S. 269

[405] *Grossekettler*, in Ahlert, a.a.O. S. 267

[406] EuGH Hoffmann-La Roche, a.a.O. S. 520

[407] *Baur*, ZHR 134, 101 f. zur "Schlafmützenkonkurrenz" (*Lutz*, ORDO VIII, 1956, S. 19 ff., 32): "Erst das Bewusstsein, durch Senkung seiner Preise den Mitwettbewerbern Kunden wegnehmen zu können, veranlasst den einzelnen Unternehmer zu kostensenkenden Produktinnovationen. Hat er ein neues Produktionsverfahren entwickelt, so ist er dem Marktpreis gegenüber nicht mehr machtlos, sondern kann ihn über- oder unterbieten. Diese Fähigkeit zur autonomen Preisfestsetzung hat er freilich nur so lange, bis die anderen Unternehmen ihn technisch eingeholt haben, ... Das ändert aber nichts an der Tatsache, dass in dem Prozess, der zu technischem und wirtschaftlichem Fortschritt führt, ein bestimmtes Unternehmen immer - in einem gewissen Rahmen und zu einer bestimmten Zeit - in der Lage ist, seinen Preis selbständig festzulegen. Wettbewerb in der Realität führt also notwendigerweise

tionsphase nicht sinkt, besteht eine Gefahr für den Wettbewerb. Nur der *langfristig hohe Anteil* am relevanten Markt versetzt das Unternehmen in die Lage, sich seinen Marktpartnern gegenüber unabhängig zu verhalten. Zu fragen ist deshalb nicht ausschließlich nach dem momentanen Marktanteil, sondern danach, welchen Anteil am Markt das Unternehmen über einen gewissen Zeitraum hat.

"(Nur) ein Unternehmen, das *während längerer Zeit* einen besonders hohen Marktanteil innehat, befindet sich allein durch den Umfang seiner Produktion und seines Angebots in einer Position der Stärke, die es zu einem nicht zu übergehenden Geschäftspartner macht und ihm bereits deswegen, jedenfalls während relativ langer Zeit, die Unabhängigkeit seines Verhaltens sichert, die für eine beherrschende Stellung kennzeichnend ist; die Inhaber von erheblich geringeren Anteilen wären nicht in der Lage, kurzfristig die Nachfrage zu befriedigen, die sich vom Marktführer abwenden wollen."[408]

Gemäß Art. 9 Abs. 2 Buchst. a) der GVO wird der Anteil am relevanten Markt anhand der Angaben für *das vorhergehende Kalenderjahr* ermittelt. Damit müsste eine aufgrund Innovation eingenommene starke Marktstellung bereits innerhalb des letzten Kalenderjahres unter die 30 %-Marke gesunken sein. Dies ist jedoch nur in besonders dynamischen Märkten mit leicht und schnell zu imitierenden Produkten denkbar. Die Leitlinien enthalten deshalb eine allgemeine Regel für neue Produkte: "Wird ein neues Erzeugnis vermarktet oder ein bestehendes Erzeugnis zum ersten Mal auf einem anderen räumlichen Markt verkauft, kann es für das Unternehmen schwierig sein, den Markt zu definieren oder es kann einen *sehr hohen Marktanteil* aufweisen. Dies ist jedoch nicht als größeres Problem anzusehen, da vertikale Beschränkungen, die an die Erschließung neuer Märkte entweder durch die Einführung eines neuen Erzeugnisses oder den Eintritt in einen neuen räumlichen Markt gebunden sind, im allgemeinen *nicht den Wettbewerb beschränken*. Diese Regel gilt unabhängig vom Marktanteil des Unternehmens für *zwei Jahre* nach Einführung des Erzeugnisses auf dem betreffenden Markt. Sie gilt für sämtliche vertikale Beschränkungen, die keine Kernbeschränkungen sind und, im Falle eines neuen räumlichen Marktes, für Beschränkungen bei Passivverkäufen durch die unmittelbaren Wiederverkäufer des Lieferanten von anderen Märkten an Zwischenhändler in dem neuen Markt."[409]

Damit fällt eine vertikale Beschränkung, die dem Vertrieb eines innovativen Produkts dient und bei der die beteiligten Unternehmen einen Marktanteil von über 30 % haben, zwar nicht unter die Gruppenfreistellungsverordnung. Die Kommission wird aber trotz des hohen Marktanteils *innerhalb der ersten zwei Jahre* nicht gegen die Beschränkung nach Art. 81 vorgehen, weil sie davon ausgeht, dass der Marktanteil nicht das Vorliegen von Marktmacht indiziert. Im dritten Jahr gilt diese Sonderbehandlung nicht mehr

---

zu temporären Machtungleichgewichten zwischen den einzelnen Wirtschaftsteilnehmern. Er ist *monopolistischer* Wettbewerb."

408 EuGH Hoffmann-La Roche, a.a.O. S. 521

409 *Leitlinien*, a.a.O. S. 31, Rz. 111.10). Hervorhebung durch den Verfasser.

und der Marktanteil des Lieferanten/Käufers muss auf 30 % gesunken sein, um in den Genuss der Gruppenfreistellung zu kommen. Ist dies nicht der Fall, gilt die Vermutung der Vereinbarkeit mit Art. 81 nicht mehr und die Vereinbarung muss ggf. einzeln freigestellt werden.

Diese Vorgehensweise ist sachgerecht. In der Regel kann davon ausgegangen werden, dass Unternehmen innerhalb eines Zeitraums von zwei Jahren ein erfolgreiches Produkt imitieren werden, um an dem Gewinn des Konkurrenten zu partizipieren. Sollte dies nicht der Fall sein, ist im Interesse des Wettbewerbsschutzes eine Einzelfallanalyse nach Art. 81 Absatz 1 und 3 angebracht.

c. *Unsicherheitsfaktoren bei der Ermittlung des Marktanteils*

Die Unternehmen sollen unter der neuen "Schirm"-GVO ihren Marktanteil eigenmächtig ermitteln und entscheiden, ob die von ihnen geschlossenen Vertikalverträge gruppenweise freigestellt werden oder nicht[410]. Die Bekanntmachung der Kommission zur Definition des relevanten Marktes soll ihnen dabei helfen[411]. Sie stellt in erster Linie auf die Nachfragesubstituierbarkeit ab, die die unmittelbarste und wirksamste disziplinierende Kraft darstellt[412]. Zu ermitteln sind diejenigen Produkte, die von den Abnehmern in einem abgegrenzten Gebiet als austauschbar angesehen werden[413]. Dabei wird ein gedankliches Experiment vorgenommen und geprüft, welche Reaktionen der Kunden wahrscheinlich auf eine kleine, dauerhafte Änderung des relativen Preises eines Produkts eintreten werden: "Die zu beantwortende Frage lautet, ob die Kunden der Parteien als Reaktion auf eine angenommene kleine, bleibende Erhöhung der relativen Preise (im Bereich zwischen 5 und 10 %) für die betreffenden Produkte und Gebiete auf leicht verfügbare Substitute ausweichen würden. Ist die Substitution so groß, dass durch den damit einhergehenden Absatzrückgang eine Preiserhöhung nicht mehr erträglich wäre, so werden in den sachlich und räumlich relevanten Markt so lange weitere Produkte und Gebiete einbezogen, bis kleine, dauerhafte Erhöhungen der relativen Preise einen Gewinn einbrächten."[414]

Gewöhnlich ist es nach Auffassung der Kommission jedoch nicht erforderlich, den Markt so exakt zu definieren. Meist könnten die Produktmärkte auf der Grundlage bereits vorliegender Informationen oder der von beteiligten Unternehmen übermittelten Angaben *grob eingegrenzt* werden. Es reiche in der Regel aus, über das Vorliegen einiger weniger möglicher relevanter Märkte zu befinden.

Geht es also darum, ob die Erzeugnisse A und B ein und demselben Produktmarkt angehören und ist Erzeugnis B einzubeziehen, dann muss vielfach nicht auch noch ge-

---

410 *Bechtold*, EWS 2001, 49 ff., 51; *Polley/Seeliger*, WRP 2000, 1203 ff., 1209 f.
411 ABl. C 372 v. 9.12.1997, S. 5, zum SSNIP-Test der Department of Justice merger guidelines: *Harbour/Graevenitz*, E.C.L.R. 2000, 151 ff.
412 *Bekanntmachung*, a.a.O., Rz. 13, dazu *Baker/Wu*, E.C.L.R. 1998, S. 273 ff.
413 vgl. hierzu auch *Weitbrecht*, EuZW 1998, S. 677 ff., 682; *Dörr/Haus*, JUS 2001, 313 ff., 315
414 *Bekanntmachung*, a.a.O. Rz. 17

prüft werden, ob eventuell auch Erzeugnis C zum Produktmarkt gehört[415]. Hat der Hersteller des Erzeugnisses A schon auf dieser Stufe keine marktmächtige Stellung, ist es gleichgültig, ob der Marktanteil bei Einbeziehung von Produkt C oder auch D und E eventuell noch geringer wäre[416].

Sollten die Unternehmen sich bei der eigenen Analyse irren und einen zu niedrigen Marktanteil ermittelt haben, so erwächst *ihnen* hieraus keine Gefahr[417]. Bisher waren wettbewerbsbeschränkende Vereinbarungen, die nicht unter den Anwendungsbereich einer GVO fallen und die nicht einzeln angemeldet wurden, gemäß Art. 81 Abs. 2 automatisch nichtig, auch wenn sie alle Freistellungsvoraussetzungen erfüllten. Seit der Änderung von Art. 4 Abs. 2 VO 17/62 ist auch eine rückwirkende Freistellung nicht angemeldeter Wettbewerbsbeschränkungen zulässig[418].

Die Kommission vertraut darauf, dass die betreffenden Unternehmen sich ernsthaft bemühen werden, ihren Marktanteil korrekt zu ermitteln[419]. Fraglich ist jedoch, ob das durchschnittliche europäische Unternehmen in der Lage ist, die von der Kommission in der Bekanntmachung aufgeführten "quantitativen Tests ökonomischer und statistischer Art"[420] zur Marktabgrenzung durchzuführen. Gerade im Grenzbereich von 30 % wird es Fälle geben, in denen für die Definition des relevanten Marktes genaue Analysen erforderlich sind: Schätzung der Elastizitäten, Kreuzpreiselastizitäten und der Nachfrage nach einem Produkt, Untersuchung der Gleichartigkeit der Preisentwicklung im Laufe der Zeit und der Kausalität zwischen Preisreihen und Ähnlichkeit des Preisniveaus bzw. ihrer Konvergenz[421].

Anhand eines Verfahrens vor dem Federal District Court[422] soll gezeigt werden, zu welch unterschiedlichen Ergebnissen selbst Wirtschaftsexperten bei der Definition des relevanten Marktes gelangen können[423].

Die Coca-Cola Company, größter Soft-Drink-Hersteller in den USA, beabsichtigte einen ihrer kleinsten Konkurrenten, die Dr. Pepper Company, aufzukaufen. Obwohl Coca-Cola umfangreiche ökonomische Analysen zum Beweis dafür vorbrachte, dass der

---

[415] *Bekanntmachung*, a.a.O. Rz. 26
[416] *Bekanntmachung*, a.a.O. Rz. 27
[417] Vgl. *Mitteilung* der Kommission, a.a.O. S. 29; *Bayreuther*, EWS 2000, 106 ff., 109
[418] VO Nr. 1216/1999 schaffte die Meldepflicht für alle Vertikalabsprachen ab.
[419] Im Hinblick darauf, dass sie diese Aufgabe nicht übernehmen kann, hat sie auch keine echte Alternative.
[420] *Bekanntmachung*, a.a.O. Rz. 39
[421] Vgl. zu dieser Auflistung der verschiedenen Analysearten, *Bekanntmachung*, a.a.O. Rz. 39
[422] FTC v Coca-Cola Company, 641 F. Supp. 1128 ff. (DDC 1986)
[423] *Kingdon*, ECLR 1987, S. 371 ff, 383: "If the expert testifies about 'import cross price elasticity of demand' or if the economist's brief contains more than two Greek letters per page, the case is in desperate trouble. ... . Even a clear, plain-speaking economist will put the most sophisticated judge to sleep if he goes on for hours or days analyzing statistical data about the market for products in the abstract."

Zusammenschluss zur Steigerung der Effizienz ohne wesentliche Beschränkung des Wettbewerbs führen werde, lehnte die Fair Trade Commission die Fusion ab.

Vor dem Federal District Court trugen beide Parteien umfangreiche und ausgefeilte ökonomische Analysen vor, die jeweils ihren eigenen Vortrag bestätigten. Nachdem Judge Gerhardt Gesell sich diese angehört hatte, lehnte er deren Beweiswert mit der Begründung ab, dass beide auf völlig gegensätzlichen theoretischen Modellen beruhten, und dass sie außerdem auch nur sehr wenig zur Erhellung der tatsächlichen Wettbewerbssituation auf dem Soft-Drink-Markt beitrügen. Kein Gericht dürfe sich bei der Frage, welche Auswirkungen eine Fusion auf den Wettbewerb voraussichtlich haben werde, ausschließlich auf eine von den Parteien vorgetragene ökonomische Analyse berufen. Sec. 7 des Clayton Act solle das Entstehen von konzentrierter wirtschaftlicher Macht verhindern und nicht einer bestimmten ökonomischen Theorie folgen[424]. Ökonomische Theorien müssten an der Realität und damit an der persönlichen Erfahrung des mit der Sache befassten Verwaltungsbeamten oder Richters und an der öffentlichen Meinung gemessen werden.

Die Vertreter von Coca-Cola konfrontierten Judge Gesell mit der realitätsfremden Auffassung, der relevante Produktmarkt von Coca-Cola beinhalte sämtliche Getränke, also auch jede Art von Mineralwässern, Limonaden, Fruchtsäften, Bieren, Milch und Kaffee. Der Richter teilte diese Auffassung nicht und fügte hinzu, dass er der Klägerin nur darin beipflichten könne, dass all diese Getränke Durst löschen könnten. Er verwarf letztlich die theoretischen Erwägungen beider Parteien mit den Worten: "These sincere professionals are theoreticians in an imprecise field. They have never sold a can of carbonated soft drink and indeed the principal economists for Coca-Cola Company frankly admitted he had *little knowledge of the underlying facts*."[425]

Das Beispiel zeigt, dass die korrekte Anwendung ökonomischer Modelle zu widersinnigen und wenig praxisnahen Ergebnissen führen kann. Dabei kann nicht geleugnet werden, dass das Ergebnis - streng theoretisch gesehen - fehlerfrei ist.

Im Vergleich hierzu kann die Kommissionsentscheidung im Dumpingverfahren gegen AKZO vorgebracht werden[426]. Unter den relevanten Produktmarkt hat die Kommission hier "alle organischen Peroxyde" und nicht nur "Benzol-Peroxyde" subsumiert, ohne dass diesbezüglich irgendwelche Bedenken vorgebracht wurden. Die Begründung der Kommission, warum hier "alle organischen Peroxyde" zum Produktmarkt gehören und nicht nur "Benzol-Peroxyde", ist dabei die gleiche wie die der Vertreter der Coca-Cola Company, die zum relevanten Produktmarkt von Coca-Cola "alle durstlöschenden Getränke" zählten.

---

[424] FTC v Coca-Cola Company, a.a.O. S. 1138.
[425] FTC v Coca-Cola Company, a.a.O. S. 1133, Hervorhebung durch Verfasser.
[426] Kommissionsentscheidung ECS/AKZO v. 14.12.1985, ABl. L 1375; vgl. hierzu *Kingdon*, ECLR 1987, S. 371 ff. 383

In beiden Fällen wurde die Kreuzpreiselastizität der Nachfrage nach den anerkannten theoretischen Modellen ermittelt und das Ergebnis erscheint in dem einen Fall überzeugend und im anderen intuitiv falsch. Deshalb wird es zumeist sinnvoll sein, bei der Einschätzung der relevanten Märkte auf die Erfahrungen der betroffenen Unternehmen zu vertrauen. Ein Mitarbeiter des betroffenen Unternehmens mit langjähriger Erfahrung im Vertrieb des Produkts wird besser beurteilen können, was tatsächlich geschieht, wenn jemand den Preis für sein Produkt verändert oder wenn das Angebot knapp wird oder wenn ein neuer Hersteller auf den Markt tritt[427]. Auf umfangreiche ökonomische Analysen sollte wirklich nur dann zurückgegriffen werden, wenn auf solche Erfahrungen entweder nicht zurückgegriffen werden kann oder wenn sie zu keinem eindeutigen Ergebnis führen. Die Analyse sollte aber stets mit dem Test abschließen, ob das gewonnene Ergebnis auch intuitiv richtig erscheint[428].

d. Zwischenergebnis

Der Marktanteil eines Unternehmens stellt grundsätzlich einen verlässlichen Indikator für das Vorliegen von Marktmacht dar. Er ist zwar nicht der einzige, aber der wichtigste Parameter. Lediglich in Grenzfällen müssen auch andere Indizien überprüft werden. Führt ein Unternehmen eine Produktinnovation ein, kann dies zu einem kurzfristigen, aber unbedenklichen Anstieg des Marktanteils führen. Innerhalb eines zweijährigen Zeitraums sollte dieser allmählich gesunken sein und ein realistisches Bild von den Machtverhältnissen auf dem Markt wiedergeben. Weil zumeist schon durch eine grobe Eingrenzung des relevanten Produktmarktes festgestellt werden kann, wie hoch der ungefähre Marktanteil des eigenen Unternehmens ist, ist seine genaue Ermittlung mittels ökonomischer Testverfahren häufig nicht erforderlich.

Damit ist gegen die Einführung eines Marktanteilskriteriums zur Ermittlung wirtschaftlicher Macht grundsätzlich nichts einzuwenden. Der Marktanteil stellt den besten zur Verfügung stehenden "quick look" Indikator dar, um Marktmacht zu ermitteln[429].

---

[427] *Kingdon*, a.a.O. S. 383

[428] vgl. zur Abgrenzung des relevanten Markts auch *Scheufele*, BB/AWD 1969, 169 ff., 173, der das von *Beckmann*, Die Abgrenzung des relevanten Marktes im Gesetz gegen Wettbewerbsbeschränkungen, vorgebrachte Beispiel der Aspirin-Tabletten anführt und danach fragt, ob es einen "Markt für Aspirin-Tabletten" gibt und wie es dann mit dem Wettbewerb zwischen diesen und anderen Schmerztabletten stehe. *Beckmann* nennt diese Präferenzen der Bedarfsträger "nicht verwendungsbezogene Nutzenschätzung der Umworbenen". Ähnlich ist es auch bei dem Getränk "Coca-Cola". Auch hier existiert ein eigener Markt für dieses Produkt, obwohl die Bevorzugung der Verbraucher auf nicht fassbaren Wertvorstellungen beruht und es Produkte gleicher Zusammensetzung und Wirkung zu weit niedrigerem Preis auf dem Markt gibt.
Baker/Wu, E.C.L.R. 1998, 273 ff., 274 wiederum prüfen den Nutzen einer Analyse des relevanten Marktes anhand des Beispiels "frischer Orangensaft". Wenn der Preis für diesen steigt, wird die eine Hälfte der Konsumenten andere frische Fruchtsäfte kaufen, die zweite Hälfte andere nach Orange schmeckende Getränke. Was ist dann der relevante Markt?

[429] *n/e/r/a* - Competition Brief Nr. 7, July 1999: The Commission's white paper on modernisation: Economic Analysis and Legal Certainty, S. 2

Er ist ein "Werkzeug von unschätzbarem Wert"[430], weil er grundsätzliche Aussagen über die positiven und negativen Auswirkungen vertikaler Wettbewerbsbeschränkungen zulässt.

Die Anwendung der Fusionskontrollverordnung, die ebenfalls auf Marktanteilskriterien abstellt, hat gezeigt, dass die Unternehmen (entgegen der in einigen Stellungnahmen zum Grünbuch geäußerten Bedenken) keine großen Schwierigkeiten bei der Ermittlung des eigenen Marktanteils haben. Es besteht kein Anlass, daran zu zweifeln, dass dies auch bei der Anwendung der GVO für Vertikalverträge so sein wird[431].

Nachdem festgestellt wurde, dass der Marktanteil eines Unternehmens grundsätzlich ein zuverlässiger Indikator für die Marktmacht ist, muss untersucht werden, ob die Grenze zur Marktmacht tatsächlich bei einem Marktanteil von 30 % liegt.

2. Ein Marktanteilskriterium bei 30 %

Noch im November 1998 hatte die Kommission sich nicht entschieden, ob der neuen Regelung ein oder zwei Schwellenwerte zugrunde gelegt werden sollten[432]. Ein System mit zwei Schwellenwerten bei 20 und 40 % hätte die Möglichkeit geboten, die Behandlung vertikaler Beschränkungen ökonomisch sinnvoll abzustufen und nach den wahrscheinlichen wettbewerbswidrigen Auswirkungen differenzierend vorzugehen[433]. Differenzieren wollte die Kommission zwischen ausschließenden Vereinbarungen wie Alleinvertrieb, ausschließliche Kundenzuteilung, Wettbewerbsverbot und eventuell auch Selektivvertrieb einerseits sowie nicht ausschließenden Vereinbarungen wie Mindestabnahmeverpflichtungen und Vereinbarungen zwischen KMU andererseits[434].

Für diese Alternative hat sich die Kommission nicht entschieden. Für Unternehmen mit einem Marktanteil über 20, aber und unter 40 % wäre es wieder mit verfahrensmäßigen Schwierigkeiten verbunden gewesen, neue Vertriebssysteme einzuführen, da diese sich häufig aus unterschiedlichen Beschränkungsarten zusammensetzen. Müsste das Unternehmen das gesamte Paket zwecks Einzelfreistellung bei der Kommission anmelden, wenn es auch schwerwiegendere Beschränkungen (20 %-Schwelle) enthält, oder müsste es nur die nicht freigestellten Vereinbarungen anmelden? Würde sich das Unternehmen eventuell dazu veranlasst sehen, die von ihm als sinnvoll erachtete Klausel aus dem Vertriebssystem zu streichen, um die Einzelanmeldung zu umgehen? Könnte überhaupt mit Sicherheit festgestellt werden, dass diese nicht freigestellte Klausel im Vereinbarungspaket schädlicher ist als die übrigen? In der Tat hätte die Einführung von zwei Schwellenwerten wieder zu Nachteilen für die Unternehmen und für den

---

430 van Miert: The Future of European Competition policy, 18.11.1997 Internet: http://europa.eu.int/comm/dg04/speech/seven/en/sp98064.htm , S. 5

431 *n/e/r/a* Competition Brief Nr. 1 Aug. 1998: New Commission Proposals for Vertical Restraints: Towards a More Economic Approach, S. 3

432 *Mitteilung* der Kommission, a.a.O. S. 33

433 *Mitteilung*, a.a.O. S. 33

434 *Mitteilung*, a.a.O. S. 35 f.

Wettbewerb geführt. Zweckmäßiger ist es, eine einzige aber nicht zu hoch angesetzte Marktanteilsschwelle für alle Vereinbarungen aufzustellen.

Während Großbritannien für eine Grenze bei 40 % Marktanteil plädierte, hielt Deutschland schließlich eine Schwelle bei 20 % für sinnvoll[435]. Die Kommission hat sich für die Grenze bei 30 % entschieden[436]. Ob die Grenze bei 20, 30 oder 40 % Marktanteil festgelegt werden soll, hängt davon ab, ab welchem Marktanteil davon ausgegangen werden kann, dass ein Unternehmen kraft seiner Stellung das Wettbewerbsverhalten der Konkurrenten beeinflussen kann[437]. Die Rechtsprechung des EuGH gibt Aufschluss darüber, wann mit einer solchen Möglichkeit zur Beeinflussung auf jeden Fall gerechnet werden kann.

a. *Rechtsprechung des EuGH*

Die Entscheidungen des Gerichtshofs zur beherrschenden Stellung zeigen, dass bei Marktanteilen von 5-10 % grundsätzlich eine solche Vormachtstellung verneint[438] und bei Marktanteilen von 85, 90-95 oder 93-100% in der Regel bejaht[439] werden kann. Nicht so eindeutig ist die beherrschende Stellung bei Marktanteilen zwischen 40 und 65 %. Hier kann vom Marktanteil nicht ohne weiteres auf die Kontrolle des Marktes geschlossen werden. Es kommt dann auf die anderen Indizien wie z.B. den Marktanteil des nächstkleineren Wettbewerbers an.

In der Sache "United Brands"[440] wurde die beherrschende Stellung bei einem Marktanteil von 40 % bejaht, weil der Anteil von UBC ein Mehrfaches des Anteils des stärksten Wettbewerbers betrug und die nächsten Wettbewerber in weitem Abstand folgten. Zusätzlich zeichnete sich die Situation von UBC durch eine weitgehende vertikale Integration, technologischen Vorsprung, Kontrolle des Vertriebs und Marketings aus.

Im Verfahren "NBI Michelin"[441] hat der EuGH die beherrschende Stellung bei einem Anteil von 57-65 % in Verbindung mit weiteren Indizien angenommen. Im engen Oligopol liegt Marktbeherrschung vor, wenn der Marktanteil gleich[442] oder größer[443] als

---

[435] *Nazerali/Cowan*, E.C.L.R. 1999, S. 159 ff., 163

[436] *Whish*, C.M.L.R. 2000, 887 ff., 909 f.

[437] Dies sollte bei der Festlegung einer Marktanteilsschwelle vorrangiger Beweggrund sein. Das *OECD-Journal* 1/99 S. 75, gibt zu bedenken, dass die Gerichte und Gesetzgeber den Schwellenwert gerne möglichst hoch ansetzen und die Vereinbarung mit sonstigen wirtschaftlichen und sozialen Vorteilen rechtfertigen. Ein Grund hierfür könnte sein, dass sie so umfassende und komplizierte ökonomische Analysen vermeiden.

[438] EuGH Metro I, a.a.O. S. 1904

[439] EuGH Suiker Unie, Rs. 40usw./73 Slg. 1975 S. 1663, 1996, 2013; Hoffmann-La Roche, a.a.O. S. 526 ff.)

[440] EuGH Rs. 27/76, Slg. 1978 S. 207, 290

[441] EuGH Rs. 322/81, Slg. 1983 S. 3461, 3509 f.

[442] EuGH Hoffmann-La Roche, a.a.O. S. 525 f. Marktanteil von 47 % gegenüber solchen von 27, 18, 7 und 1 %, hier zusammen mit einem technologischen Vorsprung.

die Summe der beiden nächstkleineren Wettbewerber ist. Eine beherrschende Stellung kann demnach oberhalb eines Marktanteils von 40 % nicht mehr ausgeschlossen werden. Weil vertikale Wettbewerbsbeschränkungen auch dann negative Wettbewerbsauswirkungen haben können, wenn sie von Unternehmen mit Marktanteilen unterhalb der Schwelle der Marktbeherrschung vereinbart werden (insbesondere auf oligopolistischen Märkten, auf denen keines der Unternehmen eine beherrschende Stellung innehat)[444], musste absolute Grenze für die GVO die 40 %- Marke sein.

Die Gefahr, dass Vereinbarungen eines Unternehmens mit einem Marktanteil von 40 % nicht die Freistellungsvoraussetzungen erfüllen, ist dabei größer als bei Vereinbarungen eines Unternehmens mit einem nur 20 %-igen Marktanteil: Je größer die Marktmacht, desto geringer der Druck von Seiten der Wettbewerber, die erzielten Gewinne an die Marktgegenseite weitergeben zu müssen.

b. Verfahrensökonomische Erwägungen

Letztlich geht es darum, wie viele falsche Entscheidungen das Wettbewerbsrecht hinnehmen kann und wie das Recht mit den nicht in den "sicheren Hafen" gelangenden Vereinbarungen verfährt. Wird die Schwelle relativ niedrig gesetzt (20 %), muss die Wettbewerbsbehörde mehr Einzelentscheidungen erlassen. Wird sie eher hoch gesetzt (40 %), muss sie häufiger den Vorteil entziehen. Und wenn sie keine Kenntnis von diesen Vereinbarungen erlangt, besteht die Gefahr, dass der Wettbewerbs beeinträchtigt wird[445].

Nach Aussage der Kommission lag bei mehr als 80 % der Fälle, die 1997 im Rahmen der Fusionsverordnung untersucht wurden, der Marktanteil der einzelnen beteiligten Unternehmen unter 25 %. "Da diese Fälle nur Großunternehmen betreffen und in der ersten Phase der Prüfung häufig von der engsten Marktdefinition ausgegangen wird, darf angenommen werden, dass der Marktanteil im Durchschnitt der Wirtschaft jeweils noch weitaus geringer ist."[446] Die große Mehrheit der Vereinbarungen - wahrscheinlich 80-90 % aller Fälle - würde daher unter eine GVO fallen, gleichgültig ob ein Schwellenwert von 25 oder 35 % festgelegt worden wäre[447].

Bei einem Marktanteil von 30 % kann grundsätzlich davon ausgegangen werden, dass das Unternehmen keine Macht über seine Konkurrenten, seine Abnehmer und die Konsumenten ausüben kann. Sollte in einigen Fällen (bei Vorliegen weiterer Indizien) dies dennoch der Fall sein, kann der Vorteil der Gruppenfreistellung entzogen werden[448].
Die Kommission wird zukünftig freie Ressourcen zur Verfügung haben, um eventuellen Beschwerden oder sonstigen Anhaltspunkten nachzugehen. Immerhin werden vor-

---

[443] EuGH a.a.O. S. 530 58 % gegenüber 19, 16, 6, 1 %
[444] vgl. nochmals Mitteilung, a.a.O. S. 15
[445] *OECD-Report Franchising*, 1994, a.a.O. S. 186
[446] *Mitteilung*, a.a.O. S. 5, Fn. 3
[447] *Mitteilung*, a.a.O. S. 33
[448] vgl. Art. 6 der Verordnung Nr. 2790/1999

aussichtlich bis zu 90 % aller vertikalen Wettbewerbsbeschränkungen gruppenweise freigestellt werden. Die Kommission kann sich so den wettbewerbsrelevanten Vereinbarungen zuwenden[449].

c. *Ergebnis*

Die Festsetzung des Schwellenwertes bei 30 % ist sowohl unter wettbewerblichen Gesichtspunkten als auch unter Berücksichtigung der Praktikabilität des gefundenen Auslegungsergebnisses zu begrüßen. Ein Unternehmen, das einen Marktanteil von bis zu 30 % hat, kann sich grundsätzlich seinen Wettbewerbern gegenüber nicht unabhängig verhalten. Es kann deren Verhalten nicht beeinflussen und hat daher keine Macht auf dem Markt. Sollte diese Vermutung im Ausnahmefall nicht zutreffend sein, kann die Kommission den Vorteil der Gruppenfreistellung nachträglich entziehen.

§ 14 Resümee und Ergebnis des 3. Teils

Gemäß dem Grundsatz von der Hierarchie der Normen muss die Gruppenfreistellungsverordnung mit den Grundsätzen des Artikels 81 übereinstimmen. Dies legt auch Art. 83 fest.

Die Arbeit untersucht deshalb, ob eine GVO, die nahezu 90 % aller vertikalen Vereinbarungen vom Verbot freistellt, noch dem Prinzip von Regel und Ausnahme entspricht. Es hat sich gezeigt, dass Art. 81 jedenfalls nicht primärrechtlich auf ein repressives Verbot mit ausnahmsweiser Freistellbarkeit festgelegt ist. Das Verbotsprinzip fordert lediglich, dass eine den Verbots-, aber nicht den Freistellungstatbestand erfüllende Vereinbarung ohne Entscheidung nichtig ist.

Ferner setzt sich die Arbeit mit der Frage auseinander, ob die Feststellung einer "Wettbewerbsbeschränkung" nach Absatz 1 schon die Abwägung aller Vor- und Nachteile im Sinne einer Rule of Reason Prüfung erfordert, oder ob die Vorteile kraft primärrechtlicher Festsetzung erst in Absatz 3 untersucht werden sollen. Hier hat sich gezeigt, dass die Prüfung gesamtwirtschaftlicher Vorteile ihren vertraglich festgelegten Platz erst im Freistellungstatbestand hat, auch wenn Kommission und Gerichtshof sie teilweise schon in Absatz 1 berücksichtigt haben.

Weil auch die unter eine GVO fallende Beschränkung grundsätzlich den vier Freistellungsmerkmalen von Art. 81 Abs. 3 entsprechen muss, stellte sich das Problem, ob dies bei einer so abstrakten Regelung wie der "Schirm"-GVO, die nicht mehr auf die einzelnen Tatbestandsmerkmale des Art. 81 Abs. 3 Bezug nimmt, noch gewährleistet ist. Unter Abwägung der Argumente für und wider eine weitgehenden Abstraktionsbefugnis der Kommission kommt die Untersuchung zu dem Ergebnis, dass die Befugnis zur Abstraktion grundsätzlich zwar besteht. Die VO Nr. 2790/1999 muss jedoch sicher-

---

[449] vgl. *Weißbuch* über die Modernisierung, a.a.O. S. 6

stellen, dass die freigestellten Vereinbarungen alle vier Freistellungsvoraussetzungen erfüllen. Hierbei war die Kommission wiederum an die verbindliche Auslegung der einzelnen Tatbestandsmerkmale durch den EuGH und das EuG gebunden. Anlässlich der Untersuchung einschlägiger Urteile stellte sich heraus, dass eine Verknüpfung zwischen den einzelnen Tatbestandsmerkmalen möglich ist, deren zentrales Element die Marktmacht der Unternehmen ist.

Zur Verifizierung dieser These wurde die ökonomische Analyse vertikaler Wettbewerbsbeschränkungen dargestellt. Auch diese kommt zu dem Ergebnis, dass vertikale Beschränkungen zwischen nicht marktstarken Unternehmen zwar die formale Handlungsfreiheit und den intrabrand-Wettbewerb beeinträchtigen, den interbrand-Wettbewerb aber stärken, so dass im Ergebnis für die Verbraucher ein Wohlfahrtsgewinn entsteht.

Unter Berücksichtigung der in Art. 4 und 5 der VO Nr. 2790/1999 enthaltenen Kernbeschränkungen kommt die Untersuchung zu dem Ergebnis, dass die GVO trotz der abstrakten Formulierung nur solche Beschränkungen vom Verbot freistellt, die alle vier Freistellungsmerkmale erfüllen.

Zusammenfassung der Ergebnisse und Schlussbemerkungen

Am 01.06.2000 ist die neue "Schirm"-Gruppenfreistellungsverordnung in Kraft getreten, die - bis auf einige Kernbeschränkungen - alle vertikalen Beschränkungen vom Verbot des Art. 81 Abs. 1 ausnimmt, sofern der Lieferant - bzw. bei Alleinbezugsverpflichtungen der Abnehmer - einen Marktanteil am relevanten Markt von weniger als 30 % hat.

Die vorliegende Arbeit hatte das Anliegen zu untersuchen, ob eine derart einschneidende Reform der EG-Wettbewerbspolitik gegenüber vertikalen Wettbewerbsbeschränkungen, die laut Angaben der Kommission dazu führt, dass bis zu 90 % aller vertikalen Vereinbarungen in den Genuss der Freistellungswirkung gelangen, wirtschaftlich angezeigt und rechtlich zulässig ist.

Der erste Teil der Arbeit fragte zunächst nach den tatsächlichen Veränderungen im Vertriebssektor und kam zu dem Ergebnis, dass die neuesten Entwicklungen eine Reform der EG-Wettbewerbspolitik gegenüber vertikalen Wettbewerbsbeschränkungen erforderten. Abschluss der mit Veröffentlichung des Grünbuchs vom 22.01.1997 begonnenen Reform war der Erlass der GVO Nr. 2790/1999. Die heutige Vorgehensweise zeigt Parallelen zu der Behandlung vertikaler Vereinbarungen in den USA. Wie auf der anderen Seite des Atlantiks, ist auch hier die Ursache der geänderten rechtlichen Vorgehensweise eine geänderte Wettbewerbskonzeption.

Wie sich im zweiten Teil der Arbeit herausstellte, haben in der EG-Wettbewerbskonzeption Rangverschiebungen zwischen den einzelnen Schutzzielen stattgefunden. Während bislang der Integrationsgedanke Priorität besaß, wird Wettbewerb heute vornehmlich geschützt, um gesamtökonomisch vorteilhafte Ergebnisse zu erzielen. Das Ergebnis dieser Rangverschiebungen ist die fast ausschließlich marktstrukturorientierte GVO.

Der dritte Teil der Untersuchung befasste sich mit der Rechtmäßigkeit der neuen GVO. Die Kommission war zwar befugt, sich vom Wortlaut des Art. 81 Abs. 3 zu lösen und ihre neue Regelung fast ausschließlich von der Marktmacht der Unternehmen abhängig zu machen. Voraussetzung war allerdings, dass diese Vorgehensweise eine Stütze in der Rechtsprechung des EuGH findet, denn er allein kann verbindlich über die Auslegung und Anwendung des Freistellungstatbestands entscheiden. Auch wenn seine Entscheidungen naturgemäß an Einzelfällen orientiert sind, ließ sich eine These aufstellen, wonach zentrales Element der vier Freistellungsmerkmale die Marktmacht ist. Die ökonomische Analyse belegte daraufhin den Zusammenhang zwischen Marktmacht der Unternehmen und Weitergabe von Rationalisierungsgewinnen an die Verbraucher.

Die Orientierung an Marktstrukturmerkmalen führt zu einer flexiblen Regelung vertikaler Vertriebsvereinbarungen. Davon profitieren zum einen Unternehmen, die am innereuropäischen Handel teilnehmen. Aber gerade die Annäherung an die amerikanische Wettbewerbspolitik bringt auch für weltweit tätige Unternehmen einen erheblichen Vorteil. Im Zuge der immer schneller fortschreitenden Globalisierung findet eine rege Zusammenarbeit zwischen der europäischen Wettbewerbsbehörde und der amerikanischen FTC statt. Bei jeder wettbewerbsrelevanten Absprache zwischen europäischen und amerikanischen Unternehmen können Verbraucher aus beiden Kontinenten betroffen sein. Beide Wettbewerbsbehörden müssen die Wohlfahrt ihrer Konsumenten schützen und fördern. Eine Zusammenarbeit ist vielfach erforderlich und sinnvoll, wie der Fall "Boeing" mit seinen Exklusivverträgen gezeigt hat[1]. Unter diesen Umständen ist eine Zusammenarbeit wesentlich fruchtbarer und einfacher, wenn sie auf beiden Seiten auf prinzipiell vergleichbaren Wettbewerbsregeln beruht[2].

Insofern handelt es sich hier nicht um außerwettbewerbliche Erwägungen in dem Sinne, dass der unverfälschte Wettbewerb im Interesse der globalen Wettbewerbsfähigkeit Europas weichen muss. Im Gegenteil: Der Wettbewerbsschutz wird verstärkt, weil die Wettbewerbsbehörden nach inhaltlich vergleichbaren Regeln vorgehen und so die Gefahr unterschiedlicher Entscheidungen minimiert wird.

Die neue Gruppenfreistellungsverordnung für vertikale Wettbewerbsbeschränkungen ist folglich wettbewerblich und politisch zu begrüßen.

---

[1] Im Gegensatz zum Verfahren "Ciba-Geigy/Sandoz", in dem die europäische und die amerikanische Wettbewerbsbehörde zu unterschiedlichen Ergebnissen gekommen sind.

[2] Pitofsky, Fordham Corporate Law Institut, a.a.O., S. 6

Literaturverzeichnis

Ackermann, Thomas — Art. 85 Abs. 1 EGV und die rule of reason: Zur Konzeption der Verhinderung, Einschränkung oder Verfälschung des Wettbewerbs, Köln, 1997

\- — Die Zukunft vertikaler Vertriebsvereinbarungen im EG-Kartellrecht, EuZW 1997, 271 ff.

Ahlert, Dieter — Die Bedeutung des vertraglichen Selektivvertriebs für den freien Wettbewerb und die Funktionsfähigkeit von Märkten, WRP 1987, S. 215 ff.

Appeldorn, Jochen F. — Are the Proposed Changes Compatible with Article 81 (3) E.C.?, E.C.L.R. 2001, 400 ff.

Armentano, Dominick T. — Antitrust and Monopoly. Anatomy of a Policy Failure, 2. Aufl. New York, London 1990

Arndt, Helmut — Macht und Wettbewerb, in: Handbuch des Wettbewerbs, Hrsg. Cox, Helmut, München 1981, S. 49 ff. (51)

\- — Schöpferischer Wettbewerb und klassenlose Gesellschaft, Berlin 1952

Bael, Ivo van — Heretical Reflections on the Basic Dogma of EEC Antitrust: Single Market Integration, RSDIC 1980, 39 ff.

Bain, Joe S. — Industrial Organization, 2. Aufl. New York 1968

Baker, Jonathan B. — Vertical Restraints with Horizontal Consequences: Competition Effects of "Most-Favored-Customer" Clauses, Antitrust Law Journal Vol. 64, 1996, S. 517 ff.

Baker, Simon/ Wu, Lawrence — Applying the Market Definition Guidelines of the European Commission, E.C.L.R. 1998, 273 ff.

Baldi, Marino — Die Freistellung vom EWG-Kartellverbot; Funktion und Inhalt von Art. 85 Abs. 3 EWGV, Bern 1973

Bartosch, Andreas — Von der Freistellung zur Legalausnahme: Der Vorschlag der EG-Kommission für eine "neue Verordnung Nr. 17", EuZW 2001, 101 ff.

Baumbach, Adolf/ Hefermehl, Wolfgang — Wettbewerbsrecht, 22. Aufl., München 2001

Baur, Jürgen F. — Das Tatbestandsmerkmal "Wettbewerb", ZHR 134 (1970), S. 97 ff.

\- — Der Mißbrauch im deutschen Kartellrecht, Tübingen, 1973

- Die Elektrizitätsbinnenmarktrichtlinie: Gestaltungsmöglichkeiten von Mitgliedstaaten; Auswirkungen auf die Elektrizitätsunternehmen, VEnergR Bd. 84 1997, S. 13 ff.

Bayreuther, Frank Die Reform der EG-Wettbewerbspolitik gegenüber vertikalen Wettbewerbsbeschränkungen, EWS 2000, 106 ff.

Bechtold, Rainer Neue Entwicklungen in der EWG-rechtlichen Beurteilung vertikaler Vertriebssysteme, RIW 1987, 809 ff.

- Die Entwicklung des deutschen Kartellrechts 1999 bis 2000, NJW 2001, 3159 ff.

- EG-Gruppenfreistellungsverordnungen - eine Zwischenbilanz, EWS 2001, 49 ff.

Beckmann, Peter Die Abgrenzung des relevanten Marktes im Gesetz gegen Wettbewerbsbeschränkungen, Bad Homburg 1968

Beier, Friedrich-Karl Die kartellrechtliche Beurteilung von Alleinvertriebsverträgen im Gemeinsamen Markt und den USA, GRUR Int. 1964, 84 ff.

Belke, Rolf Die vertikalen Wettbewerbsbeschränkungsverbote nach der Kartellgesetznovelle 1973, ZHR 138 (1974) S. 227 ff.

Besanko, David/ Perry, Mason Exclusive Dealing in a Spatial Model of Retail Competition, International Journal of Industrial Organization, Vol. 11, 1993

Beutler, Bengt/ Bieber, Roland/Pipkorn, Jörn/ Streil, Jochen Die Europäische Gemeinschaft - Rechtsordnung und Politik, 3. Aufl., Baden-Baden 1987

Biedenkopf, Kurt H. Freiheitliche Ordnung durch Kartellverbot - Vom Sinn eines Gesetzes gegen Wettbewerbsbeschränkungen, in Biedenkopf, Kurt H., Callmann, Rudolf, Deringer, Arved (Hrsg.): Aktuelle Grundsatzfragen des Kartellrechts, Heidelberg 1957, S. 11 ff

Biro, Zoltan/Fletcher Amelia The E.C. Green Paper on Vertical Restraints: An Economic Comment, E.C.L.R. 1998, S. 129 ff.

Black, Oliver Per Se Rules and Rule of Reason: What Are They? E.C.L.R. 1997, S. 145 ff.

Bleckmann, Albert Zu den Auslegungsmethoden des Europäischen Gerichtshofs, NJW 1982, 1177 ff.

Böhm, Franz Wettbewerbsfreiheit und Kartellfreiheit, München, Düsseldorf 1958

Böhnel, Gisela Die Auswirkungen der Europa-Abkommen auf das Wettbewerbsrecht der Staaten Mittel- und Osteuropas, EuZW 1998, S. 111 ff.

Borchert, Manfred/ Grossekettler, Heinz — Preis- und Wettbewerbstheorie , Marktprozeß als analytisches Problem und ordnungspolitische Gestaltungsaufgabe, Wiesbaden 1985

Bork, Robert — The Antitrust Paradox: A Policy at War with Itself, New York, 1978

Brennan, Timothy J. — Paradigms for Analyzing Vertical Restraints, im Internet unter: http://www.antitrust.org/economics/vertical/verticalparadigms.html

Bunte, Hermann-Josef — Ein Votum für eine 6. GWB-Novelle, WuW 1994, S. 5 ff.

Calvani, Terry — Some Thoughts on the Rule of Reason, E.C.L.R. 2001, 201 ff.

Cecchini, Paolo — Die Europäische Herausforderung 1992, die Vorteile des Binnenmarktes, Baden-Baden 1988

Christopher, Martin — Logistics and Supply Chain Management-strategies for reducing costs and improving services, Financial Times Publishing, 1992

Clark, John Maurice — Competition as a Dynamic Process, Washington, D.C. 1961

Coing, Helmut — Zur Auslegung von Art. 85 EWG-Vertrag, ZHR Bd. 125, S. 271 ff.

Cruz, Peter de la — Vertical Restraints: U.S. and E.U. Policy Toward Manufacturer – Retailer Relationships, E.C.L.R. 1997, S. 292 ff.

Daig, Hans-Wolfgang — Nichtigkeits- und Untätigkeitsklagen im Recht der Europäischen Gemeinschaft, Baden-Baden 1985

Deacon, David — Fordham University, 22nd Annual Conference on International, Oxford, 26.10.1995

Deringer, Arved — Das Wettbewerbsrecht der Europäischen Wirtschaftsgemeinschaft, Kommentar zu den EWG-Wettbewerbsregeln (Art. 85 bis 94) nebst Durchführungs-Verordnungen und –Richtlinien, Düsseldorf, 1970

Dobson Consulting — Buyer Power and its Impact on Competition in the Food Retail Distribution Sector of the European Union, erstellt für die Europäische Kommission, GD IV, Study Contract No. IV/98/ETD/078, Mai 1999

Dörr, Dieter Haus, Florian C. — Das Wettbewerbsrecht des EGV, JZ 2001, 314 ff.

Dreher, Meinrad — Der Rang des Wettbewerbs im europäischen Gemeinschaftsrecht, WuW 1998, S. 656 ff.

Duden — Fremdwörterbuch, bearb. vom Wiss. Rat der Dudenredaktion unter Mitw. von: Maria Dose... u. zahlr. Fachwissenschaftlern. 5. Aufl. Mannheim, Wien, Zürich 1990

Dujim, Bernhard — Die Wettbewerbspolitik der EG gegenüber vertikalen Vertriebsvereinbarungen, Baden-Baden 1997

-	Vertikale Vertriebsvereinbarung und Integrationsförderung in der EG, ORDO Bd. 47, 1996, S. 325 ff.
Ehlermann, Claus Dieter	Der Beitrag der Wettbewerbspolitik zum Europäischen Binnenmarkt, WuW 1992, S. 5 ff.
-	Zukünftige Entwicklungen des Europäischen Wettbewerbsrechts, EuZW 1994, 647 ff.
-	The modernization of EC antitrust policy: a legal and cultural revolution, C.M.L.R. 2000, 537 ff.
Eickhof, Norbert	Marktstruktur und Wettbewerbsprozeß, ORDO Bd. 47, 1996
Eilmansberger, Thomas	Zum Vorschlag der Kommission für eine Reform des Kartellvollzugs, JZ 2001, 365 ff.
Emmerich, Volker	Die Auslegung von Art. 85 Abs. 1 EWGV-Vertrag durch die bisherige Praxis der Kommission, EuR 1971, S. 295 ff.
-	Kartellrecht, 9. Aufl., München, 2001
Eucken, Walter	Die Wettbewerbsordnung und ihre Verwirklichung, in: ORDO Bd. 2 1949, S. 19 ff.
-	Grundsätze der Wirtschaftspolitik, Tübingen 1952
Everling, Ulrich	Zur neueren EuGH-Rechtsprechung zum Wettbewerbsrecht, EuR 1982, S. 301 ff.
-	Zur Wettbewerbskonzeption in der neueren Rechtsprechung des Gerichtshofs der Europäischen Gemeinschaften, WuW 1990. S. 995 ff.
Fikentscher, Wolfgang	Das Unrecht einer Wettbewerbsbeschränkung: Kritik an Weißbuch und VO-Entwurf zu Art. 81, 82 EG-Vertrag, WuW 2001, 446 ff.
Fleischer, Holger	Der Einfluss des US-amerikanischen Antitrustrechts auf das Europäische Wettbewerbsrecht, WuW 2001, 6 ff.
Forrester, Ian/Norall, Christopher	The Laicization of Community Law: self-help and the Rule of Reason: how Competition Law is and could be applied, CMLRev. 1984, S. 11 ff.
Fritzsche, Jörg	"Notwendige" Wettbewerbsbeschränkungen im Spannungsfeld von Verbot und Freistellung nach Art. 85 EGV, ZHR 160 (1996), S. 31 ff.
Gemeinschaftskommentar	Gesetz gegen Wettbewerbsbeschränkungen und Europäisches Kartellrecht, 4. Aufl. Köln 1997
Ghellinck, E. de/Horack	Price Competition and Price Convergence, veröffentlicht unter http://europa.eu.int/comm/dg15/studies/stud28.htm

Giersch, Herbert — Allgemeine Wirtschaftspolitik: Erster Band - Grundlagen, Wiesbaden, 1961

Gleiss, Alfred/Hirsch, Martin — Kommentar zum EG-Kartellrecht, Bd. 1, 4. Aufl. (bearbeitet von Martin Hirsch und Thomas O.J. Burkert) Heidelberg 1993

Grabitz, Eberhard/Hilf, Meinhard — Kommentar zur Europäischen Union, Stand: Mai 2001 Ergänzungslieferung 18, München 2001

Green, Nicolas — Article 85 in Perspective: Stretching Jurisdiction, Narrowing the Concept of a Restriction and Plugging a Few Gaps, E.C.L.R. 1988, S. 190 ff.

Griffiths, Mark — A Glorification of de minimis - The Regulation on Vertical Agreements, E.C.L.R. 2000, 241 ff.

Groeben, Hans von der/ Thiesing, Jochen/ Ehlermann, Claus-Dieter — Kommentar zum EU-/EG-Vertrag, Band 2 (Art. 85-102) , 5. Aufl., Baden-Baden 1999

Gröning, Jochem — Die dezentrale Anwendung des EG-Kartellrechts gemäß dem Vorschlag der Kommission zur Ersetzung der VO 17/62, WRP 2001, 83 ff.

Groger, Thomas/Janicki, Thomas — Weiterentwicklung des Europäischen Wettbewerbsrechts, WuW 1992, S. 991 ff.

Grossekettler, Heinz — Die gesamtwirtschaftliche Problematik vertraglicher Vertriebssysteme, in: Ahlert, Dieter, Vertragliche Vertriebssysteme zwischen Industrie und Handel, Wiesbaden 1981, S. 267 ff.

\- — Der Fall "Deutsche SB-Kauf kontra adidas", WRP 1978, S. 619 ff.

Gyselen, Luc — Vertical Restraints in the Distribution Process: Strenght and Weakness of the Free Rider Rationale under EEC Competition Law, C.M.L.Rev. 1984, S. 647 ff.

Harbord, David Graevenitz, Georg von — Market Definition in Oligopolistic and Vertically Related Markets: Some Anomalies, E.C.L.R. 2000, 151 ff.

Haueisen, Fritz — Zahlenmäßige Konkretisierung ("Quantifizierung") unbestimmter Rechtsbegriffe, NJW 1973, S. 641 ff.

Hawk, Barry E. — System Failure: Vertical Restraints and EC Competition Law, C.M.L.Rev. 1995, S. 973 ff.

\- — The American (Anti-trust) Revolution: Lessons for the EEC? E.C.L.R. 1988, S. 53 ff.

Hays, Thomas — Anti-competitive agreements and extra-market parallel importation, E.L.Rev. 2001, 468 ff.

Hefermehl, Wolfgang — Zur Anwendung des § 26 Abs. 2 GWB auf selektive Vertriebssysteme, GRUR 1975, S. 275 ff.

Herdzina, Klaus — Wettbewerbstheorie, Köln 1974

Hicks, John — Annual Survey of Economic Theory: The Theory of Monopoly, in: Econometrica 3, 1935, S. 1 ff.

Hirsch, Hans — Das Wettbewerbsrecht im Konflikt zwischen wettbewerbspolitischen Zielen und rechtsstaatlichen Grundsätzen, Festschrift für Burkhardt Röper, 1980, S. 35 ff.

Hollmann, Hermann — Zur Problematik der sogenannten Bagatellkartelle, AWD des BB 1973, S. 192 ff.

Holtschneider, Rainer — Zur Bagatellgrenze im Kartellverbot, WuW 1980, S. 99 ff.

Hoppmann, Erich — Volkswirtschaftliche und wirtschaftspolitische Bedeutung des Kartell- und Monopolrechts, in: Hoppmann, Erich und Mestmäcker, Ernst-Joachim (Hrsg.), Normzwecke und Systemfunktionen im Recht der Wettbewerbsbeschränkungen, Tübingen 1974

Hossenfelder, Silke/Müller, Martina/Parlasca, Susanne — Das Kartellverbot und seine Ausnahmen, ZHR 160 (1996) S. 1 ff.

Immenga, Ulrich/ Mestmäcker, Ernst-Joachim — EG-Wettbewerbsrecht: Kommentar, 3. Aufl., München 2001

Immenga, Frank A. Lange, Knut Werner — Elektronische Marktplätze: Wettbewerbsbeschränkende Verhaltensweisen im Internet, RIW 2000, 733 ff.

Immenga, Ulrich — Wettbewerbspolitik contra Industriepolitik nach Maastricht, EuZW 1994, S. 14 ff.

Jestaedt, Thomas/Bergau, Torsten — Die neue Bagatellbekanntmachung der Kommission, WuW 1998, S. 119 ff.

Joerges, Christian — Franchise-Verträge und europäisches Wettbewerbsrecht, ZHR 151 (1987), S. 195 ff.

\- — Selektiver Vertrieb und Wettbewerbspolitik: Eine konzeptionelle Analyse der Entscheidungspraxis von Kommission und Gerichtshof zu Art. 85 EG-Vertrag, GRUR Int. 1984, S. 222 ff.

Joliet, René — The Rule of Reason in Antitrust Law, Lüttich, 1967

Jung, Christian — Die Verordnung (EWG) Nr. 151/93 - ein gefährlicher Weg zur Harmonisierung von Kartellaufsicht und Fusionskontrolle, EuZW 1993, S. 690 ff.

Kaiser, Joseph H. — Zur Anwendung von Art. 85 Abs. 3 des EWG-Vertrages auf Gruppen von Kartellverträgen, Köln, Berlin, Bonn, München 1964

Kallfass, Hermann H. Vertikale Verträge in der Wettbewerbspolitik der EU, WuW 1999, S. 225 ff.

Kantzenbach, Erhard Die Funktionsfähigkeit des Wettbewerbs, 2. Aufl. Göttingen 1967

Kapp, Thomas Die neuen Vertical Restraints Guidelines der Antitrust Division des U.S. Department of Justice: Vertikalbindungen auf dem Weg zur per se-Legalität, RIW 1985, S. 677 ff.

\- Wettbewerbsbeschränkung durch vertikale Vertriebsbindung? Baden-Baden 1984

Kaysen, Carl/Turner, Donald F. Antitrust Policy: An Economic and Legal Analysis, Cambridge, Mass. 1959

Kerber, Wolfgang Die Europäische Fusionskontrollpraxis und die Wettbewerbskonzeption der EG, Bayreuth, 1994

Kevekordes, Johannes Zur EWG-kartellrechtlichen Beurteilung von Franchise-Verträgen, BB 1987, S. 74 ff.

Kingdon, John S. Economic Argument in Anti-trust Cases: An American Litigator's Perspective, ECLR 1987, S. 371 ff.

Kirchhoff, Wolfgang Die kartellrechtliche Beurteilung vertikaler Vertriebsverträge: Intrabrand- und Interbrand-Wettbewerb als Kriterien in den USA, Deutschland und der EG, Köln, 1989

Kirchner, Christian "Ökonomische Analyse des Rechts" und Recht der Wettbewerbsbeschränkungen (antitrust law and economics), ZHR 144 (1980), S. 563 ff.

Klotz, Robert Der selektive Vertrieb von Luxus-Artikeln in der aktuellen Entwicklung des Europarechts, EuR 1993, S. 72 ff.

Knight, F. H. Risk, Uncertainty and Profit, Boston und New York 1921

Koch, Norbert Das Verhältnis der Kartellvorschriften des EWG-Vertrages zum Gesetz gegen Wettbewerbsbeschränkungen, BB 1959, S. 241 ff.

Kommission der EG Memorandum der Kommission über das Aktionsprogramm der Gemeinschaft für die zweite Stufe, Brüssel 1962

\- 1. Wettbewerbsbericht über die Wettbewerbspolitik 1971, Brüssel-Luxemburg 1972

\- 10. Wettbewerbsbericht über die Wettbewerbspolitik 1980, Brüssel-Luxemburg 1981

\- 14. Wettbewerbsbericht über die Wettbewerbspolitik 1984, Brüssel-Luxemburg 1985

- 15. Wettbewerbsbericht über die Wettbewerbspolitik 1985, Brüssel-Luxemburg 1986

- 17. Wettbewerbsbericht über die Wettbewerbspolitik 1987, Brüssel-Luxemburg 1988

- 20. Wettbewerbsbericht über die Wettbewerbspolitik 1990, Brüssel-Luxemburg 1991

- Economic Papers, GD II, Nr. 119: The Policy Implications of the Economic Analysis of Vertical Restraints, von Rey, Patrick/Caballero-Sanz/Francisco, Brüssel 1996

- Grünbuch zur EG-Wettbewerbspolitik gegenüber vertikalen Wettbewerbsbeschränkungen, KOM(96) 721 endg.

- Mitteilung der Kommission über die Anwendung der EG- Wettbewerbsregeln auf vertikale Wettbewerbsbeschränkungen - Konkrete Vorschläge im Anschluß an das Grünbuch, ABl. C 365 v. 26.11.1998

- Weißbuch Handel, KOM (99) 6 endg.

- Weißbuch über die Modernisierung der Vorschriften zur Anwendung der Artikel 85 und 86 EG- Vertrag, KOM(99) 101 endg.

Korah, Valentine "Goodbye", Red Label: condemnation of dual pricing by Distillers, 3 E.L.Rev. 1978, 62 ff.

- Comfort Letters - Reflections on the Perfume Cases, E.L.Rev. 1981, S. 14 ff.

- The Future of Vertical Agreements under E.C. Competition Law, E.C.L.R. 1998, S. 506 ff.

Kurtenbach, Jutta Die Beurteilung von Bezugs- und Alleinvertriebsbindungen in Franchise-Verträgen, München 1986

Langen, Eugen Kommentar zum deutschen und europäischen Kartellrecht, fortgeführt von Hermann-Josef Bunte, 9. Aufl. Neuwied 2000

Larenz, Karl Methodenlehre der Rechtswissenschaft, 6. Aufl. Berlin, 1991

Laudati, Laraine L. The First European Competition Forum: Vertical restraints, Competition Policy Newsletter Vol. 1 Summer 1995, S. 7 ff.

Lever, Jeremy
Neubauer, Silke Vertical Restraints, Their Motivation and Justification, E.C.L.R. 2000, 7 ff.

Liebscher, Christoph
Petsche, Alexander Franchising nach der neuen Gruppenfreistellungsverordnung (EG) Nr. 2790/99 für Vertikalvereinbarungen, EuZW 2000, 400 ff.

Liesner, Jeremy/Glynn, Dermot Does Anti-trust make Economic Sense? ECLR 1987, S. 344 ff.

Lutz, Helmut/Broderick, Terry R. — EG Patentlizenz-Formularvertrag, RIW 1985, S. 349 ff.

Maitland-Walker, Julian — Buyer Power, E.C.L.R. 2000, 170 ff.

Martinek, Michael/ Habermeier, Stefan — Das Chaos der EU-Gruppenfreistellungsverordnungen, ZHR 158 (1994) S. 107 ff.

Martinek, Michael — Aktuelle Rechtsfragen der vertriebsvertraglichen Praxis, Belieferungs-Fachhändler-, Vertragshändler-, Agentur- und Franchise-Systeme, Köln 1988

\- Franchising im Handelsrecht, ZIP 1988, S. 1362 ff.

Martinez, Manuel — Some views on pricing and EC competition policy, veröffentlicht unter http://europa.eu.int/comm/dg04/speech/eight/en/sp98060.htm

Meier-Wahl, Marc/Wrobel Ralph Michael — Wettbewerbsregulierung in einem dynamischen Markt - Der Fall Microsoft, WuW 1999, S. 28 ff.

Mendes, Mario Marques — Antitrust in a World of Interrelated Economies, Brüssel, 1991

Mestmäcker, Ernst-Joachim — Das Prinzip der Rule of Reason und ähnliche Ausnahmemechanismen im Recht der Wettbewerbsbeschränkungen, in: Hoppmann, Erich und Mestmäcker, Ernst-Joachim (Hrsg.), Normzwecke und Systemfunktionen im Recht der Wettbewerbsbeschränkungen, Tübingen 1974

\- Europäisches Wettbewerbsrecht, München 1974

\- Fusionskontrolle im Gemeinsamen Markt zwischen Wettbewerbspolitik und Industriepolitik, EuR 1988, S. 349 ff.

\- Der verwaltete Wettbewerb, eine vergleichende Untersuchung über den Schutz von Freiheit und Lauterkeit im Wettbewerbsrecht, Tübingen 1984

\- Competition Policy and Antitrust: Some Comparative Observations, Zeitschrift für die gesamte Staatswissenschaft, 1980, S. 387 ff

Miert, Karel van — Die Wettbewerbspolitik der neuen Kommission, Competition Policy Newsletter, Summer 1995, S. 1 ff.

\- The Future of European Competition Policy, im Internet unter: http://europa.eu.int/comm/dg04/speech/seven/en/sp98064.htm

Monopolkommission — Wettbewerbspolitik oder Industriepolitik. IX. Hauptgutachten der Monopolkommission gemäß § 24 b Abs. 3 und Satz 1 GWB, 1990/91, Köln 1992

Möschel, Wernhard — Absatzmittler und vertikale Preisbindung, BB 1985, S. 1477 ff.

\- Industriepolitik nach Maastricht, ORDO Nr. 43 1992, S. 415 ff.

- Neuere Entwicklungen im europäischen Wettbewerbsrecht, in: Festschrift für Arved Deringer, 1993, S. 328 ff.

- Guest Editoral: change of policy in European Competition Law, C.M.L.Rev. 2000, 495 ff.

Müller-Graff, Peter-Christian Binnenmarktauftrag und Subsidiaritätsprinzip? ZHR 159 (1995) S. 34 ff.

- Die Freistellung vom Kartellverbot, EuR 1992, S. 1 ff.

Nazerali, Julie/Cowan, David Reforming EU Distribution Rules - Has the Commission Found Vertical Reality?, E.C.L.R. 1999 S. 159 ff.

n/e/r/a Competition Brief Nr. 1 Aug. 1998: New Commission Proposals for Vertical Restraints: Towards a More Economic Approach

- Competition Brief Nr. 7, July 1999: The Commission's white paper on modernisation: Economic Analysis and Legal Certainty

Nazerali, Julie/Cowan David The Commission's Draft Communication on Distribution Agreements - Market Shares are Predictably Back on the Table! E.C.L.R. 1998, S. 409 ff.

O'Toole, Franchis The E.C. Green Paper on Vertical Restraints: Option IV Defended, E.C.L.R. 1999, S. 5 ff.

Oberender, Peter/Okruch, Stefan Gegenwärtige Probleme und zukünftige Perspektiven der europäischen Wettbewerbspolitik, WuW 1994, S. 507 ff.

OECD- Dokument Competition and Trade Effects of Vertical Restraints, COM/DAFFE/CLP/TD(99)54, OLIS vom 21.05.1999

OECD- Report Competition Policy and Vertical Restraints: Franchising Agreements, unter http://www.oecd.org/daf/clp/Publications/FRANCH-E.pdf

Office of Fair Trading, UK Competition in Retailing, Research Paper 13, Sept. 1997

Overd, Alan Buyer Power, E.C.L.R. 2001, 249 ff.

Pautke, Stephanie Schultze, Jörg-Martin Internet und Vertriebskartellrecht – Hausaufgaben für die Europäische Kommission, BB 2001, 317 ff.

Pawlikowski, Thomas Selektive Vertriebssysteme - Grenzen und Möglichkeiten einer Freistellung nach Art. 85 Absatz 3 EWGV, Frankfurt a.M. 1983

Peeperkorn, Luc Commission adopts Green Paper on vertical restraints in EU competition policy, Competition Policy Newsletter Autumn/Winter 1996, S. 10 ff.

- The Economics of Verticals, Competition Policy Newspaper, Summer 1998, S. 10 ff.

Peeters, Jan The Rule of Reason Revised: Prohibition on Restraints of Competition in the Sherman Act and the EEC Treaty, Am. J.Comp.L. 1989, S. 521 ff.

Pfeffer, Joachim Vergleichende Betrachtung der neuen Kartellgesetze in Osteuropa, Festschrift für Ulrich Everling, Baden-Baden, 1995

Pitofsky, Robert The Sylvania Case: Antitrust Analysis of Non-Price Vertical Restraints, 78 Colum. L.Rev. 1 ff. (1978)

\- Vertical Restraints and Vertical Aspects of Mergers - A U.S. Perspective, 24th Annual Conference on International Policy and Law at Fordham Corporate Law Instituite, October 16-17, 1997, veröffentlicht unter http://www.ftc.gov/opa/1996/9607/hale.htm

Polley, Romina
Seeliger, Daniela Die neue Gruppenfreistellungsverordnung für Vertikalverträge Nr. 2790/1999 – Ihre praktische Anwendung -, WRP 2000, 1203 ff.

Popofsky, Laurence M. Sylvania - Fifteen Years After from the Perspective of a (Sometimes) True Believer, 60 Antitrust L.J. 27 ff. (1991)

Posner, Richard A. Utalitarianism, Economics, And Legal Theory, Journal of Legal Studies 8 (1979), S. 103 ff.

\- Antitrust Law, an economic perspective, Chicago 1976

\- Economic Analysis of Law, Boston, Toronto, 2. Aufl. 1977

\- The Economic Approach to Law, Texas Law Review 53 (1975), S. 757 ff.

Raisch, Peter Methodische Bedenken gegen Generalklauseln im Kartellrecht am Beispiel der Mißbrauchsaufsicht über marktbeherrschende Unternehmen, WuW 1965, S. 625 ff.

Rating, Stefan Die Kommission schlägt eine neue Bagatellbekanntmachung vor, Competition Policy Newsletter, Spring 1997, S. 8 ff.

Reich, Norbert Die Bedeutung der Binnenmarktkonzeption für die Anwendung der EWG-Wettbewerbsregeln, Festschrift für Ernst Steindorff zum 70. Geburtstag am 13. März 1990, Berlin u.a. 1990

Rey, Patrick/Tirole, Jean The Logic of Vertical Restraints, American Economic Review, Vol. 76, 1986, S. 921 ff.

Riley, Alan J. Vertical Restraints: A Revolution? E.C.L.R. 1998, S. 438 ff.

Rittner, Fritz Die Ausschließlichkeitsbindungen in dogmatischer und rechtspolitischer Betrachtung, Düsseldorf 1957

\- Wettbewerbs- und Kartellrecht, 6. Aufl. Heidelberg 1999

- Die neuen Guidelines für Vertikalvereinbarungen, WuW 2000

Rohardt, Klaus P. Grünbuch über vertikale Beschränkungen des Wettbewerbs - Diskussion frei? WuW 1997, S. 473 ff.

Roth, Wulf-Henning Änderung in der kartellrechtlichen Beurteilung von Vertriebssystemen in den USA, RIW/AWD 1977, 605 ff.

Säcker, Franz-Jürgen Zielkonflikte und Koordinationsprobleme im deutschen und europäischen Kartellrecht, Düsseldorf, 1972

Sandrock, Otto Grundbegriffe des Gesetzes gegen Wettbewerbsbeschränkungen, München, 1968

Schaub, Alexander Competition Policy - A European Perspective On The Way Ahead, Second Oslo Competition Conference 15-16.06.1998, unter http://europa.eu.int/comm/dg04/speech/eight/en/sp98057.htm

- EC Competition System-Proposals for Reform, Fordham Corporate Law Institute, 25th Annual Conference 22.10.1998, unter http://europa.en.int/comm/dg04/speech/eight/en/sp98059.htm

Schaub, Alexander/Dohms, Rüdiger Das Weißbuch der Europäischen Kommission über die Modernisierung der Vorschriften zur Anwendung der Artikel 81 und 82 EG-Vertrag

Scherer, Frederic M./Ross, David Industrial Market Structure and Economic Performance, 3. Aufl. Dallas u.a. 1990

Scheufele, Helmut Über den sogenannten Relevanten Markt, BB/AWD 1969, S. 169 ff.
- Zur Spürbarkeit der "Marktbeeinflussung" und der "Wettbewerbsbeschränkung" BB/AWD 1970, S. 385 ff.

Schluep, Walter R. Der Alleinvertriebsvertrag - Marktstein der EWG-Kartellpolitik, Bern 1966

Schmidt, Ingo Per se Rule oder Rule of Reason, WiST 1981, S. 282 ff.

- Wettbewerbsrecht und Kartellrecht: eine Einführung, 7. Aufl., Stuttgart, 2001

Schmit, Hans/Herzog, Peter The Law of the European Economic Community, A Commentary on The EEC Treaty, Vol. 3, New York 1982

Schricker, Gerhard Bemerkungen zum Rechtsschutz selektiver Vertriebsbindungen, GRUR 1976, S. 528

Schröter, Helmut Zur Beurteilung vertikaler Wettbewerbsbeschränkungen nach Art. 85 des EG-Vertrages, veröffentlicht unter http://europa.eu.int/comm/dg04/speech/six/de/sp96047.htm

Schütz, Jörg Zur Änderung des Kartellverfahrens gemäß Artikel 81 EGV, WuW 2000, 686 ff.

Schulte, Günther Geiger, Andreas Das Schiksal der Verbundgruppen unter der neuen Gruppenfreistellungsverordnung (EG) Nr. 2790/99 für Vertikalvereinbarungen, EuZW 2000, 396 ff.

Schumpeter, Joseph A., Theorie der wirtschaftlichen Entwicklung, Berlin 1997

Schwartz, Marius/ Eisenstadt, David Vertical Restraints, Economic Policy Office Discussion Paper 82-8, Antitrust Division, Department of Justice, 1983

Schwarze, Jürgen (Hrsg.), Der Aufbau Europas - Pläne und Dokumente 1945-1980, Bonn 1980

\- Die Abstraktionsbefugnis im europäischen Gemeinschaftsrecht: eine Untersuchung zur Rechtsprechung des Europäischen Gerichtshofes, 1. Auflage, Baden-Baden 1976

\- Europäisches Verwaltungsrecht: Entstehung und Entwicklung im Rahmen der Europäischen Gemeinschaft, Baden-Baden 1988

\- Funktionen des Rechts in der Europäischen Gemeinschaft, in: Jürgen Schwarze (Hrsg.), Gesetzgebung in der Europäischen Gemeinschaft, 1. Auflage Baden-Baden 1985, S. 9 ff.

Schwenn, Dirk M. Die Dezentralisierung der Wettbewerbskontrolle nach dem "Weißbuch", RIW 2000, 179 ff.

Seeliger, Daniela EG-kartellrechtliche Probleme in Vertikalverhältnissen beim Vertrieb über das Internet, WuW 2000, 1174 ff.

Servan-Schreiber, Jean-Jaques Die amerikanische Herausforderung, Hamburg 1968

Simson, Werner von Anforderungen an die Rechtmäßigkeit des Verwaltungshandelns der EG-Behörden, in: Jürgen Schwarze (Hrsg.): Europäisches Verwaltungsrecht im Werden, Baden-Baden 1982, S. 23 ff.

\- Rechtssetzungsaufträge in der Europäischen Gemeinschaft, in: Jürgen Schwarze (Hrsg.), Gesetzgebung in der Europäischen Gemeinschaft, 1. Auflage Baden-Baden 1985, S. 55 ff.

Skaupy, Walther Die angemessene Beteiligung der Verbraucher am Gewinn gem. Art. 85 Abs. 3 EWGV, WuW 1967, S. 559 ff.

Sosnick, Stephan H. Eine Kritik der Konzeptionen vom funktionsfähigen Wettbewerb, in: Das Konzept der "Workable Competition" in der angelsächsischen Literatur (FIW- Dokumentation Heft 1) Köln, Berlin, Bonn, München 1970, S. 153 ff.

Spengler, Albrecht — Abgrenzung zwischen dem GWB und den "Vorschriften für Unternehmen" im EWG-Vertrag, WuW 1958, S. 73 ff.

Spormann, Kurt — Die Aufweichung des Kartellverbots im Europäischen Wettbewerbsrecht, WuW 1970, S. 459 ff.

Sraffa, Piero — Die Ertragsgesetzte unter Wettbewerbsbedingungen, 1926

Staudenmayer, Dirk — Das Verhältnis der Art. 85, 86 EWGV zur EG-Fusionskontrollverordnung, WuW 1992, 475 ff.

Steindorff, Ernst — Article 85 and the Rule of Reason, C.M.L.Rev. 1984, S. 639 ff.

\- — Das Antragsrecht im EWG-Kartellverfahren und seine prozessuale Durchsetzung, BB/AWD 1963, S. 353 ff.

\- — Rechtsschutz und Verfahren im Recht der Europäischen Gemeinschaften. Ausgewählte Probleme, Baden-Baden 1964

Stopper, Martin — Leitlinien für Horizontalvereinbarungen: Ende des Regel-Ausnahme-Prinzips von Art. 81 EG? EuZW 2001, 426 ff.

Thorelli, Hans B. — The Federal Antitrust Policy: Orgination of an American Tradition, Baltimore 1955

Ulmer, Peter — Der Vertragshändler, München 1969, S.50 ff.

\- — Rule of Reason im Rahmen von Artikel 85 EWGV, RIW 1985, S. 517 ff.

\- — Zur Problematik vertikaler Wettbewerbsbeschränkungen und zum Schutz des intrabrand-Wettbewerbs im GWB, ZHR 130, S. 164 ff.

Väth, Andreas — Die Wettbewerbskonzeption des Europäischen Gerichtshofs: Eine wettbewerbstheoretische Analyse der Rechtsprechung des höchsten europäischen Gerichts anhand ausgewählter Entscheidungen, Bayreuth 1987

Venit, James S. — Pronuptia: anchillary restraints - or unholy alliances, E.L.Rev. 1986, S. 213 ff.

\- — The Research and Development Block Exemption Regulation, E.L.Rev. 1985, S. 151 ff.

Vogel, Louis — Competition Law and Buying Power: The Case for a New Approach in Europe, E.C.L.R. 1998, S. 4 ff.

Weber, Max — Wirtschaft und Gesellschaft, in: Grundriß der Sozialökonomie, bearbeitet von G. Albrecht, 2. Aufl., 1. Halbband, Tübingen, 1925

Weitbrecht, Andreas — Die Entwicklung des Europäischen Kartellrechts im Jahr 1997, EuZW 1998, 677 ff.

Wesseling, Rein — The draft-regulation modernising the competition rules: the Commission is married to one idea, E.L.Rev. 2001, 357 ff.

Weyer, Hartmut — Freier Warenverkehr und nationale Regelungsgewalt in der Europäischen Union: eine Analyse des Anwendungsbereiches der Art. 30 – 36 EG-Vertrag auf Grundlage der Rechtsprechung des EuGH, Köln, 1997

\- — Nach der Reform: Gestaltung der Wettbewerbspolitik durch die Kommission? ZHR 2000, 611 ff.

Whish, Richard — Regulation 2790/99: The Commission's "new style" block exemption for vertical agreements, C.M.L.R. 2000, 887 ff.

\- — Recent developments in Community competition law 1998/99, E.L.Rev. 2000, 227 ff.

Wiedemann, Gerhard — Kommentar zu den Gruppenfreistellungsverordnungen des EWG-Kartellrechts, Band I, Köln 1989

Williamson, Oliver E. — Transaction Cost Economics, in: Richard Schmalensee und Robert D. Willig: Handbook of Industrial Organization, 1989, S. 135 ff., Amsterdam

\- — Assessing Vertical Market Restrictions: Antitrust Ramifications of the Transaction Cost Approach, 127 U. Penn. L.Rev. 953 ff. (1979)

Wilmanns, Johst — Die Gültigkeit von Kartellen nach Art. 85 EWG-Vertrag und der Verordnung Nr. 17 unter besonderer Berücksichtigung des Problems des internationalen Anwendungsbereichs dieser Bestimmungen, Frankfurt am Main 1965

Winterfeld, Achim von — Neuere Entwicklungen bei der Vereinfachung und Beschleunigung von Kartellverwaltungsverfahren vor der EG-Kommission, RIW 1984, S. 929 ff.

Wirsing, Erich — Aufgaben und Stellung der Kommission und der Verfassungsstruktur der EWG, Europaarchiv 1964, S. 86

Wódz, Borys — Comfort Letters and Other Informal Letters in E.C. Competition Proceedings - Why is the Story Not Over?, E.C.L. 2000, 159 ff.

Wohlfahrt, Ernst/Everling, Ulrich/Glaesner, Hans Joachim/Sprung, Rudolf — Die Europäische Wirtschaftsgemeinschaft, Kommentar zum Vertrag, Berlin, Frankfurt am Main 1960

Wolf, Ernst — Zum Kartellrecht der EWG, WuW 1962, S. 643 ff.

Wood, Diane P. — The Role of Economics and Economists in Competition Cases, OECD Journal of Competition Law & Policy, 1999 Vol. 1 S. 82 ff.

Deutsches und Europäisches Wirtschaftsrecht

Herausgegeben von Jürgen F. Baur

Band 1 Matthias Wolter: Das Tatbestandsmerkmal der Lückenlosigkeit qualitativer Selektivvertriebssysteme im Spannungsverhältnis zwischen Wettbewerbs- und Kartellrecht. 2001.

Band 2 Nicole Hagemann: Rechtsschutz gegen Kennzeichenmissbrauch unter Berücksichtigung der Internet-Domain-Name-Problematik. 2001.

Band 3 Bernd Nelißen: Die Abgrenzung "horizontaler" und "vertikaler" Wettbewerbsbeschränkungen nach der 6. GWB-Novelle. 2001.

Band 4 Silke Rütters: Die neue *Schirm-* Gruppenfreistellungsverordnung (EG) Nr. 2790/1999 der Kommission. Zu den Ursachen der weitreichenden Reform der EG-Wettbewerbspolitik gegenüber vertikalen Wettbewerbsbeschränkungen und deren materiellrechtlichen Grenzen. 2002.

Kolibri 360 GmbH
Ferdinand-Jühlke-Straße 7
99095 Erfurt, Deutschland
produktsicherheit@kolibri360.de

Druck:
CPI Druckdienstleistungen GmbH
im Auftrag der
Kolibri 360 GmbH
Ferdinand-Jühlke-Str. 7
99095 Erfurt